साहित्य का समाजशास्त्र और सौन्दर्यशास्त्र : व्यावहारिक परिदृश्य

विश्वविद्यालय अनुदान आयोग की प्रकाशन अनुदान योजना के अन्तर्गत हैदराबाद केन्द्रीय विश्वविद्यालय द्वारा प्रदत्त आंशिक वित्तीय सहायता से प्रकाशित आलोचनात्मक निबन्ध संग्रह।

साहित्य का समाजशास्त्र और सौन्दर्यशास्त्र : व्यावहारिक परिदृश्य

रवि रंजन

वाणी प्रकाशन

वाणी प्रकाशन
4695, 21-ए, दरियागंज, नयी दिल्ली 110 002
शाखा
अशोक राजपथ, पटना 800 004
फ़ोनः +91 11 23273167 फ़ैक्सः +91 11 23275710
www.vaniprakashan.in
vaniprakashan@gmail.com

SAHITYA KA SAMAJSHASTRA AUR SOUNDARYASHASTRA : VYAVHARIK PARIDRASHYA
by Ravi Ranjan

ISBN : 978-93-5072-242-8
Critical Essays

प्रथम संस्करण

मूल्यः ₹ 495

न्यू कृष्णा ऑफ़सेट, दिल्ली-110093 में मुद्रित

वाणी प्रकाशन का लोगो मक़बूल फ़िदा हुसेन की कूची से

सूर्यनारायण रणसुभे
एवं
अरुण कमल
को
सादर।

भूमिका

यह पुस्तक एकाध अपवाद को छोड़कर समय-समय पर आयोजित साहित्यिक संगोष्ठियों में प्रस्तुत मेरे निबन्धों का संग्रह है। स्पष्ट ही पुस्तकाकार प्रकाशन के मद्देनजर ज्यादातर निबन्धों का अनेकानेक देशी-विदेशी विद्वानों के उल्लेखनीय मन्तव्यों से उच्छिष्ट चुनकर श्रमसाध्य पुनर्लेखन किया गया है और इनमें से अधिकांश निबन्ध विभिन्न पत्र-पत्रिकाओं में यथासमय प्रकाशित भी हुए हैं। इसके लिए मैं उन तमाम आयोजकों और सम्पादकों का कृतज्ञ हूँ जिन्होंने पुस्तक में विवेच्य विषयों पर मुझे यथाशक्ति सोचने-विचारने का मौका दिया। विषय-वैविध्य के बावजूद इस पुस्तक में संगृहीत निबन्धों में एकसूत्रता उत्पन्न करने वाली चीज साहित्य के विवेचन-विश्लेषण की वह दृष्टि है जो अध्ययन क्रम में 'साहित्य की सामाजिक भूमि एवं भूमिका' को चीन्हने की चाह रखती है।

कहना न होगा कि साहित्य की सामाजिक भूमि व भूमिका की शिनाख्त के दरमियान प्रायः एक कलाकृति के तौर पर रचना की स्वतन्त्र अस्मिता व अनोखेपन की जाने-अनजाने अनदेखी हो जाया करती है। याद आते हैं अर्नाल्ड हाउजर जिनका कहना है कि कला की सम्पूर्ण व्याख्या केवल समाजशास्त्रीय शब्दावली में असम्भव है। इस बात को ध्यान में रखते हुए निबन्धों के लेखन-पुनर्लेखन के दौरान प्रयास यह रहा है कि विवेच्य कृति में निहित-अन्तर्निहित सामाजिकता को रेखांकित करते हुए कला के क्षेत्र में अमूर्तन की अपार शक्ति एवं सम्भावना से पैदा होने वाला सौन्दर्य-तत्त्व नज़रअन्दाज़ न होने पाये।

हिन्दी में प्रेमचन्द से लेकर कथालेखन की अपनी एक खास कलात्मक शैली के लिए प्रसिद्ध विनोद कुमार शुक्ल और कवि नागार्जुन से लेकर अरुण कमल तक का लेखन इस बात का गवाह है कि हमारी रचनाशीलता की मुख्यधारा लोकधर्मी और जनपक्षधर रही है। किन्तु अक्सर बड़े कवि-लेखक साहित्य के कला पक्ष को लेकर भी बहुत सावधान हुआ करते हैं। यह बात उन लोगों पर भी लागू होती है जिन्हें गहरा बोध था कि 'जहाँ बहुत कला होगी, परिवर्तन नहीं होगा।'

वस्तुतः रचना को किसी बने-बनाए फार्मूले के तहत न तो रचा जा सकता है और न ही इस तरह उसका विश्लेषण ही सम्भव है। सच तो यह है कि रचना को कठोर विचारधारात्मक आग्रह के तहत विचार-मात्र में घटा कर देखने की पेशकश एक गैर-रचनात्मक उपक्रम है जिसको लेकर हिन्दी आलोचना अब बहुत सावधान है। इस पुस्तक में उन तमाम असावधानियों से भरसक बचने की कोशिश की गयी है जिनके चलते आलोचनात्मक पूर्वाग्रह हमारे अनजाने ही दुराग्रह में तब्दील हो जाता है।

पुस्तक की पांडुलिपि तैयार करने और प्रूफ की गलतियों को ठीक करने में सहयोग के लिए मेरे शोध छात्र (ए. बाबूराव, एस. भोजराम, मोबिन जहोरोद्दीन, क्षीरसागर राहुल, तेलकीकर संतोष एवं वासुदेव वेंकटरमना) अनुशंसा के पात्र हैं। पुस्तक के सुरुचिपूर्ण प्रकाशन हेतु वाणी प्रकाशन के स्वत्वाधिकारी श्री अरुण माहेश्वरी को आभार।

—रवि रंजन

हिन्दी विभाग
हैदराबाद केन्द्रीय विश्वविद्यालय
हैदराबाद-500046

अनुक्रम

यथार्थ की कथा

(प्रेमचन्द के कथासाहित्य का समाजशास्त्र)

"उनकी आशा उथली नहीं है। उसके नीचे परिस्थिति की भयंकरता का पूरा ज्ञान है। उन्होंने यथार्थ की निष्ठुरता को तिल-भर भी घटाकर चित्रित नहीं किया। बीसवीं शताब्दी की अमानुषिकता की कठोर कहानी उन्होंने पूरी-पूरी कह दी है।"

—डॉ.रामविलास शर्मा : प्रेमचन्द और उनका युग

यह विदित है कि उन्नीसवीं शताब्दी में एक स्वतंत्र अनुशासन के तौर पर साहित्य के समाजशास्त्रीय अध्ययन की शुरुआत हुई और उन्नीसवीं सदी के मध्य तक आते-आते इपोलित अडोल्फ तेन (1828-93) के माध्यम से उसको वैज्ञानिकता प्राप्त हुई। तेन से बहुत पहले फ्रांस में साहित्य के समाजशास्त्रीय अध्ययन का बीज-वपन मादाम स्तेल (1766-1817) ने अपनी पुस्तक 'सामाजिक संस्थाओं से साहित्य के संबंध पर विचार' (1800) के द्वारा कर दिया था, जिसका इस्तेमाल तेन ने अपने तईं किया। उन्होंने साहित्य के समाजशास्त्रीय अध्ययन के लिए प्रजाति, परिवेश एवं क्षण या युग के बीच क्रिया-प्रतिक्रिया से निष्पन्न उस विशिष्ट मानसिक संरचना के विश्लेषण पर बल दिया था, जिससे किसी युग-विशेष का एक केन्द्रीय बौद्धिक ढाँचा निर्मित होता है और तदयुगीन श्रेष्ठ कलाकृतियों के द्वारा अभिव्यक्ति प्राप्त करता है। दूसरे शब्दों में तेन ने प्रजाति, परिवेश एवं युग के अपने त्रिक सिद्धांत के द्वारा विधेयवादी पद्धति से साहित्य के सामाजिक मूलाधार की खोज करने का प्रयास किया। रवीन्द्रनाथ ने लिखा है कि साहित्य मंदिर की भित्ति पृथ्वी के गहन अन्तर्देश में गड़ी होती है और उसका शिखर मेघों को भेदकर आकाश में उठता है। तात्पर्य यह कि साहित्यकार सामाजिक तथ्यों के आधार पर ही अपनी कल्पना के झरोखे एवं मेहराब निर्मित करता है।

ग़ौरतलब है कि मार्क्सवाद से साहित्य के समाजशास्त्र का सम्बन्ध अत्यन्त जटिल रहा है। कुछ मार्क्सवादियों ने तो साहित्य को समाजशास्त्र से यह कहकर बचाने पर बल दिया है कि समाजशास्त्र उस तंत्र की सेवा करता है, जो कला और साहित्य के विकास की संभावना को खत्म करता है। इसलिए ऐसे अनुशासन की पद्धति का साहित्य के विश्लेषण में इस्तेमाल करना घातक होगा। प्रसंगात् टेरी इग्लटन लिखते हैं कि ''मार्क्सवादी आलोचना 'साहित्य का समाजशास्त्र'-भर नहीं है। उसका उद्देश्य साहित्यिक कृति की अधिक पूर्णता के साथ व्याख्या करना है, जिसमें उसके रूप, शैली और अर्थ के प्रति अधिक संवेदनशील सावधानी होती है। वह कृति की कालबद्धता ही नहीं, उसकी कालातीतता की भी व्याख्या करती है। उसकी मौलिकता साहित्य की ऐतिहासिक समझ में नहीं, बल्कि क्रांतिकारी समझ में है।'' किन्तु मार्क्सवादी आलोचकों में विद्वानों का एक बड़ा तबका मार्क्सवाद एवं साहित्य के समाजशास्त्र में सामंजस्य स्थापित करने का पक्षधर भी रहा है। स्तेल एवं तेन आदि के द्वारा निर्मित व विकसित विधेयवादी समाजशास्त्र की मूल्यनिरपेक्षता एवं कलाकृतियों के सौंदर्यबोधात्मक पहलू को नजरअंदाज कर देने की प्रवृत्ति का खण्डन करते हुए जेने उल्फ ने अपनी पुस्तक 'सौन्दर्यशास्त्र और कला का समाजशास्त्र' (1983) में मार्क्स एवं तमाम मार्क्सवादी आलोचकों के अवदान को समाजशास्त्रीय अध्ययन की परिधि में ही शुमार किया है। उन्होंने लिखा है, ''मैं नहीं मानती कि हमें समाजशास्त्र का उपयोग करते हुए किसी तरह का संकोच करने, क्षमा माँगने या अपराध महसूस करने की जरूरत है। उसका उपयोग करने मात्र से हम उनके साथ नहीं हो जाते, जो सतही, सीमित और भ्रामक समाजशास्त्र के समर्थक हैं। ऐतिहासिक भौतिकवाद समाज के अनुशीलन का सिद्धांत है और मैं उसकी अर्थ में समाजशास्त्र को स्वीकार करती हूँ।'' ऐतिहासिक भैतिकवाद और मार्क्सवादी साहित्यालोचन से सम्बद्ध विविध धारणाओं का कला के समाजशास्त्र के संदर्भ में इस्तेमाल करने का एक हद तक सफल प्रयास करते हुए जेने उल्फ ने प्रकारान्तर से एक ऐसे समाजशास्त्रीय सौन्दर्यशास्त्र के निर्माण की संभावना पर विचार किया है, जिसके तहत बुर्जुआ सौन्दर्यशास्त्र की भाववादी सीमाओं के साथ-साथ समाजशास्त्रीयता के अतिरिक्त आग्रह के चलते पैदा होने वाले सरलीकरणों से बचना भी संभव हो सके। कहना न होगा कि मार्क्स-एंगेल्स के बीज विचारों के मद्देनजर आगे चलकर जार्ज लुकाच, गोल्डमान, रेमण्ड विलियम्स, लियो लावेंथल आदि के द्वारा मार्क्सवादी आलोचना का जो स्वरुप निर्मित एवं विकसित हुआ, उसमें वर्ग चेतना एवं वर्ग संघर्ष के साथ-साथ साहित्य के सौन्दर्यबोधात्मक वैशिष्ट्य के विवेचन-विश्लेषण की भी पूरी गुंजाइश है। सन् 1848 में प्रकाशित 'कम्युनिस्ट घोषणापत्र' में मार्क्स ने लिखा

था कि मनुष्य जाति का सारा इतिहास वर्ग संघर्ष का इतिहास है। स्पष्ट ही वर्ण के साथ-साथ वर्ग चेतना को नजरअंदाज करके साहित्य के सामाजिक मूलाधारों की तलाश असंभव है।

उपर्युक्त विमर्श के आलोक में प्रेमचन्द के कथा-साहित्य के समाजशास्त्र पर विचार करने के दरम्यान ध्यान रखना जरूरी है कि यह काम विधेयवादी समाजशास्त्रीय दृष्टि या पद्धति के बजाय भारतीय समाज के विभिन्न संस्तरों में मौजूद वर्ग चेतना के मद्देनजर ही किया जा सकता है। इस दृष्टि से कथाकार प्रेमचन्द का अध्ययन करने पर उनमें विकास के कई सोपान दिखाई देते हैं। कहने की जरूरत नहीं कि किसी साहित्यकार के विकास का अध्ययन पाठक से एक खास तरह के संवेदनशील चौकन्नापन की माँग करता है। कथाकार प्रेमचन्द पर यदि हम वर्ग चेतना की दृष्टि से विचार करें, तो एक-एक कर सारे वर्गों के चरित्र का खुलासा उनकी प्रतिभा के विकास के क्रम में वहाँ होता दिखाई देगा। अपनी रचनाशीलता के आरंभिक चरण में जहाँ सामंत वर्ग को उन्होंने केन्द्र में रखा था, वहीं आगे चलकर उनके कथा साहित्य के केन्द्र में मध्य वर्ग आ जाता है। स्पष्ट ही उनकी अंतिम चरण की रचनाओं के केन्द्र में समाज के सर्वाधिक दबे-कुचले तबके के लोग हैं।

'बड़े घर की बेटी' संभवतः प्रेमचन्द की हिन्दी में रचित पहली प्रकाशित कहानी है। इसमें एक सामंती संयुक्त परिवार व्यवस्था में उत्पन्न होने वाले विक्षोभ को उजागर करने के बावजूद कहानीकार की मुख्य चिंता इस व्यवस्था को बचाये रखने की है। वस्तुतः यह कहानी सामंती जीवन से निष्पन्न एक ऐसे श्रेष्ठ मूल्य का प्रतिपादन करती है, जिसके तहत सामंती समाज में संयुक्त परिवार की रसमयता सामने आती है। कहानी में वर्णित श्रीकंठ सिंह एवं लालबिहारी सिंह के बीच पारिवारिक कलह के चलते उत्पन्न बँटवारे की नौबत को श्रीकंठ सिंह की पत्नी आनंदी अपनी सहिष्णुता एवं सदाशयता से टाल देती है और कहानी का सुखद अंत संयुक्त परिवार व्यवस्था के पक्ष में होता है।

इससे लगता है कि प्रेमचन्द आरंभ में सामंती जीवन-मूल्य के उज्ज्वल पक्ष को लेकर चले थे। इस प्रसंग में महत्त्वपूर्ण बात यह है कि उनके अंतिम चरण में लिखित 'महाजनी सभ्यता' निबन्ध में भी सामंती जीवन के सकारात्मक पहलुओं का उल्लेख मिलता हैः "जागीरदारी सभ्यता में बलवान् भुजाएँ और मजबूत कलेजा जीवन की आवश्यकता में परिगणित थे...मनुष्य के अच्छे भाव लुप्त नहीं हो गये थे। जागीरदार अगर दुश्मन के खून से अपनी प्यास बुझाता था, तो अकसर अपने किसी मित्र या उपकारक के लिए जान की बाजी भी लगा देता था। बादशाह अगर अपने हुकूम को कानून समझता था, और उसकी अवज्ञा को कदापि सहन न कर सकता था, तो प्रजा

पालन भी करता था, न्यायशील भी होता था। दूसरे के देश पर चढ़ाई वह या तो किसी अपमान-अपकार का बदला फेरने के लिए करता था या अपनी आन-बान, रोब-दाब कायम रखने के लिए या फिर देश-विजय और राज्य-विस्तार की वीरोचित महत्त्वाकांक्षा से प्रेरित होता था। उसकी विजय का उद्देश्य प्रजा का खून चूसना कदापि न होता था। कारण यह कि राजा और सम्राट जनसाधारण को अपने स्वार्थसाधन और धन शोषण की भट्टी का ईंधन न समझते थे, किन्तु उनके दुःख-सुख में शरीक होते थे और उनके गुण की कद्र करते थे।''

प्रेमचन्द ने आरंभिक चरण में ऐसी अनेक कहानियाँ लिखीं, जिनका सम्बन्ध सामंती समाज के सकारात्मक जीवन-मूल्यों से है, पर थोड़े ही दिनों में उन्हें सामंत वर्ग के पतनशील वर्गीय चरित्र का एहसास हो गया। उन्हें लगने लगा कि चूँकि तद्‌युगीन भारतीय सामंत वर्ग के श्रेष्ठ जीवन-मूल्यों का क्षय हो गया है, इसलिए वह देश में अवाँगार्द के अग्रिम दस्ते के रूप में कोई सकारात्मक रोल अदा करने में असमर्थ है। इसी वजह से आगे चलकर उन्होंने भारतीय सामंत वर्ग के पतन की कहानी लिखनी शुरु की। 'शतरंज के खिलाड़ी' इसी वर्ग के पतन की कहानी है। यह विचित्र बात है कि व्यापार के बहाने छोटी संख्या में हिन्दुस्तान में आकर अँग्रेज धीरे-धीरे कलकत्ते से लेकर पेशावर तक पर अपना अधिकार जमा लेते हैं और जो लोग हिन्दुस्तान के इतिहास का सामान्य ज्ञान भी रखते हैं, उन्हें बताने की जरुरत नहीं है कि यहाँ टीपू सुल्तान को छोड़कर और किसी ने कायदे से अँग्रेजों के विरुद्ध जंग नहीं लड़ी। 'शतरंज के खिलाड़ी' कहानी में भारत में अँग्रेजी राज की स्थापना के सामाजिक आधार की तलाश यहाँ के पतनशील सामंतवाद में की गयी है। इसमें कहानीकार ने तद्‌युगीन सामंतों की विलासिता के परिवेश का नग्न चित्रण करते हुए दिखाया है कि किस प्रकार लखनऊ ऐय्याशी के रंग में आकंठ डूबा हुआ था। अवध के छोटे-बड़े सभी सामंत इस रंग में सराबोर थे और ज़िन्दगी के तमाम पहलुओं में नैतिक चेतना व संघर्ष के बजाय केवल आमोद-प्रमोद का प्राधान्य था। शासन में, साहित्य-क्षेत्र में, सामाजिक अवस्था में, कला-कौशल में, उद्योग-धंधे में, आहार-व्यवहार में – सर्वत्र विलासिता व्याप्त हो रही थी। राज कर्मचारी विषय-वासना में, कविगण प्रेम और विरह के वर्णन में, कारीगर कलाबत्तू और चिकन बनाने में तथा व्यवसायी इत्र, मिस्सी और उबटन का रोजगार करने में व्यस्त थे। इसी विलासिता के परिवेश में भारत में अँग्रेजी राज की स्थापना हुई। तुलनात्मक दृष्टि से विचार करने पर स्पष्ट होता है कि रीतिकालीन कवि पद्‌माकर के *'गुलगुली गिलमे गलीचा है गुनीजन हैं/चाँदनी है, चिक है चिरागन की माला है'* जैसे छंद में भारतीय सामंतों की जिस विलासिता का चित्रण है, वह 'शतरंज के खिलाड़ी' कहानी में वर्णित परिवेश से

काफी हद तक मेल खाता है। पद्‌माकर का निधन सन् 1833 में हुआ था और तब तक भारत में अँग्रेजी राज की नींव पड़ चुकी थी। गौरतलब है कि जब लार्ड क्लाइव और डलहौजी के बीच भारत की प्रभुसत्ता के लिए संघर्ष चल रहा था, तब बिहारीलाल नायिकाओं की विविध अदाओं को अपने दोहों में पिरो रहे थे और जब पलासी के युद्ध में देश की प्रभुसत्ता को धक्का लग रहा था, तब मतिराम अपने रसिक छंद लिख रहे थे। प्रेमचन्द ने 'शतरंज के खिलाड़ी' कहानी में तद्‌युगीन भारतीय सामंत वर्ग की क्षयिष्णुता को पूरी तरह बेनक़ाब किया है और यहीं से उनका कथाकार एक दूसरा मोड़ लेता है।

प्रेमचन्द उस समय लिख रहे थे, जब भारत में अँग्रेजी राज की स्थापना के बाद कुछ कल-कारखाने खड़े किये जा रहे थे, जिसके चलते एक मजदूर वर्ग का उदय हो गया था। किन्तु, उन्होंने इस वर्ग के बजाय अँग्रेजी शिक्षा प्राप्त कर निकलने वाले तद्‌युगीन मध्यवर्ग को अपनी रचनाओं में ज्यादा तरजीह दी। संभवतः उन्हें ऐसा लग रहा था कि यह शिक्षित वर्ग भारतीय समाज के विकास में कुछ महत्त्वपूर्ण योगदान कर सकता है। उन्नीसवीं सदी के मध्य में अपने यहाँ उत्पन्न इस मध्यवर्ग का बात-व्यवहार एक ऐसे नये आदर्शवाद से परिचालित था, जो विवेकानंद के व्याख्यानों में, रवीन्द्रनाथ की कविताओं में तथा तिलक के गीता-भाष्य में प्रकट हुआ था। एक पौराणिक आख्यान के सहारे भारतेन्दु ने इसी वर्ग के आदर्श को अपने 'सत्य हरिश्चन्द्र' नाटक में अभिव्यक्ति दी है, जिसमें मनुष्य की सत्यनिष्ठा एवं श्रेष्ठ मूल्यों को आचरित यथार्थ बनाने पर बल दिया गया है। गौरतलब है कि भारतेन्दु का सत्य हरिश्चन्द्र ही प्रेमचन्द की 'नमक का दारोगा' कहानी में मुंशी बंसीधर के रूप में पुनर्जन्म लेता है, जो बहुत सारे प्रलोभन दिये जाने के बावजूद किंचित भी डिगता नहीं। मध्यवर्ग के इसी आदर्शवाद से प्रभावित होकर प्रेमचन्द ने 'सेवासदन' एवं 'निर्मला' जैसे उपन्यासों की रचना की। किन्तु, भारतीय मध्यवर्ग छिन्नमूल तो था ही, वह अँग्रेजी राज की परजीवी प्रवृत्ति से पैदा हुआ था। चूंकि इस वर्ग के एक बड़े तबके का विकास खुद की मेहनत के बजाय दूसरों की कीमत पर हुआ था, इसलिए इसका भीतरी रूप मानवीय सार से रहित था। इसका खुलासा 'नमक का दारोगा' कहानी के नायक बंसीधर के पिता के चरित्र से होता है। बेटे को व्यावहारिकता के नाम पर बेईमानी का पाठ पढ़ाते हुए वह कहता है कि मासिक वेतन तो पूर्णमासी का चाँद है, जो एक दिन दिखाई देता है और घटते-घटते लुप्त हो जाता है, जबकि ऊपरी आमदनी बहता हुआ स्रोत है, जिससे सदा प्यास बुझती है। वेतन मनुष्य देता है, इसी से उसमें वृद्धि नहीं होती। ऊपरी आमदनी ईश्वर देता है, इसी से उसमें बरकत होती है। मध्यवर्ग के इस असली रूप का जैसे-जैसे विकास होता गया,

तद्‌युगीन रचनाकारों ने उसकी पहचान करनी शुरु की और उस युग की तमाम साहित्यिक कृतियों में मध्यवर्ग की इस राक्षसी वृत्ति की शिनाख्त मिलती है। कवि धूमिल के शब्दों में यह वर्ग केवल रोटी से खेलता है। चूँकि प्रेमचन्द का कथा साहित्य अपने समय के सर्वाधिक प्रामाणिक दस्तावेज़ों में से एक है, इसलिए वहाँ हम इस मध्यवर्ग को भी बेनक़ाब हुआ देख सकते हैं। हजारी प्रसाद द्विवेदी ने लिखा है कि 'प्रेमचन्द के साथ मेड़ों पर गाते हुए किसान को, अन्तःपुर में मान किये प्रियतमा को, कोठे पर बैठी हुई वार-वनिता को, रोटी के लिए ललकते हुए भिखमंगे को, कूट परामर्श में लीन गोयन्दों को, ईर्ष्यालु अफ़सरों को, दुर्बल हृदय बैंकरों को, साहस परायणा चमारिन को, ढोंगी पंडितों को, फरेबी पटवारी को देखा जा सकता है। उससे अधिक सफाई के साथ दिखा सकने वाले परिदर्शक को हिन्दी-उर्दू की दुनिया अब तक नहीं जानती।' स्पष्ट ही उस समय के सामाजिक-आर्थिक परिवेश को जितने जितने साफ़ ढंग से प्रेमचन्द की कहानियों एवं उपन्यासों के माध्यम से देखा और समझा जा सकता है, उतने साफ़ ढंग से उसे न तो किसी इतिहासकार के वर्णन के और न ही किसी समाजशास्त्री के विश्लेषण से समझा जा सकता है। इसलिए यह कहना ज़्यादती न होगी कि यदि समाजशास्त्रीय दृष्टि से साहित्य अपने समय का एक दस्तावेज़ है, तो प्रेमचन्द के कथा साहित्य से बढ़कर उसका कोई प्रमाणिक रूप कम से कम सन् 1937 तक की हिन्दी साहित्य की परम्परा में नहीं दिखलाई पड़ता है।

कहना न होगा कि मध्यवर्ग के चरित्र को प्रेमचन्द धीरे-धीरे समझते हैं और इससे उनकी कथा-दृष्टि का भी विकास होता है। आरंभ में उन्होंने मध्यवर्ग के सत्य हरिश्चन्द्रीय आदर्शवाद को देखा। पर आगे चलकर जब वे इस वर्ग के दोहरे चरित्र को बेनक़ाब करने के लिए क़लम उठाते हैं, तो 'सेवासदन', 'निर्मला' एवं 'गबन' जैसे उपन्यासों तथा 'नशा', 'मंत्र' एवं 'बेटोंवाली विधवा' जैसी कहानियों की रचना करते हैं। 'सेवासदन' की सुमन को वेश्या बनना पड़ता है। 'नरक का मार्ग' कहानी में वृद्ध पुरुष से विवाहित तथा बाद में विधवा हो जाने पर वेश्या बन जाने वाली स्त्री की पीड़ा का वर्णन है। 'निर्मला' में दहेज की समस्या के चलते युवती निर्मला का विवाह एक ऐसे वृद्ध से कर दिया जाता है, जिसके बेटे की उम्र निर्मला के लिए अपेक्षित वर की उम्र से ज्यादा या उसके बराबर हो सकती थी। वस्तुतः निर्मला की सारी त्रासदी के मूल में मध्यवर्गीय परजीविता मौजूद है। उस जमाने में इस उपन्यास को जो अपार लोकप्रियता मिली उसकी सबसे बड़ी वजह यह थी कि प्रेमचन्द हिन्दी के पहले कलाकार थे, जिन्होंने वर्ग चरित्र के गहरे विश्लेषण के माध्यम से मध्यवर्ग की अमानुषिकता को इतने साफ़ तौर पर

प्रस्तुत किया था। असल में प्रेमचन्द की रचनाशीलता के इस दौर में अँग्रेजी शिक्षा इस मुल्क में जड़ जमा चुकी थी और इस शिक्षा को प्राप्तकर जो लोग निकल रहे थे, उनमें से ज़्यादातर व्यक्तिवादी थे। स्पष्ट ही हमारे साहित्य में व्यक्तिवाद का अविर्भाव इसी मध्यवर्ग के अभ्युदय के साथ होता है, क्योंकि अँग्रेजी शिक्षा ने संयुक्त परिवार को विघटित कर दिया। सन् 1929 में अँग्रेजों ने जब 'लर्निंग एक्ट' पारित किया, तो इसके तहत शिक्षित व्यक्ति के उपार्जन पर पूरे परिवार का कोई अधिकार न रहा। सम्पत्ति विषयक इस क़ानूनी बदलाव के चलते बहुत ज़ोर-शोर से भारतीय समाज में व्यक्तिवाद पनपा। प्रेमचन्द के कथा-साहित्य में जगह-जगह इस व्यक्तिवाद को रेखांकित किया गया है। उन्नीसवीं सदी में फ्रांस में जिस प्रकार बालजक ने अपने उपन्यासों तदयुगीन मध्यवर्गीय चरित्र की निकृष्टता का बेलाग चित्रण प्रस्तुत किया, उसी प्रकार भारतीय मध्यवर्ग के चरित्र को बेलौसपन के साथ प्रेमचन्द अपने आख्यानों में वर्णित करते हैं। 'सेवासदन' में कुँवर अनिरुद्ध का कथन है– "हमारे शिक्षित भाइयों की ही बदौलत दालमंडी आबाद है, चौक में चहल-पहल है, चकलों में रौनक है।"

'नशा' कहानी का नायक जब अपने ज़मींदार दोस्त के घर आकर कुछ दिनों तक रहता है, तो बहुत जल्दी ही उस पर ज़मींदारी का नशा सवार हो जाता है और अन्ततः वह बद्तमीजी की हद पार कर जाता है। इसी तरह 'मंत्र' कहानी में डॉ. चड्ढा को मानवीय संवेदना से शून्य दिखाया गया है। वह मृत्यु के मुख में जाते हुए सर्पदंश से बेहोश रोगी को देखने व उसका उपचार करने के बजाय अपनी दिनचर्या के अनुसार गोल्फ खेलने चला जाता है और परिणामतः किसान का पुत्र मर जाता है। इसके ठीक विपरीत उसी किसान की 'भगतई' के प्रयास से डॉक्टर का मृतप्रायः बेटा जी उठता है। 'बेटों वाली विधवा' कहानी में पिता के निधन के बाद सगी बहन के विवाह को लेकर चारों शिक्षित भाईयों का जो नजरिया है और अन्ततः अपनी माँ के साथ जो उनका व्यवहार है, वह अमानुषिकता की पराकाष्ठा है। कालान्तर में प्रेमचन्द को इस सुविधाभोगी वर्ग की अमानुषिकता के साथ-साथ उसकी कायरता का भी अंदाजा हुआ। 'गोदान' के आरंभ में जिस धनुष यज्ञ प्रसंग का जिक्र आया है, उसमें पठान वेशधारी मेहता के आक्रामक रवैये का मुकबला करने का नैतिक साहस केवल होरी के पास है। इससे प्रेमचन्द की अँग्रेजी राज में उत्पन्न तथाकथित भद्रजनों के बारे में उरा धारणा का खुलासा होता है, जिसके तहत भद्रजन का प्रेम जितना निर्जीव होता है, उतना ही दुर्बल भी, क्योंकि उसमें कोई सामर्थ्य ही नहीं है।

ऐसी स्थिति में प्रेमचन्द के सामने सवाल यह था कि किस वर्ग को समाज के

अग्रिम दस्ते के तौर पर पेश किया जाय। 'पशु से मनुष्य' कहानी में उन्होंने मध्यवर्ग के बारे में लिखा कि "इन महान पुरुषों में से प्रत्येक व्यक्ति सैकड़ों नहीं, हजारों-लाखों की जीविका हड़प जाते हैं और फिर भी उन्हें जाति के भक्त बनने का दावा है। पैदा दूसरे करें, पसीना दूसरे बहायें, खाना और मूँछो पर ताव देना इनका काम है। मैं समस्त शिक्षित समुदाय को निकम्मा ही नहीं, अनर्थकारी भी समझता हूँ।" प्रेमचन्द के इस जीवन दर्शन पर टिप्पणी करते हुए हजारी प्रसाद द्विवेदी कहते हैं कि "जो संस्कृतियों और सम्पदाओं से लद नहीं गये हैं, जो अशिक्षित और निर्धन हैं, जो गँवार और जाहिल हैं, वे उन लोगों की अपेक्षा अधिक आत्मबल रखते हैं और अधिक न्याय के प्रति सम्मान दिखाते हैं, जो शिक्षित हैं, जो सुसंस्कृत हैं, जो सम्पन्न हैं, जो चतुर हैं, जो दुनियादार हैं।" कहने का तात्पर्य यह कि जो पढ़ा-लिखा नहीं हैं, वह अपेक्षाकृत बेहतर मनुष्य है और जो लोग बहुत पढ़-लिख जाते हैं, उनकी मनुष्यता चुक जाती है। इसलिए संभवतः प्रेमचन्द भारतीय समाज में परिवर्तन के लिए पहल कर सकने की उम्मीद किसान वर्ग से करते हैं। इस दौर में उन्हें लगता है कि इस वर्ग का सम्बन्ध अपनी माटी की सोंधी गंध से है और यह बुनियादी तौर पर ईमानदार है। भारतीय जीवन के मूल्य व मर्यादा के केन्द्र में यही वर्ग है। उसका जीवन प्रकृति से सम्बद्ध है। सूर्योदय से सूर्यास्त तक वह श्रम करता है, पसीना बहाता है। बावजूद इसके, किसान भारतीय समाज का सर्वाधिक असंगठित एवं विपन्न वर्ग है। इस वर्ग की विपन्नता एवं निर्धनता का जो आख्यान हिन्दी-उर्दू में प्रेमचन्द ने लिखा है, वह मार्मिकता की दृष्टि से अप्रतिम है। किस प्रकार अँग्रेजी राज ने भारतीय सामंतों के साथ साँठ-गाँठ करके किसानों का सब कुछ चूस लिया था, पर उस विपन्नता के बीच भी किसान कैसे जी रहा था, इसकी बेमिसाल तस्वीर प्रेमचन्द ने अपने कथा साहित्य में पेश की है। 'कर्मभूमि' का अमरकांत जब एक दिन गोधूलि की वेला में सकीना से मिलने उसके घर आता है, तब वह कमरे के भीतर से ही उससे एक घंटा इंतजार करने को कहती है। असलियत यह थी कि सकीना ने पेबन्दों लगी अपनी एकमात्र फटी-पुरानी साड़ी धोकर सूखने के लिए डाल दी थी और वह घर के अन्दर निर्वसन थी। कहने की जरुरत नहीं कि डिकेन्स या गोर्की तक के साहित्य में निर्धनता का यह रूप हमें नहीं मिलता। गोर्की के सुप्रसिद्ध 'माँ' उपन्यास में जारशाही के शिकार मजदूरों की निर्धनता का वर्णन जरूर मिलता है, पर वहाँ ऐसा कोई घर नहीं है, जिसमें चाय का प्याला न खनकता हो। ब्रिटिश उपनिवेशवाद वाले दौर में भारत के गरीब किसानों की दुर्दशा की तुलना रूसी किसानों-मजदूरों से नहीं हो सकती। इसी प्रकार 'गोदान' में महाजनों के कर्ज से दबा

होरी का परिवार कई दिनों से फाके पर है। जब वह गन्ना के एवज में मिल से पैसे लेकर बाहर निकलता है, तो झिंगुरी सिंह, नोखेराम आदि महाजन उससे वहीं पाई-पाई धरवा लेते हैं। होरी जब घर लौटता है, तो सब उसे आशान्वित होकर देखते हैं। जब वह धनिया से असलियत बयान करता है, तब उसके बाद प्रेमचन्द ने धनिया के ओठों पर आई हुई करुण मुस्कान का जो वर्णन किया है, उसे शब्दों में बाँधना मुश्किल है, "होरी घर पहुँचा, तो रूपा पानी लेकर दौड़ी, सोना चिलम भर लायी, धनिया ने चबेना और नमक लाकर रख दिया और सभी आशा-भरी आँखों से उसकी ओर ताकने लगीं। झुनिया भी चौखट पर आ खड़ी हुई थी। होरी उदास बैठा था। कैसे मुँह-हाथ धोये, कैसे चबेना खाये। ऐसा लज्जित और ग्लानित था, मानों हत्या करके आया हो। धनिया ने पूछा- कितने की तौल हुई? 'एक सौ बीस मिले, पर सब वहीं लुट गये, धेला भी न बचा।' धनिया सिर से पाँव तक भस्म हो उठी। मन में ऐसी उद्वेग उठा कि अपना मुँह नोंच ले। बोली- तुम जैसा घामड़ आदमी भगवान ने क्यों रचा, कहीं मिलते तो उनसे पूछती। तुम्हारे साथ सारी ज़िन्दगी तलख हो गयी, भगवान मौत भी नहीं देते कि जंजाल से जान छूटे। उठाकर सारे रुपये बहनोइयों को दे दिये।...हल में क्या मुझे जोतोगे या आप जुतोगे? पूस की यह ठण्ड और किसी की देह पर लत्ता नहीं। ले जाओ सबको नदी में डुबा दो। सिसक-सिसककर मरने से तो एक दिन मर जाना फिर भी अच्छा है। कब तक पुआल में घुसकर रात काटेंगे और पुआल में घुस भी लें, तो पुआल खाकर रहा तो न जायेगा। यह कहते-कहते वह मुस्करा पड़ी। इतनी देर में उसकी समझ में यह बात आने लगी कि महाजन जब सिर पर सवार हो जाय और अपने हाथ में रुपये हों और महाजन जानता हो कि इसके पास रुपये हैं, तो आसामी कैसे अपनी जान बचा सकता है।"

सामंती एवं उभरते हुए पूँजीवादी शोषण के विविध रुपों से त्रस्त किसान की उस जमाने में कोई खास अहमियत नहीं हुआ करती थी। औपनिवेशिक किसान की दुर्दशा को प्रेमचन्द ने होरी के माध्यम से चित्रित किया है। होरी एक छोटा किसान है। आरंभ में जबकि वह बिल्कुल दरिद्र नहीं हो गया था, उसकी पाँच बीघे की जोत थी। एक दिन खेत की ओर जाते हुए वह जो दिवास्वप्न देखता है, उसकी लालसा का वर्णन गोदान के आरंभ में प्रेमचन्द ने इस प्रकार किया है, "होरी कदम बढ़ाये जाता था। पगडण्डी के दोनों ओर ऊख के पौधों की लहराती हुई हरियाली देखकर उसने मन में कहा- भगवान कहीं से गौं से बरखा कर दें और डाँड़ी भी सुभीते से रहे, तो एक गाय जरूर लेगा। देशी गायें तो न दूध दें, न उनके बछवे ही किसी काम के हों। बहुत हुआ तो तेली के कोल्हू में चलें। नहीं, वह पछाईं गाय लेगा। उसकी

खूब सेवा करेगा। कुछ नहीं तो चार-पाँच सेर दूध होगा। गोबर दूध के लिए तरस-तरसकर रह जाता है। इस उमिर में न खाया-पिया, तो फिर कब खयेगा? साल-भर भी दूध पी ले, तो देखने लायक हो जाय, बछवे भी अच्छे बैल निकलेंगे। दो सौ से कम की गोंई न होगी। फिर, गऊ से ही तो द्वारा की सोभा है। सबेरे-सबेरे गऊ के दर्शन हो जायें, तो कहना क्या कहना? न जाने कब यह साध पूरी होगी, कब वह शुभ दिन आयेगा।'' इस प्रसंग के द्वारा प्रेमचन्द बतलाते हैं कि कितनी छोटी-छोटी इच्छाएँ औपनिवेशिक भारतीय किसान का सबसे बड़ा सपना था। उनके ही शब्दों में 'बैंक-सूद से चौन करने या ज़मीन खरीदने या महल बनवाने की विशाल आकांक्षाएँ उसके नन्हें-से हृदय में कैसे समातीं।' 'गोदान' के अंत में जब लू से झुलसकर होरी प्राण त्याग रहा है, तो यह सारी स्मृतियाँ फिर से जग जाती हैं, ''उसकी आँखे बन्द हो गयीं और जीवन की सारी स्मृतियाँ सजीव हो-होकर हृदय पट पर आने लगीं, लेकिन ब्रेकम, आगे की पीछे, पीछे की आगे स्वप्न-चित्रों की भाँति बेमेल, विकृत और असम्बद्ध। वह सुखद बालपन आया, जब वह गुल्लियाँ खेलता था और माँ की गोद मे सोता था। फिर देखा, जैसे गोबर आया है और उसके पैरों पर गिर रहा है। फिर दृश्य बदला, धनिया दुलहिन बनी हुई है, लाल चुँदरी पहने उसको भोजन करा रही थी। फिर एक गाय का चित्र सामने आया, बिलकुल कामधेनु-सी। उसने उसका दूध दुहा और मंगल को पिला रहा था कि गाय एक देवी बन गयी और...।''

औपनिवेशिक भारत में लगातार निस्तेज होते जा रहे गाँवो का वर्णन प्रेमचन्द ने इस कदर किया है कि उसे देखकर डर लगता है। 'वरदान' की नायिका बिरजन मझगवां से जो पत्र लिखती है उससे मालूम पड़ता है कि तद्‌युगीन भारत के गाँव किस हद तक दरिद्रता, भुखमरी और जहालत के शिकार थे : ''टूटे-फूटे फूस के झोंपड़े, मिट्टी की दीवीरें, घरों के सामने कूड़े-करकट के बड़े ढेर, कीचड़ में लिपटी हुई भैंसें, दुर्बल गायें- जी चाहता है कि कहीं चली जाऊँ। आदमियों को देखे तो उनकी शोचनीय दशा है। हड्डियाँ निकली हुई हैं।...किसी के शरीर पर एक बेफटा वस्त्र नहीं है और कैसे भाग्यहीन कि रात-दिन पसीना बहाने पर भी कभी भरपेट रोटियाँ नहीं मिलतीं।'' 'गोदान' में गोबर जब लखनऊ से लौटकर गाँव आता है, तो उस प्रसंग में उन्होंने विस्तार के साथ गाँव की डरावनी दशा का वर्णन किया है। गाँव में ''ऐसा एक आदमी भी नहीं, जिसकी रोनी सूरत न हो...जीवन में न कोई आशा है, न कोई उमंग, जैसे उनके जीवन के सोते सूख गये हों और सारी हरियाली मुरझा गयी हो। जेठ के दिन हैं, अभी तक खलिहानों में अनाज मौजूद हैं, मगर किसी के चेहरे पर

खुशी नहीं है। बहुत कुछ तो खलिहान में ही तुलकर महाजनों और कारिन्दों की भेंट हो चुका है और जो कुछ है, वह भी दूसरों का है। भविष्य अन्धकार की भाँति उनके सामने है।...द्वार पर मनों कूड़ा जमा है, दुर्गन्ध उड़ रही है, मगर उनकी नाक में न गन्ध है, न आँखों में ज्योति। सरेशाम द्वार पर गीदड़ रोने लगते हैं, मगर किसी को गम नहीं।...उनकी रसना मर चुकी है। उनके जीवन में स्वाद का लोप हो गया है। उनसे धेले-धेले के लिए बेईमानी करवा लो, मुट्ठी-भर अनाज के लिए लाठियाँ चलवा लो। पतन की वह इन्तहा है, जब आदमी शर्म और इज्जत को भी भूल जाता है।'' एक अन्य प्रसंग में 'गोदान' में ही किसानों की दुर्दशा के मद्देनजर रामसेवक कहता है कि ''थाना-पुलिस, कचहरी-अदालत सब है हमारी रक्षा के लिए, लेकिन रक्षा कोई नहीं करता। चारों तरफ लूट है। जो गरीब है, बेकस है, उसकी गर्दन काटने के लिए सभी तैयार है।...यहाँ तो जो किसान है, वह सबका नर्म चारा है। पटवारी को नजराना और दस्तूरी न दें, तो गाँव में रहना मुश्किल है। ज़मींदार के चपरासी और कारिंदा का पेट न भरे, तो निर्वाह न हो। थानेदार और कान्स्टेबिल तो जैसे उसके दामाद हो। जब कभी गाँव में उनका दौरा हो जाय, तो किसानों का धर्म है उनका आदर सत्कार करना।'' कहना न होगा कि अँग्रेजी राज के इस चतुर्दिक शोषण तंत्र ने भारतीय गाँव को तबाह कर दिया था और इसी तबाही के चलते किसान धीरे-धीरे बेदखल होकर मजदूर बन जाने के लिए बाध्य होता जा रहा था। 'गोदान' का होरी पाँच बीघे का जोतदार था, पर अपने जीवन के अंतिम चरण में वह सर्वहारा बनने के लिए अभिशप्त हो जाता है। 'कफन' इसी सर्वहारा वर्ग के अमानवीकरण की कहानी है। 'गोदान' के होरी और 'कफन' के घीसू-माधव में गहरा संबंध है। होरी में श्रम के प्रति जहाँ गहरा लगाव दिखाई देता है, वहाँ घीसू-माधव में श्रम के प्रति अलगाव की भावना है, जिसकी वजह बयान करते हुए कहा गया है कि जिस समाज में हाड़-तोड़ मेहनत करने वालों की हालत घीसू-माधव से बेहतर न हो, उसमें ऐसी मनोवृत्ति का पैदा हो जाना कोई आश्चर्य की बात नहीं है। इस मनोवृत्ति के पैदा होने के मूल में निहित मनोसामाजिक एवं आर्थिक पहलुओं को परत-दर-परत खोलते हुए 1844 की आर्थिक एवं दार्शनिक पांडुलिपि में मार्क्स लिखते हैं कि ''मनुष्य का अपने श्रम से अलगाव क्यों होता है? सबसे पहले तो इसलिए कि वह श्रम मजदूरों के लिए एक बिलकुल ही बाहरी चीज है, अर्थात वह उसके सारभूत, निसर्ग-सिद्ध अस्तित्व का अंग नहीं है, इसलिए अपने काम में वह अपने को पाता नहीं खोता है, इसलिए उसको उसमें आंतरिक सुख का नहीं, दुःख का ही अनुभव होता है, वह काम उसके शारीरिक और मानसिक शक्तियों को विकसित नहीं करता, उल्टे उसके

शरीर को कष्ट पहुँचाता है और उसके मानस को नष्ट कर देता है। इसलिए मजदूर को अपने होने की अनुभूति तभी होती है, जब वह काम नहीं कर रहा होता, जब काम कर रहा होता है, तब उसे अपने होने का एहसास नहीं होता, एक बेगानापन या अजनबीपन-सा मालूम होता है। जी, बहुत खुश-खुश-सा रहता है, जब वह काम नहीं कर रहा होता और उखड़ा-उखड़ा जब कि वह काम कर रहा होता है। इसलिए यही कहना ठीक होगा कि उसका श्रम स्वेच्छा से किया गया श्रम नहीं, विवशता से किया गया श्रम है। परिणामतः उसको लगता है कि वह अपने सामान्य जैविक या पशुवत आचरण-खाने-पीने, बच्चा पैदा करने में ही स्वतंत्र है. ..और अपने मानवीय आचरण में किसी जानवर से ज्यादा कुछ नहीं। यह ठीक है कि खाना, पीना, बच्चे पैदा करना आदि भी नितांत मानवीय क्रियाएँ हैं, लेकिन जब उन्हें मानव क्रियाशीलता के दूसरे रूपों से अलग करके अंतिम और एक मात्र लक्ष्य बना दिया जाता है, तब वो निरी पशुवत क्रियाएँ रह जाती है।'' स्मरणीय है कि 'गोदान' के होरी के भीतर श्रम से अलगाव नहीं है। वह कहता है कि ''मजदूरी करना कोई पाप नहीं है। मजूर बन जाय तो किसान हो जाता है। किसान बिगड़ जाय तो मजूर हो जाता है।'' उसकी कामना है कि ''भगवान उसे कुकर्म से बचाये रखें और वह कुछ नहीं चाहता।'' जैसे ही उसे पता चलता है कि एक ठेकेदार ने सड़क के लिए गाँव के ऊसर में कंकड़ की खुदाई शुरु की है, वह चट-पट वहाँ जा पहुँचता है और आठ आने रोज पर खुदाई का काम करने लगता है। प्रेमचन्द लिखते हैं कि, ''दिनभर लू और धूप में काम करने के बाद वह घर आता है, तो बिलकुल मरा हुआ, उत्साह का नाम नहीं। उसी उत्साह से दूसरे दिन काम करने जाता। रात को भी खाना खाकर डिब्बी के सामने बैठ जाता और सुतली कातता। कहीं बारह एक बजे सोने जाता।'' किन्तु इस हाड़-तोड़ परिश्रम की परिणति होरी के लिए अंततः जानलेवा साबित हुई : ''होरी कंकड़ के झौवे उठा-उठाकर खदान से सड़क तक लाता था और गाड़ी पर लादता था। जब दोपहर की छुट्टी हुई, तो वह बेदम हो गया था। ऐसी थकान उसे कभी नहीं हुई थी। उसके पाँव तक न उठते थे। देह भीतर से झुलसी जा रही थी।...प्यास के मारे कंठ सूख जाता है।... होरी ने उठकर एक लोटा पानी खींचकर पिया... उसके हो गयी और चेहरे पर मुर्दनी-सी छा गई।... उसे फिर कै हुई और हाथ-पाँव ठण्डे होने लगे। उसी मजदूर ने फिर पुकारा-दोपहरी ढल गयी होरी, चलो झौवा उठाओ। होरी कुछ न बोला। उसके प्राण तो न जाने किस-किस लोक में उड़ रहे थे। उसकी देह जल रही थी, हाथ पाँव ठण्डे हो रहे थे। लू लग गयी थी।...मुख कान्तिहीन हो गया था।'' इस प्रकार अंततः वह गाय की लालसा मन में लिये

हुए मृत्यु के मुख में समा जाता है। यह ठीक ही कहा गया है कि इस उपन्यास में धनिया द्वारा सुतली बेचकर जमा किये गये बीस आने पैसे से जो 'गोदान' कराया गया है, वह वस्तुतः सुधारवाद के प्रति प्रेमचन्द की बची-खुची आस्था का भी गो-दान है।

कथाकार प्रेमचन्द के इसी बदलते हुए रचनात्मक मानस की सृष्टि घीसू और माधव हैं, जिनके मन में मेहनत, सामाजिक मर्यादा आदि के प्रति जरा-सा भी लगाव नहीं है। उस जमाने में प्रेमचन्द के मन में अँग्रेजी राज के साथ-साथ सामंती-पुरोहिती समाजार्थिक व्यवस्था के प्रति जो घोर घृणा का भाव था, उसकी अभिव्यक्ति उनकी तद्‌युगीन रचनाओं में हुई है। अपने समय में महाजनी सभ्यता की धीमी पदचाप को वे बखूबी सुन रहे थे और इसके चलते तद्‌युगीन मनुष्य के शील व चेतना में जो स्खलन पैदा हो रहा था, उसका निरुपण करते हुए वे लिखते हैं कि "महाजनी सभ्यता में सारे कामों की गरज महज पैसा होती है। किसी देश पर राज किया जाता है, तो इसलिए कि महाजनों, पूँजीपतियों को ज़्यादा से ज़्यादा नफा हो। इस दृष्टि से मानो आज दुनिया में महाजनों का ही राज्य है। मनुष्य समाज दो भागों में बँट गया है। बड़ा हिस्सा तो मरने और खपने वालों का है... उसका अस्तित्व केवल इसलिए है कि अपने मालिकों के लिए पसीना बहाये, खून गिराये और एक दिन चुपचाप इस दुनिया से विदा हो जाये। अधिक दुःख की बात तो यह है कि शासक वर्ग के विचार और सिद्धान्त शासित वर्ग के भीतर भी समा गये हैं, जिसका फल यह हुआ है कि हर आदमी अपने को शिकारी समझता है और उसका शिकार है समाज।...धन-लोभ ने मानव भावों को पूर्ण रुप से अपने अधीन कर लिया है। कुलीनता और शराफत, गुण और कमाल की कसौटी पैसा और केवल पैसा है। जिसके पास पैसा है, वह देवता स्वरूप है, उसका अन्तःकरण कितना ही काला क्यों न हो। साहित्य, संगीत और कला सभी धन की देहली पर माथा टेकने वालों में है। यह हवा इतनी जहरीली हो गयी है कि इसमें जीवित रहना कठिन होता जा हा है।" याद आ सकते हैं फ्रांसीसी कथाकार बाल्जाक जिनका कहना था कि कोई भी संपत्ति साम्राज्य बिना लूट, शोषण, भ्रष्टाचार, अपराध व तीन-तिकड़म के खड़ा ही नहीं हो सकता। आज जबकि अपने देश गें ही नहीं, बल्कि कमोबेश पूरी दुनिया में एक नयी महाजनी सभ्यता का अभ्युदय हो चुका है, जिसका आधार औद्योगिक पूँजी के बजाए वित्तीय पूँजी है, तो ऐसे में जहरीलेपन के अनुपात में जो इजाफा हुआ है, उसका अंदाजा लगाना मुश्किल नहीं है। प्रेमचन्द अपने समय में शिद्दत के साथ यह महसूस कर रहे थे कि "इस पैसे ने आदमी के दिलोदिमाग पर इतना कब्जा जमा लिया है कि

.. वह दया और स्नेह, सच्चाई और सौजन्य का पुतला मनुष्य दया-ममताशून्य जड़यंत्र बनकर रह गया है।'' कहना न होगा कि तब से लेकर अब तक कुछेक अपवादों को छोड़कर भारतीय समाज की हालत बद से बदतर हुई है।

यह सही है कि प्रेमचन्द गोबर में क्रांति की चिनगारी फूटती दिखलाते हैं। 'गोदान' का गोबर एक सीमा तक 'प्रेमाश्रम' के बलराज की तरह है। किन्तु बलराज से भिन्न वह अन्ततः किसान ही बना नहीं रहता। सच तो यह है कि बलराज की तुलना में उसका चरित्र कई मायने में बहुत जटिल है। भले ही लखनऊ में रहते हुए 'उसने राजनैतिक जलसों के पीछे खड़े होकर भाषण सुने हैं और उनसे अंग-अंग में बिंधा है। उसने सुना है और समझा है कि अपना भाग्य खुद बनाना होगा, अपनी बुद्धि और साहस से इन आफतो पर विजय पाना होगा। कोई देवता, कोई गुप्त शक्ति उनकी मदद करने न आयेगी।...वह नम्र और उद्योगशील हो गया है' तथा स्वार्थ और लोभ के वश में होने से वह बचना चाहता है, पर साथ ही उपन्यासकार ने उसके व्यक्तित्व में निहित उस अन्तर्विरोध को भी उजागर किया है, जिसके तहत शहर में छोट-मोटा धन्धा करके कुछ पैसे जमा कर लेने के बाद सूदखोरी का विरोधी-गोबर खुद सूद पर पैसा लगाता है। 'बूढ़ी काकी' कहानी में प्रेमचन्द ने लिखा है कि ''सन्तोष-सेतु जब टूट जाता है, तब इच्छा का बहाव अपरिमित हो जाता है।'' कहने का तात्पर्य यह कि गोबर की क्रांतिकारिता के बावजूद हम एक हद तक उसके व्यक्तित्व में 'सन्तोष-सेतु' को जब-तब टूटता हुआ देखते हैं। बावजूद इसके ऐसा लगता है कि प्रेमचन्द को किसानों में विद्रोह करने की क्षमता पर थोड़ा विश्वास जरूर था।

'दो बैलों की कथा' प्रेमचन्द की रचनाशीलता के अंतिम चरण की कहानी है, जो वस्तुतः एक रूपक कथा है। इसमें वे बतलाते हैं कि बैल कभी-कभी मारता भी है और अन्य कई तरह से अपना असंतोष प्रकट करता है। हिन्दी में पहली बार किसी पशु को लेकर रचित इस जीवंत कहानी पर टिप्पणी करते हुए राजेन्द्र यादव ने लिखा है कि हिन्दी कथा साहित्य में बकरी, तेंदुए, ऊँट, कुत्ते, चूहे, छिपकिली, सूँस, तिलचट्टे, हाथी, घोड़े, गैडे, रीछ, भेड़िए आदि सब आये और प्रेमचन्द के बाद हिन्दी का चिड़ियाखाना काफी समृद्ध हुआ, पर प्रेमचन्द के हीरा और मोती जैसे दो बैलों का कोई जवाब नहीं है। जाहिर है कि बैल का सीधा सम्बन्ध किसान जीवन से है और कहानीकार ने उनमें क्रांति की चिंगारी को रेखांकित किया है, जिसका सम्बन्ध कहीं न कहीं किसानों के हृदय में पनप रही विद्रोह-भावना से है। बैलों की तुलना में यदि इस कहानी में आये गधे को देखें, तो प्रेमचन्द की उस टिप्पणी की व्यंजना स्पष्ट हो जाती है, जिसमें कहा गया है

कि ऋषिमुनियों के सारे गुण गधे में मिल जाते हैं। इस प्रकार यह कहना अयुक्तियुक्त न होगा कि कालान्तर में प्रेमचन्द अपने कथा साहित्य में वर्गीय आधार का विकास करते हैं। वे सामंत वर्ग से मध्यवर्ग और मध्यवर्ग से किसान वर्ग तक को केन्द्र में रखकर रचना करते हुए चुक नहीं जाते। दूसरे शब्दों में उनकी अपनी विकास-यात्रा का अंतिम पड़ाव किसान वर्ग नहीं है। चीन की सर्वहारा सांस्कृतिक क्राति के दौरान एक लोकप्रिय नारे में कहा गया था कि "चीजों को बदलने के लिए चीजों को जानो, चीजों को बदलने की प्रक्रिया से खुद को बदल डालो।" बीसवीं सदी में कवि जयशंकर प्रसाद एवं निराला के समानान्तर कथा साहित्य के क्षेत्र में रचनारत प्रेमचन्द हिन्दी के ऐसे लेखक हैं, जो अपनी रचना-यात्रा के अंतिम चरण तक विकसनशील रहे। अपने रचनात्मक उपक्रम के अंतिम चरण में किसान वर्ग से भी उनका मोहभंग होता है। 'गोदान' में प्रो. मेहता किसानों के बारे में कहते हैं कि देश में कुछ भी हो, क्रांति ही क्यों न आ जाय, इनसे कोई मतलब नहीं। उनकी आत्मा जैसे चारों ओर से निराश होकर अपने अंदर टाँगें तोड़कर बैठ गयी है। इतना ही नहीं, 'गोदान' के होरी का भी मानना है कि "जब दूसरे के पाँवोंतले अपनी गर्दन दबी हुई है, तो उन पाँवों को सहलाने में ही कुशल है।"

वस्तुतः प्रेमचन्द के समग्र कथा साहित्य में 'प्रेमाश्रम' के मनोहर एवं बलराज सदृश दो किसानों में वास्तविक विद्रोह की चिनगारियाँ दिखलाई पड़ती हैं। इस उपन्यास में गौसखाँ द्वारा बेदखली की धमकी दिये जाने पर मनोहर का जवाब है कि "बेदखली की धमकी दूसरों को दें, यहाँ हमारे खेतों के मेड़ पर कोई आया, तो उसके बाल बच्चे उसके नाम को रोएँगे।" इसी प्रकार गाँव में हाकिम के आने पर जब देर से पहुँचे बलराज को दो सिपाही पकड़कर बाँधने की कोशिश करते हैं, तो उसका पिता मनोहर, "बाज की तरह टूटकर बलराज के पास पहुँचा और दोनों कांस्टेबिलों को धक्का देकर बोला छोड़ दो, नहीं तो अच्छा न होगा। इतना कहते-कहते उसकी जबान बंद हो गई और आँखों से आँसू निकल पड़े।" मनोहर का पुत्र बलराज भी पिता के समान ही विद्रोही है। पुरानी पीढ़ी के दूसरे किसानों द्वारा धीरज से सब कुछ बर्दाश्त करने की सलाह को ठुकराता हुआ वह कहता है कि "तुम तो दो-चार दिन के मेहमान हो, जो कुछ पड़ेगी वह तो हमारे ही सिर पड़ेगी। (यानी नौजवानों के सर) ज़मींदार कोई बादशाह नहीं है कि चाहे जितनी जबर्दस्ती करें और हम मुँह न खोले। इस जमाने में तो बादशाहों को भी इतना अख़्तियार नहीं, ज़मींदार किस गिनती में हैं।" किंतु इन विद्रोही किसानों की मौजूदगी के बावजूद इस सच से मुँह मोड़ना असंभव है कि प्रेमचन्द के ज़्यादातर

किसान पात्र भीरु हैं। वे अपनी तकदीर का रोना रोते हैं। भारतीय किसानों के वर्ग चरित्र का विश्लेषण करने पर प्रतीत होता है कि तद्‌युगीन किसान सामंती-पुरोहिती व्यवस्था से नाभिनालबद्ध था। एक ओर जहाँ वह सामंत वर्ग को तरजीह देता था, वहीं दूसरी ओर धर्म के क्षेत्र में वह पुरोहिती व्यवस्था का भी पोषक था तथा कुल मिलाकर वह धार्मिक एवं पौराणिक संस्कारों का वाहक था। 'सवा सेर गेहूँ' कहानी का नायक अपने महाजन के खिलाफ केवल इस वजह से आवाज नहीं उठा पाता है, क्योंकि महाजन ब्राह्मण है, जो उसे शाप दे सकता है। 'गोदान' में भी ब्राह्मण महाजन पंडित दातादीन से होरी अपने संस्कारों के चलते भयभीत दिखाया गया है। प्रेमचन्द ने लिखा है कि होरी के पेट में धर्म की क्रांति मची हुई थी। भोला के बैल खोलने पर होरी धर्म की बात करता है और ध्यान सिंह के यहाँ आरती में रखने के लिए पैसा न होने पर उसे बुरा लगता है। यह और कुछ नहीं, बल्कि किसान वर्ग में अन्तर्निहित संस्कारगत दुर्बलता है, जिसके चलते उसका क्रातिकारी होना एक हद तक असंभव है। किसान अपने पेशे के कारण स्वभावतः डरपोक होता है। मनोविज्ञान जैसे जटिल विषय को रोचक शैली में आसानी से समझाने में माहिर भारतीय लेखक एवं विचारक सुधीर कक्कड़ ने लिखा है कि, "अधिकांश भारतीयों के लिए समाज का मतलब अपने परिवार या समुदाय के जीवित सदस्यों से ही नहीं होता, बल्कि उसमें 'पितर' और 'पुरखे' भी शामिल हैं।" कहने की जरूरत नहीं कि किसान वर्ग में यह धारणा ज़्यादा बद्धमूल रूप में विद्यमान होती है। 'मुक्तिमार्ग' कहानी में एक किसान एवं गड़ेरिया के बीच झगड़े का वर्णन करते हुए किसान की बुनियादी स्वभावगत दुर्बलता की मीमांसा प्रेमचन्द इन शब्दों में करते हैं : "केले को काटना भी उतना आसान नहीं, जितना किसान से बदला लेना आसान है। उसकी सारी कमाई खेतों या खलिहानों में रहती है। कितनी ही दैविक और भौतिक आपदाओं के बाद कहीं अनाज घर में आता है और जो कहीं इन आपदाओं के साथ विद्रोह ने भी संधि कर ली, तो बेचारा किसान कहीं का नहीं रहता।" 'कर्मभूमि' का पात्र प्रयाग कहता है, "खेती की झंझट में न पड़ना भैया! चाहे खेत में कुछ हो या न हो, लगान जरूर दो। कभी ओला-पाला, कभी सूखा बुरा। उस पर अगर खलिहान में आग लग गई या बैल मर गया, तो सब कुछ स्वाहा...।" वस्तुतः यह किसान के वर्ग चरित्र का विश्लेषण है, जो व्यावहारिकता की भूमि पर आधारित है। सच तो यह है कि किसान में निम्नपूँजीवादी रुझान बद्धमूल होता है। 'कम्युनिस्ट घोषणा-पत्र' में मार्क्स ने भी किसानों को 'पेट्टीबुर्जुआ' वर्ग के अंतर्गत ही रखा है : "निम्न मध्यम वर्ग के लोग-छोटे कारखानेदार, दुकानदार, दस्तकार और किसान ये सब मध्यम वर्ग के

अंश के रुप में अपने अस्तित्व को नष्ट होने से बचाने के लिए पूँजीपति वर्ग से लोहा लेते हैं। इसलिए वे क्रातिकारी नहीं, रुढ़िवादी हैं। इतना ही नहीं, चूँकि वे इतिहास के चक्र को पीछे की ओर घुमाने की कोशिश करते हैं, इसलिए वे प्रतिगामी है।'' अपने इसी घोषणा-पत्र में एक अन्य संदर्भ में मार्क्स-एंगेल्स ने लिखा है कि ''पादरी और ज़मींदार का चोली-दामन का साथ रहा है।'' भारत के संदर्भ में हम इसे पुरोहिती-सामंती गठजोड़ के रुप में देखते हैं, जो छोटे किसानों के जीवन मूल्यों को भी प्रभावित करता रहा हैं। स्मरणीय है कि ''हर युग के प्रभुत्वशील विचार सदा उसके शासन वर्ग के ही विचार रहे हैं।'' इसलिए छोटे किसानों के जीवन मूल्य भी प्रायः उन्हीं विश्वासों एवं रुढ़ियों से आक्रांत होते हैं, जिन्हें हम ज़मींदारों के यहाँ पाते हैं। यह सही है कि लेनिन ने 'जनतांत्रिक क्रांति के दो पैतरे' निबन्ध में किसानों को बुर्जुआ मानने के बावजूद रणनीति के दृष्टि से उन्हें क्रांति के लिए चलाये जा रहे विभिन्न अभियानों में साथ लेकर चलने की पेशकश की थी और माओ ने भी पूँजीवाद के विरुद्ध अपने संघर्ष में किसानो को सहयोगी बनाया था। पर यह भी आपदधर्म के रुप में लिया गया रणनीतिक निर्णय था। इन क्रातिकारी पुरोधाओं को यह भी भली-भाँति विदित था कि किसान और उजरती मजदूर में वर्ग-विरोध का संबन्ध होता है तथा किसान की भूमिका प्रायः प्रतिक्रियावाद से परिचालित होती है। बावजूद इसके किसानों की प्रक्रिया से जोड़ना तद्युगीन रूस व चीन की सामाजार्थिक स्थिति के मद्देनजर एक प्रकार की बाध्यता थी। यह बात जिस हद तक क्रांतिकारियों की दृष्टि में थी उसी हद तक शब्दकर्मियों के सामने भी। 'कम्युनिस्ट घोषणा-पत्र' में उल्लेख किया गया है कि ''फ्रांस जैसे देशों में, जहाँ आधी से कहीं अधिक आबादी किसानों की है, यह स्वाभाविक था कि जो लेखक पूँजीपति वर्ग के खिलाफ सर्वहारा वर्ग का साथ देते थे, वे पूँजीवादी शासन व्यवस्था की अपनी आलोचना में किसानों और निम्न पूँजीपतियों के मानदण्ड़ का प्रयोग करते और मजदूर वर्ग के समर्थन में इन्हीं मध्यम वर्गों के दृष्टिकोण से आवाज उठाते।'' प्रकारान्तर से तद्युगीन भारतीय समाज में कथाकार प्रेमचन्द भी यही रोल अदा कर रहे थे, पर उन्हें अच्छी तरह पता चल गया था कि किसानों से क्रांति की आशा नहीं की जा सकती। किसानों के बारे में माओत्से तुंग ने सही लिखा है कि ''उनका रवैया ढुलमुल होता है। वे सोचते है कि क्रांति से उन्हें बहुत लाभ नहीं होगा।'' इसलिए यदि प्रेमचन्द का मध्य-किसान होरी ज़मींदार के तलवे के नीचे धर्म और मर्यादा को बोझ ढोते हुए मर जाता है, तो यह अस्वाभाविक नहीं है। यही प्रेमचन्द के वस्तुविन्यास का अन्तर्विरोध भी है। कथाकार जिसके पक्ष में खड़ा है, उसकी जड़ ही कमज़ोर है।

इसलिए 'गोदान' की त्रासदी घटित होती है। प्रेमचन्द की महानता इस बात में है कि उन्हों ने तद्‌युगीन भारतीय किसानों की विपन्नता की पीड़ा को अपनी कथाकृतियों में पिरो दिया। सच तो यह है कि कथाकार प्रेमचन्द के वस्तुविन्यास का अन्तर्विरोध प्रकारान्तर से भारतीय समाजार्थिक संरचना का अन्तर्विरोध है।

दीगर बात यह कि प्रेमचन्द के कथा साहित्य में आये ज़्यादातर किसान सवर्ण संस्कार से आक्रांत हैं। इस पुरोहिती संस्कार के विरुद्ध कथाकार प्रेमचन्द के यहाँ पहली अभिव्यक्ति 'कर्मभूमि' में मिलती है। अमरकांत जब समाज में अस्पृश्य मानी जाने वाली जाति के एक सदस्य गूदड़ के साथ किसानों की लगान से मुक्ति का प्रस्ताव लेकर महंत जी से मिलने जाता है, तो "संध्या का समय था। महंत जी एक सोने की कुर्सी पर बैठे हुए थे, जिस पर मखमली गद्दा था। उनके इर्द-गिर्द भीड़ लगी हुई थी, जिसमें महिलाओं की संख्या ही अधिक थी। पुरुष दूसरी ओर बैठे थे। महंत जी पूरे छह फीट के विशालकाय, सौम्य पुरुष थे।...भक्त लोग जाकर उनके चरणों को आँखों से लगाते थे ...कहीं बड़ी-बड़ी कड़ाहियों में पूरियाँ-कचौड़ियाँ बन रही हैं, कहीं भाँति-भाँति की शाक-भाजी चढ़ी है, कहीं दूध उबल रहा है, कहीं मलाई निकाली जा रही है।" वहाँ अमरकांत एवं गूदड़ से कहा जाता है कि वे तीन घंटे बाद आयें, क्योंकि यह आरती का समय है। जब ठीक आरती के समय अन्दर दर्शन के लिए भीड़ उमड़ती है, तो गूदड़ कहता है : "अब देखो भगवान की आरती हो रही है और हम भीतर नहीं जा सकते। यहाँ के पंडों-पुजारियों के चरित्र सुनो, तो दाँतों तले उँगली दबा लो पर वे यहाँ के मालिक हैं और हम भीतर कदम नहीं रख सकते।" इस उपन्यास में विस्तार के साथ किसानों के भयानक दमन का जिक्र है, जिसके बाद शहर में सत्याग्रह होता है और अन्ततः उन दिनों अस्पृश्य माने जाने वाले लोगों का मंदिर में प्रवेश संभव होता है।

किन्तु, 'सवा सेर गेहूँ' कहानी का नायक शंकर या 'गोदान' का होरी पुरोहिती व्यवस्था के धर्म का अतिक्रमण नहीं कर पाता। इस व्यवस्था से आक्रांत होने के चलते शंकर जीवन-भर ऋण नहीं चुका पाता और अन्ततः बंधुआ मजदूर बनकर रह जाता है तथा होरी तीस रुपये का कर्ज की व्याज सहित रकम दो सौ रुपये चुकाते-चुकाते सर्वहारा हो जाता है। ये पात्र समाज के जिस तबके से आते हैं, उसके मद्देनजर उनके विद्रोही होने की कल्पना असंभव है।

भारतीय समाज व्यवस्था और खास तौर से हिन्दू समाज का मूलाधार वर्ण व्यवस्था रही है, जो आज भी कमोबेश सत्य है। दूसरे शब्दों में हमारे समाज में पहले स्थान पर वर्ण है, फिर वर्ग। वर्ण की रचना में धन के बजाय धर्म का आधार

ज्यादा महत्त्वपूर्ण होता है। डॉ. अम्बेडकर ने ठीक ही हिन्दू वर्ण -व्यवस्था की तुलना एक ऐसी बहुमंजिली गगनचुम्बी इमारत से की है, जिसमें नीचे से ऊपर और ऊपर से नीचे आवाजाही के लिए सीढ़ियाँ नदारद हैं। किन्तु, स्मरणीय है कि दलितों में जो अस्पृश्य तबका है, वह चातुवर्ण्य व्यवस्था के बाहर है और वह पुरोहिती व्यवस्था का सर्वाधिक दंश झेलने के बावजूद उसकी रुढ़ियों, परम्पराओं एवं विश्वासों से आक्रांत नहीं है। भारतीय संदर्भ में यही तबका असली सर्वहारा है, जिसके पास खोने के लिए कुछ भी नहीं है। जिन मानसिक व भौतिक तापों को इस तबके के लोग सहस्त्राब्दियों से झेलते रहे, उसके मद्देनजर क्रांति की वास्तविक ऊर्जा की संभावना केवल इन्हीं में हो सकती है। भारत के इस अस्पृश्य सर्वहारा के पास धन, धर्म, रुढ़ियों, विश्वासों आदि का अभाव है, इसलिए यह प्रदत्त सामाजिक व्यवस्था को झकझोर सकता है। प्रेमचन्द के साहित्य में आये अस्पृश्य पात्र बड़े ज़ोरदार एवं धारदार हैं। स्मरणीय है कि 'कर्मभूमि' के सारे किसान-पात्र रैदासी हैं। उनमें बूढ़ी सलोनी भी है, जिसे हाकिम जब लगान वसूल करने के दरमियान हंटर से मारता है, तो वह सरेआम उसके मुँह पर थूक देती है। 'गोदान' में भी पंडित मातादीन के मुँह में हड्डी ठूँसने वाले पात्र अस्पृश्य कही जाने वाली जाति के ही हैं। प्रेमचन्द के शब्दों में मातादीन "सिलिया का तन और मन दोनों लेकर भी बदले में कुछ न देना चाहता था।...उसे वह दिन याद आये-और अभी दो साल भी तो नहीं हुए—जब यही मातादीन उसके तलवे सहलाता था, जब उसने जनेऊ हाथ में लेकर कहा था-सिलिया जब तक दम में दम है, तुझे ब्याहता की तरह रखूँगा...।" मातादीन ने जब सेर-भर अनाज सहुआइन को गुलाबी रंग के एवज में दे देने पर सिलिया को अपमानित किया, तो "उसी वक्त उसकी माँ, बाप, दोनों भाई और कई अन्य चमारों ने न जाने किधर से आकर मातादीन को घेर लिया।" सिलिया की माँ उससे कहती है कि "जब ब्राह्मण के साथ रहती है, तो ब्राह्मण की तरह रह। सारी बिरादरी की नाक कटवाकर भी चमारिन ही बनना था, तो यहाँ क्या घी का लोंदा लेने आयी थी।" सिलिया का साठ वर्षीय पिता हरखू झिंगुरी सिंह से कहता है कि "झगड़ा कुछ नहीं है ठाकुर हम आज या तो मातादीन को चमार बनाके छोड़ेंगे या उनका और अपना रकत एक कर देंगे।...तुम हमें ब्राह्मण नहीं बना सकते, मुदा हम तुम्हें चमार बना सकते हैं।" प्रेमचन्द लिखते हैं कि कैसे हरखू के ललकारने पर "दो चमारों ने लपककर मातादीन के हाथ पकड़ लिये, तीसरे ने झपटकर उसका जनेऊ तोड़ डाला और इसके पहले कि मातादीन और झिंगुरी सिंह अपनी-अपनी लाठी संभाल सके, दो चमारों ने मातादीन के मुँह में एक बड़ी-सी हड्डी का टुकड़ा डाल

दिया। मातादीन ने दाँत जकड़ लिये, फिर भी वह घिनौनी वस्तु उनके ओठों में तो लग ही गयी। उन्हें मतली हुई और मुँह आप-से-आप खुल गया और हड्डी कण्ठ तक जा पहुँची। इतने में खलिहान के सारे आदमी जमा हो गये, पर आश्चर्य यह कि कोई धर्म के लुटेरों से मुजाहिम न हुआ।''

स्मरणीय है कि सज्जाद जहीर उर्फ बन्ने भाई को लिखे अपने एक पत्र में प्रेमचन्द ने बनारस को 'रूढ़िवाद की राजधानी' करार दिया था और जीवन-भर वे भारतीय समाज में व्याप्त रूढ़िवाद के विरुद्ध खड्गहस्त रहे।

'कफन' कहानी के नायक भी अस्पृश्य तबके के हैं और वे जिस धर्म का मखौल उड़ाते हैं, वह ब्राह्मण धर्म है। स्पष्ट ही इस कहानी का नायक कोई किसान कदापि नहीं हो सकता था। इस प्रकार अस्पृश्य की स्वाधीन चेतना का वर्गीय आधार उनके व्यावसायिक वैशिष्ट्य के चलते किसानों की तुलना में सामंती जीवन मूल्यों से हटकर है। दलित समुदाय के लोग अपने पेशे की वजह से किसानों की अपेक्षा स्वतंत्र होते हैं। वे कभी भूख से नहीं मरते और समाज के ऊपरी तबके को हरदम इनकी जरुरत तो होती है। इसलिए अनेक संदर्भों में सामंत वर्ग के लोग इन पर निर्भर रहते हैं। मध्यकाल के संदर्भ में इतिहासकार कुँवर मुहम्मद अशरफ ने लिखा है कि कुछ मायने में चमार और घरेलू नौकर-बढ़ई, सुनार, लोहार, कुम्हार, धोबी और भंगी इत्यादि अपेक्षाकृत सम्पन्न रहते थे, क्योंकि उन पर पशुओं और अनेक पुरोहितों का बोझ नहीं रहता था। उनका तिरस्कृत एकाकीपन उन्हें बाहरी हस्तक्षेप से एक प्रकार से सुरक्षा प्रदान करता था। संभवतः इसी कारण मध्यकाल में दलित समुदाय के बीच से कबीर, रैदास आदि विद्रोही कवि पैदा हो सके, जो हमारे जमाने में दलित साहित्य के प्रेरणास्रोत माने जाते हैं।

कथाकार प्रेमचन्द को अपने समय के भारतीय समाज की वर्णीय एवं वर्गीय संरचना की गहरी समझ थी। वे जानते थे कि सवर्ण एक हद तक अवर्णों पर निर्भर हैं। 'दूध का दाम' कहानी में उन्होंने लिखा है कि 'अब बड़े-बड़े शहरों में दाइयाँ, नर्सें और महिला डॉक्टर सभी हैं, पर देहातों में जच्चेखाने पर भंगियों का ही प्रभुत्व होता है।' यह अकस्मिक नहीं कि प्रेमचन्द के कथा साहित्य का सर्वाधिक विद्रोही नायक 'रंगभूमि' का सूरदास भी दलित ही है, जो एक ताकतवर पूँजीपति जान सेवक के छक्के छुड़ा देता है। वह बड़े जीवट का आदमी है। प्रेमचन्द के शब्दों में उसके सबसे बड़ी खासियत यह है कि ''अन्याय देखकर उससे न रहा जाता था, अनीति उसके लिए असह्य थी।'' सन् 1923 में एक चिट्ठी में प्रेमचन्द ने लिखा था कि ''खेल के मैदान में वही शक्स तारीफ का मुस्तहक होता है, जो जीत से फूलता नहीं, हार से रोता नहीं, जीते तब भी खेलता है, हारे तब भी खेलता

है।...हमारा काम तो सिर्फ खेलना है, खूब दिल लगाकर खेलना, खूब जी तोड़कर खेलना, अपने को हार से इस तरह बचाना, गोया हम कोनैन (इहलोक-परलोक) की दौलत खो बैठेंगे, लेकिन हारने के बाद, पटखनी खाने के बाद, गर्द झाड़कर खड़े हो जाना चाहिए और फिर खम ठोककर हरीफ से कहना चाहिए कि एक बार और।''

प्रेमचन्द का यही जीवन दर्शन 'रंगभूमि' के सूरदास के चरित्र में पैबस्त है। जॉन सेवक उसकी पुश्तैनी ज़मीन खरीदकर या जबर्दस्ती हड़पकर वहाँ सिगरेट का कारखाना खड़ा करना चाहता है। वह सूरदास से धमकी भरे लहजे में कहता है कि ''अब व्यापार का राज्य है, और जो इस राज्य को स्वीकार न करे, उसको तारों का निशाना मारने वाली तोपें हैं।'' किन्तु सूरदास उसकी एक नहीं सुनता। इलाके के लोगों में उसका बड़ा आदर है, जिन्हें साथ लेकर वह अंत-अंत तक जॉन सेवक से जूझता है। अंग्रेजी राज की पुलिस की गोली से घायल सूरदास कहता है– ''हम हारे तो क्या, मैदान से भागे तो नहीं, रोये तो नहीं, धाँधली तो नहीं की। फिर खेलेंगे, जरा दम ले लेने दो, हार-हारकर तुम्हीं से खेलना सीखेंगे और एक-न-एक दिन हमारी जीत होगी, अवश्य होगी।'' इतना ही नहीं, इस अंधे भिखारी नायक को अपनी हार की वजह का भी पूरा अंदाजा है। उसको एहसास है कि 'खिलाड़ियों को मिलाकर नहीं खेलने' के चलते ही अंग्रेजी राज के प्रतिनिधि क्लार्क एवं पूँजीपति जॉन सेवक से जनता हार गयी है।

झोपड़ी उजाड़ और जला दिये जाने के बाद मिठुआ से सूरदास की जो बातचीत होती है, उससे उसके जीवट का सही पता चलता है :

''मिठुआ-दादा, अब हम रहेंगे कहाँ?
सूरदास-दूसरा घर बनायेंगे।
मिठुआ-और जो कोई फिर आग लगा दे?
सूरदास-तो फिर बनायेंगे।
मिठुआ-और फिर लगा दे?
सूरदास-तो हम फिर बनायेंगे।
मिठुआ-और जो कोई हजार बार लगा दे?
सूरदास-तो हम हजार बार बनायेंगे।

....

मिठुआ-और जो कोई सौ लाख बार लगा दे?
सूरदास-तो हम भी सौ लाख बार बनायेंगे।''

कहना न होगा कि यह एक दलित की जीवनी शक्ति का प्रकटीकरण है, जिसके माध्यम से भारत का सारा इतिहास बोल रहा है। इस देश को नजाने कितनी बार उजाड़ने, लूटने की कोशिशें हुईं, फिर भी यह देश बार-बार उठकर खड़ा होता रहा है।

'रंगभूमि' के सूरदास की जिजीविषा 'गोदान' के होरी में नहीं है। प्रेमचन्द ने दिखाया है कि किसान तरह-तरह की यंत्रणा झेलने के बावजूद उस कदर लड़ नहीं सकता जैसे कि एक दलित लड़ता है, विद्रोह करता है। असलियत तो यह है कि होरी जाने-अनजाने उसी व्यवस्था का समर्थक या हिस्सा है, जो उसे चबा जाने के लिए आतुर रहती है। इसके विपरीत घीसू-माधव कहते हैं कि जो धर्म जीवितों को भूखा मारे और मरे हुए को नया कफन दे, वह अमानवीय और परित्याज्य है। दलित वर्ग की इसी क्रांतिकारी भूमिका के मद्देनजर प्रेमचन्द उनसे रोटी और बेटी का सम्बन्ध कायम करने की पहल करते हैं, क्योंकि इसके बगैर वर्ण-व्यवस्था नष्ट नहीं हो सकती है। 'दूध का दाम' कहानी एवं 'कर्मभूमि' उपन्यास इस दृष्टि से उनकी उल्लेखनीय रचनाएँ हैं। 'सौभाग्य के कोड़े' कहानी का अस्पृश्य नायक संगीतज्ञ बन जाने के बाद एक ब्राह्मण कन्या से विवाह करता है। वस्तुतः प्रेमचन्द का कथा साहित्य दलित और शोषित वर्ग का पहला दिवास्वप्न है, जिसमें सवर्णों के धर्म के पाखंड को बेनक़ाब किया गया है। उनकी कृतियों में ब्राह्मणवाद के प्रति तीव्र घृणा को कलात्मक अभिव्यक्ति मिली है। 'सद्गति' ऐसी ही कलात्मक कहानी है, जिस पर सत्यजीत रे ने प्रसिद्ध फिल्म बनाई है। दूसरे शब्दों में कहे, तो अपने संस्कार एवं अनुभव के बीच संभावित द्वंद्व के बावजूद कथाकार प्रेमचन्द का मुख्य निशाना वह पुरोहिती-सामंती गठजोड़ है, जिसे ध्वस्त किये बगैर हमारे देश व समाज का कायाकल्प असंभव है और इस दिशा में कोई भी ठोस व सार्थक पहलकदमी किसान के बजाय केवल वही वर्ग कर सकता है, जो वर्णेतर है, दलित है।

विचित्र बात है कि 'वर्णव्यवस्था, ऊँच-नीच के बीच भेदभाव और धार्मिक पाखण्ड की जड़ खोदने' को 'राष्ट्रीयता के पहली शर्त' मानने वाले प्रेमचन्द की एक सौ पच्चीसवीं जयंती के मौके पर उनके कथा साहित्य और खास तौर से 'रंगभूमि' को लेकर 'दलित साहित्य अकादमी' के झंडे तले विरोध प्रदर्शन हुए और यह कहते हुए गहरी आपत्तियाँ दर्ज करायी गई हैं कि "प्रेमचन्द इन शूद्रों के जातीय नाम लेकर इनकी जुबान भी गंदी बताते हैं और गंदगी में लिप्त मानते हैं। वे मानते हैं कि शूद्र में गंदी आदतें होती हैं, वे गंदा काम करते हैं, यानी शूद्र गंदा काम अपनी आदत के कारण करता है।" प्रेमचन्द के कथा साहित्य के

पुनर्पाठ की माँग करते हुए मुद्राराक्षस ने सवाल उठाया कि "क्या स्थिति बनती, अगर कफन के पैसे से दारू और पूड़ी खाने-पीने वाले शूद्र नहीं ब्राह्मण बाप-बेटे होते? यह स्थिति प्रेमचन्द को स्वीकार्य नहीं हो सकती थी। बहू के कफन की दारू वे ब्राह्मण बाप को नहीं पिला सकते थे, क्योकि प्रेमचन्द की मानसिकता के अनुसार हिन्दू दो तरह के रहे हैं- शुद्ध पवित्र सवर्ण और अशुद्ध गंदे शूद्र।" कहना न होगा कि आलोचना के समाजशास्त्र पर पुस्तक लिखने वाले लेखक की कथाकार प्रेमचन्द को लेकर यह टिप्पणी साहित्य के बारे में यांत्रिक ही नहीं, बल्कि एक नकारात्मक, सतही एवं फूहड़ समाजशास्त्रीय समझ का परिचायक है, जिसकी ओर इशारा करते हुए कमला प्रसाद ने सही लिखा है कि 'रंगभूमि' की प्रतियाँ जलाने, राष्ट्रपति से पुस्तक पर प्रतिबंध लगाने और प्रकाशकों को गिरफ्तार करने की माँग से आक्रोश की अभिव्यक्ति के बजाय आक्रोश की राजनीति प्रकट हुई है। राजनीति के सूत्र स्वयं दलितों के हाथ में नहीं हैं।

अब मुद्राराक्षस को कौन समझाए कि 'कफन' एक लिहाज से दुनिया की एक ऐसी अनन्य कहानी है जिसमें प्रेमचन्द ने अमानवीयता की हदों की ओर धकेले जा रहे सर्वहारा वर्ग की तीन पीढ़ियों की नियति को दर्शाया है। घीसू पहली पीढ़ी का नुमाइंदा है, जिसने किसी ठाकुर की बारात में अपनी जिंदगी में एक बार भरपेट सुस्वादु भोजन पाया था। दूसरी पीढ़ी का प्रतिनिधि है माधव, जो ऐसे भोजन की केवल कल्पना ही कर सकता था और उसे पहली बार भरपेट भोजन पत्नी के कफन के पैसे से ही मिल पाता है। बुधिया के गर्भ में पल रही संतान सर्वहारा वर्ग की तीसरी पीढ़ी है, जो बगैर दुनिया देखे अकाल कवलित हो जाती है। वस्तुतः प्रेमचन्द अपनी कृतियों में जातिसूचक शब्दों के प्रयोग से उन जातियों का अपमान नहीं करते, वरन् यथार्थ का चित्र दिखाकर पुरोहिती-सामंती अमानुषिक गठजोड़ के प्रति पाठक के भीतर घृणा उपजाते हैं। इतना ही नहीं, वे यथासमय सामाजिक परिवर्तन के लिए हथियार उठाना भी नाजायज नहीं मानते। उनके अंतिम और अधूरे उपन्यास 'मंगलसूत्र' का देवकुमार इसी रचना-दृष्टि से निर्मित चरित्र है। 'मंगलसूत्र' में उनका स्पष्ट कथन है : "इन पूँजीपतियों और ठेकेदारों से गरीबों के हितों की रक्षा की बात सोचना वैसा ही है जैसे कुत्तों से मांस की रखवाली करवाना। एक न एक दिन हमें उनके विरुद्ध सशस्त्र गोलबंद होना ही पड़ेगा।"

पूरनचन्द्र जोशी ने सही लिखा है कि "प्रेमचन्द के उपन्यास और उनकी कहानियों का महत्त्व केवल औपनिवेशिक और अर्द्ध-सामन्ती हिन्दुस्तान के सामाजिक यथार्थ को प्रतिबिम्बित-भर कर देने पर ही नहीं टिका हुआ है, बल्कि

यह महत्त्व प्रेमचन्द के उपन्यासों के क्रातिकारी चरित्र के कारण है, जिसे उन्होंने आलोचनात्मक यथार्थवाद के परिपक्व दौर से गुजरकर अपनी साहित्यिक रचनाओं में हासिल किया था। इसी महत्तव के कारण उन्हें हिन्दुस्तान में सामाजिक आलोचना के रूप में कथा और उपन्यास-साहित्य के जन्मदाता का दर्जा मिला है। औपनिवेशिक और अर्द्ध-सामन्ती समाज-व्यवस्था के प्रति उपन्यास के माध्यम से उभरने वाली प्रेमचन्द की प्रखर आलोचना-दृष्टि ने ही उन्हें सिर्फ हिन्दी साहित्य का ही नहीं, बल्कि समूचे भारतीय साहित्य का, और साहित्य का ही नहीं, बल्कि भारतीय इतिहास का एक युगनिर्माता व्यक्तित्व बनाया।''

- **लमही, 2011**

यथास्थितिवाद के विरुद्ध खड्गहस्त बतरस की कला

1. "The novel is the story of a degraded search, a search of authentic values in a world itself degraded, but an otherwise advanced level according to a different mode. .... These values are specific to each novel and different from one novel to another."

   —Lucien Goldman : Towards a sociology of the novel, page.1-2.

2. *"उपन्यास के पाठ में यह बात निहित होती है कि मनुष्य अकेला नहीं जीता है, उसका एक अतीत, एक वर्तमान और एक भविष्य होता है। उपन्यास यह भी सिद्ध करता है कि इतिहास के बिना कोई समाज नहीं होता और समाज के बिना इतिहास भी नहीं होता है। उपन्यास वह कला-रूप है जो ऐतिहासिक और सामाजिक रूप से परिभाषित मनुष्य की पुनःप्रस्तुति करता है।"*

   —मिशेल जेराफा

3. *"इसने (राग दरबारी ने) छह साल मुझे बीमारी की हालत में रखा। उन गंवार चरित्रों के साथ दिन-रात रहते हुए मेरी जबान खराब हो गयी।"*

   —श्रीलाल शुक्ल

कहा जाता है कि हर रचनाकार ज़िन्दगी-भर किसी एक ही कृति को रचता रहता है। उसकी आरंभिक रचनाएँ जहाँ उस कृति-विशेष की तैयारी में लिखी जाती हैं, वहीं बाद की रचनाएँ उसका विस्तार-मात्र होती हैं। यह बात 'राग दरबारी' के रचनाकार पर भी कमोबेश लागू होती है। 'लेखनी के विलास' के बजाए 'लिखने की मजबूरी' के तहत सतत रचनारत श्रीलाल शुक्ल का मानना रहा है कि उनकी 'सूनी घाटी का सूरज'(1955) एवं 'अज्ञातवास'(1955-56) जैसी कृतियों को 'राग दरबारी'(1968) की रचनात्मक तैयारी के तौर पर देखा जाना चाहिए। एक जमाने में नेमीचन्द्र जैन और श्रीपत राय के द्वारा क्रमशः 'असंतोष का खटराग' तथा 'महाऊब का उपन्यास' के रूप में घोषित 'राग दरबारी' की हिन्दी पाठकों के बीच अपार लोकप्रियता की समाजशास्त्रीय वजह इसकी अंतर्वस्तु एवं रूप-विन्यास के बीच मौजूद वह सहज आवयविक सम्बन्ध है जो छठे दशक के भारतीय कस्बाई एवं

ग्रामीण जन-जीवन से रू-ब-रू होने में पाठक की मदद करता है। इसका सबूत आलोच्य कृति में आदि से अंत तक मौजूद वह सहज-सरल और सम्प्रेष्य बखान और बतरस है जो भाषिक कलात्मकता के किसी भी विराट स्थापत्य पर भारी पड़ता है। इस कृति की कथा-योजना स्थितिमूलक है, लेकिन कथा-कथन चरितमूलक। इसके औपन्यासिक पाठ से गुजरते हुए बाह्यार्थ और अंतरार्थ की एकान्विति से उपजी क्लासकीयता का रचनात्मक अभिप्राय एवं प्रभाव पाठक को हतप्रभ कर देता है। विवेच्य कृति में किसी घोषित-अघोषित विचारधारा का कहीं कोई आरोपित विस्फोट नहीं सुनाई पड़ता। बावजूद इसके श्रीलाल शुक्ल की कथा-दृष्टि कतई मनोरंजनधर्मी नहीं कही जा सकती। शाश्वतता एवं शास्त्रीयता के बजाए सामयिक यथार्थ व भदेसपन का कलात्मक विन्यास इस उपन्यास की जान है जो इसको समाजशास्त्रीय प्रामाणिकता से लैस एक कलाकृति बनाता है।

स्वातंत्रोत्तर भारत की लड़खड़ाती समाजव्यवस्था एवं मूल्यविहीन शासन तंत्र बहुत हद तक लोभ-लाभ के व्याकरण से परिचालित होता रहा है। इसका गल्प रचने के दरमियान लेखक हमें हिन्दी-समाज द्वारा आधुनिकता के नाम पर लगभग भुलाए जा रहे ठेठ मुहावरों, लोकोक्तियों, लोक ज्ञान और मानव व्यवहार के अनेकानेक पहलुओं की याद दिलाता चलता है। इस दृष्टि से भी इक्कीसवीं सदी में 'राग दरबारी' के कथा-लोक में विचरण करना अनोखे अनुभवों से गुजरना है। समाजशास्त्रीय प्रामाणिकता को परिपुष्ट करने के लिए रचनात्मक जरूरत के तहत इसमें इस्तेमाल की गई लोकोक्तियों को लेकर अश्लीलता व भदेसपन के नाम पर नाक-भौं सिकोड़ने वाले तथाकथित सुरुचिसम्पन्न उत्तर-आधुनिक पाठकों को 'आधा गाँव' या 'मुखड़ा क्या देखें' जैसे कई महत्त्वपूर्ण उपन्यासों के साथ ही कवि शमशेर की एक काव्यपंक्ति की भी याद दिलाना शायद जरूरी हो :

जो नहीं है
जैसे कि सुरुचि
उसका गम क्या
वह नहीं है।

'राग दरबारी' में किस्सागोई की शैली अद्भुत है। इसमें आए विभिन्न प्रसंगों के आरम्भ या अंत में पाठक के साथ निरंतर संवाद कायम रखने हेतु रचनाकार परदे के पीछे से इस कदर नैरेटर की भूमिका निभाता है कि पढ़ते-पढ़ते सुस्त पड़ गए पाठक को यथास्थान झकझोर कर जगाना संभव हो सके। इसके लिए वह भारतीय सामाजिक जन-जीवन में व्याप्त विभिन्न रूढ़ियों, आडम्बरों, अंधविश्वासों,

नेताओं-अधिकारियों-चापलूसों के अंतर्संबंधों और अंतर्विरोधों, सत्तालोलुपता, धन लिप्सा, यौन बुभुक्षा से सम्बंधित प्रसंगों का कथा-युक्ति के तौर पर इस तरह इस्तेमाल करता है कि इसमें बुद्धिजीवी ही नहीं, आम पाठक की भी दिलचस्पी जग जाती है। श्रीलाल शुक्ल की कथा-दृष्टि की यह एक असाधारण अर्हता कही जानी चाहिए, जो उन्हें विश्वसनीय और साथ ही पठनीय बनाती है।

कहना न होगा कि आजादी के बाद धीरे-धीरे तथाकथित लोकतंत्रात्मक शासन-तंत्र द्वारा लगभग अपदस्थ की जा चुकी जनतांत्रिक एवं विचारधारात्मक राजनीति के विघटन एवं पतन की इंतिहा के चलते आम आदमी के कठिन जीवन अनुभवों का बयान करने वाली यह औपन्यासिक कृति अपने रचनाकाल तक हिन्दी उपन्यास की परिपोषित, पुरस्कृत तथा परिपुष्ट परंपरा में एक विक्षेप या प्रस्थान की तरह स्वीकृत है। उस ओर प्रस्थान, जहाँ साहित्य अपने समय और सभ्यता के गहरे अंतर्विरोधों एवं संकटों में फँसे सबसे वंचित और सत्ताहीन मनुष्य की विडंबनाओं के लिए जवाबदेह ताकतों की कमज़ोर रग पर उँगली रखता है। गहरे अनुभवजन्य आलोचनात्मक विवेक से रचित आलोच्य उपन्यास स्वातंत्र्योत्तर भारतीय सामाजिक जीवन के विरोधाभासी एवं द्वंद्वात्मक प्रसंगों को सहजता के साथ एक ताजा, जीवंत, व्यवहृत, पात्रोचित और प्रासंगिक कथा-भाषा को अपने पाठ की संरचना में विन्यस्त करके अपने कथा-समय का एक प्रामाणिक संवेदनात्मक दस्तावेज़ बन पड़ा है।

रोलां बार्थ का कहना है कि 'लेखन' इतिहास-जनक एकात्मता की क्रिया है और 'उपन्यास' सामाजिकता का कृत्य (ए जेस्चर ऑफ सोशेबिलिटी)। इस दृष्टि से 'राग दरबारी' अपने समय का एक सार्थक 'कथा-प्रयोग' भी सिद्ध होता है, जिसके लेखन की कई परतें हैं। दूसरे शब्दों में विभिन्न सूत्रों एवं स्रोतों के सम्मिश्रण से रचित इसकी संरचना 'कोलाज' की तरह है– एक ऐसी संरचना जिसमें समाज का मुकम्मल आईना दिखाने के लिए नानाविध क्षेत्रों (टुच्ची चुनावी राजनीति, गाँव-देहात का जीवन, जात-पांत, लम्पटता, नौकरशाही, लालफीताशाही, कुछ काव्यपंक्तियाँ, पूर्व-रचित उपन्यासों का जिक्र, कई लोकप्रिय फिल्मी गाने आदि) की संयोजित सामग्री इस्तेमाल की गयी है। इसके चलते 'राग दरबारी' के औपन्यासिक पाठ में कई जगह एक विलक्षण अंतर्पाठीयता है।

नवें दशक से कृषि-क्षेत्र में धीरे-धीरे कॉर्पोरेट पूँजी और नई तकनीकी के आक्रामक साम्राज्य से लहूलुहान छोटे और मंझोले भारतीय किसानों की दुर्दशा और खास तौर से हाल के दशकों में किसानों द्वारा की जा रही आत्महत्या के मद्देनजर कहा जा सकता है कि श्रीलाल शुक्ल ने हिन्दी पट्टी के गाँवों में जिन कुरूपताओं एवं विकृतियों की किशोरावस्था में शिनाख्त की थी, उनके ही विकसित रूप आज

हमें प्रौढ़ावस्था में दिखाई दे रहे हैं। आलोच्य उपन्यास में व्यंग्य-विनोद की तह में छिपे मानवीय सारतत्त्व की व्यापकता एवं गहराई इसे सार्वकालिक महत्त्व वाली क्लासिकी कृतियों के समकक्ष खड़ा करती है। शुरू से आखिर तक व्यंग्य सम्मिश्रित इस रचना से गुजरते हुए याद आ सकते हैं बाल्जाक, जिन्होंने एक कारगर कथा-युक्ति के तौर पर व्यंग्य के इस्तेमाल की वकालत करते हुए लिखा है : ''हमसे सुन्दर चित्रों की माँग की जाती है, किन्तु उनके नमूने इस समाज-व्यवस्था में हैं कहाँ? आपके घिनौने वस्त्र, आपकी अपरिपक्व क्रांतियाँ, आपका बातूनी बुर्जुआ, आपका मृत धर्म, आपकी निदृष्ट शक्ति, बिना सिंहासन के आपके बादशाह, ये सब इतने काव्यात्मक हैं कि इनका चित्रण किया जाए? हम अधिक से अधिक इनका मखौल उड़ा सकते हैं।''

'राग दरबारी' का लेखक भी उपनिवेशोत्तरकालीन अर्द्धशती के दौर में भारत के भौतिक-आत्मिक जीवन के रग-रेशे को बेधने वाली व्यवस्थापोषक राजनीति पर व्यंग्य-वाणों की अंधाधुंध बौछार करता है। भारत में उच्च शिक्षा-व्यवस्था और खास तौर से 'बुद्धिजीवी' कहे जाने वाले प्राणियों से सम्बंधित उपन्यास में वर्णित एक प्रसंग द्रष्टव्य है जिसमें 'वैद्यजी' द्वारा संचालित एक महाविद्यालय के प्राचार्य द्वारा कहलवाया गया है :

''और सच पूछो तो मुझे युनिवर्सिटी में लैक्चरार न होने का कोई गम नहीं है। वहाँ तो और भी नरक है। पूरा कुम्भीपाक! दिन-रात चापलूसी। कोई सरकारी बोर्ड दस रुपल्ली की ग्राण्ट देता है और फिर कान पकड़कर जैसी चाहे वैसी थीसिस लिखा लेता है। जिसे देखो, कोई-न-कोई रिसर्च-प्रोजेक्ट हथिआये है। कहते हैं रिसर्च कर रहे हैंय पर रिसर्च भी क्या, जिसका खाते हैं उसी का गाते हैं। और कहलाते क्या हैं। देखो, देखो, कौन-सा शब्द है – हाँ-हाँ, याद आया – बुद्धिजीवी। तो हालत यह है कि हैं तो बुद्धिजीवी, पर विलायत का एक चक्कर लगाने के लिए यह साबित करना पड़ जाए कि हम अपने बाप की औलाद नहीं हैं, तो साबित कर देंगे। चौराहे पर दस जूते मार लो, पर एक बार अमरीका भेज दो – ये हैं बुद्धिजीवी।''

('राग दरबारी', राजकमल पेपरबैक्स संस्करण, पृ. 191)

उपर्युक्त सन्दर्भ से गुजरते हुए याद आते हैं प्रेमचन्द, जिन्होंने अपने जमाने के शिक्षित मध्यवर्ग के बारे में 'पशु से मनुष्य' कहानी में लिखा था : ''इन महान पुरुषों में से प्रत्येक व्यक्ति सैकड़ों नहीं, हजारों-लाखों की जीविका हड़प जाते हैं और फिर भी उन्हें जाति के भक्त बनने का दवा है। पैदा दूसरें करें, पसीना दूसरे बहाएं – खाना और मूँछों पर ताव देना इनका काम है। मैं समस्त शिक्षित समुदाय को निकम्मा ही नहीं, अनर्थकारी भी समझता हूँ।''

गौरतलब है कि आलोच्य उपन्यास में व्यंग्य की धार एकस्तरीय नहीं है। कारण यह कि यहाँ प्रभुत्वशाली तबकों के साथ साथ उस वर्ग की भी जरूरत पड़ने पर यथास्थान खबर ली गई है जो मोटे तौर पर भोलाभाला समझा जाता है :

"किसान को...ज़मीन ज्यादा प्यारी होती है। यही नहीं, उसे अपनी ज़मीन के मुकाबले दूसरे की ज़मीन बहुत प्यारी होती है और वह मौका मिलते ही अपने पड़ोसी के खेत के प्रति लालायित हो उठता है। निश्चय ही इसके पीछे साम्राज्यवादी विस्तार की नहीं, सहज प्रेम की भावना है जिसके सहारे वह बैठता अपने खेत की मेंड़ पर है, पर जानवर अपने पड़ोसी के खेत में चराता है। गन्ना चूसना हो तो अपने खेत को छोड़कर बगल के खेत से तोड़ता है और दूसरों से कहता है कि देखो, मेरे खेत में चोरी हो रही है। वह गलत नहीं कहता है क्योंकि जिस तरह उसके खेत की बगल में किसी दूसरे का खेत है उसी तरह और के खेत की बगल में उसका खेत है और दूसरे की संपत्ति के लिए सभी के मन में सहज प्रेम की भावना है।"

(पृ. 201)

साहित्य-सृजन के बारे में अपने नजरिए का खुलासा करते हुए श्रीलाल शुक्ल कहते हैं कि "कथालेखन में मैं जीवन के मूलभूत नैतिक मूल्यों से प्रतिबद्ध होते हुए भी यथार्थ के प्रति बहुत आकृष्ट हूँ। पर यथार्थ की यह धारणा इकहरी नहीं, वह बहुस्तरीय है और उसके सभी स्तर – आध्यात्मिक, आभ्यंतरिक, भौतिक आदि जटिल रूप से अंतर्गुम्फित हैं। उनकी समग्र रूप में पहचान और अनुभूति कहीं-कहीं रचना को जटिल भले बनाये, पर उस समग्रता की पकड़ ही रचना को श्रेष्ठता देती है। जैसे मनुष्य एक साथ कई स्तरों पर जीता है, वैसे ही उस समग्रता की पहचान रचना को बहुस्तरीयता देती है।"

श्रीलाल शुक्ल की अंतर्भेदी दृष्टि अपने समय में पनप रही और आज बड़े पैमाने पर फल-फूल रही पतनशील राजनीतिक संस्कृति की प्रतीति को भेदकर सार (विकृति) को रेखांकित करती है। इस वजह से वे यथार्थवाद के आला उस्ताद ठहरते हैं। 'राग दरबारी' की कालजयी महत्ता की वजह लेखक के उस नजरिए में निहित है जिसके तहत उसने आम आदमी को एक ऐसे सक्रिय प्राणी के रूप में चित्रित किया है जो तथाकथित नैतिक आग्रहों और आदर्शों के शेखी बघारने वालों की असलियत अच्छी तरह समझता है। चूँकि वह तत्काल कोई क्रांतिकारी कदम उठाने की स्थिति में नहीं है, इसलिए उपन्यास में यदि अतिरिक्त क्रांतिकारिता का पैबंद लगाया गया होता तो वह स्वाभाविक के बजाए आरोपित ही प्रतीत होता। यह लगभग स्नानपात्र में बचे-खुचे जल के साथ-साथ बच्चे को भी फेंक देने वाली प्रवृति होती। बावजूद इसके लेखक को यथास्थिति कतई स्वीकार्य नहीं है। यथास्थितिवादी

मानसिकता को वह प्रिंसिपल साहब के इस बयान द्वारा विखंडित करता है : : "बाद में इस नतीजे पर पहुँचा कि सब ऐसे ही चलता है। चलने दो। सब चिड़ीमार हैं तो तुम्हीं साले तीसमारखाँ बनकर क्या उखाड़ लोगे ! ... तुम कुछ कहो तो भैया, बहुत ठीक ! और वैद्यजी कुछ कहें तो हाँ महाराज, बहुत ठीक! और रूप्पन बाबू कुछ कहें तो हाँ महाराज, बहुत ठीक ! पहलवान ! जो कहो, सब ठीक ही है।"

(पृ.190)

शिवपालगंज की चौहद्दी से लेकर वहाँ के हरेक तबके के निवासियों की मानसिकता एवं जीवनचर्या से लेकर अंततः 'मदारी के सामने बड़ी गंभीरता से मुँह फुलाकर बैठे हुए' दोनों बंदरों के वर्णन तक कथाकार ने पुराने काव्य, पुराकथाओं, और लोक-साहित्य में मौजूद वर्णन करने की जो ठेठ भारतीय क्लासिकी परम्परा है, उसका जबरदस्त इस्तेमाल किया है। दूसरे शब्दों में श्रीलाल शुक्ल की सृजन-यात्रा में वर्णनात्मकता की शक्ति के चलते उनकी यह कृति पाठक के साथ सीधे-सीधे संवाद स्थापित करती है। कहना न होगा कि वर्णनात्मकता में एक प्रकार कि वस्तुनिष्ठता अनुस्यूत होती है और स्पष्ट ही साहित्य-सृजन में वस्तुनिष्ठता वर्णन करने वाले की वर्णित सन्दर्भों या स्थितियों से प्रगाढ़ परिचय की दरकार रखती है। याद आता है एक परिवर्तनकामी कथन कि "मैं अपनी परम्परा को अच्छी तरह जानना चाहता हूँ, ताकि उससे घृणा कर सकूँ।"

ऑडेन के शिष्य तथा जाने माने अँगरेजी कवि रॉय फुलर का मानना था कि सामाजिक धरातल पर सबसे अशक्त भूमि पर खड़े रचनाकार की कृति में ही यथार्थ के समन्वित समग्र दबावों को अभिव्यक्ति प्रदान करने की ताकत सबसे ज्यादा होती है। उल्लेखनीय है कि एक उच्चाधिकारी के रूप में जीवन यापन करने वाले श्रीलाल शुक्ल के भीतर अपने ही वर्ग-चरित्र को लेकर यदि आलोचनात्मक विवेक से उपजा निर्मम आत्मनिषेध पैदा नहीं हुआ होता, वे 'राग दरबारी' में आयी वर्णनात्मकता को कला के स्तर पर साध नहीं पाते। यह कला जब सध गई तो वर्णन उसके लिए केवल लेखन-शैली के बजाय लेखन-क्रम में अनेकानेक प्रसंगों को देखने-दिखाने का एक रचनात्मक हथियार बन गया। स्पष्ट ही उपन्यासकार ने इसका सार्थक इस्तेमाल करते हुए आलोच्य उपन्यास की कथा-भूमि के वर्णन की प्रक्रिया में वहाँ के जीवन-प्रसंग के लगभग तमाम पहलुओं को पाठक के सामने एक-एक कर परत-दर-परत खोल कर रख दिया है।

कई बार लगता है कि 'राग दरबारी' के रचनात्मक मिजाज की वजह से इसके लेखक की स्थिति एक हद तक रूसी भाषा के एक अत्यंत संवेदनशील कथाकार वासिलेई शुक्सिन की तरह थी, जिसे रूसी संभ्रांत वर्ग देहाती और देहात के लोग

उसे शहरी मानते थे। जबकि शुक्लिन गाँव और नगर, दोनों से निर्वासित थे। कहने की जरूरत नहीं कि यह आत्म-निर्वासन कतई नहीं था। श्रीलाल शुक्ल को भी एक अरसे तक साहित्यिक बिरादरी में एक उच्चपदस्थ अधिकारी और आला अफ़सरों के बीच साहित्य का आदमी माना जाता था। यह बात हिन्दी के कुछ अन्य रचनाकारों पर भी कमोबेश लागू होती है।

'उपन्यास' के विधागत स्वभाव की व्याख्या करते हुए मिखाईल बाख्तिन ने लिखा है कि उसमें दृष्टियों एवं स्वरों की अनेकता होती है। उनका यह भी मानना है कि उपन्यास की औपन्यासिकता उसकी संवादधर्मिता में निहित होती है। 'राग दरबारी' के रचना-विधान में केवल रचनाकार की दृष्टि की ही निर्णायक भूमिका हो, ऐसा नहीं है। इसमें आये प्रत्येक पात्र की दृष्टि एवं स्वर की अपनी सत्ता है, उसका स्वतन्त्र अस्तित्व है। इसका सुफल यह हुआ है कि उपन्यास के सारे पात्र अपनी स्वाभाविकता के साथ ठीक उसी तरह परस्पर संवाद करते दिखते हैं जैसे किसी कस्बे या गाँव में लोग आपस में बतियाते हैं। नतीजतन कोई भी संवाद यहाँ आरोपित प्रतीत नहीं होता। पात्रों की यह सहज संवादधर्मिता एवं बतरस की कला इस कृति के प्रति पाठक के भीतर एक खास लगाव व जुड़ाव पैदा करने में समर्थ हुई है, जो कि इसकी लोकप्रियता की एक बड़ी वजह है।

श्रीलाल शुक्ल अपने समय के ग्रामीण जीवन-जगत को शहरी मध्यवर्गीय रोमानी दूरबीन से किसी खूबसूरत लैंडस्केप की तरह देखने के बजाय उन्नीस सौ साठ के दशक में हिन्दी क्षेत्र के लगभग ठहरे हुए ग्रामीण परिवेश में व्याप्त कूपमंडूकता एवं परस्पर वैमनस्य का हास्य-व्यंग्य सम्मिश्रित बतरस की शैली में इस कदर वर्णन करते हैं कि पाठक के मन में वहाँ व्याप्त विद्रूपताओं के प्रति सहज ही वितृष्णा पैदा होती है। इस सन्दर्भ में लेखकीय वस्तुपरकता खास तौर से काबिलेगौर है जिसके तहत तत्कालीन गाँवों में जड़ जमाये पिछड़ेपन, अज्ञानता, सामंती अहंकार और पाखण्ड, अराजकता एवं अमानवीकरण की बखिया उधेड़ी गई है। कहना न होगा कि ये सब विकास की मुख्यधारा से कटे या अलग-थलग पड़े अर्द्धसामंती इलाके के स्वाभाविक लक्षण हैं।

ऐसे मंद-मंथर गति वाले इलाके में बड़ी पूँजी का प्रवेश कैसे अपराध को जन्म देता है और लोगों को किस हद तक निर्मम-निरंकुश एवं मानवीय सारतत्त्व से रहित बनाता है, इसका गल्प कालांतर में 'किस्सा लोकतंत्र' में विभूतिनारायण राय तथा 'रेहन पर रग्घू' में काशीनाथ सिंह ने रचा है। वस्तुतः 'राग दरबारी' हिन्दी उपन्यास के इतिहास में 'तात्कालिक' तथ्यों के कलात्मक वर्णन से एक ऐसे 'कालातीत' सत्य

व अर्थ का साक्षात्कार कराने वाली क्लासिकी कृति है जिसे रोलां बार्थ ने रचना का अवगुंठित अर्थ (obtuse meaning) तथा भर्तृहरि ने 'अंतर्ज्ञेयनय' के रूप में अभिहित किया है। स्पष्ट ही रचना के बह्यार्थ एवं अंतरार्थ की विलक्षण एकान्विति को उदाहृत करने वाली इस कलाकृति की सृजन-परम्परा थोड़े-बहुत गुणभेद के साथ आज भी जीवित है।

बहुवचन, 2012

कथा का सम्प्रेषण वैविध्य

(विनोदकुमार शुक्ल के उपन्यासों का समाजशास्त्र)

*'चिड़ियाँ इसलिए नहीं गातीं कि उनके पास प्रश्नों के उत्तर हैं।
वे गाती हैं, क्योंकि उनके पास गीत हैं।'*

—एक चीनी कहावत

*'सब से अच्छी कविता / सबसे अच्छे दिनों में याद आयेगी
सबसे अच्छी कविता / सबसे बुरे दिनों में भी पहचानी जायेगी।'*

—विष्णु नागर

''कविता का अर्थ चरितार्थ है और अगर कविता का अर्थ मुख्यतः चरितार्थ है तो कविता नाटक है। वह उस आदमी की जिंदगी का नाटक है जो लिखता है, उस आदमी की कथा है जो उसे लिखता है और उसकी भी कथा हो सकती है जो उसे सुनता है।...एक नीला आसमान है, खुली स्लेट है और बीसवीं सदी जैसे हुई नहीं, ऐसा मानकर कुछ करना संभव नहीं। बीसवीं सदी को जानकर आप उसका अतिक्रमण कर सकते हैं। उसकी स्लेट पर जो अनगिनत इबारतें हैं, उनको पढ़कर, समझकर, सुनकर फिर आप एक नई इबारत लिख सकते हैं।''

—अशोक वाजपेयी :'कवि कह गया है', पृ.185

''यदि आप कहते हैं कि उपन्यास की मौत हो चुकी है तो वास्तविकता यह है कि उपन्यास नहीं, बल्कि आप ही निष्प्राण हो गए है।''

—ग्रैबियल गार्सिया मार्खेस

उपन्यास की संरचना की चर्चा करते हुए मिलान कुन्देरा ने लिखा है कि ''उपन्यास यथार्थ का नहीं अस्तित्व का परीक्षण करता है। अस्तित्व घटित का नहीं होता, वह मानवीय संभावनाओं का आभास है, जो मनुष्य हो सकता है, जिसके लिए वह सक्षम है। उपन्यासकार खोज के जरिए मानवीय संभावनाओं के अस्तित्व का नक्शा बनाता है। चरित्र और दुनिया संभावनाओं द्वारा जानी जाती है।''

मनुष्य को ठीक ही उपलब्धि और संभावना का मिश्रण कहा गया है। इसमें उपलब्धि को जहाँ हम यथार्थ की कसौटी पर कसकर आंकते हैं, वहाँ संभावना की हदबंदी हर तरह से अनुपयुक्त साबित होती है। कुन्देरा के ऊपर उद्धृत बयान से बाबस्ता होकर उन्हें अपने खेमे में खींचने या अपना मानने-समझने वाले तथाकथित यथार्थवादियों के मुखमंडल भले ही थोड़ी देर के लिए वक्रकुंचित हो गये हों, पर 'यथार्थ' का 'इतिहास' से और 'इतिहास' का 'उपन्यास' से नाभिनाल-संबंध सिद्ध करने को पर्युत्सुक साहित्यिकों को इस सत्य की अनदेखी नहीं करनी चाहिए कि इतिहास आज वर्तमान के कंधे पर वैताल की तरह सवार होकर कई बार मिथक के रूप में उसकी छाती पर मूंग दलता दिखाई पड़ता है। ऐसे में फासीवादियों के पंजे से बचने के लिए आत्महत्या करने को बाध्य होने से ठीक पहले लिखित वाल्टन बेन्जामिन की पंक्ति अनायास याद हो आती है : "अगर दुश्मन जीत जाएगा तो कब्र में मुर्दे भी सुरक्षित न रहेंगेय और साफ़ है कि उस दुश्मन का विजय अभियान अभी अवरुद्ध नहीं हुआ है।"

अपने देश में सामाजिक-सांस्कृतिक-राजनैतिक बदहाली के इस दौर में यदि कोई रचनाकार बनी-बनायी लीक से हटकर अतीत एवं वर्तमान में अपनी रचनात्मक आकांक्षा के 'भावानुप्रवेश' से वस्तुस्थिति का 'अन्यथाकरण' करते हुए कोई नये तरह का घुलावटी रसायन तैयार करके 'मानवीय संभावनाओं के अस्तित्व का नक्शा' बनाने की पेशकश करता है, तो इसका हमें अपने तमाम पूर्वाग्रहों को तत्काल स्थगित कर हर तरह से स्वागत करना चाहिए। 'यूलिसिस' उपन्यास में जेम्स ज्वायस ने एक पात्र से कहलवाया है कि 'इतिहास तो फंदे में फँसाता है, मैं मुक्त होना चाहता हूँ।' किन्तु, कवि-कथाकार विनोदकुमार शुक्ल ने अपने किसी बयान में 'इतिहास' को नकारा या अपनी रचनाओं में किसी पात्र द्वारा इसे न करवाया नहीं है। 'पहल-पुस्तिका' के रुप में प्रकाशित युवा कवि शरद कोकास की 'पुरातत्त्ववेत्ता' कविता से एक अंश उधार लेकर कहें तो किसी रचनाकार के लिए 'इतिहास तो दरअसल माँ के पहले दूध की तरह है/जिसकी सही खुराक पैदा करती है मुसीबतों से लड़ने की ताकत।' बावजूद इसके, किसी कवि-कथाकार का अतीत व अपने समय-समाज के प्रति रूख साहित्य में बहुसंख्यकों के बरअक्स 'उदाहरण होने से बचकर' रहने वाला हो सकता है। 'तीन मीटर खुशबू के अहाते में उगा हुआ गुलाब' कविता में विनोदकुमार शुक्ल ने अपने इस रूख को व्यक्त किया है :

'बहुत से उदाहरण थे
उदाहरणों की भीड़

कविता में आने की
उनकी धकापेल मची।

*   *   *

उदाहरण को ढूंढ़ने के लिए
सब कुछ उलट कर
पहले अपनी तलाशी लेता हूँ

*   *   *

उदाहरण होने से बचता हुआ
क्षितिज कमरे के अंदर घुसकर
उदाहरणों की बैठक में
कविता लिखने मित्रों और दुश्मनों को जवाबदेह हूँ।'

—वह आदमी नया गरम कोट पहिनकर चला गया विचार की तरह, पृ. 66

विनोद जी कहते हैं कि 'मैं धर्मविहीन और जातिविहीन होकर इतिहास और परम्परा के आंगन में चीख रहा हूँ।' ऐसी बेचौनी-भरी काव्यपंक्ति के रचयिता की ष्मुझे बचाना है' कविता से गुजरते हुए शिद्दत के साथ महसूस होता है कि यह रचना वस्तुतः उनके पूरे सृजन-कर्म का बीज वक्तव्य है : 'मुझे बचाने है एक-एक कर/अपनी प्यारी दुनिया को/बुरे लोगों की नजर से/इसे खत्म कर देने को।' स्पष्ट ही इसमें नजीर अकबराबादी रचित 'आदमीनामां'—जैसी उदात्तता है : इंसान की दखलंदाजी के जरिए आदमियत व इंसानियत को बचाए रखने की हर संभव कोशिश। और, इस कोशिश के सफल होने की आशा एवं आकांक्षा के बीच सृजनात्मक तनाव। उल्लेखनीय है कि वे रचना में 'विशेषण' के बजाय 'क्रिया' का ज़्यादा सार्थक इस्तेमाल करते हैं और इस संदर्भ में 'देखना' और 'बचाना' जैसे क्रियापदों को उनकी रचनाओं में कुंजी शब्द के तौर पर प्रयुक्त हुए हैं। कवि-आलोचक अशोक वाजपेयी ने सही लिखा है कि विनोदकुमार शुक्ल' अब समयविद्ध कवि ही नहीं रह गए हैं। अपने समय में तो अनायास ही हुआ जा सकता है, लेकिन अपने समय को पार करने की स्थिति कोशिश से ही आती है। यह कोशिश कवि-कर्म की बुनियादी कोशिशों में से है। अपने स्वभाव में भले ही रोमांटिक जान पड़े, अपने प्रतिफल में वह हमेशा ही क्लैसिक है।'' पश्चात्य विचारक मिल ने लिखा है कि 'गद्य या वक्तृता श्रवणीय वस्तु है य काव्य चुपके से सुनने की चीज।' विनोदजी की, कविता की संवेदना से लबरेज, कथा-कृतियों में अपने समय-समाज की यातना को लेकर कभी-कभी जो सान्द्र मौन की स्थिति है, उसे गहरी यातना भोगते मनुष्य की 'ईमानदार चीख' के बजाय एक तरह की समझदार चुप्पी के

सौन्दर्यशास्त्र (Aesthetics of Silence) के रुप में भी देखा जाना चाहिए। जिस प्रकार बुरे भावों के चलते खुद को प्रताड़ित अनुभव करनेवाले लोगों को चीखने से नहीं रोका जा सकता, उसी प्रकार विनोदजी द्वारा भी उपन्यास-सृजन के दरम्यान प्रचलित परिपाटी से भिन्न स्वयं को पिघलाकर औसत भारतीय मनुष्य सुकुमार संवेदनाओं एवं वांछित आदर्शों की कथा लिखने की कोशिश वाजिब है।

असल में विनोदजी के उपन्यास उनके तरल इतिहास-बोध को रग-रग में आत्मसात करके भारत की निम्नमध्यवर्गीय आबादी की मनोसामाजिक संरचना में निहित अन्तर्विरोधों को जिस 'अंदाज-ए-बयाँ' के तहत प्रतिबिम्बित और प्रक्षेपित करते हैं, उसके चलते हिन्दी में उपन्यास के ऐसे प्रतिदर्श उभरकर सामने आये हैं, जो न तो पहले कभी उपन्यासकारों के सृजनात्मक व्यवहार में मौजूद थे, और न ही उपन्यास-विमर्श के किसी सैद्धान्तिक संज्ञान में। अतएव, औपन्यासिक सृजनशीलता से संबंधित अंदरूनी मुद्दों के आलोचकीय रेखांकन के संदर्भ में यह एक सर्वथा नवीन चुनौती, पर बेहद उत्तेजक कर्म है, जो पहले के आलोचनात्मक विमर्श में भी दूर-दूर तक उपस्थित नहीं रहा है। दूसरे शब्दों में, विनोदकुमार शुक्ल की लेखनी से उपन्यास की जैविकता या संघटनात्मक तंत्र में, उसकी पद्धति में, सामान्य तौर पर औपन्यासिक लेखन की पद्धति सर्वाधिक मुक्त होती हुई अपने विकास की एक बड़ी मंजिल पर जा पहुँची है। एक ऐसी मंजिल पर, जहाँ पहुँचकर उसका आस्वादन तथा अवगाहन जितना सरल प्रतीत होता है, विश्लेषण उतना ही जटिल : 'जिमि मुँह मुकुर मुकुर निज पानी। गहि न जाई अस अद्‌भुत बानी'

वजह यह कि 'नौकर की कमीज' से आरंभ होकर 'खिलेगा तो देखेंगे' से होती हुई 'दीवार में एक खिड़की रहती थी' तक की उनकी उपन्यास-यात्रा में प्रत्येक कृति की निजी विशेषता के बावजूद एक विलक्षण एकसूत्रता है और कई बार ऐसा लगता है कि एक कृति में जो बात कहने से रह गई है उसका दूसरी कृति में नए सिरे से और नए रूप-विन्यास के साथ पुनर्कथन हुआ है। उनकी रचना-यात्रा को समझने-समझाने के पूर्व पाठक या आलोचक द्वारा इन कृतियों में अन्तर्निहित 'अनुभूति की संरचना' को पूर्वाग्रहविहीन होकर महसूस किया जाना जरूरी है। 'कविता' और 'दर्शन' के बीच दुर्लभ तालमेल बिठाकर एक विलक्षण सर्जनात्मक तनाव पैदा करने के लिए सुविख्यात श्रीहर्ष ने सही लिखा है : 'अनुभवं वचसा सखि लुम्पसि।' (किसी अनुभव का प्रत्याख्यान वाचिक तर्कों से नहीं किया जा सकता।) सच तो यह है कि किसी प्रामाणिक अनुभव का खंडन तो दूर, सार्थक मंडन भी कम कठिन नहीं होता। कहने की जरूरत नहीं कि अयुक्तियुक्त खंडन और मंडन वाली गंभीर से गंभीर आलोचना किस कदर हास्यास्पद हो जाने के लिए अभिशप्त होती

है। ब्रेष्ट ने सही लिखा है कि 'हर दशा में किसी कलाकृति में व्यक्त की गयी ज़िन्दगी का व्यक्त की जा रही ज़िन्दगी से मिलान करना चाहिए, बजाय इसके कि उसकी दूसरी वर्णित ज़िन्दगी से तुलना की जाए।'

बावजूद इसके, 'दीवार में एक खिड़की रहती थी' जैसे औपन्यासिक विकास की उच्चतर मंजिल से यदि हम हिन्दी में रचनात्मक गद्य-लेखन के अतीत का सिंहावलोकन करें, तब वहाँ साहित्य की एक-एक विधा की संरचना और पद्धति की अन्तरूसलिलाएँ दिखाई देने लग जाती हैं, जो विनोदकुमार शुक्ल के उपन्यास-लेखन की पद्धति में विविध धाराओं की तरह संगमित-समेकित होती हुई किसी गहरे पर शांत सरोवर की तरह प्रतीत होती हैं। इस कृति में निहित रचनात्मक शक्ति एवं संभावना के मद्देनजर फिर याद आते हैं मिलान कुन्देरा, जिन्होंने कहा है कि कई बार कलाकृति अपने सर्जक से ज्यादा परिपक्व साबित होती है। निर्मल वर्मा ने 'संस्कृति, समय और भारतीय उपन्यास' निबन्ध में अपनी जातीय जरूरतों के अनुसार जिस जातीय औपन्यासिक रूप के अन्वेषण पर बल दिया है, वह एक हद तक 'दीवार में एक खिड़की रहती थी' उपन्यास में उपलब्ध हो गया-सा प्रतीत होता है। स्पष्ट ही हिन्दी में ऐसी कलाकृतियाँ उँगली पर गिनी जा सकती हैं और उम्मीद है कि इनके प्रकाशन के बाद महेन्द्र भल्ला की वह शिकायत भी शायद दूर हो गयी होगी कि हिन्दी में 'ऐसा उपन्यास एक भी नहीं है जिसके पास फिर-फिर से जाया जा सके। जैसे दुनिया के क्लासिक्स के पास जाया जा सकता है।' (विनोद दास : बतरस, पृ.68) उन्होंने किसी उपन्यास के अंततः क्लासिक बनने के लिए ज़िन्दगी को उपन्यासकार द्वारा बिना चश्मे से देखने और सच को गहराई से महसूस करने-करा पाने की जिस जरूरत को कसौटी माना है उसपर विनोदकुमार शुक्ल की यह कलाकृति बहुत दूर तक खरी उतरती है।

विनोदजी के उपन्यासों में अभिव्यक्त संश्लिष्ट जीवनानुभवों से रूबरू होकर इनमें चित्रित जीवन-खंड का संपूर्ण घनत्व प्राप्त करने की कोशिश करते हुए पश्चिमी आलोचक पर्सी ल्युबक का एक कथन प्रासंगिक प्रतीत होता है : "परिष्कृत रूचि और पैनी दृष्टि तब तक बेकार है जब तक हम आलोच्य कृति की रामग्र प्रतिमा को अपने मन में सुरक्षित नहीं कर लेते और कृति है कि एक बादल के समान हमारी पकड़ से बाहर निकलती जाती है।" स्पष्ट ही विनोदजी की किसी कहानी या कविता की तुलना में उनके उपन्यासों को पूर्णतः स्वायत्त करने का उपक्रम श्रमसाध्य तो है ही समय-साध्य भी। किंतु, सबसे महत्त्वपूर्ण बात यह है कि उनकी कृतियों के कथानक का संक्षेपीकरण करके उसकी चरित्र-केन्द्री दृष्टि से आलोचनात्मक पुनःसृष्टि लगभग असंभव है। इस क्रम में सबसे बड़ी समस्या आलोचकीय प्रविधि को लेकर

पैदा होती है, जो मुख्यतः दो प्रकार की हो सकती है : भारतीय काव्यशास्त्रियों द्वारा अनेकविध विवेचित 'तादात्म्य सम्बन्ध' या ब्रेष्ट कथित 'अलगाव-प्रभाव' (Alienation-effect)। ज्ञातव्य है कि पहले से बनी-बनायी या प्रचलित किसी भी मूल्यांकन-पद्धति को उनके उपन्यासों के संदर्भ में यांत्रिक रूप में लागू करने की हर कोशिश सरलीकरण का शिकार हो जाने के लिए अभिशप्त होगी।

एक जमाने में मुक्तिबोध ने लिखा था कि "सामाजिक प्रतिष्ठा और प्रभाव के परिचालन द्वारा साहित्यिक प्रतिष्ठा और प्रभाव के विकास और प्रसार के दृश्य हिन्दी में खूब ही हैं, रहे हैं।" सर्वविदित है कि हमारे जमाने में यह दृश्य संभवतः अपने चरम पर है, जिसमें आलोचना (?) के जनसंपर्क पदाधिकारियों की नारकीय भूमिका 'पुस्तक-समीक्षा' के रूप में छपनेवाली ज्यादातर सामाग्री को देखते हुए अपने 'पतन की इन्तहा' खुद बयान करती है। एक विद्वान ने तो अपना ईमानदार क्षोभ प्रकट करते हुए यहाँ तक कह डाला है कि आज पुस्तक-समीक्षा "साहित्य के कलेवर पर एक ऐसे बद्सूरत नासूर की तरह है, जो साहित्य के रक्त पर पोषित होता है।" गौरतलब है कि विनोदकुमार शुक्ल का औपन्यासिक गल्प अपने समय व समाज के तेजाबी यथार्थ से कौटुंबिक संबंध में जुड़े रहने के बावजूद प्रचलित अर्थों में 'यथार्थवादी' उपन्यास नहीं है। कारण यह है कि वहाँ 'यथार्थ' किसी विचारधारात्मक आतंक के बजाय सुस्वादु भोजन में नमक की तरह मौजूद है। वह मुक्तिबोध की कविताओं में आयी फैंटेसी से भी भिन्न एक ऐसा गल्प है, जिसमें दैनंदिन जीवन की सांसारिकता के ऊबड़खाबड़पन को कलात्मक युक्ति संगति प्रदान करते हुए विश्वसनीय बनाकर इस कदर पुनःसृजित किया गया है कि अन्ततः लेखकीय स्वप्निल गुणवत्ता अपनी संपूर्ण सृजनात्मकता का साक्ष्य प्रस्तुत करती हुई पाठक को औसत भारतीय मनुष्य के अनुभव से जोड़ देती है। इस क्रम में मानीखेज बात यह भी कि विनोद जी की किसी कृति से गुजरते हुए अनजाने में भी लेखक ऐसा कोई प्रयास करता हुआ नहीं दिखाई देता कि पाठक कैसा अनुभव करे। ऐसी किसी शिल्पगत तरकीब का दबे पांव इस्तेमाल करने के बजाय यह काम आदि से लेकर अंत तक वह कृति पर ही छोड़ देता है। ज्ञातव्य है कि ग्राम्शी ने अपने देश-काल में रचित साहित्य के संदर्भ में ऐसे कई बिन्दुओं के आलोक में समझाया है कि कैसे सामाजिक यथार्थ का चित्रण करने वाले दो लेखकों में एक उसका प्रवक्ता होता है, जबकि दूसरा कलाकार।

साहित्य का समाजशास्त्रीय अध्ययन करने वाले आरम्भिक पुरोधाओं में अग्रणी माने जानेवाले इप्लोलित अडोल्फ तेन(1828-93) ने लिखा है कि "जब हम शास्त्रों का ज्ञान या कलाकृतियों का बोध प्राप्त करते हैं तब हमारा मकसद उनमें छिपे

मनुष्य की खोज करना होता है।...कोई साहित्यिक कृति न तो एक व्यक्ति की कल्पना की क्रीड़ा होती है न किसी उत्तेजित मन की भटकी हुई अकेली तरंग। ...साहित्यिक कृति उस आवरण या कवच की तरह होती है, जिसके पीछे जीवन छिपा रहता है। जिस प्रकार जीवन के विषय में जानने के लिए उसके बाहरी आवरण या खोल को हटाना पड़ता है, उसी तरह कोई पुस्तक या साहित्यिक कृति निर्जीव होती हुई भी किसी जीवंत अस्तित्व की ओर संकेत करती है। हमे उस अस्तित्व को पहचानना पड़ता है और उसकी पुनर्निर्मिति करनी पड़ती है।'' बहरहाल, कहना यह है कि किसी भी श्रेष्ठ कलाकृति का समाजशास्त्रीय परिप्रेक्ष्य प्रायः प्रच्छन्न हुआ करता है। दूसरे शब्दों में, समाज वहाँ कई बार सतह पर तैरता दिखाई नहीं देता। इसलिए, एक अच्छे पाठक से यह अपेक्षा स्वाभाविक है कि कृति की अंतर्वस्तु ही नहीं, बल्कि उसकी बनावट और खास तौर से अंदरूनी बुनावट में जहाँ कहीं भी सामाजिकता मौजूद है, उसको वह उजागर करे।

विनोद जी के रचनानुभव का नाभिकीय बिन्दु है भारतीय समाज का बचा-खुचा 'सामुदायिक जीवन' और उसकी 'सामूहिक चेतना', जिसे प्रसिद्ध समाजशास्त्री एमिल दुर्खीम ने 'समाज को एकीकृत करने वाले विश्वासों एवं नैतिक मूल्यों से निर्मित' माना है। कहना न होगा कि वैदिक वाङ्मय में भी एक खास सन्दर्भ में सामुदायिक जीवन की आकांक्षा का प्रकटकीरण हुआ है : 'सहनाभवतु सहनोभुनक्तु सहवीर्यं करवावहै तेजस्विना वधीतमस्तु मा विद्विषामहे।' 'नौकर की कमीज', 'खिलेगा तो देखेंगे' एवं 'दीवार में एक खिड़की रहती थी' का कथानक कमोबेश इसी ग्रामीण सामुदायिक परिदृश्य से उठाया गया है और इसी में कथा परवान चढ़ती हुई एक अनोखे औपन्यासिक रूप-विन्यास को पा सकी है। इन कृतियों में जो सामाजिक-राजनैतिक एवं सांस्कृतिक अन्तःस्वर निहित है, वह भूमंडलीकरण के नाम पर वर्चस्वशाली वर्ग द्वारा भारतीय समाज के अंधपश्चिमीकरण या अमरीकीकरण के मौजूदा एवं संभावित दुष्परिणामों को लेकर कलात्मक प्रतिरोध के भाव से लबालब भरा हुआ है। 'नौकर की कमीज' में नैरेटर जब कहता है कि ''घर बाहर जाने के लिए उतना नहीं होता, जितना लौटने के लिए होता है''– तो, अनायास उन तथाकथित प्रवासी भारतीयों की याद हो आती है, जो भारत लौटने के लिए विदेश न जाकर विदेश लौटने के लिए भारत आते हैं। ऐसे विश्वनागरिकों (?) में से कुछ की नियति अन्ततः बेघर होकर रह जाने वाली ही हो सकती है। इस 'बेघर' हो जाने के दंश की 'नॉस्टेलजिक' अभिव्यक्ति कुछ गिने चुने एन.आर.आई कवियों-लेखकों की रचनाओं में कभी-कभार देखने को मिलती है। यह बात दूसरी है कि अपने घर

में रहने के बावजूद कई बार हम एक त्रासद किस्म का बेगानापन झेलने के लिए अभिशप्त होते हैं :

उग रहे हैं दरोदीवार पे सब्ज़ा ग़ालिब
हम बियाबान में हैं घर में बहार आयी है।

विनोदकुमार शुक्ल ने कथानायक से कहलवाया है : 'घर में मुझे घर की याद आती है।' स्पष्ट ही लगातार तेजी से बदलते परिवेश के साथ तालमेल न बिठा पाने वाले संवेदनशील मनुष्य के लिए आज के माहौल में 'घर की तामीर तसव्वुर ही में हो सकती है' (शहरयार)। दूसरे शब्दों में भूमंडलीकरण, बाजारवाद एवं नयी महाजनी सभ्यता के सर्वग्रासी व्यापक प्रसार के चलते हमारे समय में सामुदायिक भावना का बहुत हद तक लोप और मानवीय संबंधों में दरार एक 'हाइपर रियलिटी' है, जिसे गहरी कलात्मकता के साथ व्यंजित करते हुए वे लिखते हैं – 'सभी छुपते-छुपते रहेंगे। आना-जाना, काम करते रहेंगे। शुरु-शुरु में तो यह कठिन होगा। पेड़ की आड़ से, छत की आड़ से किराने की दुकान तक जाना होगा। पचास पैसे की हल्दी दुकानदार देगा। उसका चेहरा नहीं दिखेगा, हाथ दिखेगा। हाथ, अखबार फाड़कर पुड़ियां बनायेंगे। पैसा लेंगे। 'पचास पैसे की बस इतनी हल्दी !' 'हाँ ! इतनी ही हल्दी।' कहीं से आवाज आयेगी। जो आवाज होगी वह भी छुपी हुई, बदली हुई हो। एक बस आयेगी, ड्राइवर अपने कैबिन में बिना दिखे होगा। पोस्टमैन रजिस्ट्री की आवाज देकर आड़ में छिप जायेगा। हर घर में आड़ बनी होगी, ताकि लोग छुप सकें। छुपने की कला और सभ्यता होगी। एक समाज होगा और छुपते-छुपाते लोगों का शासन। छुपना बचने का ही काम होगा।... (खिलेगा तो देखेंगे, पृ.62)

कविता के आइने में हमारे भीषण समय का अक्स कवि ने इस प्रकार उकेरा है :

1. 'हुआ यह
कि जहाँ मुझे जाना है
और जहाँ मैं वापिस हूँ
उस पूरी दूरी तक
मैं खड़ा-खड़ा ऊ ब गया हूँ
आसपास

* * *

दोस्त का घर मालूम नहीं है

* * *

अँधेरे-अँधेरे में कविता करना
या मुझे बाजार करना है।'

2.'मैं इतना थका हूँ
कि एक पेड़ से नहीं
एक बगीचे से पीठ टेक कर सुस्ता रहा हूँ।
यह बगीचा मेरा नहीं है।'

स्मरणीय है कि अपने जमाने में पश्चिम में लोगों के बीच आरंभिक दिनों में ही रेडियो की अपार लोकप्रियता के मद्देनजर ब्रेष्ट ने लिखा था : "मुझे पूरा यकीन है कि पूँजीवादी व्यवस्था इसके पश्चात कोई इसकी अन्य संपूरक तकनीक ईजाद करेगी। एक ऐसी ईजाद जिसके माध्यम से रेडियो से जो बात प्रसारित हो रही है, उसे अनंत काल के लिए जस का तस बनाये रखना मुमकिन होगा। आगामी पीढ़ियाँ साक्षी होंगी कि वह नयी संप्रेषण तकनीक पूरी दुनिया में वही संप्रेषित करेगी, जैसी उसकी मर्जी होगी और पूरे विश्व में लोगों को ऐसा प्रतीत होने लगेगा कि खुद उनके अपने कहने या सुनने के लिए कोई बात बची नहीं है।" मौजूदा समय-समाज में मनुष्य की संवेदनशीलता और मानवीय सरोकारों को दृष्टिपथ में रखकर आज हम अपने ही अनुभव को यदि खँगाले तो ब्रेख्त के ही शब्दो में हमें यह एहसास हुए बगैर नहीं रह सकता कि "जो हँस रहा है, शायद बुरी खबर उस तक पहुँची नहीं है।"

विनोदकुमार शुक्ल भी स्वीकार करते हैं कि "हमारे यहाँ साहित्य, कविता इत्यादि के लिखने को सामाजिक तौर पर इतना अनसुना और अनदेखा रखा गया है कि कविता और साहित्य का दायरा छोटा हो गया है। बाजार का सांस्कृतिक वर्चस्व जिस तरह बढ़ रहा है उसमें साहित्यकारों और बुद्धिजीवियों के हस्तक्षेप की भूमिका बहुत कमज़ोर नजर आती है।" उनकी यह आकांक्षा और आशंका जायज है कि "कुछ ऐसी स्थितियाँ बननी चाहिए कि यह अनदेखापन और अनसुनापन जैसे कोई आग अचानक भड़कती हैं और लपट आती है ऐसा कुछ समाज का चौंकना हो जिसमें हमारे रोजमर्रे के कचरे की ढेरी में एक माचिस की तीली के बदले कोई कविता की तीली लगा दे। ऐसा मैं सोच लेता हूँ। इसे मैं एक अच्छी इच्छा की तरह अपेक्षा के रुप में सामने रखता हूँ। इसके सिवा हमारे सामने कोई चारा भी नहीं है।...कविता इक्कीसवीं शताब्दी को बचाएगी। लेकिन इक्कीसवीं शताब्दी कविता को कितना बचाएगी यह कहना कठिन है।" (आलोचना, सहस्त्राब्दी अंक बारह, पृ.83)

फिर भी यह बात बहुत हद तक सही है कि हमारे इस कथित 'हिंस्र' और 'क्रूर' समय मे बिरला ही कोई प्राचीन या मध्ययुगीन भूगोल में लौटना पसंद करेगा। कारण स्पष्ट हैं — जाति, मजहब, लिंग, संस्कृति, क्षेत्रीयता एवं भाषा आदि के नाम पर धर्मध्वजी बर्बरता फैलाने की पुरज़ोर कोशिश करने वाले खतरनाक किस्म के कुछ

विकृत लोगों की मौजूदगी के बावजूद मानवीय क्रूरताएँ पहले के मुकाबले एक हद तक जर्जर अवश्य हुई हैं। शिक्षा, स्वास्थ्य, मानवाधिकार, सामाजिक न्याय, स्त्री सबलीकरण, पर्यावरण आदि से जुड़े मुद्दों के प्रति लोगों की संवेदनशीलता एवं समझदारी में बेशक इजाफा हुआ है। 'पंचायती-राज व्यवस्था' के सफल-असफल कार्यान्वयन की वजह से भारत में विभिन्न दलित व पिछड़े समुदाय एवं महिलाएँ भी एक हद तक सशक्त होती देखी जा सकती हैं। देश के ज्यादातर हिस्सों में कानून और व्यवस्था की दुर्दशा तथा प्रशासन से लेकर कुछ व्यापारिक संस्थानों में व्याप्त भ्रष्टाचार के बावजूद एक खुशहाल मध्यवर्ग का उदय संभव हो सका है। ऐसे में सवाल उठना वाजिब है कि आखिर विनोदकुमार शुक्ल समेत ज्यादातर रचनाकार अपनी कृतियों में आज के जमाने के साथ-साथ मनुष्य के भविष्य को लेकर इतने आशंकित एवं कई बार आकुल-आतुर क्यों दिखाई पड़ रहे हैं। क्या उनमें 'कामनसेंस' का अभाव है? प्रसंगात निर्मल वर्मा ने लिखा हैः "हर व्यक्ति जो 'कामनसेंस' को ठुकराकर चलता है, उसे सबसे ज्यादा जोखिम उठाना पड़ता है, वह चाहे मसीहा हो, गुफा में छिपा जादूगर, क्षुब्ध कलाकार...सबको एक पवित्र किस्म के खतरे का सामना करना पड़ता है। ऐसा व्यक्ति अपने मन में एक बम लेकर चलता है, एक प्राइवेट बम...। यह बम 'कामनसेंस' के आदर्शनगर पर गिरा देना चाहिए। उसके विस्फोट से जो लपटें निकलेंगी, उसके प्रकाश में हम असली 'कला' को पहचान सकेंगे या अतार्किक कल्पना की तर्कसंगत 'कामनसेंस' पर सबसे बड़ी विजय होगी।"

विनोदकुमार शुक्ल के सृजन की नैतिकता को वहाँ भी रेखांकित करना जरूरी है, जहाँ लगभग पाँच हजार साल पुरानी कही जाने वाली भारतीय सभ्यता एवं संस्कृति की कुक्षि से उत्पन्न मानवीय परिवेश एवं मूल्य पर आसन्न संकट को गद्य के बजाय कविता में पिरोया गया है

'याद आने की होगी
थोड़ी बहुत सीमा-

* * *

दूर हो जायेगी गंवई, याद आने की अधिकतम सीमा भी

* * *

समय गुजर जाता है
जैसी सरकारी वसूली के लिए साहब दौरे पर।
फिलहाल सूखा है
इसलिए वसूली स्थगित

पिटते हुए आदमी के बेहोश होने पर
जैसे पीटना स्थगित।
मर गया प्रदेश
मर गयी जगह पड़ी हुई उसी जगह
उत्तर प्रदेश, राजस्थान
बिहार, कर्नाटक, आंध्र
बिखर गयी बैलों की अस्थिपंजर-सी ज़मीन उत्तर से दक्षिण
ज़मीन के अनुपात से
आकाश को गिद्ध कहूँ

*　　*　　*

फिर मरे हुए दिन की परछाई रात अँधेरी।'

'खिलेगा तो देखेंगे' उपन्यास में पुलिस थाने से आतंकित औसत भारतीय ग्रामीण समुदाय के सदस्यों की मनोसामाजिक संरचना का जो मार्मिक एवं कलात्मक विवरण प्रस्तुत किया गया है वह मूल में ही पठनीय है। बहरहाल, कुछ पंक्तियाँ द्रष्टव्य हैं – "पुलिस थाना करीब डेढ़-दो साल से खाली पड़ा था। और उजाड़ था। ... थाना इतने दिनों से खाली था तब भी गाँववालों की उस तरफ जाने की हिम्मत नहीं होती थी। बकरियाँ तक भूले-भटके उस तरफ नहीं जाती थीं। ... थाने के अहाते के अंदर मीठे पाने का ही कुआँ था। केवल यही कुआँ होता और थाना नहीं होता तो कुएँ के इर्द-गिर्द गाँव और बस गया होता। थाने के इर्द-गिर्द गाँव के बसने का कोई तुक नहीं था। गाँव हमेशा थाने के पीछे रहा आया और थाने इतने दिनों तक खाली रहने के बाद भी उसकी तरफ एक झोपड़ी नहीं बढ़ा।" (खिलेगा तो देखेंगे, पृ.10)

उपन्यास के ऊपर उद्धृत अंश से गुजरते हुए हिन्दी इलाके में हाशिए पर की जिंदगी जीने को अभिशप्त अनेक पिछड़े समुदायों पर 'पुलिस जुलुम' के संदर्भ में यदि दो भिन्न प्रकृति के ठोस उदाहरणों के माध्यम से अपनी बात ज्यादा स्पष्ट करनी हो, तो, उसका एक पहलू अकबर इलाहाबादी की इन काव्यपंक्तियों में देखा जा सकता है, जिसके मूल में पुलिस द्वारा गलत मामले में फंसाए जाने को लेकर भले आदमियों के मन का डर व्यक्त हुआ है :

रकीबों ने लिखाई है रपट जा-जा के थाने में
अकबर नाम लेता है खुदा का इस जमाने में।

–और दूसरा पहलू देहात में गाए जानेवाले कुछ मार्मिक लोकगीतों में, जिनमें सत्ता-व्यवस्था के आतंक के समक्ष आम आदमी की निरीहता की अभिव्यक्ति हुई है:

1. 'बाबू दरोगाजी ! कोने बहनवें बन्हली पियवा मोर ?
ना मोर पियवा बा बटमरवा, ना मोर पियवा चोर।'
2. 'सुनहूँ दरोगा बाबू, हमरो बेयनियाँ जी
रस्ता में समान छिनलक, छोड़लक मोर परनियाँ जी ।'

सत्ता-व्यवस्था के इस आतंक का हिन्दी साहित्य-क्षेत्र में एक दिलचस्प उदाहरण 'आलोचक' को मुक्तिबोध द्वारा 'साहित्य का दारोगा' कहा जाना है। विचित्र बात है कि जिस 'आलोचक' को सम्मान के साथ ⁄वन्यालोककार आनंदवर्धन ने कभी 'सचेतस' सहृदय कहा था उसे एक बड़े रचनाकार को आखिर 'साहित्य का दारोगा' क्यों कहना पड़ा? आलोचना को केवल 'पोलेमिक्स' का पर्याय बना देने के लिए जवाबदेह आलोचकों को इस मुद्दे पर खुले दिमाग से विचार करना चाहिए।

इसे देखते हुए हमारे समय के तथाकथित अग्निवर्षी आलोचकों को शायद याद दिलाना जरूरी हो कि साहित्यिक कृतियों में किसी आत्यंतिक आक्रोश की राजनीति को न पाकर 'सिर धुनि-धुनि पछिताई' वाली मुद्रा अपनाने के बजाय उसमें उस 'गलदश्रु भावुकता' की सिरे से अनुपस्थिति का रेखांकन ज्यादा विवेकपूर्ण होगा, जिसका 'खिलेगा तो देखेंगे' उपन्यास की कला की सिद्धि में बहुत बड़ा योगदान है। भारतीय निम्नमध्यवर्गीय लोगों के सहज-स्वाभाविक जीवन को लेकर गहरी अंतर्दृष्टि, निष्ठा, समझदारी एवं सहानुभूति के संश्लेषण से निष्पन्न ऐसी कलाकृतियाँ अर्थबाहुल्य की स्निग्धता तथा रचनाकार की डबडबाई हुई आंतरिकता का पता स्वयं देती हैं, जिसमें 'मर्मस्पर्शिता और परिहास का निराला संतुलन' खास तौर से उल्लेखनीय है।

उनके उपन्यासों को पढ़ते हुए एक बात जो शिद्दत के साथ महसूस होती है वह यह कि पारंपरिक भारतीय सामाजिक जीवन की सादगी व सरलता में केवल आकर्षणहीनता की बात करना एक सीमा के बाद अनुचित है। यदि यह बात जायज है कि मानवता का कायदे से कोई भी अध्ययन मनुष्य के व्यापक अध्ययन के बिना नामुमकिन है, तो, इसमें विनोदजी का कथा-साहित्य बहुत हद तक स्रोत सामग्री के रूप में किसी भी विवेकी साहित्यिक और सहृदय समाजशास्त्री के लिए बड़े काम की चीज साबित हो सकता है, क्योंकि समाज वैज्ञानिकों द्वारा संकलित तथाकथित ठोस सामग्री की तुलना में साहित्य ही समाजशास्त्री को व्यक्ति और समाज के अंतःसम्बन्धों की प्रामाणिक जानकारी देता चला आया है। प्रसंगात् एंगेल्स ने लिखा है कि फ्रांसीसी समाज के बारें में जो तथ्य उन्हें बालजक के कथा साहित्य से गुजरते हुए मिले, वे तत्कालीन समाजशास्त्रियों और अर्थशास्त्रियों के लेखन में मौजूद आँकड़ों की तुलना में ज्यादा प्रामाणिक थे। विनोदजी का कवि-कथाकार औसत

भारतीय लोगों की सीमाओं, कमजोरियों और पराजयों से परिचित है, पर उसकी शक्ति, सामर्थ्य एवं आह्लाद का भी उसे अंदाजा है। दूसरे शब्दों में लेखक को आम आदमी के'सुख-दुरूख', दोनों ही जीवनस्थितियों एवं मनोदशाओं का मर्मांतक बोध है, जिसे बौद्ध जातक कथा में एक स्थान पर इस प्रकार व्यंजित किया गया है :

'जंगल में अचानक बाघ को देखते ही घबराकर कोई आदमी अंधे कुएँ में कूद पड़ा और दीवार से लगी एक मजबूत टहनी से लटक गया। बहरहाल, उसकी जान बच गयी। अब कुएँ के जगत पर बैठा बाघ उसे बाहर निकलते ही खा जाएगा और कुएँ के भीतर एक जहरीला बहुत बड़ा काला साँप फण फैलाए दिखाई दे रहा है। उस आदमी की मुश्किल यह है कि इस हालत से वह निजात कैसे पाए। क्या खाए, क्या पिए, करे तो क्या करे? किन्तु, उसी कुएँ की दीवार पर मधुमक्खी का छत्ता है, जिससे कभी-कभार शहद की बूँद टपकती है जिसे चाटकर वह आदमी किसी तरह जिन्दा है।'

कवि विनोद कुमार शुक्ल ने भी अपने खास अन्दाज में मनुष्य की जिजीविषा को वाणी दी है :

'एक मनुष्य, मनुष्य की प्रजाति की तरह
साइरन की आवाज सुनते ही
जान बचाने गड्ढे में कूद जाता है
गड्ढे के किनारे टहलती हुई
एक गर्भवती स्त्री
एक मनुष्य जीव को जन्म देने
सँभलकर गड्ढे में उतर जाती है।'

—सब कुछ होना बचा रहेगा

यह मनुष्य की उत्कट जिजीविषा ही है जिसके चलते अतीत में भोगे गए घोर दुख के क्षणों का स्मरण करने पर भी उसे सुखानुभूति होती है। कालिदास के राम जब वन से अयोध्या लौटे तो वे एक चित्रशाला में गए जहाँ लोगों ने उनके दुखद वनवासी जीवन के चित्र बना रखे थे। तब राम कहते हैं कि दण्डकारण्य में उन्होंने जो दुख उठाए थे उन्ही के चित्र अब सुख की अनुभूति करा रहे हैं : 'प्राप्तानि दुःखान्यपि दंडकेषु संचिन्त्यमानानि सुखान्यभूवन्।'

साहित्यालोचन के क्षेत्र में व्याप्त यह एक बिडंबना ही कही जाएगी जिसके तहत ज्यादातर पढ़ने और खास तौर से हमेशा लिखने के लिए अतिउत्साही जन अपने प्रत्येक समकालीन कवि-कथाकार की रचनात्मक उपलब्धियों का जायजा लेते हुए एलियट के 'परंपरा एवं वैयक्तिक प्रज्ञा' निबन्ध को कभी न भूल पाने को बाध्य

दिखाई देते हैं। नतीजतन, प्रायः किसी उपन्यास या कहानी को यांत्रिक ढंग से पहले से ही किसी परमपरा-विशेष के खाँचे में खतियाई हुई कृतियों की कसौटी पर कसने के वे आदतन शिकार होते हैं। स्पष्ट ही इसके चलते मूल्यांकन के क्षेत्र में अतिसरलीकरण की स्थिति का पैदा हो जाना अस्वाभाविक नहीं है। स्पष्टतः विनोद कुमार शुक्ल की रचनाओं के उपयुक्त मूल्यांकन के लिए ऐसी आलोचना-दृष्टि काम्य है, जो साहित्यिक कृतियों की प्रासंगिकता के सवाल को स्थूल समाजशास्त्रीयता की गिरफ्त से मुक्त करने में समर्थ हो।

इस संदर्भ में सबसे महत्त्वपूर्ण बात यह है कि इतिहास हो या साहित्येतिहास, कोई भी परंपरा अपने मूल या विशुद्ध रूप में वर्तमान में अवतरित नहीं होती। वस्तुतः वह इतिहास की धारा में समय-समय पर की जानेवाली अनेकानेक पुनर्व्याख्याओं व विश्लेषणों के सार तत्त्व को आत्मसात करती हुई और कई बार उनसे दूर तक प्रभावित होती हुई अतीत से वर्तमान तक की यात्रा तय करती है। इसलिए कथा-साहित्य में प्रेमचन्द तथा जैनेन्द्र-अज्ञेय की तथाकथित 'प्रगतिशील' और 'कलावादी' परंपराओं की दुहाई देते हुए जिसे हम अपनी आस्वादपरक साहित्यिक रूचि या अरुचि मान बैठते हैं, वह भी वस्तुतः लंबे अरसे तक विभिन्न प्रचलित प्रतिमानों व मतवादों के आभिभूतकारी प्रभावों के तहत हमारी एक खास तरह की रचनाओं का आस्वादन करते रहने की आदत का ही नतीजा है। शूकिंग ने 'साहित्यिक अभिरुचि का समाजशास्त्र' (Sociology of Literary Taste) पुस्तक में इस मुद्दे की भिन्न संदर्भ में परत-दर-परत पड़ताल की है। उनका कहना है कि किसी भी देश-काल में साहित्यिक रचनाशीलता की अभिरुचि एवं उसके पठन-पाठन व आस्वादन में गुणात्मक परिवर्तन प्रायः तभी घटित होता है, जबकि उस परिवर्तन को परिचालित करनेवाली कोई न कोई सामाजिक शक्ति उस जमाने में प्रत्यक्ष या अप्रत्यक्ष रुप में अवश्य सक्रिय रहा करती है। इसी मुद्दे का दूसरा पहलू वहाँ सामने आता है, जहाँ हम अतिउत्साह में अपनी साहित्यिक रुचि अथवा अरुचि को भली भाँति जानने की ऊर्ध्ववबाहु उद्घोषणा करने में तनिक भी नहीं हिचकते, जबकि वास्तविकता प्रायः उलट होती है। हमें प्रायः उन्हीं रचनाकारों की अनेकानेक कृतियों में से कुछ रचनाएँ अच्छी लगने लगती हैं, जिनसे हम बतौर पाठक परिचित होते हैं और जो हमारी सौन्दर्यात्मक संवेदनशीलता को तथाकथित 'अलौकिक' आनंद व तुष्टि देने में समर्थ होती हैं।

ऐसे में एक खास तरह की पाठकीय रुचि या अरुचि के तहत विनोदकुमार शुक्ल की कृतियों पर प्रेमचन्द अथवा जैनेन्द्र की परंपरा के नाम पर कुंडली मारकर बैठ जाने की आलोचकीय जिद्द न केवल गैर-रचनात्मक और अनैतिहासिक है, बल्कि

अविवेकी भी। यह सही है कि उनके यहाँ रचनात्मक वैविध्य की एक सीमा तक कमी है और कई बार जब वे औपन्यासिक शिल्प के स्तर पर एक रचनात्मक तरकीब से दूसरी और दूसरी से तीसरी तरकीब निकालने की कोशिश करते हैं, तो इससे कभी-कभी उनके उपन्यास अपने रचनात्मक अभिप्राय एवं प्रभाव की दृष्टि से एक खास तरह का कलात्मक 'धोखा' पैदा करते प्रतीत होते हैं। प्रसंगात् मुक्तिबोध ने 'व्यक्तित्त्व और रचना का संबंध' पर विचार करते हुए लिखा है : "साहित्य बहुत हद तक एक धोखा।...यह भी कहा जा सकता है कि वह रोल लेखक का एक सधा हुआ मनोवैज्ञानिक विक्षेप है। भोक्ता और कलाकार के बीच जो एक आंतरिक संबंध है, वहीं इस रोल का स्थान है। इसीलिए वह एक नकाब नहीं है– जैसा कि स्वयं मार्क्सवादी आलोचक लांछन लगाते हैं। नकाब होती तो उतरती भी। कृतिकार अपने को या दुनिया को धोखा देना नहीं चाहता। उसका वह उद्देश्य नहीं है। लेकिन धोखा पैदा हो जाता है। जितना बड़ा धोखा पैदा होगा उतना वह बड़ा कलाकार भी माना जाएगा।" कहना न होगा कि विनोदकुमार शुक्ल का कथा-साहित्य और उसमें भी 'दीवार में एक खिड़की रहती थी' उपन्यास ऊपर कथित कलात्मक धोखे का एक सुंदर संवेदनात्मक साक्ष्य है।

भगवानदास मोरवाल के सद्यरू प्रकाशित उपन्यास 'रेत' पर विचार करते हुए एक सहृदय समाजविज्ञानी अभय कुमार दुबे ने अपने खास तल्ख-बौद्धिक अंदाज में सवाल उठाया है कि इसके "कथानक की भाषा इतनी धुली-पुंछी क्यों है कि जैसे नैतिकता की फिनाइल से सब कुछ साफ़ कर दिया गया हो? क्या हिन्दी साहित्य ने अभी तक ऐसी भाषा ईजाद ही नहीं की है जो पोर्नोग्राफी हुए बिना यौनजीवन के विवरण दे पाने में सक्षम हो? हिन्दी साहित्य की सेक्सुअल पालिटिक्स का यह कौन-सा रूप है?"

'सेक्सुअलिटी बनाम ब्रह्मचर्यवादी राजनीति' शीर्षकीय दिलचस्प, किंतु, विचित्र अपेक्षाओं से लबालब सहृदय समाजशास्त्री को दिनकर की 'उर्वशी', मृदुला गर्ग की 'चितकोबरा', सुधीर कक्कर की हिन्दी में 'कामयोगी' नाम से अनूदित(एसेटिक ऑफ डिजायर) औपन्यासिक कृति तथा हिन्दी साहित्य में मुख्यतः 'स्टंट' और 'स्कैंडल' की सनसनी के बल पर लोकप्रिय 'हंस' में प्रकाशित अनेकानेक अच्छी-बुरी रचनाओं से गुजरने का सुयोग अवश्य मिला होगा। इसके बावजूद यदि उन्हें 'देह भाषा का कुछ अभाव' खटकता हो तो : 'बाखुदा दीवानाबाश, बामुहम्म्द होशियार'। स्पष्ट ही उपर्युक्त रचनाओं से आगे की जो 'देहभाषा' होगी या हो सकती है, वह हिन्दी कथासाहित्य में पोर्नोग्राफी का ही 'उत्पादन' करेगी, जिससे हिन्दी पाठकों को जितनी दूर रखा जाय उतना ही उसके मानसिक स्वास्थ्य के लिए बेहतर है। बावजूद

इसके, यह एक दुखद सत्य है कि रेलवे स्टेशन, बस स्टैंड आदि के बुक स्टाल पर हिन्दी में भी लिखित व प्रकाशित लुगदी या घासलेटी साहित्य, खास तौर से उपन्यासों व पत्रिकानुमा चीजों की धड़ल्ले से बिक्री कम नहीं है, जो वस्तुतः हिन्दी समाज के सांस्कृतिक पतन की पैदावार हैं, जिनमें शायद प्रेमरहित यौन संबंधों को विकृति की चरम सीमा तक गर्हित रस के गढ़े में डुबो-डुबोकर लिखने व पढ़ने की वीभत्स प्रवृत्ति होती है।

यह सुखद है कि आज जबकि पश्चिम में, 'मध्यवर्ग के महाकाव्य' के तौर पर स्वतंत्र विधा के रूप में विकसित उपन्यास, मिलान कुंदेरा के शब्दों में,'अपनी ऐतिहासिक परिणति में जाल में फँस-सी गई दुनिया की पड़ताल करने के लिए अभिशप्त है', वहीं एशिया और भारत में विनोदकुमार शुक्ल सरीखे कई रचनाकार आनेवाली पीढ़ी के लिए पश्चिमी उपन्यासों के स्वरूप एवं संरचना के बरक्स भारतीय आख्यान-परम्परा की उर्वर भूमि से रस खींचते हुए एक स्वकीय संरचना के माध्यम से औसत भारतीय मनुष्य की जिजीविषा का सृजनात्मक साक्ष्य रचने में मसरूफ हैं। स्पष्ट ही इनमें विनोदजी का शब्दकर्म उच्चवर्गीय एवं मध्यवर्गीय भारतीय जीवन के बाहरी चमक-दमक या तड़क-भड़क के संजाल से दूर आम आदमी के सहज स्वाभाविक जीवन में निहित आस्था का जीवंत आख्यान है, जिसमें मनुष्य की आत्मा में सुप्त बुनियादी रागात्मकता का उद्घाटन संभव हो सका है। उनके उपन्यासों में आए अधिकांश पात्र आधुनिक व उत्तर-आधुनिक कहे जानेवाले भारतीय मध्यवर्ग की शतमुख भोग की लालसा तथा उस अपराध भावना की उस समाजशास्त्रीय वास्तविकता से कोसों दूर है, जिसके तहत समान भाव से लूट में अपने हिस्से के लिए शिरकत करने की तमन्ना के साथ ही ऐसा मौका न मिलने पर लूट में शिरकत न कर पाने की बेचौनी भी दिखाई पड़ती है। भारतीय आख्यान-परम्परा की अपनी ज़मीन से जुड़े उनके औपन्यासिक आख्यानों की एक विशेषता पश्चिम से भिन्न काल-चेतना है, जो मैनेजर पाण्डेय से विचार-सूत्र लेकर कहें तो, ष्उपन्यास की कथा की संरचना को ही प्रभावित नहीं करती है, उपन्यासकार की यथार्थ-चेतना और पात्रों की मानसिक बनावट को भी अनुशासित करती है।' (साहित्य के समाजशास्त्र की भूमिका, पृ.283) इतिहासाचार्य विश्वनाथ काशीनाथ राजवाड़े के 'कादंबरी' निबन्ध का हवाला देते हुए डॉ.पाण्डेय ने विस्तार के साथ समझाया है कि कैसे आरंभ में ही आत्यन्तिक औपनिवेशिक प्रभाव की वजह से 'भारत में उपन्यास विधा अभिशप्त हो गई।' फिर भी हमें इस समाजशास्त्रीय तथ्य की कतई अनदेखी नहीं करनी चाहिए कि भारत में और खास तौर से हिन्दी में "उपन्यास के जन्म के पीछे सिर्फ विदेशी प्रेरणा ही नहीं थी, बल्कि भारत के नये उभरते मध्यवर्ग की बौद्धिक आवश्यकताओं का दबाव भी था। भारतीय

जनता के सामने एक ओर वर्चस्ववादी औपनिवेशिक संस्कृति थी तो दूसरी ओर भारत की पारम्परिक संस्कृति।...सामाजिक सुधारवाद के उद्देश्य से परिचालित होकर, एक विशेष 'मिशन' के तहत हिन्दी के सभी प्रारम्भिक उपन्यास लिखे गए।" (गरिमा श्रीवास्तवः आलोचना, अप्रैल-जून 2008, पृ.81-83) उल्लेखनीय है कि कालांतर में प्रेमचन्द, यशपाल, नागर, रेणु, हजारीप्रसाद द्विवेदी सरीखे अनेकानेक उपन्यासकारों द्वारा हिन्दी उपन्यास की एक स्वकीय संरचना का सृजन सम्भव हुआ, जिसकी एक बड़ी मंजिल पर उपन्यासकार विनोदकुमार शुक्ल खड़े दिखाई देते हैं। मैनेजर पाण्डे की शब्दावली उधार लेकर कहा जाय तो विनोदजी के उपन्यासों में भारतीय कथा-परंपरा और यूरोपीय ढांचे के आधार पर स्वतंत्र रूप से हाल-हाल तक विकसित हिन्दी उपन्यास की स्वकीय संरचना के बीच सृजनात्मक तनाव के साथ ही भारतीय कथा-कौशल के विलक्षण प्रयोग भी मिलते हैं।

उपर्युक्त विमर्श के आलोक में 'दीवार में एक खिड़की रहती थी' उपन्यास में कथानायक रघुवर प्रसाद और उसकी घरनी सोनसी के बीच प्रणय की प्रगाढ़ता के चित्रण के दरम्यान जिस रचनात्मक व कलात्मक संयम के तहत मनुष्य (स्त्री-पुरुष) की मनोदैहिक (Psychosomatic) प्रक्रिया की गहराई में उतरकर उनके काम-संवेगों की परत दर परत उकेरते हुए लेखक ने अपनी शक्ति एवं सीमा में साहित्य-रचना के दरम्यान स्त्री-पुरुष, दोनों की आत्मा में प्रवेश कर उनके संबंधों के इस त्याज्य से माने जाने वाले पक्ष का जो तरोताजा सौन्दर्यशील यथार्थ रचा है, वह विस्तार से मूल कृति में ही पठनीय है। उदाहरण के लिए कुछ पंक्तियाँ द्रष्टव्य है – 'सोनसी रघुवर प्रसाद के गले में हाथ डालकर लटक गई। पीठ पर सोनसी को लादे रघुवर प्रसाद घूमे। ...सोनसी उतरने-उतरने को थी कि रघुवर प्रसाद ने गले में लिपटे सोनसी के हाथों को कसकर पकड़ लिया ...गहरी रात की शान्ति थी...सोनसी रघुवर प्रसाद के कन्धों में लदी रघुवर प्रसाद के हर कदम में धीरे से उछलती जाती...ऐसा था कि ये दोनों जागे थे और सब कुछ नींद में झूम रहा था... सोनसी अपने पैरों को रघुवर प्रसाद की कमर में लपेटना चाहती थी पर साड़ी के कारण वह लपेट नहीं पा रही थी...सोनसी ने रघुवर की कमर में पैर लपेटे तो रघुवर प्रसाद ने सोनसी के कूल्हे के नीचे दोनों हथेलियों को बाँधकर धीरे से ऊपर उछाला तो सोनसी के हाथ रघुवर प्रसाद की गरदन पर ढीले हो गये...रघुवर प्रसाद तालाब के किनारे-किनारे चलने लगे। सोनसी तालाब में रघुवर प्रसाद की परछाईं के ऊपर अपनी लदी परछाईं को देख रही थी। रघुवर प्रसाद सोनसी को लादे हुए धीरे से तालाब में उतर गए...तालाब से निकले तो और अच्छा लगा। तालाब के पास एक टीला था। सोनसी ने कहा 'मुझे उतार दो। तुम बहुत थक गये होगे। मैं तुम्हें बहुत थकाती हूँ।'...'तुम्हारे कन्धे पर

चन्द्रमा बैठा है।' सोनसी ने लेटे-लेटे हाथ उठाते हुए कहाँ जैसे वह रघुवर प्रसाद को बुला रही हो और रघुवर प्रसाद बहुत दूरी पर थे। रघुवर प्रसाद खड़े-खड़े सोनसी को देख रहे थे। सोनसी को लगा रघुवर प्रसाद के कन्धे पर बैठा चन्द्रमा पास आ रहा है। सोनसी ने पास आने के सुख की चमक को सहने के लिए आँख मूँद लिए थे।' (पृ,68)

इस संदर्भ में उल्लेखनीय है कि प्रणय-क्रीड़ा में सोनसी की सक्रियता अनायास ही अपभ्रंश के एक दोहे की याद दिलाती है, जिसमें प्रियतमा कहती है कि यदि प्रियतम मिल गया तो मैं उसे वैसे ही सोख लूगी जैसे कच्ची मिट्टी का सकोरा पानी सोख लेता है। याद रहे कि रघुवर प्रसाद और सोनसी की प्रणय-क्रीड़ा किसी भी तरह वेब्लेन और मांटेस्क्यू सरीखे विचारकों द्वारा चिह्नित 'सुखासीन समुदाय' (लेजर/लक्जरी क्लास) के 'नागर' की उन्मुक्त भोगवादी प्रवृत्ति से परिचालित काम-लीला नहीं है, जिसके पास हजारी प्रसाद द्विवेदी के शब्दों में 'प्रचुर संपत्ति, पर्याप्त अवकाश और अकल्पनीय निश्चिन्तता' होती है और जिसकी 'रहनी' का ब्यौरा देते हुए वात्स्यायन ने 'कामसूत्र' में लिखा है : ''नागरिक का निवास किसी सरोवर के किनारे हो जिसमें अलग-अलग जरूरतों के लिए अनेक कमरें हों। घर के चारों तरफ रंग बिरंगे सुगंधित फूलों से भरा बगीचा हो, सुंदर बेलें और कोमल घास हो... बैठक में सुंदर पलंग पर मुलायम गद्दा, बेलबूटों वाली सफेद चादर, तकिये। पलंग के पास ही संभोग लीला के लिए एक छोटा पलंग होना चाहिए ताकि बड़ा पलंग अशुद्ध न हो जाए... छोटी मेज पर संभोग सुख के सामान, सुगंधित लेप, फूल मालाएँ, श्रृंगार प्रसाधन... कमरे में चौपड़ और शतरंज का सामान हो।'' यह वही 'नागर' है जिसकी विलासितापूर्ण जीवन-शैली का रीतिकाल के अंतिम महत्त्वपूर्ण कवि पद्माकर ने 'गुलगुली गिल में गलीचा है, गुनीजन हैं,/चांदनी है, चिक है, चिरागन की माला हैं'– जैसे छंद में चित्रण किया है और जो प्रेमचन्द की 'शतरंज के खिलाड़ी' कहानी का भी प्रतिपाद्य है। इनसे विलग रघुवर-सोनसी का प्रणय सुख एक औसत भारतीय मनुष्य का 'एक चिथड़ा सुख' है, जो रागात्मक ऐन्द्रिय-ऐश्वर्य की मांसलता से परिपूर्ण है। जदानोवाद से एक लम्बे अरसे तक प्रभावित जार्ज लुकाच के अंधअनुसरणकर्ता हिन्दी आलोचकों को शायद याद दिलाना शायद जरुरी हो कि साहित्य-सृजन में 'मांसलता' को अनिवार्यतः 'पतनोन्मुख समाज का लक्षण' (जार्ज लुकाज) मान लेना एक सौन्दर्यशास्त्रीय चूक भी हो सकती है और विनोदजी की औपन्यासिक कृतियाँ ऐसी तथाकथित आर्यसमाजी नैतिकता के विरुद्ध स्त्री-पुरुष के बीच गहरी आत्मीयता एवं ऐन्द्रिक संवेदना के गल्प का जबरदस्त नमूना पेश करती हैं। इस आत्मीयता के नैतिक पक्ष की अनिवार्य शर्त यह है कि ''अपने को बचाने से दूसरा नहीं बचता।

दूसरे को बचाने में अपने बचे रहने की उम्मीद होनी चाहिए। लेकिन दूसरे को बचाने में जो नष्ट होता है वह नष्ट नहीं होता या तो दूसरा बचा होता है या बचाने की कोशिश बची होती है।'' (विनोदकुमार शुक्ल, आलोचना, सहस्त्राब्दी अंक 12, 2003, पृ.83) 'दीवार में एक खिड़की रहती थी' उपन्यास में वर्णित रघुवर-सोनसी के प्रेम की प्रगाढ़ता तथा उनके पारिवारिक एवं सामाजिक जीवन में सौमनस्य के मद्देनजर मिलान कुन्देरा का वह कथन सौभाग्यवश अविकसित एवं विकासशील देशों की अभावग्रस्त निम्न-मध्यवर्गीय आबादी के जीवन के प्रसंग में पूरी तरह लागू नहीं होता, जिसमें कहा गया है कि 'हमारे समय में महानतम प्रेम की परिणति भी निःसंवेद स्मृति-कंकाल में होती है।'

प्रसंगवश प्रियदर्शन की 'उसके हिस्से का जादू' कहानी-संग्रह की 'पेइंग गेस्ट' कहानी पर स्त्रीवादी आलोचक गरिमा श्रीवास्तव की टिप्पणी द्रष्टव्य है, जिसमें ईमानदार स्वीकृति है कि ''पुरुष द्वारा लिखित यह कहानी इस मिथ को भी तोड़ती है कि स्त्री ही स्त्री के अनुभूतिमण्डल को ज्यादा कारगर ढंग से समझ और अभिव्यक्त कर सकती है।'' (संवेद-17, सितंबर 2008, पृ. 303) गोकि यह आलोचकीय निष्कर्ष लेखक की 'माँ' कहानी के संदर्भ में संभवतः ज्यादा सार्थक है। बहरहाल, कहना यह है कि किसी भी समर्थ रचनाकार (स्त्री-पुरुष) में एक विलक्षण आत्मनिषेधात्मक क्षमता (Capablity of self negation) होती है, जिसके चलते वह वर्ण, जाति, धर्म, लिंग क्षेत्र, आयु आदि से जुड़ी स्वाभाविक सीमाओं का अतिक्रमण करता है। साथ ही, श्रेष्ठ गल्प की अर्थबहुलता प्रायः बहुसंदर्भ-मुखर हुआ करती है। बहुसंदर्भमुखर पाठों की यह 'अर्थबहुलता', फ्रेडरिक जेम्सन के अनुसार, किसी पाठक या आलोचक की कोई आकस्मिक सूझ या इलहाम के बजाय पाठ और परिप्रेक्ष्य के बीच अंतःसलिला की तरह विद्यमान कौटुम्बिक्ता की सिलसिलेवार गहरी पहचान का नतीजा होती है।

विनोदकुमार शुक्ल के प्रगीतात्मक गल्प का वैशिष्ट्य इस बात में है कि यह अपनी बनावट (Structure) और बुनावट (Texture) में अनेकानेक स्थानीय सांस्कृतिक तत्त्वों को इस कदर समेटे हुए है कि पाठक के सामने बिंदु-दर-बिंदु, प्रश्न-प्रति-प्रश्न एक सृजनात्मक संसार खुलता चला जाता है, जिसे आलोचना- क्रम में विवेचित, विश्लेषित व पुनर्रचित करना मुश्किल है। सच तो यह है कि इस दरम्यान रचनाकार के निगूढ़ वर्णन एवं अभिप्राय (मोटिव) के साथ किसी तरह की छेड़छाड़ भी स्पृहणीय नहीं है, क्योंकि गहरे संवेदन-द्रव से लबरेज मूल पाठ के साथ ऐसा कोई भी आलोचकीय बर्ताव उपन्यासकार की किस्सागोई एवं चित्रण प्रस्तुत करने के उसकी निजी कला को नष्ट-भ्रष्ट कर दे सकता है। बावजूद इसके, 'दीवार में एक खिड़की

रहती थी' में आये प्रणय-प्रसंगों के बारे में विष्णु खरे का एक कथन द्रष्टव्य है : "प्रदर्शनवाद से बचते हुए इसमें उन्होंने ऐन्द्रिकता, माँसलता, रति और श्रृंगार के ऐसे चित्र दिये हैं जो बगैर उत्तेजक हुए आत्मा को इस आदिम संबंध के सौन्दर्य से समृद्ध कर देते हैं, और वे चस्पाँ किये हुए नहीं हैं, बल्कि नितांत स्वाभाविक हैं – उनके बिना यह उपन्यास अधूरा, अविश्वसनीय, बंध्य होता। बल्कि आश्चर्य यह है कि उनकी कविता में यह शारीरिकता नहीं है।" विद्वान कवि-आलोचक को संभवतः विवेच्य उपन्यासकार की वह कवित्वपूर्ण स्वीकारोक्ति जरूर याद होगी जिसमें कहा गया है :

'उपन्यास में पहले एक कविता रहती थी

* * *

हवा का झोंका जो आया था
वह भी था अनगिन हवा के झोंको का
पहला झोंका कुछ देर।
अनगिन से निकलकर एक लहर भी
पहली, बस कुछ पल।
अनगिन का अकेला
अनगिन अकेले अनगिन।
अनगिन से अकेली एक-
संगिनी जीवन भर।'

यदि कोई सहृदय पाठक ऊपर उद्धृत काव्यांश या पूरी कविता को 'दीवार में एक खिड़की रहती थी' में आए रघुवर प्रसाद एवं सोनसी के प्रणय-चित्रण तथा 'खिलेगा तो देखेंगे' में चित्रित 'गुरूजी' एवं उनकी पत्नी के गहरे दाम्पत्य-संबंध से जोड़कर पढ़ने की पेशकश करे, तो रचना के उत्स से लेकर उसकी अभिग्रहण-प्रक्रिया का वृत्त स्वतरू पूरा हो जायेगा।

स्त्री-पुरुष के बीच ऐसा मनोदैहिक व आत्मीय प्रेम संबंध अनिवार्यतः तथाकथित 'सफल दाम्पत्य' के अन्तर्गत ही हो, यह कहना एक सीमा के बाद शायद अर्द्धसत्य होगा। प्रसंगात् एंगेल्स की 'परिवार, राज्य एवं निजी संपत्ति का उदय' पुस्तक में आये नीचे उद्धृत मंतव्य पर दृष्टिपात करना, स्त्रीवादी कवि-आलोचक अनामिका की शब्दावली उधार लेकर कहें तो, वर्तमान समय में हमें अपने 'मन मांझने की जरूरत' का गहरा अहसास कराता है : "ऐसे पुरुषों की पीढ़ी जिन्हें अपने जीवन में कभी किसी नारी देह को पैसा देकर या सामाजिक शक्ति के अन्य साधन के द्वारा खरीदने

का अवसर नहीं मिला हैय और ऐसी नारियों की पीढ़ी जिन्हें सच्चे प्रेम के अतिरिक्त और किसी कारण से किसी पुरुष को अपनी देह सौंपने के लिए विवश नहीं होना पड़ा है और न अपने प्रेम के सामने आत्मसमर्पण करने के रास्ते में किन्हीं आर्थिक परिणामों के डर से हिचकिचाहट का सामना करना पड़ा है, एक बार जब ऐसे स्त्री-पुरुष पैदा हो जाएँगे तब वे इस बात की तनिक भी चिंता नहीं करेंगे कि हमारी आज की राय के अनुसार उन्हें क्या करना चाहिए।''

साहित्य का समाजशास्त्रीय अध्ययन करनेवाले कुछ उत्तर-आधुनिक विद्वानों ने साहित्यिक पाठों के पठन (Reading) के दौरान पाठकीय-अनुक्रिया (Reader-Response) पर विचारते हुए 'पठन' को एक प्रकार का 'प्रतिरोध' (Resistance) माना है। इस दृष्टि से 'दीवार मे एक खिड़की रहती थी' के औपन्यासिक पाठ से ऊपर विस्तार से उद्धृत रधुवर और सोनसी के प्रणय-चित्रण की प्रगाढता से संबंधित अंश का पाठक के मन पर पड़नेवाले प्रभाव की पड़ताल करने के लिए यदि कवि-आलोचक अशोक वाजपेयी द्वारा भिन्न संदर्भ मे व्यक्त एक मंतव्य से विचार-सूत्र लेकर कहें तो इस पूरे प्रसंग से गुजरते हुए पाठक वस्तुतः एक ही साथ विनोदकुमार शुक्ल, औपन्यासिक पाठ और प्रेम, तीनों को पढ़ता है : तीनों ही एक-दूसरे को अपनी-अपनी अद्वितीय आभा और आशा के साथ रचते-गढ़ते हैं। 'एक ठोस व्यक्ति के प्रेम को शब्दों में जानना और उससे तादात्म होना आसान नहीं है।' पर अगर ऐसा हो पाता है तो पाठक अपने प्रेम को भी, अपने अनकहे को भी मानो कह पाते हैं। इसलिए, विनोदजी के औपन्यासिक पाठ से ऊपर उद्धृत अंश या ऐसे ही अनेकानेक प्रसंग पाठक को एक साथ बिलकुल अपना और फिर अपने से अलग दोनों लग सकते हैं। अशोकजी ने सही इंगित किया है कि 'अपने और दूसरे के बीच यह एक तरह नाजुक, लगभग खतरनाक-सा संतुलन है।' ('कवि कह गया है') विनोदकुमार शुक्ल की रचनाओं में शब्दों को लेकर जो क्रीड़ावृत्ति झलकती है उसके पाठक पर पड़नेवालें प्रभाव की मीमांसा में विनोद शाही द्वारा हर्ष जूनियर की 'फाल्टी पर्सपेक्टिव' पुस्तक में विस्तार के साथ विवेचित 'परिप्रेक्षों की विविधता और अलहदगी की असंगतियों' के विवेचन-विश्लेषण के मद्देनजर खास तौर से हर्ष जूनियर की जिस 'बाई-फोकल विजन' की सिद्धांतिकी की चर्चा की गयी है, वह विवेच्य संभवतः कुछ काम की चीज हो सकती है। इसके तहत माना यह गया है कि "लेखक का एक परिप्रेक्ष्य है जो उसकी कृति में गुँथा-पिरोया है और पाठक का एक और परिप्रेक्ष्य -जो दूसरी आँख से देखने की वजह बनता है। मानव मस्तिष्क अपनी दोनों आँखों से दो अलग दृश्य-बिम्बों की श्रृंखलाओं को दो अड़ोसी-पड़ोसी कोणों से देखने का नतीजा है। पर हमें जो दिखाई देता है, वह इन दोनों का

संयुक्त-समन्वित दृश्य है।"(वसुधा-75, पृ.285)

विनोदकुमार शुक्ल के उपन्यासों को लेकर रमेश दवे ने एक मानीखेज सवाल उठाया है कि उन्हें "आखिर किन संदर्भों में पढ़ा जाए?...उनके तीनों उपन्यास पढ़कर कैसा लगता है?" इन कृतियों के अनोखेपन का खुलासा करते हुए वे लिखते है "नौकर की कमीज में नौकर, नौकरी, नौकर मानसिकता, साहब का दफ्तर, साहब का घर, साहब की पत्नी आदि को पढ़ते-पढ़ते कमीज को पढ़ना होगा। कमीज में समा गये शून्य को पढ़ना होगा। कमीज में एक मानसिक भूगोल भी पढ़ना या तलाशना होगा। कमीज का कमीज होना...एक संवेदन होना है, एक मनोविकार होना है और एक कथा होना है, जिसे...कमीज का ढांचा कहता है। ...खिलेगा तो देखेंगे एक अदृश्य भविष्य की कल्पना भी है। कल्पना है तो फैंटेसी है, स्वप्न है लेकिन अश्वस्ति भी है और अश्वस्ति है तो यथार्थ भी है। फूल होने और फल होने के बीच की कल्पना और दोनों के होने का यथार्थ। इसी प्रकार दीवार में एक खिड़की रहती थी एक अद्भूत शिल्प। राग का भी, विराग का भी। पास का भी, आसपास का भी और दूर का भी, दूरी का भी...यहाँ तो वे यथार्थ में भी सुख की लय खोजते है। मध्यवर्ग की पीड़ा ही यथार्थ नहीं होता। मध्य वर्ग का एक टुकड़ा सुख भी होता है और दीवार में एक खिड़की रहती थी, उसी मध्य वर्ग के सुख का उपन्यास है,...सुख में जीने का महात्त्वाकांक्षा-विहीन और आत्मतुष्ट यथार्थ है। उनके तीनों उपन्यास ऐसे जैसे कल्पना की कोई अपनी लय हो, शब्द की अपनी लय, शिल्प की अपनी लय और स्थिति के उसी रुप में होने की अपनी यथार्थ-लय...विनोदकुमार शुक्ल को पढ़ते हुए ऐसा लगता है जैसे समय उनके यहाँ कोई पृथक उपस्थिति बनकर खड़ा ही नहीं रहता बल्कि वह तो एक निरंतर जीवन है, स्थान कोई स्थानीयता बना न रहकर एक जीवन-बोध है और शून्य या अवकाश ऐसा है जैसे सबकुछ होकर भी सबकुछ न होना या कुछ भी न होकर भी, सबकुछ होना।"

ऊपर उद्धृत यह लम्बा आलोचकीय वक्तव्य वस्तुतः दुविधा की भाषा में अपने पूर्व निर्धारित निष्कर्षो को तार्किक ढंग से किसी कृति पर थोपने की सुविधाजनक प्रवृत्ति की एक जबरदस्त मिसाल है। इस पूरे निबन्ध में कुछ अवधारणात्मक युग्मों के बाद प्रश्नवाचक चिह्नों के बारंबार प्रयोग के मद्देनजर स्पष्ट हो जाता है कि एंटनी गिडंस की 'द कांसीक्वेंसेस ऑफ माडर्निटी' तथा स्टिफन हॉकिन की 'ए ब्रीफ हिस्ट्री ऑफ टाइम' जैसी पुस्तकों में प्रस्तावित 'समय और अवकाश' के बीच द्वंद्वात्मक संबंध को लेकर जो चुनौतीपूर्ण दार्शनिक विवेचन-विश्लेषण मौजूद है, उसे ही यहाँ अपने ढंग से लागू करने की विद्वत्तापूर्ण कोशिश की गई है। प्रसंगवश याद आते है आचार्य हजारी प्रसाद द्विवेदी, जिनका कहना है कि "प्रधान प्रश्न उसके (साहित्य

के) सिद्धांतों की सच्चाई जाँच करने का नहीं है (क्योंकि वह अन्य क्षेत्र का प्रश्न है), प्रधान प्रश्न यह है कि अपरने विश्वासों से आबद्ध रहकर उसने जो सृष्टि की है, उसका सौंदर्य कहाँ है? उसके सौदर्य का आदर्श क्या है? और उसकी सृष्टि करने में कहाँ तक समर्थ हुआ है।" (ग्रंथावली 8, पृ.166) सराहनीय है कि रमेश दवे ने इन दोनों पुस्तकों का हवाला भी यहाँ दिया है। औपन्यासिक शिल्प को लेकर काफी गहराई से सोदाहरण विवेचन-विश्लेषण भी आलोचक की सामर्थ्य का साक्ष्य है, जिसे 'औपन्यासिक समय-शिल्प' या 'कथात्मक अवकाश-शिल्प' के नाम से अभिहित करते हुए तर्क यह दिया गया है कि विनोदकुमार शुक्ल अपने उपन्यासों में और खास तौर से 'खिलेगा तो देखेंगे' में "जिस शिल्प को प्रगाढ़ बनाते चलते है, वह न निर्धारित, निश्चित समय के प्रतिनिधित्व का शिल्प है और न किसी विशेष पहचान के साथ स्मृति में रेखाचित्र उकेरने वाले स्थान, स्थल या स्थानीयता के भूगोल का शिल्प।" इस तर्क के लिए अंतःसाक्ष्य भी विवेच्य उपन्यास में ही मौजूद है। इन अंतःसाक्ष्यों में यथार्थ का शाब्दिक क्रीड़ावृत्ति के विनियोग से जिस कदर अन्यथाकरण किया गया है वह उपन्यासकार के रचनात्मक कौशल का श्रेष्ठ उदाहरण है। कहना न होगा कि उपन्यास में अन्यथाकरण के द्वारा मनुष्य की कल्पनाशीलता के उन अनदेखे-अनछुए आयामों को सामने लाने की पेशकश की गयी है, जिनसे गुजरते हुए किसी संवेदनशील पाठक को वस्तुस्थिति वैसी ही नहीं दिखती जैसी कि प्रायः लोग उसे देखने के आदतन शिकार हो चुके हैं। एडवर्ड सईद ने लिखा है कि मार्खेज की रूचि केवल कहानी के बजाय कहानी के कहने में है। स्पष्टतः विनोदकुमार शुक्ल की किसी भी कथाकृति के अध्येयता को उनके कथा कहने के लहजे को भी अपने विवेचन-विश्लेषण की परिधि में शुमार करना ही चाहिए। उपन्यासकार कहता है : "घड़ी नहीं थी। पर निरंतरता का बोध था। आकाश का होना निरंतर था। आकाश स्थिर, पर उसका होना निरंतर। स्थिर झरने में लगातार गिरते हुए पानी की निरंतरता। समय के बीतने का अभ्यास ठीक-ठाक हो, तो आदमी भागता जायेगा। और लौटकर नहीं आयेगा। जैसे छः महीने हो गये, नदी से जो पानी बहा था, अभी तक नहीं लौटा। वह जल कहाँ गया होगा? वह जल क्या कर रहा होगा?" ऐसे कई अंशों को उद्धृत करने के बाद रमेश दवे की जो आलोचकीय टिप्पणी है, वह कभी-कभार 'संध्या-भाषा'- सी प्रतीत होने के बावजूद गहन आलोचनात्मक अंतर्दृष्टि का परिचायक है। विवेचन-विश्लेषण के क्रम में यह सिद्ध किया गया है कि कैसे विनोदकुमार शुक्ल यथार्थों के संवेदनों से गुजरते हुए शिल्प के सौदर्य तक पहुँचते हैं : "समय उनके पास घड़ी बनकर नहीं आता। वह स्थान में भी है, वस्तु में भी है, शून्य में भी है, मनुष्य में भी है सभी में तदाकार, सभी में एकाकार। समय में

'कब' और 'कहाँ' के प्रश्नवाचक समाप्त हो जाते है जब नौकर की कमीज, कमीज से एक ढाँचा बनती है, पात्र बनती है, पात्र से पात्र का द्वंद्व बनती है, द्वंद्व से विचार बनती है, गोया कमीज एक संवेदन युक्त चरित्र में रूपांतरित हो जाती है। अब कमीज का, नौकर का, साहब का, बड़े छोटे बाबू का, दफ्तर का सभी का रिश्ता भौतिक से मानसिक हो जाता है। कमीज में कमीज का एक स्थूल स्थान भी है और सूक्ष्म अवकाश भी। एक खालीपन जो पहनने-पहनाने से भरा जाता है। कमीज तो कमीज के ही आकार में है। उसके लिए शरीर बड़े-छोटे है। इसलिए कमीज का अवकाश शरीर है और शरीर का अवकाश कमीज।...इसलिए हम उपन्यास में कोई समय नहीं खोजते, स्थान नहीं तलाशते बल्कि उपन्यास को पूरा का पूरा पहन लेते हैं अपने ऊपर ठीक उस नौकर की कमीज की तरह, जिसकी तह में व्यंग भी है, व्यथा भी है और गल्प का आनंद भी।' (आलोचना, सहस्त्राब्दी अंक सात-आठ,पृ.34) किन्तु, निष्कर्ष यह निकाला गया है कि विनोदजी के तीनों उपन्यास 'उस देशज और आंचलिक आकुलाहट के ही प्रतीक हैं जो हिन्दी में कथा को आधुनिकता की संज्ञा के साथ रचते रहे है। विनोदकुमार शुक्ल का द्वंद्व विचार या विचारधारा का द्वंद्व नहीं है बल्कि उनका द्वंद्व मुख्य रूप से समय और अवकाश का द्वंद्व है।' दिलचस्प है कि अंत-अंत तक विद्वान-आलोचक अपने पांडित्यपूर्ण विभ्रम के जाल में फँसा-का-फँसा ही रह जाता है, जिसका प्रमाण है निबन्ध के अंत में उसका यह बयान : 'विनोदकुमार शुक्ल को उनकी औपन्यासिकता में पढ़ना एक चुनौती भी है, बेचौनी भी, भ्रम या भ्रांति भी और उन्हे निरस्त करना तो और भी मुश्किल है– क्योंकि निरस्त करने से कुछ भी निरस्त नहीं होगा।' (आलोचना, सहस्त्राब्दी अंक 7-8,पृ,36)

नामवर सिंह ने लिखा है कि "जो कहानी कुछ भी अच्छी होती है उसमें अच्छे पाठ की 'संभावना' होती है और जो उससे अच्छी होती है वह अच्छे ढंग से पढ़ने को 'निमंत्रित' करती है किंतु जो कहानी बहुत अच्छी होती है, वह अच्छे ढंग से पढ़ने के लिए 'बाध्य' करती है। इस प्रकार संभावना, निमंत्रण और बाध्यता में एक निश्चित क्रम है।" इस दृष्टि से विचारने पर स्पष्ट होता है कि अनंत पाठ की संभावना से युक्त विनोदकुमार शुक्ल के उपन्यास हिन्दी के सहदय एवं समझदार पाठकों को अच्छे ढंग से पढ़ने को निमंत्रित तो करते है, किन्तु, बाध्य भी करते है या नहीं, इसको लेकर किसी निष्कर्ष पर पहुँचना हिन्दी समाज के सांस्कृतिक बहरेपन को देखते हुए जल्दबाजी होगी। गौरतलब है कि एक जमाने में देवीशंकर अवस्थी को हिन्दी कथाकारों की अवधारणा क्षमता काफी सीमित प्रतीत हुई थी। उन्होंने अपने समय के कथाकारों के बारें में शिकायत के लहजे में लिखा था कि ष्उपन्यास जैसे अधिक शक्तिशाली माध्यम को झेल जाने की सामर्थ्य वे नहीं जुटा

पा रहे है।' स्पष्ट ही आज विनोदकुमार शुक्ल सरीखे कुछ चोटी के हिन्दी उपन्यासकारों की उपलब्धियों के मद्देनजर ऐसी कोई बात बेमानी होगी। विनोदजी के तीनों उपन्यासों के पाठ की सतही संरचना में यहाँ-वहाँ मौजूद कसावट भरी शब्द-क्रीड़ा की गहनता में गोता लगानेवाले पाठक को इसमें कौतुक के बजाय अन्तर्निहित गहरी व्यथा की विड़ंबना से निर्मित जटिलता का बोध अवश्य होगा। अनुषंगवश रघुवीर सहाय का स्मरण स्वाभाविक है : 'जब घने कष्ट में मन गंभीर हो उठे, जब व्यथा में जो व्यंग है वह भी हो-नहीं तो व्यथा ही कैसे वहाँ रहेगी।' (सीढ़ियों पर धूप में, पृ, 257) बावजूद इसके अगर कोई ऐसे शिल्पगत कौशल को उपन्यासकार का खिलन्दड़ापन या सनकीपन कहे तो यह कृतिकार की 'अनकहनी भी कुछ कहनी है' की अधूरी समझ का स्वाभाविक फलाफल ही कहा जायेगा, जिसे हिन्दी साहित्य-सृजन के क्षेत्र में एक लम्बे अर्से तक कायम 'यथार्थ का आतंक' से संबद्ध माना जा सकता है। स्मरणीय है कि साहित्य रचने और पढ़ने की अर्थवत्ता व सार्थकता सनकीपन पर यदि विजय पाना नहीं तो कम-से-कम उसे काबू में रखना जरूर है। किंतु, इस क्रीड़ा-कौशल की बड़ी कमज़ोरी है कि व्यथा को गंभीर हँसी और फिर उसके व्यथा में तत्त्वान्तरण के क्रम में उपन्यासकार के लिए अर्थ-गंभीर कथ्यगत संदर्भों का आस्फालन एक तरह से बाध्यता-सी बन जाती है, जो संदर्भ को भाव-गंभीर नहीं बनने देता। कहने की जरूरत नहीं है कि इतनी ही बातें, बल्कि इतनी बड़ी बातें यदि किसी रचनाकार को उपन्यास के बजाय कविता में कहनी हों तो स्वभावतः वहाँ शाब्दिक मितव्ययिता होगी क्योंकि उपन्यास की तुलना में कविता की कसावटभरी बुनावट में 'अरथ अमित अति आखर थोरे' की शक्ति और संभावना ज्यादा होती है।

पश्चिम में अरस्तू एवं अपने यहाँ एक बड़े भारतीय दार्शनिक के बारे में एक दिलचस्प दन्तकथा प्रचलित है : "एक गंवई लुहार के पास एक पुराना-सा, पर सुन्दर चाकू देखकर दार्शनिक ने उससे प्रश्न किया कि वह चाकू उसके पास कितने अरसे से है। लुहार का उत्तर था कि वह उसका पुश्तैनी चाकू है, जिसका हत्था और पत्ती वह समय-समय पर जरूरत के मुताबिक बदलता रहा है, पर चाकू वही है।" कहने की जरुरत नहीं कि विनोदजी का शब्दकर्मी किसी अनगढ़ लुहार के बजाय बारीक काम करनेवाले सुनार या दस्तकारी के महीन काम करनेवाले कारीगर की मुद्रा में रचनारत रहा है, जिससे एक हद तक हिन्दी में गल्प की भाषा का कायान्तरण (Metamorphosis) संभव हो सका है। उनकी रचनाओं में सूक्ष्म कारीगरी का करिश्मा जिस लेखकीय निर्वैयक्तिकता से संभव हुआ है, वह वस्तुतः गहरी वैयक्तिकता की उपज है, जो एक साथ यथार्थ के धरातल पर विडम्बना और बोध

के स्तर पर अपनी अनुभूतिप्रवणता से हमें बेचौन व रससिक्त करने में समर्थ है। प्रसंगवश याद आते हैं 'उपन्यास का सिद्धान्त' के लेखक जार्ज लुकाज, जिन्होंने उपन्यास की सिद्धान्तिकी के निर्माण के दौरान विडम्बना के द्वंद्वाभासों को रेखांकित किया जाना अपरिहार्य माना है।

'दूसरा सप्तक' की भूमिका में अज्ञेय ने लिखा है : 'भाषा के विकास के क्रम में कविता की भाषा निरन्तर गद्य की भाषा होती जाती है।' अज्ञेय के ही शब्द उधार लेकर कहें तो विनोदकुमार शुक्ल की कथा-भाषा की अर्थवत्ता उनके कृतिकार को गद्य में प्रगीतात्मक सांगीतिकता की 'सही पकड़' के चलते कृती बनाती हुई उस भाषिक ऊँचाई पर ले जाती है, जहाँ 'ध्वनि, लय, छन्द आदि के सभी प्रश्न इसी में से निकलते हैं और इसी में विलय होते हैं। इतना ही नहीं, सारे सामाजिक संदर्भ भी यहीं से निकलते हैं : इसी में युग सम्पृक्ति का और कृतिकार के सामाजिक उत्तरदायित्व का हल मिलता है या मिल सकता है।' जाहिरा तौर पर विनोदजी का वाक्य-विन्यास उपन्यास-विधा की अपनी आंतरिक रचनात्मक मांग के तहत गद्य का ही रहता है, पर उसमें अन्तर्निहित लय मूलतः उनके कवित्व से नाभिनालबद्ध है। 'दीवार में एक खिड़की रहती थी' उनकी इसी रचना-यात्रा की सर्वाधिक प्रौढ़ कृति है, जिसे एक अर्थ में महाकाव्यात्मक संवेदना वाला जीवन्त औपन्यासिक आख्यान कहना अतिशयोक्ति न होगी, जिसका मूल मनोराग प्रगीतात्मक है और जिसमें संगीत की लय के बजाय संवाद की लय (Dialogue rhythm) के द्वारा जीवन की लय को पाठ में समेटा गया है। प्रसंगवश आचार्य रामचन्द्र शुक्ल के एक कथन की याद स्वाभाविक है, जिसमें उन्होंने भारतीय कथाकारों द्वारा कथासाहित्य की अपनी स्वकीय संरचना को बरकरार रखने की हिदायत दी थी : "उपन्यास को काव्य के निकट रखनेवाला पुराना ढाँचा एकबारगी क्यों छोड़ा जाए? उसके भीतर हमारे कथात्मक गद्य-प्रबंधों (जैसे— कादम्बरी, हर्षचरित) के स्वरूप की परम्परा छिपी हुई है। योरप उसे छोड़ रहा है, छोड़ दे। यह कुछ आवश्यक नहीं कि हम एकदम हर कदम उसी के पीछे-पीछे चलें।" विनोदजी के उपन्यासो में भारतीय मनुष्य की उस जीवन-पद्धति का गल्प रचा गया है, जहाँ आधुनिक व उत्तर आधुनिक कहे जाने वाले तमाम तरह के भौतिक संसाधनों एवं संजालों के बावजूद सामुदायिक जीवन की सुकुमार लय सुरक्षित है, जिसे खण्डित होते देखना उसके लिए एक त्रासद-अनुभव होगा। इस प्रकार के सामुदायिक जीवन में मनुष्य के निजी व्यक्तित्व एवं उसके वैशिष्ट्य को लेकर संवेदनशीलता व समझदारी का कतई अभाव नहीं है। इसीलिए विनोदजी के उपन्यासों में औसत भारतीय जन-जीवन के प्रति किसी आरोपित सहानुभूति के बजाय अभिन्न भाव से ज़िन्दगी की जद्दोजहद को देखने की पेशकश

है। गौरतलब है कि इस अभिन्न भाव की द्वन्द्वात्मकता में ही उनके औपन्यासिक कर्म की निजी सृजनात्मकता के बीज निहित हैं। उल्लेखनीय है कि उपन्यासकार ने इस क्रम में जो नयी कथा-भाषा निर्मित की है, वह हिन्दी कथा-परम्परा में पहले से मौजूद भाषा की लय को सुरक्षित रखते हुए अपनी नयी अन्तर्वस्तु एवं लक्ष्यीभूत पाठक के मद्देनजर इसे जीवन्तता में ग्रहण करके संभव हुई है, जिसमें चौंकानेवाले प्रयोग की जगह काव्योचित उत्साह है। वस्तुतः 'दीवार में एक खिड़की रहती थी' उपन्यास में हिन्दी गद्य का यह संतुलित सृजन-प्रक्रिया में निखरा काव्यमय रूप पश्चिम के श्रेष्ठ कथाकारों की आधुनिक गद्य तकनीक को आत्मसात करके निखरा है। इस निखरे गद्य में जब मामूली-सी प्रतीत होने वाली रोजमर्रा की ज़िन्दगी, वस्तुओं के यथातथ्य ब्यौरे, को लेकर छोटे-छोटे वाक्यों की सहायता से वर्णित होता है, तब उसकी सामर्थ्य देखते ही बनती है। यह दूसरी बात है कि इस रचाव के दरम्यान यदाकदा ज़िन्दगी खिसकती हुई-सी प्रतीत होती है। बावजूद इसके, रचनात्मक अभिप्राय एवं सौन्दर्यात्मक प्रभाव की दृष्टि से उनके प्रत्येक उपन्यास के प्रायः हरेक पृष्ठ पर कोई न कोई ऐसी पंक्ति जरुर आती है, जो उनके समूचे कवित्वपूर्ण गद्य को यकायक किसी अनकही आवृति के साथ इस कदर काव्य-संगीत में तत्त्वान्तरित कर देती है कि उससे पाठक की मनोलय में किसी भाव की अभिव्यंजना या भावजागृति के बजाय मनुष्य-मात्र की भावनाओं—गुणों की बनावट तथा 'सत्त का अभिज्ञान' उत्पन्न होता है। कवि-आलोचक अरुण कमल की शब्दावली उधार लेकर कहें तो विनोदजी की रचनाएँ एक ऐसी स्मृति-मंजूषा हैं, 'जिसमें हर नया बनाव पुराने जिसमें बनावों को याद करता हुआ अपने भी चिह्न छोड़ता चलता है।' यह स्थिति मधुमास में हरे-भरे वृक्ष की तरह है, जहाँ रचना में पहले देखे हुए अर्थ-संदर्भ एवं बनाव भी रस-परिग्रह से नए जैसे प्रतीत होते हैं :

'दृष्टपूर्वा अपि ह्यर्थाः काव्ये रसपरिग्रहात् ।
सर्वे नवा इवाभान्ति मधुमास इव द्रुमाः ।।

—अभिनवगुप्त

वाल्टर बेंजामिन ने गद्य रचना के तीन चरणों का उल्लेख किया है – एक सांगीतिक चरण जब उसे रचा जा रहा होता है, दूसरा वास्तुशास्त्रीय चरण जब उसे बनाया जा रहा होता है और तीसरा वस्त्र विज्ञानी चरण जब उसे बुना जा रहा होता है। विनोदकुमार शुक्ल के गद्य में सुचिंतित वाक्य विन्यास के मद्देनजर वह उपर्युक्त दूसरे और तीसरे चरण के बीच रचित गद्य कहा जा सकता है। उनके औपन्यासिक पाठ में अंतर्निहित कविता के कारण वहाँ एक हद तक गद्य का अपसरण दिखाई देता है। इस नये गद्य से गुजरते हुए पाठक एक ऐसे संसार में प्रवेश करता है जो

औसत भारतीय लोगों की रोजमर्रा की बातचीत, उनके बनते-बिगड़ते रिश्ते और ले-देकर उनकी जिंदगी के तजुर्बे को खंगालता हुआ निर्मित होता चलता है। मंगलेश डबराल द्वारा एक भिन्न संदर्भ में की गई टिप्पणी उधार लेकर कहे तो इस नये गद्य में औपन्यासिक पाठ को रचने के लिए विनोदकुमार शुक्ल के कवि को "अपने मुखोश, उत्तरीय और अलंकरण उतारने पड़े और लगभग निष्कवच होना पड़ा। उसे वास्तविकता को पहचानने की... क्षमता विकसित करनी पड़ी...वह अब विशिष्ट, अद्वितीय, कलात्मक निर्मिति नहीं, बल्कि साधारण जीवन का एक अंश, उससे उत्पन्न एक अभिव्यक्ति और उसके यथार्थ या उस यथार्थ के बरक्स एक और यथार्थ का विन्यास बन गयी। अपनी...काव्यात्मकता से उसका बाहर निकलना एक बड़ी घटना थी।" (कवि का अकेलापन, पृ.118)

स्वीकार करना होगा कि किसी कवि का काव्यमयता के फिसलाऊपन, धुंध व वायवीयता से बाहर निकलना यदि बड़ी घटना हो सकती है तो कथाकार-विशेष की शक्ति और सींमा के तहत उसके गद्य में कवित्व का प्रवेश भी कथाकृति को पारंपरिक और आत्यंतिक किस्म की गद्यमयता के रुखापन से एक हद तक अवश्य मुक्त करता है। नतीजतन, कथाकृति ठेठ अर्थ में कविता न होने के बावजूद कोरा गद्य नहीं, बल्कि एक बेहद सरस और अद्वितीय सृजन का रूप लेती है। मंगलेश डबराल के ही शब्दों में ऐसा गद्य "लगभग संपूर्ण गद्य होगा और इसे और अधिक गद्य नहीं किया जा सकेगा। ऐसे गद्य को पढ़ने के बाद ही हम उस कविता को पढ़ पाते है जो उसमें छिपी होती है।...गद्य के इन उपक्रमों में सबसे अच्छी बात यह है कि कवि ओझल रहता है और कविता प्रकट होती रहती है।"

दर्शन एवं सर्जनात्मक लेखन की वैचारिकता और सौन्संग्दर्यात्मक सौन्दर्यशीलता के बीच विलक्षण नातेदारी से रचित उनकी कृतियाँ, बकौल राजेश्वर सक्सेना, "आवेग मुक्त, निस्तेजित-सी दिखाई देती हैं, किन्तु निर्द्वन्द्व नहीं हैं। चूँकि, द्वन्द्व अपने 'मेंटल डिस्कोर्स' में है, वह प्रयोग में गुण-क्रिया निरपेक्ष रह जाता है, वह व्यापार में या क्रिया-कारत्व में नहीं उतर पाता है, इसिलिए, वह मनोगतिय में और वाक्य-गतिकीय में ही गठित होता रहता है। वह एक सोचती हुई वाक्य-गतिकता के रूप में दिखाई देता है।" किन्तु, सच्चाई का एक दूसरा पहलू यह भी है कि विनोद जी की रचनाएँ बाह्य वस्तुओं की अनुपस्थिति के बावजूद पाठक को पाठ में निहित संवेगी उत्तेजन को महसूस कराने में बहुत हद तक समर्थ हैं। इस विलक्षण सामर्थ्य के मद्देनजर षलिरिकल बैलेड्स' की भूमिका में वर्डसवर्थ के एक कथन की याद स्वाभाविक है : "स्थूल और हिंसक उत्तेजकों के प्रयोग के बिना मानवीय मस्तिष्क उत्तेजित होने की शक्ति से युक्त होता है, और उस व्यक्ति के पास इसके सौन्दर्य

और सौम्यता का बहुत ही फीका बोध होता है जो यह नहीं जान पाता कि कोई व्यक्ति दूसरे व्यक्ति से इस जानकारी के अनुपात के हिसाब से ही श्रेष्ठ हो सकता है। इसीलिए मुझे ऐसा लगा है कि इस शक्ति को उत्पन्न करना अथवा इसका विस्तार करना किसी भी काल में किसी लेखक की सेवाओं में सर्वश्रेष्ठ सेवा हो सकती है।" पाठक के नजरिये से अगर देखे तो मूल बात ऐसे पाठों में तथ्यात्मकता, रोचकता एवं सरसता के घुलावटी रसायन से निर्मित वह पठनीयता है, जो हमें किसी आख्यान-विशेष की ओर बार-बार खींचती है और उसमें व्यक्त किये गये वे ईमानदार रचनात्मक अनुभव हैं, जो हमारे सुख और दुख के क्षणों में हमसफर बन सकने का माद्दा रखते हैं। दूसरे शब्दों में, ऐसी कृतियों में अनन्त पाठ की संभावनाएँ हुआ करती है जिसके चलते ये कृतियाँ हमें अपने पाठ में हरदम कुछ खोजने-कुछ पाने की कोशिश करने के लिए उकसाती हुई जिंदगी जीने में मदद करती है। दूसरे शब्दों में, उपन्यासकार विनोदकुमार शुक्ल में अपनी सृजनात्मक जातीय स्मृति को समयानुसार परिवर्तित कालबोध के मद्देनजर नए सिरे से जगाने की छटपटाहट है। इस क्रम में उनकी शब्द-क्रीड़ा जहाँ कहीं भी एक नवीन अर्थ प्रसारित करने लगती है, या बाह्य यथार्थ को इंगित करने लगती है, वहां वह औपन्यासिक पाठ की सतही संरचना का अतिक्रमण करती हुई आदमी के इंसान और इंसान के और बेहतर इंसान बनने की आकांक्षा, जो वास्तव में इंसानी रिश्तों को यथासंभव स्नेहिल और सौहार्दपूर्ण बनाने की आकांक्षा है, की अर्थवत्ता उद्‌घाटित करती है। अपनी एक कविता में उन्होंने लिखा है :

'जो मेरे घर कभी नहीं आयेंगे
मैं उनसे मिलने
उनके पास चला जाऊँगा।
एक उफनती नदी कभी नहीं आयेगी मेरे घर
नदी जैसे लोगों से मिलने
नदी किनारे जाऊँगा।
कुछ तैरूँगा और डूब जाऊँगा।
पहाड़, टीले, चट्टानें, तालाब
असंख्य पेड़ खेत
कभी नहीं आयेंगे मेरे घर
खेत खलिहानों जैसे लोगों से मिलने
गाँव-गाँव, जंगल-गलियाँ जाऊँगा।
जो लगातार काम में लगे हैं

मैं फुरसत से नहीं
उनसे एक जरूरी काम की तरह
मिलता रहूँगा।
इसे मैं अकेली आखिरी इच्छा की तरह
सबसे पहली इच्छा रखना चाहूँगा।'

—सब कुछ होना बचा रहेगा, पृ.13

मध्यवर्गीय जीवन की विडम्बनाओं, विसंगतियों और मुश्किलों पर नजर रखते हुए मनुष्य की रचनात्मक आकांक्षाओं को व्यक्त करनेवाली विनोद कुमार शुक्ल की ऐसी कविताओं से गुजरते हुए याद आ सकते हैं टेरी ईगल्टन, जिन्होंने अपने खास अन्दाज में कविता को कदाचित परिभाषित करते हुए लिखा है कि 'कविता एक काल्पनिक, नैतिक वक्तव्य है जो ऐसा शाब्दिक नवाचार या आविष्कार है कि जिसमें यह कवि तय करता है कि पंक्ति को कहाँ समाप्त किया जाना है।'

वस्तुतः विनोदजी की तमाम कृतियों में औसत भारतीय मनुष्य के जीवन की घटनाओं की एक ऐसी संरचना की सृष्टि की गयी है, उसके तजुर्बे का ऐसा सृजनात्मक वृत्तांत पेश किया गया है और उन तजुर्बों को एक तरतीब देकर उन्हे एक तरह से जिदगी की लय और छंद में ढालते हुए भारतीय मनुष्य की स्मृति को आधुनिक काल-बोध से इस कदर जगाया गया है कि उनका कोई भी प्रबुद्ध पाठक किसी भी हालत में अंतिम रूप में अपने जीवन को निरर्थक नहीं मान सकेगा। गौरतलब है कि विवेच्य कृतियों में उपन्यासकार ने इसके लिए शब्द-चयन के स्तर पर तत्सम के बजाय तद्भव की व्यंजना शक्ति से काम लिया है। कहीं-कहीं तत्सम और देशज शब्द भी आवश्यकतानुसार प्रयुक्त हुए हैं। किंतु, विनोदजी का झुकाव तद्भव की ओर ज्यादा है। कथाकार अखिलेश के एक मंतव्य से विचारसूत्र लेकर कहें तो 'तद्भव राजा, पंडित, व्याकरणाचार्य नहीं गढ़ते। उसे रचती है जनता। वह जनता की इच्छाओं, संघर्षों, अंतक्रिया से उपजता है और धीरे-धीरे शास्त्र एवं कुलीनता के अभेद्य प्रासादों को भी विजित कर लेता है। भाषा की तत्सम से तद्भव तक की यात्रा राजतंत्र से लोकतंत्र तक की यात्रा है। इसलिए हम बेहिचक कह सकते है कि तद्भव महज शब्दों की परिवर्तित वक्तृता नहीं है, बल्कि इसके प्रयोग में एक खास तरह का जीवन दर्शन, समाजशास्त्र है।'' उनकी कृतियों में शब्दों को पवित्र भाव से छूने के अहसास के चलते जो शाब्दिक मितव्ययिता है, वह रचना में क्लासकीय अनुशासन को जन्म देता है और भाषा के कौतुकपूर्ण प्रयोग से जिस कदर ऐन्द्रिकता और रचनाकार के नैतिक द्वन्द्व की अभिव्यक्ति हुई है, वह अद्वितीय है।

अपनी रचना-प्रक्रिया के बारे में महावीर अग्रवाल से बातचीत करते हुए विनोदकुमार शुक्ल कहते हैं : "प्रत्येक रचना अपनी रचना-प्रक्रिया को साथ लेकर आती है और उस रचना के समाप्त होने के बाद उसकी और उस रचना-प्रक्रिया भी समाप्त हो जाती है। अब सामान्य तौर पर ऐसा होता होगा परन्तु, रचना प्रक्रिया को रचती है। और यह रचना में चिह्न की तरह दिखाई देती है।...सहज कविताएं लिखना कठिन काम होता होगा, नहीं तो कोई जान-बूझकर असहज नहीं होता है। मुझे नहीं मालूम कि मेरे सामने वह जो नीम का पेड़ है उसे मैं सहज पेड़ कहूँ या वह कितना असहज है। लेकिन रचना में वह एक कठिन पेड़ की तरह उगा होता है। मैं जितनी, ज़िन्दगी की धूप में रचना के बाहर पेड़ की छाया में सुस्ताता हूँ उतना ही रचना के अन्दर के पेड़ की छाया में भी। यह मैं अपने ही पेड़ के बारे में नहीं कह रहा हूँ। यह किसी भी रचना के पेड़ के बारे में है। यह कितना कठिन है कि एक-एक हरे-भरे पेड़ की एक पत्ती की मैं गिनता लगाता हूँ। और असंख्य होने के बावजूद एक पत्ती भी मुझे अतिरिक्त नहीं मिलती। मुझे ज़िन्दगी के मरूस्थल में रेत क़े ऊपर पड़ी हुई एक हरी पत्ती नहीं मिलती। परन्तु हरी पत्ती का आश्चर्य मिलता है। अगर हरी पत्ती का आश्चर्य मिलता है तो हरे पेड़ का आश्चर्य मिलता है।" (आलोचना, जनवरी-मार्च, 2003, पृ. 83) विनोदजी के ऊपर उद्धृत इस लम्बे वक्तव्य से गुजरते हुए अक्तोविया पाज की 'द बो एण्ड द लायर' पुस्तक की बरबस याद आती है, जिसमें एक जगह पर कहा गया है कि अच्छी रचना विवरण के बजाय विस्मय से जन्म लेती है।

नेरुदा के संस्मरणों में एक ऐसे आदमी की चर्चा है जिसने उनकी 'पृथ्वी पर घर' (रेसिदेंसीया एन ला तीयेरा) कविता संग्रह में शामिल कुछ हताशाग्रस्त रचनाओं को पढ़ने के बाद खुदकुशी कर ली थी। यह किताब एक पेड़ के नीचे पायी गयी उसकी लाश के नजदीक बरामद हुई थी। कहा जाता है कि इसके बाद नेरुदा ने अवसादग्रस्त अनुभूतियों एवं मृत्युबोध को अपनी कविताओं का विषय बनाना लगभग छोड़ दिया था। गौरतलब है कि विनोदकुमार शुक्ल की औपन्यासिक अनुभव-संरचनाओं में ईर्ष्या, अविश्वास, लोभ, लिप्सा, अहंकार, घृणा, स्वार्थ, हिंसा - इत्यादि को लेकर प्रायः निःशब्दता-जैसी स्थिति है। कारण यह कि 'केवल शब्दहीनता ही भीतर की सत्यनिष्ठा को व्यक्त कर सकती है। वास्तविकता को अपर्याप्त शब्दों में कहना वास्तविकता और उन बेआवाज मृतकों को छलना है (एडोर्नो)।' जिस प्रकार उपर्युक्त बुरे भावों के चलते खुद को प्रताड़ित महसूस करनेवालें लोगों को चीखने से नहीं रोका जा सकता, उसी प्रकार विनोदजी सरीखे पेचीदा मानस वाले किन्तु सुकुमार संवेदना के धनी कलाकार को भी इस अकाल वेला

में प्रवाह-पतित कहे जाने का खतरा उठाते हुए उपन्यास-सृजन के दरम्यान स्वयं पिघलकर प्रचलित परिपाटी से भिन्न मौजूदा व्यवस्था का नरक भोगने को अभिशप्त वर्तमान मनुष्य के जीवन की सिर्फ यातना का गल्प रचने के बजाय उसके कोमल सपनों का घुलावटी रसायन तैयार करने का नैतिक अधिकार है, जिसमें एकत्रित शब्दों की अर्थवत्ता की तलाश करना प्रकारांतर से अपने समय के यथार्थ से एक तरह की रचनात्मक मुठभेड़ ही हैः 'क्लेशः फलेन हि पुनर्नवतां विधत्ते।'

प्रसंगात् 'हिन्दी साहित्य में उपन्यास' शीर्षक निबन्ध में निराला ने लिखा है "जब तक किसी बहते प्रवाह के प्रतिकूल किसी सत्य की बुनियाद पर ठहर कर कोई उपन्यास नई-नई रचनाओं के चित्र नहीं दिखलाता, तब तक न तो उसे साहित्यिक शक्ति ही प्राप्त होती है और न समाज को प्रवहमान जीवन। तभी रचना-विशेष शक्ति तथा सौंदर्य से पुष्ट होकर नवीनता का आवाहन करती है। कला भी साहित्य को नवीन ऐश्वर्य से अलंकृत करती है।" (प्रबंध-प्रतिमा, पृ, 221) अपने एक दूसरे निबन्ध में निराला कहते हैः "कला उसी तरह समय के स्वर्ण-घट में प्राण प्राप्त कर पूजक साहित्यिकों की दिव्य दृष्टि बन जाती है, जिससे साहित्य का असामयिक 'जड़' पिघल कर जल बनकर बह चलता है।" (प्रबन्ध पद्‌म, पृ.,170)

तात्पर्य यह कि कोई रचनाकार जो कुछ रचता है, उसके मूल में उसके जीवन का कोई-न-कोई तत्त्ववाद अवश्य सक्रिय रहता है और यह जरूरी नहीं कि हर जगह वह तत्त्ववाद उजागर हो ही, जबकि लेखक के जाने-अनजाने उसका तत्त्ववाद उसके संपूर्ण शब्दकर्म को अपरोक्ष रूप में नियंत्रित करता रहता है। कहना न होगा कि बड़ा से बड़ा संतुलित व सत्यान्वेषी दृष्टि-संपन्न विद्वान आलोचक भी हर समय किसी लेखक की एक या दो कृतियों को पढ़कर उस 'बीज भाव' को पकड़ ही ले, यह जरूरी नहीं। विवेच्य संदर्भ में यह कहना असंगत न होगा कि बहुत सारी जीवन स्थितियाँ विनोदजी के रचनाकार के लहजे के मुताबिक अपने सामाजिक सांस्कृतिक विवरणों के साथ उनकी कविताओं एवं कथासाहित्य में ढल गयी हैं। उनकी कृतियों के सामाजिक अभिप्राय एवं सौन्दर्यात्मक प्रभाव की पड़ताल करने पर स्पष्ट होता है कि वे अपने परिवेशगत सांस्कृतिक मूल्यों के अनुरूप बहुत हद तक एक नये नैतिक-बोध एवं नये सौन्दर्य-मूल्य की सृष्टि करने में सक्षम हैं। सच तो यह है कि लेखक ने अपने समय की कठोर वास्तविकता को नजरअंदाज किये बगैर औसत भारतीय जीवन में मौजूद बची-खुची बुनियादी रागात्मकता का उद्‌घाटन करने के लिए अपनी रचनाओं को जिस कदर तराशते हुए संवेदनक्षम एवं धारदार बनाया है, उसका एकमात्र मकसद अपने पाठकों को उस जीवन-सत्य का बोध कराकर उन्हें उस आसन्न संकट से उबारना है, जिसे शंकराचार्य ने 'वृहदारण्यक उपनिषद' पर

अपने सुप्रसिद्ध भाष्य में 'स्वयं से अनभिज्ञता' कहा है। आधुनिक एवं उत्तर-आधुनिक कही जाने वाली मौजूदा जटिल जीवन-स्थितियों में उपर्युक्त 'स्वयं से अनभिज्ञता' उपन्यासकार के शब्दों में 'खुद का ओझल होना' है, जो और कुछ नहीं बल्कि आदमी की खुद से 'अजनबियत' का ही पर्याय है, जिससे निजात पाने के लिए हमारे मन की दीवार में एक खिड़की अवश्य होनी चाहिए, ताकि हमारे अंतर्जगत एवं बाह्य जीवन और जगत के बीच आवाजाही जारी रहे। प्रसंगात् निर्मल वर्मा ने लिखा है : "कला मनुष्य के उन स्मृति खंडों को नष्ट होने से बचाती है जिन्हें इतिहास भविष्य के जोम में जाकर कूड़ेदान में फेंक देता है। वे स्मृतियाँ जो अतीत को समेटने या हमारे जीने में सहायक होती हैं और जिनके बगैर हम अपने आपसे अजनबी बनकर रह जाते हैं।" उपन्यास में कहा गया है कि 'ओझल हो गये के पीछे-पीछे ओझल होकर ही जाया जा सकता था। दूसरे का ओझल होना पता चल जाता था। खुद का ओझल होना खुद को पता न चलता हो, दूसरे को पता चल जाता हो। हो सकता है रघुवर प्रसाद भी ओझल हो गये हो।' (पृ.57) उपन्यासकार ने लक्षणा में जिस खिड़की की बात की है वह 'खिड़की' भारतीय पारिवारिक एवं सामाजिक जीवन में कभी एक आम बात हुआ करती थी, जिसके चलते इतिहास-प्रवाह में समय-समय पर आनेवाले अनेकानेक झंझावातों के बावजूद हमारी सभ्यता अपने मूल सार-तत्व को बचाए रखने में हाल-हाल तक सफल रही है। विनोदकुमार शुक्ल द्वारा उपन्यास के शीर्षक में खिड़की के साथ 'थी' का प्रयोग इसी वजह से बहुत ही व्यंजक है, क्योंकि भूमण्डलीकरण के उन्माद की गिरफ्त में आने के बाद भारतीय मनुष्य अपने परिवेश से लगातार कटते हुए एक तरह की अवसादग्रस्त अकेलेपन की मानसिकता को व्यक्ति-मानव की निजी स्वतंत्रता के नाम पर महिमा-मंडित करने के शौक से रोज-ब-रोज बुरी तरह बीमार होता चला जा रहा है। वस्तुतः आज हमारे मन की दीवार में खिड़की बहुत जरूरी है, जिसकी बदौलत हमारे जमाने में अजीबोगरीब ज़िन्दगी जीने को मजबूर वर्तमान मनुष्य की आत्मा के अनुरोध और ज़िन्दगी की ठोस जरूरतों के बीच पैदा हो गयी दरार को पाटना शायद संभव हो :

खिड़कियाँ तो खोल दो गर बंद दरवाजा रहे
आते-जाते मौसमों का कुछ तो अन्दाजा रहे।

विनोद जी की कृतियाँ जिस खास अंदाज में खत्म होती हैं उससे उपन्यास के पात्रों से अंत में हमारा तादात्म्य भंग होता है। परिणामतः, कथा में संरचित दुनिया हमारी वास्तविक दुनिया से अलग होकर अपने स्वप्निल स्वरूप की माया जो उजागर कर देती है। गौरतलब है कि उनकी औपन्यासिक कृतियों में आये जीवन एवं आंतरिक तथा बाह्य जगत को बिना किसी कतरब्यौंत के वर्णित किया गया है।

बावजूद इसके, उनके रचना-संसार में एक खास तरह की औपचारिकता या निस्संगता भी मिलती है। जिस प्रकार संगीतकार भावनाओं की व्यंजना या सुननेवाले के सहानुभव का आवाहन करने के बजाय भावनाओं के रूपों का ज्ञान कराने की पेशकश करता है, उसी प्रकार उपन्यासकार विनोदकुमार शुक्ल जब अपने काव्योचित उत्साह के साथ एक औपन्यासिक तरकीब से दूसरी और दूसरी से तीसरी तरकीब निकालते हुए अपने 'रूप' को दर्शनीय बनाने की किसी अप्रत्यक्ष कलात्मक तकनीक का इस्तेमाल करने से चूकने का अनजाना लोभ संवरण नहीं कर पाते, तो, इस स्थिति में एक ऐसा संश्लिष्ट पाठ जन्म लेता है, जिस पर यदि एक ओर बड़े से बड़े आचार्य का बहुत दिनों तक कुंडली मारकर बैठे रहना असंभव है, वहीं दूसरी ओर उसे विसंरचित करने का कोई भी आलोचकीय उद्यम रघुवीर सहाय की एक काव्यपंक्ति उधार लेकर कहें तो 'दो खंभों के बीच तनी हुई रस्सी पर नाचने' की तरह दुष्कर हैः 'जो तेरी बज्म से निकला, वो परीशां निकला।'

कहने की जरुरत नहीं कि उनका गल्प, उसे विसंरचित करके पुनःसृजित करने की कोशिश करनेवाले किसी भी आलोचक से 'सतेजस' सहृदयता के साथ ही एक गहरी कल्पनाशील अंतर्दृष्टि की भी मांग करता है, जिसके बगैर उनके औपन्यासिक पाठ का कोई भी ग्रहणकर्ता अपनी ओर से और रचनाकार की ओर से इसमें निहित गतिमान अन्तर्तत्वों के मनःसंश्लेष को अपनी मनोलय की एकतानता के द्वारा न तो स्वकीय कर सकता है और न उसका कोई सार्थक विवेचन-विश्लेषण ही।

अशोक वाजपेयी ने सही लिखा है कि किसी भाषा में "बिना वयस्क गद्य के सार्थक कविता संभव नहीं है जैसे बिना महत्त्वपूर्ण कविता की उपस्थिति के गद्य धारदार और संवेदनशील नहीं हो पाता।" संप्रेषण-वैविध्य की दृष्टि से विनोदकुमार शुक्ल के 'अन्तःकरण का आयतन' भले ही कुछ लोगों को बहुत व्यापक न लगे, पर उसकी गहराई को लेकर किसी तरह के संदेह की गुंजाइश नहीं होनी चाहिए। कविता तो कविता, उनकी कथाकृतियों में भी अन्तर्वस्तु एवं रूप के स्तर पर काव्योचित अनुभव के अंदर से उठता हुआ संगीत का-सा स्वप्न-वैभव विद्यमान है। उपन्यासकार के रूप में वे चरित्रों को अपने संवेदनशील चौकन्नेपन के तहत ऐसे परिवेश में अवस्थित करने का सौन्दर्यशील उपक्रम करते हैं, जिससे औसत भारतीय लोगों की ज़िन्दगी के सान्द्र मौन में अन्तर्निहित सांगीतिक रहस्यमयता एवं उज्ज्वल 'सहजामिय' रसात्मकता से भरेपूरे जीवन संघर्षों का यथास्थान सहज उद्घाटन सृजनात्मक फलश्रुति के रूप में सामने आता है।

विनोदकुमार शुक्ल के कवि-कथाकार द्वारा पूरे कलात्मक संयम से हुआ यह रहस्यमूलक रसोद्घाटन निश्चय ही सहृदय पाठक के रागात्मक संस्कारों को इस कदर

भावप्रवण बनाने में समर्थ है कि वह, रोलां बार्थ की शब्दावली में कहें तो, उनके उपन्यासों के 'प्लेजर ऑफ टेक्स्ट' में डूबने-उतराने के उपरान्त अपने ही भाव-जगत में खुद को एक नये आगंतुक की सर्जनात्मक मनोदशा में पाता है। स्पष्ट ही ऐसी दशा में रचना में एक विलक्षण अमूर्तन उत्पन्न होता है जिसके प्रति आलोचकीय रूख कदापि निषेधात्मक नहीं होना चाहिए। क्योंकि, बकौल लूसिएं गोल्डमान, 'अमूर्तन' कई बार 'यथार्थ' का निषेध करने के बजाय उसका पोषण करता है। सच तो यह है कि विनोदजी ने अमूर्तन के माध्यम से यथार्थ को ऐन्द्रिक संवेदन में सफलतापूर्वक तत्त्वान्तरित कर दिया है। विपिन कुमार अग्रवाल के 'अमूर्तन के पक्ष में' दिये गये एक स्वतंत्र मंतव्य से यदि विचार-सूत्र लेकर कहें, तो विनोदकुमार शुक्ल की कृतियों में 'हर वर्णन कुछ सत्य है, कुछ संभावना। उसमें सत्य उतना ही है, जो एक घटना-विशेष में प्रत्यक्ष हो जाता है, शेष संभावना है और उसके सत्यापन के लिए दूसरी उपयुक्त घटना की संरचना आवश्यक है। इस दृष्टि से वस्तु या अनुभव कोई एक निश्चित पारिभाषिक इकाई नहीं है वरन, संभावनाओं का पुंज है। कौन-सी संभावना रूपायित होगी, यह इस पर निर्भर करेगा कि हम कैसे उसे देखना चाहते हैं।"

निराला की दुहाई देकर केवल 'गद्य' को ही 'जीवन संग्राम की भाषा' तथा रचनात्मक लेखन को केवल जीवन-संग्राम का साहित्य बनाकर अपने ही पैरों पर कुल्हाड़ी मारने को आमादा विद्वानों को शायद प्रेमचन्द के उस कथन की याद दिलाना जरूरी हो, जहाँ उन्होंने अपने जमाने की रचनाओं में विनोदवृत्ति के अभाव पर चिंता जाहिर करते हुए लिखा था : 'इस जीवन संग्राम में साहित्य पर जो सबसे बुरा असर पड़ है वह यह है कि वह दिनोदिन मर्सिया हुआ जाता है।' ऐसे में कविता एवं कथासाहित्य के आलोचकों को विनोदकुमार शुक्ल की कृतियों पर भी नये सिरे से सोचने की जरूरत का गहरा एहसास होना चाहिए, जिनमें पाठक के साथ यथार्थ के आतंक के बजाय एक रागात्मक बोध का संबंध बनाने की लेखकीय बैचेनी अन्तर्निहित है।

उत्तर-आधुनिक विचारक हेराल्ड ब्लूम ने साहित्य-सृजन में सौन्दर्यात्मक मूल्यों को नजरअंदाज कर 'एक्टिविज्म' खोजने वाले 'नाराज लोगों' पर तीक्ष्ण व्यंग्य करते हुए कहा है : "यदि आप यह विश्वास करते हैं कि कविताओं, उपन्यासों, नाटकों अथवा कहानियों का मूल्य वास्तव में शासक वर्गों की सेवा में लगा हुआ केवल एक रहस्यीकरण मात्र है तो आप अध्ययन में लगे ही क्यों? क्यों ने जाकर शोषित वर्ग की भीषण आवश्यकताओं में लग जाएँ?...साहित्य के अध्येता शौकिया राजनीतिशास्त्री, एकांगी समाजशास्त्री, नीम-हकीम नृतत्त्वशास्त्री व दार्शनिक तथा जड़ सांस्कृतिक

इतिहासवेत्ता होकर रह गये हैं। वे साहित्य से नाराज हैं अथवा इसको लेकर लज्जित हैं या इसके पठन-पाठन में उनकी कोई दिलचस्पी नहीं है।" विनोदकुमार शुक्ल के शब्दकर्म में राजनीति से शून्य कला के बजाय मनुष्य की गहरी जिजीविषा एवं जीवनधर्मिता के बुनियादी तत्त्व को जिस तरह जिया गया है, उसमें अनुभव की जो सघनता व सुखात्मकता है, उसके सामाजिक-राजनैतिक गर्भितार्थों के विवेचन-विश्लेषण के लिए कोई मध्यम मार्ग, किसी वैकल्पिक सौन्दर्यशास्त्र की तलाश जरूरी है जिसके बगैर विनोदकुमार शुक्ल सरीखे रचनाकारों द्वारा प्रस्तावित वैकल्पिक समाज का सौंदर्य 'आलोचना के थके लोचन' के चलते अनदेखा ही रह जायेगा। हिन्दी आलोचना को 'हिन्दी साहित्य' के हित में यह जरूरी काम जल्द से जल्द करना ही होगा, तभी वह उनकी कृतियों की अनुभूति की संस्कृति से हमारी पूरी जान-पहचान करा सकने की स्थिति में पहुँच सकेगी, अन्यथा वह 'काव्यमीमांसा' में राजशेखर कथित 'तत्वाभिनिवेशी' के बजाय 'अरोचकी' आलोचना ही कहलायेगी।

जार्ज ऑरवेल के 'पशुबाड़ा' (एनिमल फार्म) उपन्यास में नेपोलियन नामधारी एक पात्र द्वारा उसके भाषण के दौरान कहलवाया गया है कि 'अब तक बाड़े में एक मूर्खतापूर्ण परंपरा चली आ रही थी कि पशु एक-दूसरे को 'कामरेड' कहकर संबोधित करते थे। इसे समाप्त किया जाना है।'' यह सुखद है कि हाल के दशकों में हिन्दी रचनाकारों के बीच कुछेक हास्यास्पद अपवादों को छोड़कर विचारधारात्मक कट्टरता में बहुत हद तक कमी आई है। इसका सुफल यह है कि 'प्रगतिशील लेखक संघ', 'ज़नवादी लेखक संध' एवं 'जनसंस्कृति मंच' से जुड़े ज्यादातर मसिजीवी न केवल आपस में, बल्कि गैरमार्क्सवादी रचनाकारों के प्रति भी सहिष्णु और उदार हुए हैं। अंतोनियो ग्राम्शी ने सही लिखा है कि ''कलाकार के सम्मुख एक राजनैतिक परिदृश्य अवश्य होता है, किंतु, किसी राजनीतिकर्मी की अपेक्षा वह कम नपा-तुला होता है। इसलिए, वह कम कट्टर होता है।'' गालिब कहते हैं :

दुश्मनी में हमने खोया गैर को
गौर से दुश्मन को देखा चाहिए।

हिन्दी-संसार में प्रगतिशील-जनवादी कही जाने वाली बिरादरी में अपने खुले जीवट, अद्वितीय सत्यनिष्ठा, मूलगामी आलोचना-दृष्टि एवं वाग्मिता के प्रकर्ष के चलते लगभग सर्वसमादृत प्रो. मैनेजर पाण्डेय का भी मानना है कि ''अपने समाज एवं समय के संदर्भ में प्रगतिशील होने के लिए मार्क्सवादी होना आवश्यक नहीं है। अगर कोई रचनाकार अपने समय और जीवन से गहरे स्तर पर जुड़ा हुआ है, तो उसकी रचनाशीलता में प्रगतिशीलता होगी।''

मुख्यतः और मूलतः एक साहित्यकार व संस्कृतिकर्मी होने के बावजूद मुक्तिबोध ने एक गहरे सत्य का उद्‌घाटन करते हुए लिखा है कि मनुष्य की सत्ता का निर्माण करने का एक मात्र मार्ग राजनीति है। गौरतलब है कि यहाँ केवल सत्ता हथियाने के लिए लोभ-लाभ की चुनावी राजनीति के बजाय उनका आशय उस राजनीति से है जिसे भारतीय गणतंत्र के पूर्व राष्ट्रपति भारतरत्न डॉ.ए.पी.जे अब्दुल कलाम ने राष्ट्र के नाम अपने एक सम्बोधन में विकासात्मक राजनीति (Developmental Politics) कहा था । स्पष्ट ही इस राजनीति के दायरे में वे तमाम रचनात्मक सामाजिक-सांस्कृतिक कर्म स्वभावतः आ जाते हैं, जो सत्ता-व्यवस्था को केवल पानी पी-पीकर कोसने के बजाय यथासम्भव मानवीय बनाने के लिए सतत प्रयासरत रहते हैं।

उपर्युक्त मंतव्यों के आलोक में विनोदकुमार शुक्ल की रचनाओं को उनकी गहन जीवनधर्मी प्रगतिशीलता का सृजनात्मक साक्ष्य मानना निराधार न होगा। वजह यह कि हिन्दी शब्द-चेतन समुदाय के एक अग्रगामी पुरोधा के तौर पर उनकी छवि मातान्धता-मुक्त वातायन के प्रणेता के रूप में सामने आती है। उनके उपन्यासों में आए ज्यादातर पात्र आर्थिक विपन्नता के मारे हैं। 'नौकर की कमीज' के आत्मसजग कथानायक संतू बाबू का बयान है : 'अपने बस में करने और अपना गुलाम बनाने के तरीके बदल गए हैं।' उल्लेखनीय है कि संतू बाबू अपने साहब द्वारा किए जा रहे उत्पीड़न का प्रतिकार करते हुए अंततः कमीज को फाड़कर चिथड़े-चिथड़े कर देता है। नौकरशाही की इंतहा को रेखांकित करने वाली इस कृति में उपन्यासकार की सृजनात्मक कल्पना के सर्वाधिक महत्वपूर्ण पक्ष का उद्‌घाटन करते हुए कवि-आलोचक विनोद दास लिखते हैं : "संतू बाबू छल, पाखण्ड, लूट तथा गैर-बराबरी पर टिकी व्यवस्था से घुटते-चिढ़ते और एक सीमित दायरे में मुठभेड़ करते हैं। एक तरह से संतू बाबू एक अत्यंत आत्मसजग पात्र हैं। दरअसल उनकी यह आत्मसजगता एक वैकल्पिक जीवन की खोज है। दूसरे शब्दों में, इसे एक स्वतंत्र मनुष्य की पहचान कह सकते हैं। इसके लिए विनोदकुमार शुक्ल ने ऐसी कथा-तकनीक अपनाई है, जिसमें नायक हर अनुभव में शामिल भी रहता है और उससे अलग देखते हुए साथ ही साथ उसकी विवेचना करता चलता है। एक तरह से यह एक अदृश्य प्रतिनायक है। यह प्रतिनायक अपने नश्तरी विश्लेषण से अनुभव के रोएँ-रेशे चीर कर अलग कर देता है। इसकी अंतर्विरोधी चमकदार उक्तियों, सूक्ष्मतम दृष्टि और यथार्थ और स्वैरकल्पना का अद्‌भुत मेल, संवेदना के रंग, अंदाज और तेवर तथा भाषा के गहरे और अप्रत्याशित अर्थ पाठक को चकित कर देते हैं।" (भारतीय सिनेमा का अंतरूकरण, पृ. 80) कहना न होगा कि इस

गहरी अंतर्दृष्टि से परिपूर्ण विश्लेषण में लगभग वे सारे सूत्र समाहित हैं जो कमोबेश विनोदकुमार शुक्ल के सम्पूर्ण कथा-साहित्य के विश्लेषण क्रम में कुंजी के तौर पर इस्तेमाल किए जा सकते हैं।

'नौकर की कमीज' के संतू बाबू, 'खिलेगा तो देखेंगे' के गुरुजी और 'दीवार में एक खिड़की रहती थी' के रघुवर प्रसाद के घर को देखकर ज्ञानप्रकाश विवेक की कहानी 'पिताजी चुप रहते है' की सहसा याद आती है, जिसमें घर को लेकर कहानीकार की चिन्ता की व्यापकता, अर्थवत्ता और विडंबना को इस प्रकार व्यक्त किया गया है : "कोई घर का हुलिया देखता, तो पहली नजर में राय कायम कर लेता कि ये किसी बाबू का घर है, जिसकी जेब में नोट नहीं, खुशफहमियों नीले जुगनू टिमटिमाते रहते है। कुल एक कमरा था जिसे हम अपना घर कहते थे। उस कमरे को घर कहते हुए ऐसा लगता, कोई तौफीक चरमरा गई। कोई एहसास औंधे मुँह गिर पड़ा है। यह कमरा घर नहीं, घर की प्रस्तावना भर था, इसमें घर नाम की शय इतिहास हो चुकी थी, जो भूगोल बचा था, वह किसी बदशक्ल स्टोर जैसा था। कभी-कभी ऐसा लगता, हम पाँच जीव भी इस स्टोर की वस्तुएँ-मात्र हैं।"

प्रसंगवश हिन्दी पाठकों के सूचनार्थ निवेदित है कि तेलुगु में कोडवटिगंटि कुटुंबराव द्वारा बहुत पहले रचित 'बतुकु भयं' ('ज़िन्दगी का डर') उपन्यास की बनावट एवं बुनावट 'नौकर की कमीज' से बहुत दूर तक मिलती-जुलती है और उसका मुख्य पात्र सीतप्पा भी लगभग संतू बाबू की ही तरह का है। किंतु, इन दोनों उपन्यासों का तुलनात्मक विवेचन-विश्लेषण बेहद दिलचस्प, चुनौतीपूर्ण और उत्तेजक आलोचनात्मक उपक्रम हो सकता है जो कि स्वतंत्र अध्ययन का विषय है।

'खिलेगा तो देखेंगे' उपन्यास में आए चरित्र भी निम्न-मध्यवर्गीय अभाव से पीड़ित है। पर वे भी संतू बाबू की तरह ही भाग्यवाद में विश्वास नहीं रखते। 'दीवार में एक खिड़की रहती थी' में भी केवल आठ सौ रुपये मासिक वेतन पर महाविद्यालय में गणित पढ़ाने वाले अध्यापक रघुवर प्रसाद सोचते हैं कि 'वेतन अच्छा होता तो बताता कि एक पुत्र पिता की किस तरह परवाह करता है।' विनोदकुमार शुक्ल ने भारतीय निम्नमध्यवर्ग की आर्थिक तंगी से आगे बढ़कर अपने समय की दरिद्रता को भी रेखांकित किया है : 'यह ऐसा गरीब समय है, जिसमें गरीबी मुद्दा नहीं। यह ऐसी भुखमरी का समय है जिसमें पेट भरना कोई मुद्दा नहीं बनता।' कवि जब कहता है कि 'यह सामाजिक-समाज का समय नहीं है' तो, प्रकारांतर से इस सोचती हुई-सी संरचना से ध्वनि यह निकलती है कि हमारा यह तथाकथित उत्तरआधुनिक समय सामाजिक के बजाय केवल भूगोलीय समय बनकर रह गया है। अपनी एक कविता

में विनोदजी कहते है :

'दूर से अपना घर देखना चाहिये
दूसरे देश से अपना देश
अंतरिक्ष से अपनी पृथ्वी
...
घर में अन्न जल होगा कि नहीं की चिंता
पृथ्वी में अन्न जल की चिंता होगी
पृथ्वी में कोई भूखा
घर में भूखा जैसा होगा
और पृथ्वी की तरफ लौटना
घर की तरफ लौटने जैसा।'

—सब कुछ होना बचा रहेगा, पृ.24

गौरतलब है कि लिविस्ट्रास जैसे विचारक यह दलील भी पेश करते रहे हैं कि समाज संबंधों की एक स्थिर संरचना है। जबकि सर्वविदित है कि समाज में मानवीय संबंधों में प्रायः गत्वरता या गतिशीलता होती है जिसके बगैर कोई सामाजिक विकास असंभव है। अपने मुल्क में हाल के दशकों में बड़े पैमाने पर किसानों, कवियों-कलाकारों आदि की आत्महत्या की दर और व्यवस्थापोषक राजनीतिज्ञों, बुद्धिजीवियों आदि के यथास्थितिवादी बयानों-विमर्शों में नैतिक कल्पना की दरिद्रता के मद्देनजर यह बात और साफ़ हो जाती है। बावजूद इसके, विनोदजी की सभी कृतियों में मनुष्य के जीवन में अवसाद के साथ-साथ एक हद तक आत्मसंतोष एवं आह्लाद के दर्शन भी होते हैं। भूमण्डलीकरण और बाजारवाद के प्रभाव की वजह से साहित्य-संस्कृति के क्षेत्र में भी दबे पाँव घुसपैठ कर रहे कल्पना-दारिर्द्य से उत्पन्न सतहीपन या उथलेपन के इस युग में जो गिनी-चुनी रचनाएँ अपने समय-समाज की चुनौतियों के सृजनात्मक उत्तर देने व पाने की बेचौनी से भरी है, उनमें विनोदकुमार शुक्ल के उपन्यास अग्रगण्य हैं।

साहित्य की समाजशास्त्रीय विश्लेषण-पद्धति की कसौटी पर विनोदकुमार शुक्ल के उपन्यासों को यदि कायदे से कसा जाए तो उनमें साहित्यिक कल्पना का जिस कदर वस्तुगत प्रत्यक्षीकरण संभव हुआ है, वह लेखक की उस 'विश्वदृष्टि' (World-Vision) का परिचायक है, जिसके तहत साँप मर जाय और लाठी भी न टूटे वाली खामोश होशियारी का रचनात्मक इस्तेमाल करते हुए उपन्यासकार ने भूमण्डलीकरण एवं वित्तीय-पूँजीवाद व नयी महाजनी सभ्यता के इस दौर में ऐसी अनोखी 'प्रति-आर्थिकी' या 'भिक्षुक अर्थव्यवस्था' (सेनोबाइट इकॉनॉमी) का गल्प

रचा है, जो आधुनिक मनुष्य के दैनन्दिन जीवन में उपभोक्तावाद की मुखालफत करती है, जिससे कि आदमी बाजार की तानाशाही से यथासम्भव मुक्त होकर उसके विरुद्ध अपने तईं मोर्चा खोल सके। याद आ सकते है टाल्स्टाय, जिन्होंने कहा था- 'ईश्वर को धन्यवाद कि जिन चीजों की हमें जरुरत है, उनका पाना कठिन नहीं है और जिनका पाना कठिन है, वे जीवन के लिए अनिवार्य नहीं हैं।'

'कम्युनिस्ट घोषणा-पत्र' (1848) में मार्क्स-एंगेल्स ने लिखा है : 'पूँजपति वर्ग ने, जहाँ पर भी इसका पलड़ा भारी हुआ है, वहाँ सभी सामन्ती पितृसत्तात्मक और 'काव्यात्मक' सम्बन्धों का अन्त कर दिया। उसने मनुष्य को अपने 'स्वाभाविक बड़ों' के साथ बाँध रखने वाले नाना प्रकार के सामन्ती सम्बन्धों को निर्ममता से तोड़ डाला और नग्न स्वार्थ के नकद-पैसे-कौड़ी के हृदयशून्य व्यवहार के सिवा मनुष्यों के बीच कोई दूसरा सम्बन्ध बाकी नहीं रहने दिया। धार्मिक श्रद्धा के स्वर्गोपम आनन्दातिरेक को, वीरोचित उत्साह और कूपमण्डूकतापूर्ण भावुकता को उसने आना-पाई के स्वार्थी हिसाब के बर्फीले पानी में डुबो दिया है।' और, हमारे जमाने में भारतीय उपमहाद्वीप के एक बड़े कवि शमशेर ने कहा :

इल्मो हिकमत दीनों ईमां मुल्को दौलत हुस्नो इश्क
आपको बाजार से जो कहिए ला देता हूँ मै।'

स्मरणीय है कि जिस तरह भारत की पराधीनता के युग में रचित सारा का सारा साहित्य मुक्ति के लिए प्रेरणा देने वाला साहित्य था, उसी तरह बाजार की तानाशाही के इस दौर में रचित विनोदकुमार शुक्ल की कृतियों में तथाकथित 'प्रगतिशीलता' के नाम पर समकालीन साहित्य के क्षेत्र में प्रचलित 'दहाड़ते आतंक' के मानदण्डों के बीच उनकी अद्वितीय सृजनात्मक आकांक्षाएँ उदाहरण होने से बचकर जिस निजी शैलीगत विशिष्टता के साथ अभिव्यक्त हुई हैं, वह उन्हें बाजार के शिकंजे में कसमसाते वर्तमान भारतीय मनुष्य की मुक्ति के लिए छटपटाहट का 'औरेबी हमसफर' सिद्ध करती है।

गौरतलब है कि पूँजीवादी बाजार पर आधारित अर्थव्यवस्था के अनेक अंतर्विरोधों में से एक है– उपभोक्ता सामग्री का अतिउत्पादन, जिससे अंततः विकसित देशों में महामंदी की स्थिति उत्पन्न होती है। इससे निजात पाने के लिए विकसित राष्ट्र तथाकथित तीसरी दुनिया के देशों के बाजार में अपने अतिरिक्त उत्पादन को जबर्दस्ती खपाने के लिए तरह-तरह के माया-जाल बिछाते हैं। किन्तु, जब यह तरकीब उनकी अपेक्षा के अनुसार काम नहीं आती, तो, वे दुनिया को युद्ध की ओर ढकेलने की साजिश रचते हैं, जिससे युद्धरत राष्ट्रों को हथियार बेचकर

मुनाफा कमाया जा सके। इसे ही कुछ विचारकों ने बाजार की मूलगामिता (Market Fundamentalism) कहा है। कहना न होगा कि यदि आज किसी भी वजह से कोई युद्ध छिड़ता है तो उसका रूप परमाणु युद्ध हो सकता है, जिसके नतीजे के बारे में अपनी अद्भुत समाजशास्त्रीय कल्पनाशीलता का परिचय देते हुए अरुन्धती रॉय ने लिखा है: "Our cities and forests, our fields and villages will burn for days. Rivers will turn to poison. The air will become fire. The wind will spread the flames. When everything there is to burn has burned and the fires die, smoke will rise and shut out the sun. The earth will be enveloped in darkness." (The End of Imagination)

ऐसे विध्वंसक दौर में मनुष्य की जिजीविषा के प्रति कवि विनोद कुमार शुक्ल की आस्था का सौंदर्य उनकी कई कविताओं में देखते ही बनता है :

1. किसी होने वाले युद्ध से
जीवित बच निकलकर
मैं अपनी
अहमियत से मरना चाहता हूँ
कि मरने के
आखिरी क्षणों तक
अनंतकाल जीने की कामना करूँ
कि चार फूल हैं
और दुनिया है।

—सब कुछ होना बचा रहेगा. पृ.31

2. बचाओ ! बचाओ !! चिल्ला सकने वाले लोग
बचाओ भी नहीं चिल्लाते
कोई बचा है
यह पूछने वाला भी नहीं बचेगा।
लगता है दुनिया को नष्ट करने का धमाका
अभी शायद हो
हो सकता है जिंदगी को नष्ट करने के धमाके के पहले
जिंदगी का बड़ा धमाका हो।

—सब कुछ होना बचा रहेगा, पृ.33

स्पष्टतः नई महाजनी सभ्यता की चपेट में उभरते सबसे बड़े उपभोक्ता बाजारों में एक, भारत को अपने हित में बाजार की मूलगामिता के संभावित खतरों से उबरने

का विकल्प ढूंढ़ना ही होगा और 'दीवार में एक खिड़की रहती थी' उपन्यास में यह विकल्प 'भिक्षुक अर्थव्यवस्था' (Cenobyte Economy) के विलक्षण सौन्दर्य के रूप में विद्यमान है।

विनोद कुमार शुक्ल की 'महाविद्यालय' कहानी में वस्तुतः न केवल 'दीवार में एक खिड़की रहती थी' उपन्यास का सृजनात्मक बीज निहित है, बल्कि वहाँ बाजारवादी अर्थव्यवस्था का क्रिटीक भी मौजूद है। इस कहानी में नैरेटर कहता हैः 'मेरा खाली समय बाजार घूमने में बीतता था। बाजार घूमना मेरी आदत हो गयी थी। मुझे मजा आता था।...खुद की खरीदी से दूसरों को खरीदते देखना ज्यादा अच्छा लगता था। सारा बाजार घूम लेने के बाद भी, हमारे पैसे बिल्कुल खर्च नहीं होते थे।... बिना एक पैसा खर्च किये बाजार से घूम फिरकर निकल आना मुझे लगता था, कितनी आजादी है, कहीं कोई जबरदस्ती नहीं।... फिर भी मैं समझता था कि बाजार के बिना बचा नहीं जा सकता। भीख के पैसे लेकर भिखारी भी खरीददार। ऊदार लेकर खरीददारी। चोरी डाके के बाद खरीददारी नहीं तो बाजार में रहते हुए, भूखे नंगे बिना दवा के मर जाइये,...पिताजी का कहना था कि कोसा, ऊन, सोना, रुपया इत्यादि में छूत नहीं होता। मैं पिताजी से कहता था 'ये सभी तो कीमती चीजें है, कोई सस्ती चीज बतलाइये'। जब मैंने उनसे कहा था 'गरीब छूत होता है' तब पिताजी ने कहा था 'हम भी तो गरीब हैं' पिताजी चिढ़ गये थे।' प्रसंगवश याद आती है विनोदजी के कविता-संग्रह ष्कविता से लम्बी कविता' की एक पंक्ति :

'अपनी ही मजबूरी की मजदूरी का
गरीबी अपने में एक बड़ा घेरा।'

—कविता से लम्बी कविता, पृ.14

'काव्य-कला तथा अन्य निबन्ध' में जयशंकर प्रसाद ने लिखा है कि 'यथार्थवाद क्षुद्रों का ही नहीं अपितु महानों का भी हैं। वस्तुतः यथार्थवाद का मूल भाव हैं वेदना। जब सामूहिक चेतना छिन्न-भिन्न होकर पीड़ित होने लगती है, तब वेदना की विवृत्ति आवश्यक हो जाती है।' विनोदजी अपने उपन्यासों में औसत भारतीय मनुष्य के सामुदायिक जीवन में निहित सामूहिक चेतना से परिचालित आम तजुर्बे की समाज ही नहीं, बल्कि प्रकृति एवं पशु-पक्षियों से जितनी गहरी और विलक्षण नातेदारी दिखाते हैं, वह 'जादुई यथार्थवाद' (Magical Realism) से जुड़े संसार के कुछ बड़े लेखकों की कृतियों की याद दिलाता है। इस क्रम में वे ज्ञान की भूमि पर खड़ी भारतीय विचारधारा और संवेदनशीलता से भरपूर आख्यान-परम्परा से गहरे जुड़े होने के चलते अपने उपन्यासों में विभिन्न जीवनस्थितियों के वर्णन-चित्रण के दरम्यान मूर्त और अमूर्त के बीच अक्सर पैदा हो जाने वाली फाँकों को भरते हुए

बाह्य और आभ्यंतर में विलक्षण एकात्मता स्थापित करने की भरसक कोशिश करते है। ष्जादुई यथार्थवाद' के बारे में सैलमैन (Kaye Sellman) ने लिखा है कि 'उत्तर-औपनिवेशिक लेखक बहुधा जादुई यथार्थवाद को आधार बनाकर अपनी कृतियों का ताना-बाना बुनते हैं। ये कृतियाँ प्रायः राजनैतिक एवं सांस्कृतिक अन्तरूस्वर, प्रतीक कथाओं और रुपकों के माध्यम से प्रतिबिम्बित होती है।' तथाकथित 'तीसरी दुनिया' और खास तौर से लैटिन अमेरिकी जादुई यथार्थवादी रचनाकार मुख्यतः और मूलतः सामुदायिकता को ही केंद्र-बिंदु बनाकर कथा-साहित्य का सृजन करते रहे हैं। वजह यह कि सामुदायिक जीवन की सामूहिक चेतना का 'उज्ज्वल वरदान' किसी समुदाय के सदस्यों को विषम स्थिति से मुकाबला करते हुए नाकाम हो जाने पर भी प्रायः नाउम्मीदी से बचा ले जाता है। 'दीवार में एक खिड़की रहती थी' उपन्यास में महाविद्यालय में रघुवर प्रसाद के न मिलने पर साधू के साथ ही हाथी का भी उदास हो जाना, साधू के अस्वस्थ होने पर हाथी का भी अस्वस्थ हो जाना, गाय का प्रतिदिन सोनसी की खिड़की पर आना, बूढ़ी अम्मा के स्वर्ण-कण पाने पर, जो वस्तुतः बुनियादी सांस्कृतिक मूल्यों के प्रतीक हैं, लंगूर और तोते का आल्हादित होना, तालाब का रघुवर-सोनसी के लिए इंतजार करना, रघुवर प्रसाद का सोनसी के साथ तालाब में जल-क्रीड़ा करते समय तोते को यह बताना जरुरी लगना कि वह अपनी घरनी के साथ क्रीड़ा में लिप्त है– जैसे अनेकानेक प्रसंग इस कृति को तथाकथित तीसरी दुनिया के देशों में हो रहे जादुई यथार्थवादी लेखन का सगोतिया सिद्ध करते हैं। कुछ पंक्तियाँ द्रष्टव्य हैं– ''सोनसी की साड़ी लगता है हवा उड़ा ले गई थी, पर वह नग्न नहीं थी। हवा में उड़कर जाती हुई रंगोली ने उसे ढाँक लिया था। वह रंगोली की साड़ी पहनी हुई थी। हवा जब थम हई तो पेड़ों, फूलों, दूबों की गन्ध जो फैल गई थी वह पेड़ों, फूलों दूबों के आसपास सिमटने लगी। यह सिमटना इस तरह का था कि पेड़ों के पास फूलों की गन्ध लय सिमट गई। दूबो के पास पेड़ों की गन्ध थी। एक पेड़ के पारा जो बरगद का गेड़ था वहाँ तीज त्यौहारों के दिन की पूजा स्थल की सुगन्ध थी। उसी के पास एक पेड़ का तना एकदम काला चिकना था, यह शिवलिंग की तरह पेड़ था... तभी सोनसी की बाईं बाँह पर टाँय टाँय करता एक पक्षी आकर बैठा। 'देखो तो मेरे कंधे पर कोई पक्षी बैठा है।' पत्नी ने पूछा। उसके अपने भूले अस्तित्व से उसकी आवाज आ रही थी। सोनसी के हिलने-डुलने से पक्षी सरकता तो उसके पंजे के नाखून कन्धे पर गड़ते। 'हाँ एक सुन्दर हरा तोता है। पहाड़ीकरन। इसका कण्ठ फूट गया है।' 'तोता गहरी साँस और फुसफुसाहट को याद कर लेगा' सोनसी ने गहरी साँस लेकर और फुसफुसाकर कहाँ 'मैं उसे बता दूँगा कि हम पति पत्नी हैं' रघुवर प्रसाद ने कहाँ...एकदम सुबह का

सूर्य बाईं तरफ तालाब में था। सूर्य के बाद तालाब में रघुवर प्रसाद ने थे, फिर सोनसी थी।' (पृ.57-58) वस्तुतः उपन्यासकार ने 'नौकर की कमीज' में भी यहाँ-वहाँ प्राकृतिक परिदृश्य का मनुष्य के परिप्रेक्ष्य में जो जीवन्त चित्रण प्रस्तुत किया था, उसका उत्कर्ष उसकी आगे की कृतियों में स्पष्ट दिखाई देता है।

सच तो यह है कि विनोदजी की रचनाशीलता में प्रकृति को लेकर आरंभ से ही गहरा आकर्षण दिखाई पड़ता है। दूसरे शब्दों में, उनकी रचनाओं में प्रकृति एवं संस्कृति के बीच की द्वंद्वात्मकता को सृजन के स्तर पर रेखांकित करने की छटपटाहट है :

'जो शाश्वत प्रकृति है उसमें पहाड़ है
उनकी चट्टानों, पत्थरों में
बार बार उगते पेड़ और वनस्पतियाँ हैं
वहाँ मैं जा रहा हूँ
वहाँ ऐसा एकांत हिमांचल है
कि कोई पहले गया न हो
वे मनुष्य की राह देख रहे हैं
वे पर्वत, श्रेणियों में उसी तरह स्थिर हैं
जैसे चित्र खिंचवाने के लिए
एक समूह होता है बाहर
उनके बीच एक मेरी जगह है
वहाँ मैं अटल स्थिर हो जाऊँगा क्या?
मैं स्थिर नहीं होऊँगा
घूमूँगा, दौडूँगा, हँसूँगा, चिल्लाऊँगा,
रोऊँगा,
कि इस एकांत में पहाड़ों को
यह याद न आये कि एक समय था
जब पृथ्वी में मनुष्य नहीं थे
शायद उन्हें वह समय याद आ रहा हो
जब पृथ्वी में मनुष्य नहीं थे।'

—सब कुछ होना बचा रहेगा, पृ.23

विनोदकुमार शुक्ल की ज्यादातर कविताएँ भले ही छत्तीसगढ़ी इलाके के जन-जीवन को लेकर रचित हों, किन्तु ,उनके उपन्यास किसी विशेष भौगोलिक या जातीय सीमाओं में बंधे हुए नहीं हैं। उनमें परस्पर मुठभेड़ करने वाले जिन दो

परिप्रेक्ष्यों को चित्रित किया गया हैं उनमें एक जहां सच्चाई के युक्तियुक्त नजरिये से बाबस्ता है, वहीं दूसरा परिप्रेक्ष्य अलौकिक को नीरस वास्तविकता के तौर पर अंगीकार करने से सम्बद्ध। एंजेल फ्लोर्स के 'जादुई यथार्थवाद' विषयक एक मंतव्य से विचार-सूत्र लेकर कहे तो विनोद जी के उपन्यास यथार्थ और स्वप्नचित्र के अनोखे संयोजन की सृष्टि हैं।

लूसिएँ गोल्डमान के शब्दों में कहा जाय तो उनकी कृतियों में भारतीय जनजीवन की 'वास्तविक सामूहिक चेतना' (Real collective consciousness) के बजाय 'संभाव्य चेतना' (Possible consciousness) की कलात्मक अभिव्यक्ति हुई है। साहित्य के समाजशास्त्रीय अध्ययन के क्षेत्र में 'उत्पत्तिमूलक संरचनावाद' (Genetic Structuralism) की प्राक्-कल्पना का खुलासा करते हुए गोल्डमान रचनाकार की मुक्त सृजनात्मक कल्पनाशीलता की वकालत करते हैं : "Its basic hypothesis being precisely that the collective character of literary creation derives from the fact that the structures of the world of the work are homologous with the mental structure of certain social groups or is in intelligible relation with them, whereas on the level of content, that is to say, of the creation of the imaginary world governed by this structures, the writer has total freedom" (Towards a Socialogy of the Novel, page-159.) अपनी इसी पुस्तक में उन्होंने बाजार से आक्रांत किसी समाज में कलाकार को एक ऐसे आलोचनात्मक चेतना-सम्पन्न व्यक्ति-मानव के रुप में हैसियत दी है, जो अपने समय-समाज में प्रचलित धारणाओं का विरोध करने का गादा रखता हैं : "In a society bound up with the market, the artist is.....a problematic individual, and this means a critical individual, opposed to society." (वही, पृ. 15)

दीगर बात है कि आज विकसित एवं विकासशील, दोनों ही तरह के देशों द्वारा परस्पर दोषारोपण करते हुए वहाँ के वर्चस्वशाली वर्गों के हित में तथाकथित विकास के नाम पर प्रकृति के निरंतर दोहन के इस उन्मादी युग में विनोदकुमार शुक्ल की कविताओं एवं खास तौर से कथा-साहित्य को ऐसे वृतांत के रूप में भी विसंरचित किया जना चाहिए, जिसमें भूमंडलीकृत पूँजीवादी विकास-प्रक्रिया का कलात्मक प्रतिपक्ष रचित है। यहाँ 'प्रतिपक्ष' को 'कलात्मक' कहने पर बल इसलिए कि स्पष्ट ही कला के बगैर किसी भी अन्तर्वस्तु के प्रभावशील होने की संभावना स्वतरू नष्ट हो जाती है। कवि-आलोचक विष्णु खरे ने 'दीवार में एक खिड़की रहती थी' पर अपने 'अनुकथन' में सही लिखा है कि "इस उपन्यास में अपने जल, चट्टान, पर्वत, वन, वृक्ष, पशुओं, पक्षियों, सूर्योदय, सूर्यास्त, चंद्र, हवा, रंग, गंध और ध्वनियों के साथ प्रकृति इतनी उपस्थित है जितनी फणीश्वरनाथ रेणु के गल्प के बाद कभी नहीं रही...।"

दुनिया के लगभग सारे विचारक एवं साहित्यालोचन से जुड़े लोग इस मुद्दे पर सहमत रहे हैं कि साहित्यिक कृतियों की जड़ें प्रायः किन्हीं अनदेखे-अनजाने गुमनाम अंचल की बदरंग-सी माने जाने वाली ज़िन्दगी में गहरे धँसी होती है। 'दीवार में एक खिड़की रहती थी' उपन्यास का सृजन हिन्दी के शब्द-चेतन समुदाय के लिए वस्तुतः एक सांस्कृतिक परिघटना की तरह है और इसकी सबसे बड़ी वजह है इसमें अपने देशज जीवन-सत्य का रचनात्मक साक्षात्कार, जिसमें इस कृति की कथा-भाषा की अहम भूमिका रेखांकनीय है। स्पष्ट ही यहाँ गद्य तीक्ष्ण एवं संवेदनक्षम ही नहीं, बल्कि आम आदमी की बातचीत को सिझाकर निर्मित एक 'सुलिखित गद्य' (Well written prose) भी है, जिसमें ग्रामीण सामुदायिक जीवन के सच्चे गवाह की तरल आवेगमयता है। एक ऐसी सकरात्मक आवेगमयता, जिसे किसी भी स्थिति में आक्रामक होना गवारा नहीं है। सच तो यह है कि उपन्यासकार का सात्विक आक्रोश रचना-प्रक्रिया का वृत्त पूरा करके उसके कवित्वपूर्ण गल्प की संवेदना में पूरी तरह ढल गया है। 'खिलेगा तो देखेंगे' एवं 'दीवार में एक खिड़की रहती थी' उपर्युक्त संदर्भ में खास तौर से उल्लेखनीय उपन्यास हैं। इनमें नकार की भाषा, भीड़ की भाषा का हो-हल्ला आदि से प्रयत्नपूर्वक बचते हुए उपन्यासकार ने पूरे के पूरे दृश्य को सघन रुपक में बांधकर प्रतीकों में, और वह भी कम से कम गंभीर, छोटे अर्थगर्भी, अहिंसक शब्दों में कहने की कला को वैसे ही साधा है, जिसे पाणिनि ने शब्दों के सही उच्चारण की कला को व्याघ्री द्वारा अपने शिशु-शावक को दांत के हल्के दबाव से सावधानीपूर्वक पकड़ने का उदाहरण देकर समझाया है। दूसरे शब्दों में विनोदजी में उपन्यास-लेखन के क्रम में विभिन्न ज्वलंत बौद्धिक विमर्शों को तरजीह देने के बजाय औसत भारतीय सद्गृहस्थ के दैनंदिन जीवन की चारूता को चीन्हने की चाह है। 'छान्दोग्योपनिषद' में कहा गया है कि 'ते हैते महाशाला माहाश्रोत्रियारू समेत्य मीमांसापक्रुरू को नु आत्मा किं ब्रह्मेति।' उल्लेखनीय है कि शंकराचार्य ने अपनी व्याख्या के क्रम में 'माहाशाल' का अर्थ महागृहस्थ किया है। आज के तथाकथित आधुनिक एवं उत्तर-आधुनिक माहौल में दाम्पत्य संबंधों में बिखराव के मद्देनजर रघुवर प्रसाद और सोनसी को एक ऐसे आदर्श महागृहस्थ के रूप में देखा जा सकता है, जिनका जीवन हमारे लिए आचरित यथार्थ का एक सौंदर्यशील विकल्प सामने रखता है। इस दृष्टि से भी यह उपन्यास हिन्दी में सर्जनात्मकता की एक नयी कसौटी सामने ला सका है।

एक साहित्यिक विधा के रूप में उपन्यास की सीमा और संभावना को रेखांकित करते हुए पश्चिमी आलोचक टिम पियर्स कहते है कि ''कोई उपन्यास दुनिया को नहीं बदल सकता, परंतु एक महान उपन्यास लोगों के दिमाग को अभूतपूर्व रूप से

खोल देता है और जब दिमाग खुलता है तब भविष्य का दरवाजा भी खुलता है।'' (गार्जियन, 23 सितंबर, 2004)। स्पष्ट ही 'सापेक्ष' पत्रिका की विनोदकुमार शुक्ल के रचना-संसार पर केन्द्रित विशेषांक की योजना से हिन्दी आलोचना के 'भविष्य का दरवाजा' भी 'देर आयद दुरूस्त आयद' खुलता-सा नजर आता है। आसपास की ज़िन्दगी की ज़मीन में गहरे धँसे अपनी कृतियों को जीवंत बनाने के लिए रस खींचने में माहिर विनोदकुमार शुक्ल लिखते हैं : ''भविष्य निश्चित नहीं होता है इसलिए उसके बारे में कुछ भी सोच सकने की बहुत छूट होती है पर इस स्वतंत्रता का उपयोग नहीं होता। भविष्य के बारे में बुरा सोच सकने की कोई रोकटोक अपना विवेक नहीं करता पर अच्छा सोचने की स्वतंत्रता में बहुत रुकावट होती। ज़िन्दगी को जीना स्थगित मौत को जीना होता पर बहुत दिनों तक स्थगित मौत को भी नहीं जिया जा सकता। आत्महत्या करते हुए मौत की परीक्षा होती। ज्यादातर लोगों के जीने का तरीका आत्महत्या का तरीका होता है।'' (खिलेगा तो देखेंगे, पृ. 18) उपन्यास में आया दार्शनिक-सा प्रतीत होनेवाला यह वक्तव्य किसी मिथ्या प्रतीति का प्रकाण्ड दर्शन या वागाडम्बर का प्रदर्शन नहीं है, जिसके पीछे 'श्लोकवार्तिक' के लेखक कुमारिल भट्ट के अनुसार प्रायः वाक्छल छिपा होता है। इसके विपरीत, यहाँ जो बातें कही गयी हैं, वे आधुनिक एवं उत्तरआधुनिक कही जानीवाली मनुष्य की जीवन-प्रणाली के अनुभवों की कोख से पैदा हुई हैं। इसलिए, विनोदजी के कथा-साहित्य में जगह-जगह अनुस्यूत ऐसे अनेकानेक वक्तव्यों की पृष्ठभूमि में मौजूद मंतव्यों तक पहुँचे बगैर इन पाठों की अन्दरुनी संरचना में निहित लेखकीय अन्तर्दृष्टि को चीन्हना असंभव है। स्पष्ट ही ऐसी कृतियों के अभिग्रहण का वृत्त पूरा होने के लिए पाठक में औपन्यासिक पाठ की केवल सतही संरचना से गुजरने के बजाय उसकी गहन अंतरूसंरचना में गोता लगाने का धीरज होना जरूरी हैं :

अब्धिर्लंघित एव वानरभटैः किन्त्वस्य गम्भीरताम्।
आपाताल-निमग्न-पीवरतनु-र्जानाति मन्द्राचलः।।

स्मरणीय है कि अपनी एक पाक्षिक पत्रिका में डॉ. भीमराव अम्बेडकर ने लिखा था कि मराठी संत-साहित्य पर पर्याप्त अनुचिंतन के उपरांत उन्हें इस बात का गहरा अहसास हुआ कि अन्य कवियों को लेकर चाहे जो कुछ कहा जाए, परंतु संत ज्ञानेश्वर एवं तुकाराम को वे हर हालत में बचाकर रखना तथा बारंबार उनकी रचनाओं को पढ़ना-गुनना चाहेंगे। तात्पर्य यह कि किसी भी युग में विभिन्न सामाजिक-राजनैतिक आंदोलनों की अंदरुनी मांग के चलते इतिहास-प्रवाह में आनेवाली विचारधारात्मक ज्ञान की आंधी में भी श्रेष्ठ कला को मनुष्यता के पक्ष में किसी न किसी तरह बचाकर रखा जाना जरूरी ही नहीं, बल्कि हमारा ऐतिहासिक

व नैतिक दायित्व भी है। विनोदजी की कविताओं एवं उनके कथा-साहित्य के प्रति भी हमारे समय की विभिन्न वर्चस्वशाली एवं उदीयमान विचारधाराओं के हथियारों से लैस आलोचकों को अपनी इतिहास-दृष्टि के मुकाबले सौंदर्यशील संवेदना का अनुपात बढ़ाना चाहिए, जिससे एक ही साथ औपन्यासिक पाठ-परीक्षण और इतिहास-प्रवाह में उस पाठ को रखकर युगीन संवेदना के निर्धारण-क्रम में पाठक के भीतर आस्वाद और मूल्य के द्वंद्वात्मक संबंधों की समझ विकसित हो सके। अन्यथा, उनके आलोचना-कर्म की भूमिका भविष्य में संभवतः सृजन-विरोधी मानी जाएगी।

बतौर शब्दकर्मी, विनोदकुमार शुक्ल की रचनात्मक उपलब्धियाँ हिन्दी के साहित्यिक परिदृश्य को अपनी शक्ति एवं सीमा में विस्तार और गहराई देने में स्वयं समर्थ हैं। उनकी कृतियों की श्रेष्ठता को किसी आलोचक की निर्मिति या समर्थन की बहुत जरूरत नहीं है। उनकी कथा-कृतियों में 'कविता' और 'गद्य' की अंतरंगता के विलक्षण और गहरे कौटुम्बिक सम्बन्ध-सूत्र मौजूद है। भले ही इसे प्रयोग माना जाए, लेकिन जैसा कि नामवर सिंह ने एक भिन्न संदर्भ में कहा है : 'कलाओं की दुनिया में इस तरह के प्रयोग होते रहते है, होने चाहिए।' बावजूद इसके, हिन्दी के सुरुचि-संपन्न पाठकों को भविष्य में उनकी किसी ऐसी कृति का बेसब्री से इंतजार रहेगा, जो मौजूदा समय के उन्मादी उपभोक्तावाद की गिरफ्त में बुरी तरह से फँस चुके भारतीय उच्चवर्ग व शहरी मध्यवर्ग के गहरे आंतरिक संकट और आसमान छूती महंगाई के मारे 'देह धरे का दंड' भोगने के लिए अभिशप्त छोटे किसानों, निम्न मध्यवर्गीय शहरी लोगों और भूमिहीन मजदूरों के त्रासद जीवनानुभवों के साथ-साथ अपने देश में राजनीतिक स्वाधीनता की असलियत, आर्थिक स्वावलंबन व तथाकथित 'तरक्की' की हकीकत, नागरिक स्वाधीनता की वास्तविकता, संसदीय जनतंत्र का यथार्थ, बुद्धिजीवी कहे जाने वाले मेरूदण्डविहीन प्राणियों के निहित स्वार्थ और तथाकथित 'संपूर्ण प्रभुत्वसंपन्न समाजवादी लोकतंत्रात्मक गणराज्य' में सत्ताधारी ही नहीं, बल्कि जनपक्षधर कहे जाने वाले विपक्षी दलों द्वारा, नागार्जुन की शब्दावली में, 'बहुमत' के नाम पर 'जनहित की चाँदमारी' के चरित्रहीन करिश्मों का भी कच्चा चिट्ठा उपन्यास-कला की शर्त का यथासंभव अनुपालन करती हुई इस कदर खोल सके जिसमें सामाजिकता एवं सौन्दर्यबोध, दोनों के बीच संश्लिष्ट सर्जनात्मक संतुलन संभव हो।

सापेक्ष, 2010

कहानी और समाज

(समकालीन कहानी का समाजशास्त्र)

"कहानी सर्वाधिक शुद्ध कलात्मक रूप है। यह सम्पूर्ण कलात्मक सृजन के अंतिम अर्थ को मनोअवस्था के रूप में, सृजन-प्रक्रिया के कथ्य एवं वास्तविक भाव के रूप में व्यक्त करती है... ...यह विसंगति को उसकी पूरी आवरणहीन और अनलंकृत नग्नता में देखती है।"

—जार्ज लुकाच : उपन्यास का सिद्धांत, पृ.67.

काफ्का के बारे में हुई चर्चा के दरम्यान कुछ लोगों की मान्यता थी कि वह महान लेखक नहीं है, क्योंकि उसका साहित्य 'जीने' में कोई मदद नहीं करता। यह दूसरी बात है कि ज़िन्दगी-भर काफ्का को यथार्थ-विरोधी लेखक बताने वाले जार्ज लुकाच को हंगरी के मुक्तिसंग्राम में भागीदारी के चलते जब रूसी सेना द्वारा गिरफ्तार कर रूमानिया के किले में नज़रबंद कर दिया गया, तो उन्हें लगा कि काफ्का सही मायने में यथार्थवादी लेखक था।

बहरहाल, कहना यह है कि यदि किसी कहानी में मनुष्यों के माध्यम से जीवन में व्यक्त होने वाली सच्चाई मिलती है और हमें जीने में मदद करती है, तो निश्चित तौर पर यह यथार्थवादी कहानी होगी। इसके अभाव में कोई रचना विचारधारात्मक श्रेष्ठता के अपने तमाम आतंक और शिल्प व नक्काशी की दृष्टि से बेजोड़ होने के बावजूद जीवन-विरोधी हो जाने को अभिशप्त हो जाती है। स्पष्ट ही ऐसी कहनियों में मानवीय संसक्ति की खोज बेमानी है।

समकालीन हिन्दी कहानी के क्षेत्र में कई पीढ़ियों के रचनाकार एक साथ सक्रिय हैं। ऐसा पहले भी रहा है, पर आज जितनी पीढ़ियाँ एक साथ सक्रिय हैं, उतना वैविध्य शायद पहले नहीं था। कृष्णा सोबती से लेकर अखिलेश तक की रचनाशीलता के मद्देनजर पीढ़ी की दृष्टि से भी इस दौर को समृद्ध कहा जा सकता है।

समकालीन कहानी के विकास-क्रम में इस नए दौर के प्रस्थान बिन्दु के तौर

पर कुछ कहानियों को रेखांकित किया जा सकता है। इस दृष्टि से इब्राहीम शरीफ की कहानी 'ज़मीन का आखिरी टुकड़ा', मधुकर सिंह की 'दुश्मन' और काशीनाथ सिंह की ष्सदी का सबसे बड़ा आदमी' गौरतलब हैं। ढेर सारी समकालीन कहानियों के बीच से कुछ कहानियों को उदाहरण के तौर पर चुनकर इन्हें नये दौर के प्रस्थान बिन्दु के रूप में रेखांकित करने के पीछे तर्क यह है कि समकालीन कहानी में यथार्थ की विजय दिखाई पड़ती है। यहाँ विजय कलात्मक शब्द नहीं है। बावजूद इसके यथार्थ की विजय कहने का तात्पर्य यह है कि आज यथार्थ-चित्रण ने नये सिरे से यह प्रमाण प्रस्तुत किया है कि इसके जरिए ही श्रेष्ठ कहानियाँ लिखी जा सकती हैं। स्मरणीय है कि यथार्थ वह वस्तुसत्ता है, जिसका अस्तित्व हमारी चेतना से बाहर है, वह हमारी चेतना पर निर्भर नहीं करता, लेकिन जो हमारी चेतना को प्रभावित करता हैं। वस्तुतः इधर नये दौर में श्रेष्ठ हिन्दी कहानी रचनाकारों की मनोदशा, उनकी मानसिक बनावट व बुनावट या उनकी अपनी मानसिक वैचारिक कल्पना के मुताबित नहीं, बल्कि हमारे समय के यथार्थ के आग्रह से प्रेरित व प्रभावित तथा प्रेमचंदीय वृत्तात्मक यथार्थवाद से मुक्त होकर लिखी जा रही है। इसी अर्थ के यह यथार्थ की विजय का दौर है।

इसका दूसरा पहलू यह है कि वैयक्तिक चित्रण के नाम पर कहानी के जिस कहानीपन को एक जमाने में छीनने की कोशिश की गयी, वह इस दौर में बहुत प्रासंगिक नहीं रह गयी है। कहना न होगा कि वैयक्तिकता का चित्रण एक सीमा तक महत्त्वपूर्ण है और वह अपनी जगह यथार्थवादी कहानियों में भी है। क्योंकि कोई भी वाद, कथ्य जीवन प्रसंग व सामाजिक संदर्भ रचना में व्यक्ति के माध्यम से ही व्यक्त होता है। इसलिए किसी रचना में वैयक्तिकता का महत्त्व तो स्वाभाविक है, पर वह सामाजिकता की कीमत पर नहीं होना चाहिए। नामवर सिंह ने ष्नयी कहानी' की चर्चा के दरम्यान चाहे उसकी जितनी भी तारीफ की हो, पर एक अभाव की ओर उन्होंने ध्यान दिलाया था कि उसका सामाजिक परिप्रेक्ष्य नहीं था। समकालीन कहानियों में सामाजिक परिप्रेक्ष्य व सामाजिक संघर्षशीलता स्पष्ट दिखाई पड़ती है और वह कहीं से भी कहानी पर थोपी हुई नहीं, बल्कि जीवन-प्रसंगों व संदर्भों के चित्रण के माध्यम से स्वाभाविक रूप से विकसित मालूम पड़ती है।

उपर्युक्त विमर्श के मद्देनजर तीन कहानियों को प्रस्थान बिन्दु के तौर पर रखकर विचारने से स्पष्ट होता है कि इब्राहीम शरीफ की कहानी 'ज़मीन का आखिरी टूकड़ा', सामाजिक प्रक्रिया में जीवन जीने के साधनों और आधार में ही नहीं, बल्कि आदमी के नजरिए में भी परिवर्तन आ गया है, उसे स्पष्ट करती है। यह कहानी बताती है कि ज़मीन पर आधारित पारिवारिक जीवन जीने का दौर किस प्रकार खत्म हो रहा

है और कैसे परिवार की जरूरतों के चलते ही धीरे-धीरे ज़मीन बिकती गयी तथा अन्ततः उसका आखिरी टूकड़ा भी बिक गया। इसका क्षोभ अगर किसी को है, तो सिर्फ माँ को है। कहानी में आये तीनों बेटों के लिए वह ज़मीन एक ऐसा अतीत है, जो आज के जीवन को चलाने में किसी भी रूप में सहायक नहीं है। वे इसे अतीत के मोह से मुक्ति के तौर पर देखते हैं।

मधुकर सिंह की कहानी 'दुश्मन' एक राजनीतिक कहानी है। जाहिर है कि हमारे समय में राजनीतिक प्रक्रिया काफी जटिल होती जा रही है, जिसके पीछे एक सामाजिक जागरण भी है। कारण यह कि समाज के दबे-कुचले लोग अब जग रहे हैं तथा अपने स्वत्व के लिए सामने आ रहे हैं। 'दुश्मन' कहानी का जगेसर ऐसे ही लोगों के बीच से नेता के रूप में उभरता है और मंत्री बन जाता है। यह खबर मिलते ही उसके गाँव के दलित टोले में उत्सव का माहौल छा जाता है और लोग जगेसर को मंत्री के रूप में अपने बीच देखना चाहते हैं। इस अवसर पर एक भोज का आयोजन भी किया जाता है, पर ऐसे मौके पर मंत्रीजी की गाड़ी सवर्ण टोला की ओर मुड़ जाती है। इतना ही नहीं, गाँव के लोग जब एक जगह पर जुटते हैं, तो जगेसर जहाँ भूस्वामियों के साथ कुर्सी पर बैठता है, वहीं उसकी बिरादरी के तमाम लोगों को ज़मीन पर नीचे बैठाया जाता है। इस घटना से दलितों में अचानक एक बोध जाग्रत होता है कि जिसे उन्होंने अपना आदमी समझा था, पद प्राप्त होते ही उसका चरित्र बदल गया और अन्ततः वह दुश्मन साबित हुआ। यह वस्तुतः मधुकर सिंह की सर्वश्रेष्ठ कहानियों में से एक है और इसके बाद उन्होंने संभवतः ऐसी कोई महत्त्वपूर्ण कहानी नहीं लिखी है।

काशीनाथ सिंह की कहानी 'सदी का सबसे बड़ा आदमी' एक दूसरे संदर्भ को सामने लाती है। जाहिर है कि हमारे समय में यदि एक ओर बदलाव की आकांक्षा एवं प्रक्रिया तीव्र हुई है, वही दूसरी ओर अपने सुख-सुविधा व व्यक्तिगत उपलब्धि के लिए ख़ुशामद करने की प्रवृत्ति भी बढ़ी है। जो बदलाव के विरोधी हैं, वे इस प्रवृत्ति को बढ़ावा देते रहे हैं। इस कहानी में एक पुराना रईस है, जिसने ऐलान कर रखा है कि जो अपने शरीर पर उसके पान की पीक लेगा, उसे ईनाम के तौर पर कपड़े का नया सेट दिया जाएगा। किन्तु दिलचस्प यह है कि जो लोग स्वभावतरू अपने शरीर पर पीक फेंकवाने के लिए तैयार बैठे हैं, उन पर वह पीकना नहीं चाहता। उसकी दिलचस्पी अपने विरोधियों को खुशामदी बनाने में है। दूसरे शब्दों में वह अपने प्रतिरोधियों के तेज-हरण में विश्वास करता है। स्पष्ट ही हमारे समय में ष्कैरियरिज्म' के तहत अपनी तरक्की के लिए खुशामदी प्रवृत्ति का जो बोलबाला दिखाई देता है, यह कहानी उसे बेनक़ाब करती है। पर इस कहानी में एक मामूली-से

अधनंगे आदमी को लाया गया है, जो अचानक एक दिन उस रईस को चुनौती दे बैठता है। रईस पीक फेंक रहा है और वह खुद को इससे बचा रहा है। लगातार कई दिनों तक दोनों के बीच यह द्वन्द्व चलता है और दर्शकों में ऐसे कई झुँझलाए हुए लोग बैठे हैं, जो इनाम की खातिर अपने शरीर पर पीक लेने के लिए आतुर हैं। पर जब तक कोई फैसला न हो उन्हें मौका मिलना असंभव था। कहानी में जीत अंततः उस भूखे-नंगे-से दिखाई देने वाले आदमी की ही होती है। वह खुद को अन्त-अन्त तक पान की पीक से बचा लेता है। कहानीकार का रचनात्मक निर्णय है कि वह इस सदी का सबसे बड़ा आदमी है। वस्तुतः जहाँ कहीं भी व्यवस्था को या समाज का स्वत्व हरण-करने वाली ताकतों को चुनौती देने वाला कोई भी व्यक्ति बचा हुआ है, वही बदलाव की आकांक्षा वाली इस सदी का सबसे बड़ा आदमी है।

वर्तमान सामाजिक प्रक्रिया की तीन प्रवृत्तियों को व्यंजित करने वाली ये तीन कहानियाँ यद्दपि हमारे समय के युवा कहानिकारों के पहले की पीढ़ी के लेखकों द्वारा रचित हैं, पर हमारे समय की मानसिकता से इन कहानियों का गहरा सम्बन्ध है। इसलिए इन्हें इस दौर की कहानियों के प्रस्थानबिन्दु के रूप में उद्धृत करना गैरवाजिब नहीं है।

मनोज रूपड़ा की कहानी ष्प्यास' मानवीय संसक्ति दृष्टि से समकालीन हिन्दी कहानी की एक महत्त्वपूर्ण उपलब्धि है। कहानी की शुरूआत एक ऐसे दृश्य से हुई है, जहाँ एक लड़का गाय के ष्थन' में सीधे मुँह लगाकर दूध पी रहा है। उसकी अनुभूति का वर्णन करते हुए कहानीकार ने बताया है कि पहली बार उस लड़के को आनंद की अनुभूति हुई। वस्तुतः वह एक मातृहीन बालक है, जिसे कभी माँ के स्तन से दूध पीने का मौका नहीं मिला था। एक क्रिश्चियन मिशन द्वारा संचालित बच्चों की संस्था में रहते हुए उसे सब कुछ मिला, पर वहाँ भी माँ का अभाव उसे खटकता रहा। माँ का मतलब उसके लिए वह स्त्री है, जिसने स्तन पान कराया हो और इसी कमी को पूरा करने के लिए वह सीधे गाय के थन में मुँह लगाता है। मिशन के अपने अनुभव के विश्लेषन से उसे लगता है कि वहाँ सारी बातों के बावजूद संचालिका की रूचि बच्चों को इंसान बनाने के बजाय ईसाई बनाने में ज़्यादा है। थोड़ा बड़ा होकर वह एक दिन मिशन से निकल भागता है और मुक्ति का अनुभव करता है। चर्च के बाहर की दुनिया में अपनी क्षमता व मेहनत के बूते पर सफल होने के बावजूद उसके जीवन में माँ की कमी के एहसास के रूप में जो प्यास रह गयी थी, वह कालान्तर में प्रेम की तलाश के रूप में प्रकट होती है, जिसमें वह अन्ततः सफल नहीं हो पाता। इस प्रकार वह अकेलेपन की पीड़ा भोगता है। एक दिन वह समुद्र के किनारे बैठा अपने जीवन की निरर्थकता पर विचार कर रहा होता

है, मानो थपकी दे रही हो। यहाँ थपकी देना बड़ा ही सांकेतिक है, क्योंकि जिस चर्च की दीवार को लाँघकर वह चला आया था, फिर उसी ओर उसका ध्यान जाता है। बाहर की दुनिया भी उसको वह चीज नहीं दे सकी, जिसकी उसे तलाश थी। मनुष्य की प्राकृतिक तलाश जब पूरी नहीं होती, तो उसके व्यक्तित्व में अनगढ़ता स्वाभाविक है। कथानायक के अनेकानेक व्यवहार अप्राकृतिक-से हैं—समुद्र के किनारे बैठे लोगों के ऊपर से कूदते हुए दौड़ना, अचानक किसी को पकड़कर जबरदस्ती चूम लेना आदि। प्रसंगवश 'उसने कहा था' कहानी के बारह वर्षीय बालक लहना सिंह की याद स्वाभाविक है, जो लड़की के मुँह से यह सुनते ही कि 'कुड़माई हो गई', असामान्य व्यवहार करने लगता है : "लड़के ने घर की राह ली। रास्ते में एक लड़के को मोरी में ढकेल दिया, एक छाबड़ी वाले की दिन भर की कमाई खोई, एक कुत्ते पर पत्थर मारा और एक गोभी वाले के ठेले में दूध उँड़ेल दिया। सामने नहाकर आती हुई किसी वैष्णवी से टकराकर अंधे की उपाधि पाई, तब कहीं घर पहुँचा।" नये संदर्भ में कुछ इसी तरह का असामान्य व्यवहार ष्यास' कहानी का नायक करता है। इस प्रकार यह कहानी अपनी परम्परा को समृद्ध करने के साथ ही भावना, चरित्र व जीवन प्रसंग के यथार्थ की दृष्टि से नयी है।

यथार्थ-चित्रण के प्रसंग में गौरतलब है कि समकालीन हिन्दी कहानी का एक बड़ा हिस्सा विचारधारा व यथार्य के आतंक से मुक्ति का साहित्य है। कथा सहित्य के क्षेत्र में इस आतंक को समझाने के लिए एक बंगला कहानी 'कम्युनिस्ट परिवार' की बतौर उदाहरण चर्चा की गयी है, जिसमें वर्णन है कि कैसे दो नक्सलवादी भाईयों में से एक पर संगठन को संदेह हो गया और उसकी हत्या कर दी गयी। हत्या का फैसला जिस संगठन में किया गया था, उसमें बड़ा भाई मौजूद था। बाद में वह सोचता है कि केवल संदेह के आधार पर उसके भाई की हत्या कर दी गयी, उसने विरोध क्यों नहीं किया? वस्तुतः उसने बुजदिल कहे जाने के डर से वहाँ इस फैसले का विरोध नहीं किया। यह अतिक्रांतिकारिता है, जो विचारधारात्मक आतंक के चलते पैदा होती है। यथार्थ के इस आतंक से कहानी की कला को भी नुकसान पहुँचता है, क्योंकि जीवन की स्वाभाविकता, विश्वनीयता की रक्षा भी कला का अंग है।

सच तो यह है कि विचारधारा उसी हद तक रचना या आलोचना के लिए उपयोगी है, जहाँ तक वह ज़िन्दगी की सचाई को समझने-समझाने में हमारी मदद करती है। दूसरी बात यह कि किसी भी रचना को कुछ मुख्य सिद्धांतों में घटाकर नहीं देखा जा सकता। कारण यह कि कोई भी कलाकार पहले से सारी बातें तय करके अपने समय की वास्तविकता का चित्रण या अनुभूतियों की अभिव्यक्ति नहीं

करता। जो लोग ऐसा करते हैं, उनका लेखन लुकाच की शब्दावली में कहें, तो 'स्कीमैटिक' या योजनाबद्ध हुआ करता है, जो कला की शर्त का अनुपालन नहीं करता। यही बात यथार्थ और तथाकथित यथार्थवाद के संदर्भ में भी सच है। निर्मल वर्मा ने लिखा है कि ''जब कोई कहानी में यथार्थ की चर्चा करता है, तो हमेशा दुविधा होती है-वह एक पक्षी की तरह झाड़ी में छिपा रहता है। उसे वहाँ से जीवन निकाल पाना उतना ही दुर्बल है, जितना उसके बारे में निश्चित रूप से कुछ कह पाना, जब तक वह वहाँ छिपा है। अँग्रेजी में एक मुहावरा है : 'बीटिंग एबाउट द बुश'। कहानीकार सिर्फ सही कर सकता है-उससे अधिक कुछ करना असंभव है।...यह अभिशाप हर उस लेखक के लिए है, जो कलाकार भी है। जो सही मायने में यथार्थवादी है, उसके लिए यथार्थ हमेशा झाड़ी में छिपा रहता है।'' वस्तुतः जब तक क्रांतिकारिता की मुद्रा जीवनस्थितियों से स्वाभाविक तौर पर विकसित होती हुई मुद्रा नहीं बनती, तब तक वह विश्वसनीय नहीं होती।

कहना न होगा कि समकालीन हिन्दी कहानी में आत्यन्तिक विचारधारात्मक आग्रह के चलते उत्पन्न यथार्थ के आतंक के तहत रचित 'बीच का समर' (विजयकांत), 'दुनिया की सबसे हसीन औरत' (संजीव), 'एक बनिहार का आत्म-निवेदन' (सुरेश कांटक) जैसी अनेकानेक फार्मूलाबद्ध कहानियाँ एक जमाने में लिखी गईं। 'दुनिया की सबसे हसीन औरत' कहानी में कथानायक का वक्तव्य है : ''मैं निहायत पिद्दी किस्म का इंसान था, लेकिन उस वक्त मुझमें जाने कहाँ से बला की ताकत आ गयी थी। मेहनत, ईमान, इंसानियत, शराफत, दिलेरी जैसे शब्द, देश का इतिहास और भूगोल जैसे ज्ञान, अब तक मेरे लिए खयाली बातें थीं। लेकिन उस दिन, उस मौके पर उनकी हकीकत का जादू मेरे सिर पर चढ़कर बोल रहा था...वह एक जनून था जनून।'' आकस्मिक संयोग के रूप में व्यक्त यह प्रतिरोध एक रचनाकार की प्रतिरोधात्मक सदिच्छा तो हो सकता है, पर इसमें स्वाभाविकता व विश्वसनीयता की जो कमी है, वह न केवल किसी कहानी की कलात्मकता की रक्षा के लिए जरूरी है, बल्कि उसके विकास और समृद्धि के लिए भी अपरिहार्य है। वस्तुतः इस कहानी में प्रतिरोध को स्वाभाविक एवं विश्वसनीय बनाने के लिए किसी दूसरे आदमी के जनूनी हस्तक्षेप के बजाय उस सब्जी बेचने वाली आदिवासी औरत के भीतर ही प्रतिरोध के बिन्दु की तलाश वांछनीय थी। स्मरणीय है कि 'पूस की रात' कहानी में आँखें तरेरती हुई मुन्नी जब कहती है कि ''मर-मर कर काम करो, उपज हो तो बाकी दे दो, चलो छुट्टी। बाकी चुकाने के लिए ही तो हमारा जन्म हुआ है। पेट के लिए मजूरी करो। ऐसी खेती से बाज आए'' या हल्कू जब कहता है : ''मजूरी हम करें, मजा दूसरे लूटें।'' – तो उनका यह सोचना स्वाभाविक है। चूँकि यह

स्वाभाविकता बहुत पहले प्रेमचन्द विकसित कर चुके थे, इसलिए समकालीन कहानिकारों को उससे लाभ उठाना चाहिए था।

'पूत! पूत! पूत! पूत!' कहानी में विचारधारात्मक मिथ्या चेतना के आतंक से मुक्त होकर संजीव ने अपने बौद्धिक पैनापन तथा संवेदनशील चौकन्नापन से जिस मानवीय सघनता को रचा है, उसमें अपने समय के यथार्थ के टकराने के लिए जरूरी खतरनाक खुलापन भी है। कारण यह कि इसमें क्रांतिकारी मुक्तिसेना तथा सामंतों को वीरसेना के बीच के अन्तस्संघर्षों को ही नहीं, बल्कि मुक्तिसेना और इस तरह के अन्य वामपंथी संघटनों के बीच अपने वर्चस्व के लिए होने वाले खूनी संघर्ष और अन्ततः वीरसेना से मुक्तिसेना की पराजय की प्रक्रिया को गहराई के साथ उजागर किया गया है। कथानायक की स्पष्ट मान्यता है कि "मुक्तिसेना उनसे (वीरसेना से) पिट रही है। क्या मतलब? मतलब अभिधा में भी है, व्यंजना में भी, मात्रा में भी, गुण में भी। ...इधर मुक्तिसेना ने भी बारात में जाते हुए, मुर्दा जलाकर आते हुए लोगों को मारा है। यानी मुक्तिसेना भी वीरसेना के प्रभाव में आ गयी है। उद्देश्य से स्खलित हुई। इस तरह मुक्तिसेना का कुंद होना ही नहीं, इसका स्खलित होना या लक्ष्यभ्रष्ट होना वीरसेना की सबसे बड़ी जीत है और मुक्तिसेना की सबसे बड़ी हार है।" इस कथन पर मुक्तिसेना के कमिस्सार की टिप्पणी है कि "जो लोग डायरेक्ट फील्ड में काम करते हैं, उनमें और जो लोग टेबुल पर बैठकर कैलकुलेट या एनलाइज करते हैं, थोड़ा फर्क तो हो ही जाता है।"

ऐसे तो इस कहानी में मानवीय सघनता आदि से अंत तक मौजूद है, पर वह अपने सर्वाधिक सान्द्र रूप में वहाँ दिखाई देती है, जहाँ छोटे भाई विजयमोहन की हत्या के बाद नैरेटर की विविध स्मृतियों के सहारे इसे उभारा गया है : "भाई से जुड़ा एक-एक दृश्य याद आने लगा, पिता की मौत पर सदा के लिए गुमसुम हो जाने वाला बिज्जू, वीरसेना के कमांडर की बन्दूक से मेरी प्राणरक्षा के लिए जूझता बिज्जू! क्रांतिकारी विवाह करने वाला बिज्जू, खून के दागों को धोता हुआ बिज्जू, 'लौटा दो मेरा बाप, दिला दो परिवार को कोई सहारा' के तर्क से मुझे निरुत्तर करता बिज्जू, चाचा की ज़मीन पर कैम्प लगाने की ज़्यादती को खूनी आँखों से घूरता बिज्जू, मुंडित सिर लिए चुपचाप माँ की झिड़कियाँ सुनता बिज्जू और सबसे ऊपर वह दृश्य-जलती चिताएँ, चीर पहने भीगी धोतियाँ ओढ़े गाँव के लोगों की रक्षा के लिए बन्दूक साधे घंटों अकेले पहरा देता बिज्जू! —मेरा वह बहादुर भाई बिज्जू कल कत्ल कर दिया गया।"

जिस समय में अपवादस्वरूप कुछ इलाकों को छोड़कर लगभग सारा भारतीय समाज और खास और तौर से हिन्दी समाज साम्प्रदायिकता, जातिवाद, भूस्वामियों

की निजी सेनाओं के आतंक, नक्सलवादी अतिक्रांतिकारिता आदि के चक्रव्यूह में फँसा हो, उस समय में कलाकार अपवर्जन के बजाय सर्वसमावेशी होकर ही अपनी रचना को ज़्यादा से ज़्यादा विश्वसनीय बना सकता है।

मानवीय संसक्ति की पहली और आखिरी शर्त मानव जीवन है, चाहे वह एक सीमा तक विरोधाभासों से क्यों न भरा हो। जीवन में निराशा, हताशा, संत्रास, ऊब, भय, सब कुछ खप जाता है, क्योंकि जीवन विराट है। जीवन की यह विराटता न केवल विस्मित करती है, बल्कि विश्वास का आधार भी देती है। ऐसे तो प्रायः रचनाकार विस्मय को व्याख्यायित करते हुए विश्वास की मंजिल तक पहुँचते हैं, पर कई बार जब विस्मय बिना किसी व्याख्या के कहानीकार की सधी क़लम से सीधे विश्वास में रूपान्तरिक होकर प्रस्तुत हो जाता है, तो मानवीय संसक्ति से भरपूर 'मुश्किल काम' जैसी छोटी-सी कहानी की रचना संभव होती है। वर्तमान साहित्य के कहानी महाविशेषांक में प्रकाशित असगर वजाहत की इस कहानी में दंगे के बाद दो दादाओं की बातचीत है, जिसमें एक दादा सबसे मुश्किल काम बच्चों को मारना बताता है। कारण यह कि ''बच्चों को मारते समय अपने बच्चे याद आ जाते हैं।'' इस कथन में निहित मानवीय संसक्ति अलग से व्याख्या की अपेक्षा नहीं रखती।

कई बार विस्मय की व्याख्या इस कदर केन्द्र में आ जाती है कि कहानी मात्र ब्योरा बनकर रह जाती है। बावजूद इसके यदि कहानीकार कथारूप की नैतिकता का सार्थक निर्वाह कर ले जाता है, तो वह पाठक को विस्मय से विश्वास तक अवश्य पहुँचा देता है। इस दरम्यान ब्योरा देना यदि जरूरी हो, तो वह कतई आपत्तिजनक नहीं हो सकता, भले ही इस वजह से कहानी शब्दों की मितव्ययिता के नजरिए से बातूनी क्यों न लगें। यच तो यह है कि कई बार यह बातूनीपन भी लेखक की सही नीयत का सूचक होता है। संजीव की 'दुनिया की सबसे हसीन औरत' कदाचित ऐसी ही कहानी है। ऐसी कहानियों में कई बार व्याख्या इतनी प्रधान हो जाती है कि विस्मय या तो लुप्त हो जाता है या हाशिये पर फेंक दिया जाता है। किसी विचार को कहानी बना देने की महत्वाकांक्षाएँ प्रायः इसी परिणति को प्राप्त होती हैं। ऐसी कहानियों की सफलता के लिए जबरदस्त बौद्धिकता के साथ-साथ विचार को कथा में रूपांतरित करने का एक लम्बा अभ्यास अपरिहार्य है। संजीव की 'पूत! पूत! पूत! पूत!' की सफलता का एक राज यह भी है।

'सलाम' कहानी के रचयिता ओमप्रकाश वाल्मीकि सरीखे कुछेक अपवादों को छोड़कर ज्यादातर दलितवादी व स्त्रीवादी कहानीकारों की रचनाओं में किसी आइडिया को कहानी बनाने की जिद दिखाई देती है। नतीजतन कुतूहल, घटनाओं आदि की धकापेल के बावजूद ऐसी कहानियों का कथातत्व दोहराव और कई बार संवेदनशून्यता

की मिसाल होता है। स्मरणीय है कि अकहानी आन्दोलन के दरम्यान ऐसी बहुत-सी कहानियाँ लिखी गई थीं और आज भी ऐसे उदाहरणों की कमी नहीं है। राजेन्द्र यादव की 'हासिल' व 'मरा हुआ चूहा', लवलीन की 'चक्रवात', दूधनाथ सिंह की 'नमो अंधकारम', आबिद सूरती की 'कोरा कैनवास', मनोहरश्याम जोशी की 'ट-टा प्रोफेसर' जैसी कहानियों में मानवीय सम्बन्धों के अजीबो-गरीब और कई बार वीभत्स रूप दिखाई देते हैं। हमारे समय में बड़ी संख्या में लिखी जा रही इन कहानियों की रूचि का संचार निर्वासित मध्यवर्गीय जीवन से हो रहा है और ये रचनाकार इस विकृत रुचि का पोषणभर कर रहे हैं। इस सन्दर्भ में मार्क्स द्वारा की गयी 'निर्वासन' की व्यख्या का स्मरण स्वाभाविक है, जिसके अनुसार निर्वासित व्यक्ति को जो पाशव-कर्म है, वही मानवीय प्रतीत होता है, क्योंकि केवल उसी वक्त उसे अपने मनुष्य होने का एहसास हो पाता है। इसलिए ऐसी रचनाओं को पॉपुलर या घासलेटी अश्लील साहित्य के साथ गड्डमड्ड करना ठीक नहीं है।

समकालीन हिन्दी कहानीकारों में कुछ ऐसे भी हैं, जिनकी रचनाओं में विस्मय की व्याख्या करते हुए विश्वास तक पहुँचने के बजाय छद्म आधुनिकता के दबाव के तहत विस्मय से संशय व निराशा-हताशा की कलह-कोलाहलपूर्ण गलियों से होते हुए अन्ततः अविश्वास तक पहुँचने की प्रवृत्ति दिखाई देती है और कहना न होगा कि ऐसी कहानियों में मानवीय संसक्ति की खोज बेमानी है। चूँकि विस्मय से अविश्वास तक की यह यात्रा आधुनिकता की तमाम तथाकथित शर्तों—अलगाव, संत्रास, मूल्यविघटन आदि—को न सिर्फ पूरी करती है, बल्कि कई बार उसे महिमामंडित भी करती है, इसलिए इसके तहत रचित कहानियाँ-हमारी संवेदना को सकारात्मक रूप में समृद्ध करने के बजाय हमें डराती हैं। उदयप्रकाश की एक चर्चित कहानी 'तिरिछ' के मद्देनजर यह बात समझी-समझायी जा सकती है। इस कहानी की विषयवस्तु है 'अमानुषिक होता जा रहा हमारा समाज'। कहानीकार इस विषयवस्तु को शिल्प-विषयक इतने सारे चमत्कारों के साथ परोसता है कि पाठक केवल स्तंभित रह सकता है। स्मरणीय है कि यही उदयप्रकाश कभी 'टेपचू' जैसी कहानी भी लिखते थे, जिसके बारे में खुद उन्होंने स्वीकारा है कि "टेपचू जब सन् 1980 में प्रकाशित हुई थी, तो करीब तीन सौ पत्र आए थे, जिनमें से एक पत्र राँची के किसी मोटर वर्क्स में काम करने वाले एक नौजवान सिख का भी था, जिसमें लिखा था कि अगर यह कहानी उसने न पढ़ ली होती, तो अगले दिन वह आत्महत्या कर लेता।" सवाल उठाना वाजिब है कि अगर वह सिख नौजवान 'तिरिछ' पढ़ लेता, तो क्या आत्महत्या से उसका बचना संभव हो पाता। वस्तुतः उदयप्रकाश के समूचे रचना संसार को यदि एक शब्द में बाँधा जाए, तो वह होगा—'डर'। इस 'डर' की

सच्चाई में कोई संदेह नहीं है, पर मानवीय संसक्ति से दूर-दूर तक उसका कोई रिश्ता नहीं है। उनके एक कहानी-संग्रह में 'डर' शीर्षक से संगृहीत कहानी द्रष्टव्य है : "वह डर गया है। क्योंकि जहाँ उसे जाना है, वहाँ उसके पैरों के निशान पहले से ही बने हुए हैं।" प्रश्न यह है कि यह कहानी ही क्यों है? कविता क्यों नहीं है? प्रश्न इसलिए भी कि उदयप्रकाश जैसे सुविख्यात कहानीकार ने इसे अपने संग्रह में कहानी के रूप में छपवाया है। स्पष्ट ही इस 'डर' को छुपाने के बजाय स्वीकार करके इससे पार पाया जा सकता था, डर का प्रतिरोध किया जा सकता था, जादुई यथार्थवाद के कमंद के सहारे 'टेपचू' बनकर इसे जीता या जीया जा सकता था, पर दुर्भाग्यवश 'टेपचू' अब 'और अंत में प्रार्थना' का वाकणकर या 'पाल गोमरा का स्कूटर' का नायक बन गया है। 'पाल गोमरा का स्कूटर' के नायक को लगता है कि "बड़ी-बड़ी संस्थाओं, उद्योग समूहों, सरकारी विभागों ने सब कुछ अधिग्रहित कर लिया है और अब उनके जैसे कवि सामने फ्लिट पीने या गले में फंदा लगाने के अलावा और कोई दूसरा विकल्प नहीं है।" इस कहनी के अंत में कथानायक की विक्षिप्तता की रस ले-लेकर चर्चा की गयी है। रचना के धरातल पर मनुष्य होने के अर्थबोध के निर्वाचन को यदि किसी कृति की श्रेष्ठता की कसौटी माना जाए, तो 'टेपचू' आज भी उदयप्रकाश की सर्वश्रेष्ठ और हिन्दी की समकालीन श्रेष्ठ कहानियों में से एक है, जो न केवल अपनी जिजीविषा से पाठक को विस्मित करती है, बल्कि जीवन के प्रति विश्वास भी जगाती है।

समकालीन हिन्दी कहानी में मानवीय संसक्ति को रेखांकित करते वक्त याद रखना जरूरी है कि कई बार महान रचना का सामाजिक परिप्रेक्ष्य अत्यन्त प्रच्छन्न होता है। नतीजतन कुछ रचनाएँ पूरी तरह समझ में आने के पूर्व महसूस होती हैं। स्पष्ट ही यह गहरे तादात्म्य की स्थिति हुआ करती है, जिसके तहत कहानी की अन्तर्वस्तु सम्पूर्णता के साथ पाठकीय संवेदना का हिस्सा बनकर उसे अपना भागीदार बना लेती है और कालान्तर में रचनानुभव के साथ यही भागीदारी पाठक की चेतना व चिंतन में सकारात्मक परिवर्तन का कारण बनती है। इस प्रकार कहानी की रचना से लेकर उसके अभिग्रहण का वृत्त पूरा होता है।

अनभै, 2009

आलोचनात्मक गद्य का प्रतिमान

(दिनकर का आलोचना साहित्य)

कश्चिद् वाचं रचयितुमलं श्रोतुमेवाद्ऽपरस्तां
कल्याणी ते मतिरुभयथा विस्मयं नस्तनोति।
नह्येकस्मिन्नतिशयवतां सन्निपातो गुणाना–
मेकः सूते कनकमुपलस्तत्परीक्षा क्षमोद्ऽन्यः।।

(–राजशेखर : 'काव्यमीमांसा' में उद्धृत कालिदास-कृत माना गया श्लोक)

('कोई ऐसा होता है, जिसमें कविता रचने की क्षमता होती है। कोई ऐसा भी होता है, जिसमें कविता सुनने की क्षमता होती है। तुम्हारी कल्याणमयी बुद्धि दोनों में समर्थ है, अत हमें चकित कर देती है। एक में इतने सारे गुणों का सन्निपात नहीं हो सकता। एक पत्थर होता है जो सोने को जन्म देता है, तो दूसरा पत्थर होता है जो उस सोने की परीक्षा करने में सक्षम होता है। गरज कि तुम ऐसे दुर्लभ पाषाण हो जो कंचन होने के साथ ही कसौटी भी हो।' –नामवर सिंह द्वारा किया गया भावार्थ, आलोचना, जनवरी-मार्च 2008, पृ.126)

"अच्छा गद्य लिखने की कला चीजों को उनके सही नाम से पुकारने की कला है।"

–रॉल्फ फॉक्स

"जहां तक मुझे मालूम है, काव्य-पाठकों के एक बड़े समुदाय ने समकालीन कविता पढ़ना छोड़ रखा है।"

–दिनकर : साहित्यमुखी, पृ. 71

रामधारी सिंह 'दिनकर' राष्ट्रीय जागरण की देन के साथ-साथ उसका विकास करने वाले रचनाकार भी हैं। यहाँ जब राष्ट्रीय जागरण की बात कही जा रही है तो उसका तात्पर्य केवल तथाकथित 'हिन्दी नवजागरण' के बजाय राजा राममोहन राय से आरंभ होने वाले नवजागरण से है, जिसकी बुनियादी विशेषताओं में से एक है– आलोचनात्मक चेतना का विकास। दिनकर की कृतियों में यह आलोचनात्मक

चेतना साँस-साँस में पैबस्त है। उनका रचनाकार संस्कृति के निर्माता की तुलना में व्याख्याता की भूमिका में ज्यादा नजर आता है। सच्ची कविता की परख के लिए रसेल की कसौटी 'पारदर्शिता' को महत्त्व देने तथा 'सच्चाई की पहचान किपानी साफ़ रहे' जैसी धारणा को आदर्श घोषित करने वाले दिनकर की 'वारदोली-विजय' एवं 'प्रणभंग' से लेकर 'परशुराम की प्रतीक्षा' एवं 'कोयला और कवित्व' तक की कविताओं को वस्तुतः भारतीय राष्ट्रवाद के 'क्रिटीक' के तौर पर पढ़ा जाना चाहिएय क्योंकि भारतीय समाज में जिन वर्गीय शक्तियों ने सदियों से दबे-कुचले हुए लोगों को नजरंदाज करते हुए केवल अपने वर्गीय हितों को ही 'राष्ट्रीय' बनाकर पेश करने की साजिश की है, दिनकर की रचनाएँ बहुत दूर तक उन शक्तियों की शिनाख्त करती हैं। इस क्रम में वहाँ ब्रिटिश उपनिवेशवाद एवं भारतीय सामंतशाही के दो पाटों के बीच पिसती बड़ी आबादी की दुर्दशा के संवेदनात्मक आख्यान की पुनर्रचना की गयी है। जिसके भीतर उस युग की शीतलता और दाह के प्रमाण मौजूद हैं।

दिनकर के कवि-कर्म की परिधि जितनी बड़ी है, उनके साहित्यालोचन का फलक भी उतना ही व्यापक है। उनकी लगभग सात आलोचनात्मक कृतियाँ प्रकाशित हैं- 'मिट्टी की ओर' (1949), 'अर्धनारीश्वर'(1952), 'काव्य की भूमिका'(1958), 'पन्त, प्रसाद और मैथिलीशरण' (1958), 'शुद्ध कविता की खोज'(1966), 'साहित्यमुखी'(1968) एवं 'आधुनिक बोध'। इनके अतिरिक्त 'संस्कृति के चार अध्याय', 'वट-पीपल', 'रेती के फूल', 'वेणुवन' एवं उनके सुप्रसिद्ध कविता संग्रह 'चक्रवाल' की भूमिका में भी साहित्यिक प्रवृत्तियों के विश्लेषण की दृष्टि से प्रचुर सामग्री मौजूद है।

दिनकर की गद्य रचनाओं में भारतीय भाषाओं के कवियों-लेखकों के साथ-साथ विश्व के महान कृतिकारों की क्लासिक कृतियों से चुनी हुई उक्तियाँ भरी पड़ी हैं। संसार के साहित्यिक एवं मिथकीय आख्यायनों के चुने हुए अंशों का इतना सूक्ष्म विवेचन-विश्लेषण तथा सूक्तियों, उपमाओं एवं दृष्टांतों का इतना सटीक इस्तेमाल उनके समकालीनों में से बहुत कम लेखकों की रचनाओं में उपलब्ध है। दूसरे शब्दों में कहें तो साहित्य, कला, दर्शन की श्रेष्ठ अंतर्राष्ट्रीय विरासत के जीवंत तत्त्वों के विवेकपूर्ण उपयोग से दिनकर की आलोचना में गहरी व्यंजना का ऐसा गुण विकसित हुआ कि हमारे जमाने में भी वह अत्यंत समृद्ध व तरोताजा प्रतीत होता है।

बावजूद इसके, यदि हिन्दी साहित्य के अधिकांश अध्येताओं ने दिनकर के आलोचना-कर्म पर ज्यादा ध्यान नहीं दिया तो इसके मूल में संभवतः वह आम धारणा रही होगी, जिसके तहत माना यह जाता है कि कविता ही कवि का परम वक्तव्य

होती है। लारेंस ने तो लगभग चेतावनी की मुद्रा में कहा है कि कलाकार का कभी विश्वास मत करो। एक कवि अपनी कविता से बाहर उसके बारे में यदि कोई बात कहता है तो वह विश्वसनीय भी नहीं होता और स्पृहणीय भी नहीं। इसी प्रकार टी. एस.एलियट ने रचनाकारों की आलोचना को 'कार्यशाला की आलोचना' कहा है, जिसमें आलोचना के लिए अपरिहार्य वस्तुनिष्ठता के बजाय आत्मनिष्ठता की संभावना अधिक होती है। लेकिन अनुभव बतलाता है कि हर युग में संसार की तमाम भाषाओं के कुछ बड़े रचनाकार अपनी रचनाओं के साथ-साथ दूसरे रचनाकारों के बारे में भी अलग से कहते-लिखते रहे हैं और उससे कविता को समझने में पाठकों को बहुत हद तक अंतर्दृष्टि मिलती रही है।

कवियों के आलोचनात्मक सरोकार पर विचार करते हुए कवि-आलोचक अरूण कमल ने दो बातों की संभावना व्यक्त की है। एक तो यह कि कवि अपने बारे में, अपनी कविता के बारे में और कविता लिखते-पढ़ते हुए अब तक अर्जित अपने अनुभवों के बारे में लिखेगा। ऐसे में वह जो भी लिखेगा उसके केन्द्र में प्रायः खुद वही होगा और उसकी रचनात्मक समस्याएँ होंगी। इस स्थिति में उसकी आलोचना का महत्त्व भी बहुत कुछ उसकी अपनी कविता के महत्त्व से निर्धारित होता है। वह कवि कैसा है और कवि के रूप में उसका महत्त्व, उसकी समस्याओं या अनुभवों का महत्त्व क्या है—इसी से उसकी आलोचना का महत्त्व भी खुद-ब-खुद निश्चित हो जाता है। इससे भिन्न दूसरी स्थिति वह हो सकती है जब कवि अपने निजी कवि-व्यक्तित्व को थोड़ी देर के लिए ओझल करके या परदे के पीछे छोड़कर तमाम समस्याओं तथा अन्य कवियों के संबंध में बात करे। इस दशा में उसकी आलोचना अपने काव्यानुभवों का लाभ उठाती हुई भी अपनी कवि-चेतना तक सीमित न रहेगी।

गौरतलब है कि बतौर आलोचक, दिनकर उपर्युक्त दूसरी कोटि में आते हैं। उनके आलोचना-कर्म की व्यापकता एवं गहराई को देखते हुए दिनकर-साहित्य के एक मर्मज्ञ विद्वान-आलोचक विजेन्द्र नारायण सिंह की यह धारणा बहुत हद तक अर्द्धसत्य प्रतीत होती है कि 'दिनकर की आलोचना उनकी कविताओं की प्रतिरक्षा में लिखी गयी है।...दिनकर की कविताओं में ज्यों-ज्यों निखार आता गया त्यों-त्यों उनकी आलोचना के मूल्य भी बदलते गये।' सच तो यह है कि दिनकर का आलोचक उनके कवि की भाँति ही विकसनशील रहा है और वह अपनी एक संपूर्ण विश्वदृष्टि के तहत आलोचनात्मक लेखन में भी मनुष्यता के मूलभत प्रश्नों को समाविष्ट करता चलता है। बावजूद इसके, उनका यह कथन सवा सोलह आने सही है कि ''दिनकर हिन्दी के उन आलोचकों में से एक हैं, जिन्होंने हिन्दी काव्यालोचन के स्तर को बहुत ऊँचा उठाया है।'' (दिनकरःएक पुनर्मूल्यांकन)

आलोचना के बारे में बहुप्रचलित 'नीर-क्षीर विवेक' एवं 'गुण और दोष का विभाजन' वाली धारणा का खंडन करते हुए दिनकर लिखते हैं कि ''यह उन समस्त कलाकौशलों के विश्लेषण का नाम है जिनके द्वारा कलाकार अपनी कृति में सौन्दर्य तथा अलौकिकता उत्पन्न करता है।...जब कोई रसिक व्यक्ति, आत्मा में निर्भीकता और हृदय में विनम्रता लेकर, अपनी सारी कलात्मक प्रवृत्तियों को जाग्रत रखते हुए, दृष्टि को गंभीर तथा रस-ग्राहिता को व्यापक बनाकर किसी कलापूर्ण कृति का रहस्योद्घाटन करने बैठता है तब हम उसे समालोचक के नाम से पुकारते हैं। समालोचना का उद्देश्य साहित्य के गांभीर्य की थाह लेना है। सच्चा समालोचक दूसरों की कृति पर सम्मति प्रकट करने की कला का प्रचार नहीं करता, बल्कि, वह यह बतलाता है कि किसी कृति के निर्माण में किन प्रवृत्तियों तथा किस कौशल से काम लिया गया है।'' स्पष्ट ही यह मंतव्य नामवर सिंह की 'बुद्धि की मुक्तावस्था' वाली धारणा से ज्यादा व्यापक व व्यावहारिक है। वस्तुतः दिनकर के आलोचना की प्रविधि एक हद तक समाजशास्त्रीय है, जिसे एडमंड विल्सन ने 'समाज और राजनीति के अंतर्निहित संदर्भों में साहित्य की व्याख्या' कहा है। इस क्रम में 'मिट्टी की ओर' में संकलित 'इतिहास के दृष्टिकोण से' शीर्षक पहले निबन्ध को वस्तुतः बहुत हद तक दिनकर की आलोचना-दृष्टि की कुंजी के रूप में रेखांकित किया जा सकता है। कारण यह कि अपवाद स्वरूप कुछेक स्थापनाओं को छोड़कर प्रायः वे किसी कवि, कृति या काव्यांदोलन को इतिहास की धारा में रखकर देखने-दिखाने के आग्रही रहे हैं ओर इतिहास का बोध उनकी आलोचना में ठेठ इतिहास से लेकर साहित्येतिहास के बोध तक प्रसरित है। याद आते है एडवर्ड डब्लू.सईद, जिन्होंने हमेशा यही कहा है कि 'साहित्य का अध्ययन मूलतः ऐतिहासिक अनुशासन है।'

काव्यालोचन के प्रसंग में एक स्थान पर दिनकर ने लिखा है कि 'सुंदरता के बारे में तर्क जितना ही अधिक किया जाएगा, उसकी अनुभूति उतनी ही कम होगी।' ध्यातव्य है कि उनकी आलोचना में तर्कजाल बुनने के बजाय सर्जनात्मकता पर ज्यादा बल है। नतीजतन वह पाठक से उसी संवेदनशील चौकन्नेपन व सजगता की मांग करती है जिस सजगता से कोई रचना पढ़ी जाती है। यह स्थिति इसलिए भी अत्यन्त महत्त्वपूर्ण है, क्योंकि यह आलोचना को रचना से कमतर घोषित करने वाले लोगों के पूर्वग्रह पर चोट करती है। दिनकर खुले दिल से स्वीकार करते हैं कि रचना का अनुसरण करने के बावजूद आलोचना 'स्वयं स्वतंत्र साहित्य बन जाती है-स्वतंत्र इस अर्थ में कि कलाकार के व्यक्तित्व का विश्लेषण करते हुए वह भी एक प्रकार से जीवन की ही व्याख्या करती है।' वे उन स्वयंभू आलोचकों में से नहीं हैं जो आचार्य के आसन पर आरूढ़ होकर किसी रचना का मनमाना विशिष्ट (?) पाठ प्रस्तुत करते

हुए उसकी अनेकार्थता के उद्घाटक बने फिरते हैं। इसके विपरीत उनकी आलोचना में कृति की सामाजिक अस्मिता एवं सार्थकता तथा उसके रचनात्मक अभिप्राय एवं प्रभाव की पड़ताल करते हुए उसके सौन्दर्य व मर्म को चीन्हने की चाह है। आलोचना को लगभग पटवागीरी का पर्याय एवं जनसंपर्क का माध्यम समझने वाले हमारे जमाने के आंकड़ेबाज आलोचकों को दिनकर की विनम्रता से सबक लेना चाहिए जब वे कहते हैं कि– 'आलोचक बनकर प्रकट होने की न तो मुझे योग्यता है और न हिम्मत।' उनके निबंधों से गुजरते हुए हमें व्याख्यात्मक अंतर्दृष्टि के साथ-साथ उन अंध-बिंदुओं को खोजने में भी मदद मिलती है, जो उसकी अंतर्दृष्टि के साथ पैदा होती हैं। देरिदा से शब्द उधार लेकर कहें तो दिनकर की आलोचना किसी सूत्रबद्ध निष्कर्ष के बजाय एक ऐसी संवेदनशील पाठकीय 'कार्रवाई' है, जिसमें बने-बनाये व आरोपित उत्तरों को पाने की हड़बड़ी से बहुत हद तक बचने की गंभीर चेष्टा दिखाई पड़ती है।

दिनकर के आलोचना-कर्म का मकसद शास्त्र आलोचकों की पंक्ति में प्रतिष्ठित होने की महत्त्वाकांक्षा के बजाय सामान्य हिन्दी पाठकों के दिलोदिमाग को झकझोरकर उन्हें जगाना था और आम पाठकों में साहित्य के प्रति संवेदनशीलता जाग्रत करने का माध्यम आलोचना ही है। गौरतलब है कि सैद्धान्तिक रूप में आलोचना को साहित्य-विवेक पैदा करने का साधन तो सभी मानते हैं पर शास्त्र आचार्यों की एक सीमा यह है कि वे कई बार आलोचनात्मक विमर्श को साध्य मानकर तर्कजाल बुनना शुरूकर देते हैं। इनके विपरीत दिनकर ने मानव जीवन एवं कविता के रूप में इस जीवन की पुनर्रचना पर आलोचना को कभी हावी नहीं होने दिया। असल में व्याख्या उन्हें कला में अनुस्यूत मनुष्यता की सामाजिक-ऐतिहासिक यात्रा की करनी थी और ऐसा करते हुए वे रचनाओं में अंतर्निहित सौन्दर्यात्मक संवेदनशीलता को आम पाठकों तक पहुँचाना भी चाहते थे। याद आ सकती है

'सन्देशरासक' के कवि अद्धहमाण की एक काव्योक्ति, जिसमें कहा गया है कि "बुद्धिमान तो इस काव्य में मन नहीं लगाएँगे, और अबुध (मूर्ख) का काव्य में प्रवेश कैसा? अर्थात वह उसमें आनंद कैसे लेगा? हाँ, वस्तुतः मेरा काव्य उन साधारण जनों के लिए है, जो न मूर्ख हैं और न पंडित" :

णहु रहइ बुहा कुकु वित्तरेसि
अब हत्तणि अब हइ णहु पबेसि।
जिण मुक्ख ण पंडिय मज्झयार,
तिइ मुरउ पढख्विउ सख्य वार।।

इस संदर्भ में इकबाल की कविता पर दिनकर की टिप्पणी का एक अंश द्रष्टव्य

है : ''इकबाल के गरजते हुए भावों का साथ उनकी कला ने किस सहजता से दिया है, इसका उदाहरण 'शिकवये खुदा' का वह अंश है जहाँ इकबाल इस्लाम की गत गरिमाओं की याद करते हैं और उनका रूदन कला से मिलकर कितना रंगीन हो सकता था, इसका उदाहरण 'तस्वीरे दर्द' की ये पंक्तियाँ हैं जिनमें उनके दिल की कचोट इन्द्रधनुष की सतरंगी साड़ी पहनकर सामने आई है।'' दिनकर ने अपने मंतव्य को स्पष्ट करने के लिए इकबाल की कविता 'बाँगे-दरा' से एक उदाहरण भी दिया है :

उठाये कुछ वरक लाले ने, कुछ नरगिस ने, कुछ गुल ने,
चमन में हर तरफ बिखरी हुई है दास्ताँ मेरी।

*　　　*　　　*

टपक अय शमआ , आँसू बन के परवानों की आँखों से,
सरापा-दर्द हूँ, हसरत-भरी है दास्ताँ मेरी।

*　　　*　　　*

जलाना है मुझे हर शम-ए-दिल को सोजे-पिनहाँ से,
तेरी तारीक रातों को चिरागाँ करके छोड़ूँगा।
पिरोना एक ही तसबीह में इन बिखरे दानों को,
जो मुश्किल है तो इस मुश्किल को आसाँ करके छोड़ूँगा।

'भाषा और भाव, जब दोनों एक दूसरे से मिलने के लिए बेकरार होते हैं तभी साहित्य में ऐसी अनमोल पंक्तियाँ लिखी जाती हैं। कलावादी की राय में यह कला का चमत्कार समझा जाएगा और विषयवादी कहेंगे कि इसमें भाव की तीव्रता का चमत्कार है। परंतु, सच्चाई यह है कि जब तक भाव और भाषा का भली-भाँति मेल नहीं हो जाय, तब तक काव्य में वह चमत्कार नहीं आता जिसे देखकर रसिक मग्न और आलोचक मूक हो जाते हैं।'

दिनकर की ऊपर उद्धृत पंक्तियों से गुजरते हुए साहित्य के किसी भी सहृदय पाठक को यह एहसास हुए बगैर नहीं रह सकता कि कैसे श्रेष्ठ आलोचना केवल आलोचक के मानस व बौद्धिकता की उपज न होकर पूर्वसंरचित भाव की अंतदृष्टिपूर्ण पुनरूसंरचना हुआ करती है। नाटक के संदर्भ में इसे ही भरतमुनि ने 'भावानुकीर्तन' कहा है और इसी बात को अपने ढंग से आगे बढ़ाते हुए आनंदवर्धन कहते हैं : 'सरस्वतयैवेषां घटयति यथेच्छं भगवती।' मौजूदा संदर्भ में यह सरस्वती या प्रतिभा दिनकर द्वारा परंपरा, सामाजिक संस्थानों एवं सांस्कृतिक अन्तर्धाराओं से प्राप्त 'संवेदनात्मक ज्ञान' व 'ज्ञानात्मक संवेदन' के आभ्यन्तीकरण से उत्पन्न वह आलोचकीय विवेक है जो पाठ को केवल 'डिकंस्ट्रक्ट' (विखण्डित) करने के बजाय

अपनी भावयित्री प्रतिभा एवं 'पर्युत्सुकीभवन' (कला से प्राप्त बोध) की अपार क्षमता के बल पर 'रिकंस्ट्रक्ट' (नवरचित) करने में समर्थ है।

गौरतलब है कि कविता की आलोचना के सैद्धान्तिक पक्ष पर विचार करने के क्रम में दिनकर 'नई समीक्षा' के उस आग्रह को पूरी तरह खारिज करने से नहीं हिचकते जिसके तहत यह कहा गया था कि साहित्य की परीक्षा ऐतिहासिक प्रक्रिया के आधार पर मत करो, क्योंकि साहित्य की जो अपनी विशेषता है वह साहित्येतर ज्ञान के द्वारा परखी नहीं जा सकती। रेनेवेलेक की यह बात उनके शब्दों में "बिल्कुल सही नहीं हैय क्योंकि साहित्य न तो ऐसी कला है जो समय, परिस्थिति ओर समाज के प्रभावों से मुक्त हो और न कवि ही ऐसा प्राणी होता है जिस पर शिक्षा-दीक्षा और संस्कार का असर नहीं पड़ता हो।" बावजूद इसके, उन्हें इस बात का गहरा एहसास है कि– "विचारों और उपदेशों के लिए ही कविता का उपयोग करना एक भयंकर प्रयोग है।... कविता के भाव,आवेग और विचार तथा उसके चित्रण और निर्माण की समस्त प्रक्रिया को कल्पना के भीतर से उठना चाहिए अथवा यदि उसका आरंभ बाहर से होता हो तब भी उसकी परिणति कल्पना में ही की जानी चाहिए।" प्रसंगवश ज्ञातव्य है कि दिनकर ने काव्यालोचन के संदर्भ में श्रीअरविंद की 'भविष्य की कविता' (The Future Poetry) शीर्षक से 'आर्य' पत्रिका में प्रकाशित लेख-माला के महत्त्व को विशेष रूप में रेखांकित किया है। वे लिखते हैं : "जहाँ तक मेरी पहुँच है, मैंने काव्यालोचना के इससे अधिक प्रकाशमान रूप और कहीं नहीं देखे और जब मैं यह कहता हूँ, तब उस उक्ति के घेरे में उन अनेक आलोचकों के नाम आ जाते हैं, जो प्राचीन अथवा नवीन आलोचनाओं के निर्माता कहे जाते हैं तथा जिनके विचारों के प्रकाश में कविता नई राह पकड़ती आई है और आलोचना के मानदंडों में परिवर्तन होता आया है।...जिस रूप में अरविंद भावी मनुष्य की कल्पना करते हैं, उसी के अनुरूप कल्पना से उन्होंने भावी काव्य को भी मंडित किया है।" संभवतः श्रीअरविंद की उपर्युक्त धारणा के आत्यंतिक प्रभाव के चलते उनके अंग्रेजी में रचित 'सावित्री' नामक महाकाव्य की उदात्तता पर रीझकर दिनकर उसे कबीर, रवीन्द्र और इकबाल की कविता से बहुत आगे की कविता के रूप में रेखांकित करते हैं।

प्रो. मैनेजर पाण्डेय ने दिनकर के छायावाद-विषयक मूल्यांकन को अत्यन्त महत्त्वपूर्ण धोषित किया है। दिनकर ने लिखा थाः "छायावाद हिन्दी में उद्दाम वैयक्तिकता का पहला विस्फोट था। केवल साहित्य की शैली ही नहीं, समग्र जीवन की परंपराओं, रूढ़ियों, शास्त्र निर्धारित मर्यादाओं एवं मनुष्य की चिंता को सीमित करने वाली परिपाटियों के विरुद्ध जन्मे हुए एक व्यापक विद्रोह का परिणाम था तथा मनुष्य की दबी हुई स्वतंत्रता की भावना को प्रत्येक दिशा में उभारने वाला था

छायावाद।'' डॉ.पाण्डेय ने दिनकर की आलोचना-दृष्टि एवं उनकी ऐसी बहुत सारी महत्त्वपूर्ण स्थापनाओं पर नये ढंग से सोचने और विचार करने की जरुरत को रेखांकित करते हुए लिखा है कि ''छायावाद का जो मूल्यांकन दिनकर ने किया है वह सबसे पहले का है। तब न नामवर सिंह की 'छायावाद' मौजूद थी और न रामविलास जी की 'निराला की साहित्य-साधना' आई थी।...नामवरजी ने वर्षों बाद यही बात अपनी किताब में घुमा-फिराकर कही है।... दिनकर छायावाद को समग्र विद्रोह मानते हैं।... यह जो छायावाद का मूल्यांकन है, न तो नंददुलारे वाजपेयी के यहाँ है और न शान्तिप्रिय द्विवेदी के यहाँ, न नामवर सिंह के यहाँ और न रामविलास शर्मा के यहाँ। उन्होंने छायावाद की केवल इस बात के लिए आलोचना जरूर की कि उसमें जीवन की समस्याओं का सीधा साक्षात्कार नहीं है। यह तो रामचन्द्र शुक्ल भी कहते हैं।''

जाहिर है कि दिनकरजी ने 'पन्त, प्रसाद और मैथिलीशरण' पुस्तक में जयशंकर प्रसाद की– 'ले चल मुझे भुलावा देकर मेरे नाविक धीरे-धीर'– जैसी काव्यपंक्ति के मद्देनजर छायावाद पर प्रायः लगाये जानेवाले पलायनवाद के आरोप को खारिज करने के क्रम में गालिब को उद्धृत किया है– 'रहिए अब ऐसी जगह चलकर जहाँ कोई न हो।' वस्तुतः दिनकर छायावाद को रहस्यवाद सिद्ध करने की कोशिश को छायावाद के साथ एक आलोचकीय ज्यादती के रूप में रेखांकित करते हुए कहते हैं कि छायावाद में इस समाज की समस्याओं से किनाराकशी करने की जो चेतना और चिंता है उसे भारतीय कविता की परंपरा में रखकर देखा जाना चाहिए, जिसमें गालिब पहले हैं, प्रसाद बाद में।

मैनेजर पाण्डेय 'रीतिकाल' के संदर्भ में दिनकर के मूल्यांकन में विद्यमान उस तेजस्विता को चीन्हने पर भी बल देते है जिसके तहत घनानंद को अनेक अर्थों में रीतिकाल के बजाय छायावाद का कवि माना गया है। प्रसंगात् डॉ. पाण्डेय लिखते हैं : ''यह कहने की हिम्मत और तत्परता उस जमाने की किसी आलोचना में नहीं है। अगर आप रामचंद्र शुक्ल के विचारों से मिलाकर देखिए तो शुक्लजी ने छायावाद की कविता से धनानंद की कविता की समानता की चर्चा अनेक स्तरों पर की है।''

'मिट्टी की ओर' में 'छायावाद' को हिन्दी कविता के इतिहास में 'उद्दाम वैयक्तिकता का प्रथम विस्फोट' बताने वाले दिनकर 'चक्रवाल' की भूमिका में लिखते हैं : 'यह आन्दोलन विचित्र जादूगर बनकर आया था। जिधर को भी इसने एक मुट्ठी गुलाल फेंक दी, उधर का क्षितिज लाल हो गया।' दिलचस्प बात यह है कि एक जमाने में छायावाद को पुंसत्वहीन कहने वाले दिनकर के व्यक्तितत्त्व में रोमैंटिसिज्म के तत्त्व भरपूर मात्रा में विद्यमान थे। इसमें व्यक्ति की चेतना और

उसकी केंद्रीयता खास तौर से उल्लेखनीय है। रोमांटिक व्यक्ति प्रायः विद्रोही भी होता है। परंतु 'विद्रोह' क्रांति से भिन्न चीज है। आल्बेयर कामू ने विद्रोह और क्रांति में फर्क करते हुए अपनी पुस्तक 'द रिबेल' में स्पष्ट लिखा है : '*Rebellion is by nature, limited in scope - rebellion is always that of fruitless struggle with facts. But a revolution is an attempt of ideas to fit the world into a theoretic frame.*'

अपनी विद्रोही प्रवृत्ति की वजह से ही दिनकर परंपरा को महत्त्व देने के बावजूद जीवन एवं लेखन में बहुत दूर तक रूढ़ि के शिकार नहीं हुए। परंपरा और विद्रोह, दोनों को ही जीवन के आवश्यक अंग के रूप में स्वीकार करते हुए उन्होंने लिखा है : 'परंपरा पानी को गहरा बनाती है, विद्रोह उसे चौड़ाई में ले जाता है। कल जो विद्रोह था, वह आज की परंपरा है। आज जो विद्रोह है, कल वह परंपरा का रूप लेगा।' संभवतः इसी मानसिकता के चलते उनकी आलोचना में यदि एक ओर समकालीनता की रूढ़ियों से मुक्त होकर परंपरा का मूल्यांकन करने की प्रवृत्ति है तो दूसरी ओर अपने समय की सर्जना के डायलेक्टिक्स को पकड़ने की बेचौनी भी। रवीन्द्रनाथ ठाकुर से लेकर गिरिजाकुमार माथुर तक की कविता पर लिखी उनकी आलोचना इस बात का प्रमाण है। सच तो यह है कि दिनकर के रचना-संसार के बारे में छलांग लगाकर एकतरफा किसी नतीजे पर पहुंचने के बजाय हमें अन्तःसाक्ष्य पर ज्यादा भरोसा करना चाहिए। इस संदर्भ में उनकी तीन काव्य-कृतियाँ – 'कोयला और कवित्व', 'नयी और पुरानी कविताएँ' और 'हारे को हरिनाम' तथा भारतीय ज्ञानपीठ द्वारा आयोजित पुरस्कार ग्रहण समारोह में उनका वक्तव्य ('संचयिता' में संकलित) बहुत महत्त्वपूर्ण है। अपने वक्तव्य में उन्होंने कहा था कि 'नयी कविता' का अदृश्य आरंभ 'नील कुसुम' से हुआ था और 'हारे को हरिनाम' में इसे दृश्य रूप में देखा जा सकता है। दिनकर का यह भी कहना था कि कविता उसमें डूब जाने की चीज है। वह सीढियाँ नहीं छलांगों की तरह होती है।

मैथिलीशरण गुप्त को पुनरूत्थान के कवि के रूप में स्थापित करने वाले दिनकर को 'साकेत' में भारत की राष्ट्रीयता एवं स्वाधीनता संग्राम, दोनों की स्पष्ट पद-चाप सुनाई पड़ती है। इस क्रम में वे मनुष्य के पारिवारिक एवं सामाजिक जीवन में निवृत्ति के बजाय प्रवृत्ति की महिमा प्रतिपादित करते हुए नारी-भावना की अभिव्यक्ति के मद्देनजर कवि-दृष्टि के विकास को रेखांकित करते हैं। उन्होंने अपने इतिहास-विवेक से इस विकास के परिवेशगत कारणों का जिक्र करते हुए राष्ट्रीय जीवन में उन दिनों बह रही 'पुनरूत्थान की बयार' का उल्लेख किया है : "पुराने समय में नारियाँ सारे संसार में दबाकर रखी गयी थीं, प्रत्युत्, कहना चाहिए कि भारत

में कुछ अधिक ही दबी हुई थीं।...नारियों की अवज्ञा सिखानेवाली इस कुत्सित परंपरा का मूल भारतवर्ष में पुनरूत्थान ने हिलाया।...भारतवासियों के नारी-विषयक दृष्टिकोण में परिवर्तन कैसे-कैसे आया, यह बात पिछले सौ वर्षों की हिन्दी-कविता के अवलोकन से स्पष्ट समझ में आती है। हमारी पहली प्रतिक्रिया रीति-कालीन कवियों की नारी-भावना के विरूद्ध उठी, क्योंकि उन्होंने नारी को केवल काम- क्रीड़ा का साधन समझा था। और इसमें कोई संदेह नहीं कि नारी को केवल कामिनी मानने से बढ़कर उसकी और कोई निन्दा नहीं हो सकती। उसके बाद दूसरा परिवर्तन यह आया कि साहित्य में नारियों के वे रूप चित्रित किये जाने लगे जो सती-साध्वी, वीरा, बलिदानी और त्यागमयी नारियों के रूप थे। इसके साथ ही साहित्य में यह विलाप भी सुनायी पड़ने लगा कि भारत के पुरूषों ने ही नारियों को अशिक्षित, अपाहिज और पंगु बना रखा है। नारी नर की समकक्षिणी एवं उसका पूरक अंश है, यह अनुभूति ठीक उसके बाद ही उत्पन्न होने लगी।... छायावाद के आते-आते हिन्दी में यह भावना जग पड़ी कि नारी नर से श्रेष्ठ है...पुनरूत्थान की प्रेरणा से चालित होकर कवि ने उर्मिला को सहानुभूति दी तथा उसके व्यक्तित्व को जगाने एवं सँवारने का प्रयास किया।. ..उर्मिला को लेकर कवि ने इस प्रश्न पर सोचना आरंभ किया...उसकी पूर्ण परिणति यशोधरा में हुई है।''

कविता में भाव और भाषा के बीच जिस 'परस्परस्पर्धि समभाव' की जरूरत पर आचार्य कुंतक ने बल दिया है, उसे कसौटी के तौर पर इस्तेमाल करते हुए जब दिनकर गुप्तजी की 'द्वापर' कृति की प्रशंसा एवं प्रसाद की 'कामायनी' की कटु आलोचना करते हैं तो आश्चर्य होता है। 'विचारक कवि पन्त' निबन्ध में उन्होंने लिखा है : ''भाषा की शक्ति वहीं प्रशंसनीय नहीं होती जहाँ सब कुछ सुस्पष्टता के साथ वर्णित हो जाता है। भाषा जब अरूप चिंतन को लिबास पहनाने में पसीने-पसीने होने लगती है, उसका सौन्दर्य वास्तव में वहीं देखते बनता है।'' सवाल उठना स्वभाविक है कि कविता में भाव एवं भाषा को लेकर जो स्थिति गुप्तजी एवं पंत के काव्य के प्रसंग में 'परस्परस्पर्धि' है, वही 'कामायनी' के संदर्भ में स्खलन कैसे है। संभवतः इसकी वजह साहित्येतर है। दिनकरजी के 'कामायनी' पर लिखे निबन्ध के पीछे छिपी नीयत के मद्देनजर निरालाजी की आलोचक आचार्य रामचन्द्र शुक्ल पर की गयी एक टिप्पणी की बरबस याद आती है : 'ऐसे दुर्वासा समालोचक कभी भी किसी कृति-शकुन्तला का कुछ बिगाड़ नहीं सके, अपने शाप से उसे और चमका दिया है।' (चाबुक, पृ.40) इसी प्रकार अपने जमाने की तथाकथित आलोचना में प्रचलित 'किटकिटाइ गरजा अरु धावा...' वाले अंदाज से क्षुब्ध होकर ही संभवतः मुक्तिबोध ने 'एक साहित्यिक की डायरी' में आलोचक को 'साहित्य का दारोगा'

कहा होगा। हमारे समय की आलोचना में व्याप्त इस 'दरोगइ' का मखौल उडाती हुई कात्यायनी कहती हैं :

आलोचक ने हुनर बताया / कविता की तरकीब सिखाई
खूब लगन से सीखी सबने / रेशम की बारीक कताई

× × ×

आलोचक ने धौल जमाई / अपनी पारी में कविता की
मैंने ये पंक्तियाँ सुनाईं :
'हाहाकार मचाकर बंदर / कूद पड़ा लंका के अंदर।'

बावजूद इसके, सच का एक दूसरा पहलू, बकौल डॉ. नंदकिशोर नवल, वह भी है जहाँ 'आलोचना को संकीर्ण ही नहीं, भ्रष्ट बनाने के लिए' कई रचनाकारों में 'कुछ भी उठा न रखा है।' ''ये रचनाकार चाहते हैं कि संपूर्ण आलोचना का विषय उन्ही को बनाया जाये और वह भी अनालोचनात्मक, यानी प्रसंशात्मक ढंग से।... रचनाकार तो अपने से बाहर कुछ देखना ही नहीं चाहते।... वे उस आलोचना को छूते भी नहीं है, जिसमें कहीं उनका जिक्र नहीं हुआ है।'' (सापेक्ष-50, पृ.353) कुल मिलाकर कहा जा सकता है कि कई रचनाकारों एवं आलोचकों के बीच घटिया साँठ-गाँठ और तनातनी के चलते साहित्यिक परिदृश्य पर स्थिति आज लगातार जटिल से जटिलतर होती चली जा रही है, जिस पर उंगली उठाते हुए नागार्जुन ने अपने सात्विक आक्रोश में विनोद-वृत्ति को घुलाकर बहुत पहले ही लिखा था:

कलाकार ने फिर-फिर सोचारू
अगर कीर्ति का फल चखना है
आलोचक को खुश रखना है।
आलोचक ने फिर-फिर सोचारू
अगर कीर्ति का फल चखना है
कवियों को नाथे रखना है।

जाहिर है कि दिनकरजी को ऐसे आत्यन्तिक लाभ-लोभ के व्याकरण से हमेशा परिचालित चालबाज व 'अरोचकी' आलोचकों से नितान्त भिन्न ही नहीं, बल्कि बहुत हद तक विपरीत एक 'तत्वाभिनिवेशी' आलोचक कहा जा सकता है। यह सही है कि 'कामायनी दोषरहित दूषणसहित' निबन्ध में वे कई बार पूर्वाग्रह की सीमा लांघकर दुराग्रही दिखाई देते हैं। पर उनके इसी निबन्ध में अनुस्यूत वह धारणा सिरे से खारिज नहीं की जा सकती कि ''कविता का अंतिम विश्लेषण उसमें प्रयुक्त भाषा का विश्लेषण हैय कविता का चरम सौंदर्य उसमें प्रयुक्त भाषा की सफाई का सौंदर्य

होता है।'' ज्ञातव्य है कि फ्लोबेयर ने भी शैली की जिन तीन विशेषताओं का उल्लेख किया है उनमें पहली, दूसरी और तीसरी विशेषतायें हैं– स्पष्टता, स्पष्टता और स्पष्टता। चूँकि 'कामायनी' में प्रसाद की काव्यभाषा कई बार दिनकर को काव्यानुभूति की व्यापकता और गहराई को समुचित और पारदर्शी अभिव्यक्ति प्रदान करने में असमर्थ प्रतीत हुई, इसलिए उन्होंने उसकी भाषा की कटु आलोचना की और पर्याप्त अपयश भी अर्जित किया। किन्तु, ध्यातव्य है कि दिनकर के अलावा हिन्दी के कई समर्थ कहे जाने वाले आलोचकों को भी 'कामायनी' में आए बिंबों की तुलना में इसकी भाषिक संरचना 'मुरझाये हुए रूपकों का कोश'-सा प्रतीत होती रही है।

प्रसंगवश खुद दिनकर द्वारा एक भिन्न सन्दर्भ में दिये गये वक्तव्य से गुजरना 7होगाः ''पुस्तकें जब प्रकाशित होती हैं, तब आलोचक उनके बखिये उघारते हैं और कवि को यह सुझाया करते हैं कि उसकी रचना में त्रुटियां कहाँ-कहाँ पर हैं। मगर आलोचनाओं को देखकर किसी कवि ने अपनी वही पुस्तक फिर से लिखी हो, इसका दृष्टांत मैने नहीं देखा है।'' दिनकरजी की ऊपर उद्धृत टिप्पणी से गुजरते हुए अनायास किन्ही 'महाकवि' नामधारी रीतिकालीन कवि की एक पंक्ति की याद हो आती है :

'सोने को रंग कसौटी लगै पै कसौटी को रंग लगै नहिं सोने।'

बावजूद इसके, छायावाद एवं खास तौर से ष्कामायनी' के हर गंभीर अध्येता को 'कामायनी दोषरहित, दूषणसहित' निबन्ध कम-से-कम एक बार अवश्य पढ़ने का कष्ट उठाना ही चाहिए। वस्तुतः इस निबन्ध के पूर्वार्द्ध के साथ-साथ रवीन्द्रनाथ, इकबाल, श्रीअरविन्द, माखनलाल चतुर्वेदी, मैथिलीशरण गुप्त और पंतजी पर दिनकर के आलोचनात्मक निबन्ध उन्हें राजशेखर कथित सहस्त्रों के बीच कोई एक 'तत्वाभिनिवेशी' मर्मज्ञ सचेतस-सहृदय सिद्ध करने के लिए पर्याप्त हैं :

शब्दानां विविनक्ति गुम्फनविधीनामोदते सूक्तिभिः
सान्द्रं लेहि रसामृतं, विचिनुते तात्पर्यमुद्रां च यः।
पुण्यैः सङ्घटते विवेक्तृ-विरहादन्तर्मुखं ताम्यतां
केषामेव कदाचिदेव सुधियां काव्य-श्रमज्ञोजनः।।

('किसी कवि को बड़े पुण्य प्रभाव से काव्यरचना के परिश्रम को समझनेवाला ऐसा विद्वान-आलोचक व्यक्ति प्राप्त होता है, जो शब्दों की रचना-विधि का भली-भाँति विवेचन करता है, सूक्तियों – अनोखी सूझों से आह्लादित होता है, काव्य के सघन रसामृत का पान करता है और रचना के गूढ़ तात्पर्य को ढूँढ़ निकालता है।' – नामवर सिंह द्वारा किया गया भावार्थ, आलोचना, जनवरी-मार्च 2008, पृ.128)

छायावादी कविता की भाषा में निहित वैयक्तिक्ता के अति-संस्कार पर आलोचक दिनकर की टिप्पणी से जाहिर होता है कि वे बहसतलब मुद्दे को दृश्य

और भाव में रूपांतरित करने के लिये अद्भुत शब्द-बिंबों को निर्मित करने की कला में दक्ष हैं। 'मिट्टी की ओर' से भिन्न एवं एक हद तक विपरीत दृष्टिकोण अपनाते हुए आलोचना में सृजनशील चित्रात्मक गद्य लिखने के अभ्यस्त दिनकर 'चक्रवाल' की भूमिका में श्रेष्ठ कविता के लिए भाव, विचार एवं भाषिक सफाई के बजाय चित्र-भाषा के सार्वभौम महत्त्व की मीमांसा करते हैं : "चित्र कविता का एक मात्र शाश्वत गुण है।...जिस कविता के भीतर बनने वाले चित्र स्वच्छ या विभिन्न इन्द्रियों से स्पष्ट अनुभूत होने के योग्य होते हैं, वह कविता उतनी ही सुंदर होती है।" अपनी पुस्तक 'काव्य की भूमिका' में वे 'रीतिकाल का नया मूल्यांकन' प्रस्तुत करते हुए पद्माकर के प्रसंग में अपने मंतव्य को लगभग सैद्धान्तिक जामा पहनाने लगते हैं : 'कहानी में जो स्थान मनोविज्ञान का है, कविता में वही स्थान चित्र को दिया जाता है और यह ठीक भी है... जो ज्ञान चित्र में परिवर्तित नहीं किया जा सकता, वह कविता के लिए बोझ बन जाता है।' पद्माकर उन्हें श्रेष्ठ कवि इसलिए प्रतीत होते हैं, क्योंकि उनके 'हाथ में जो क़लम है वह विचार कम, चित्र अधिक उठाती है।'

पन्तजी की मान्यता थी कि 'कविता प्राणों का संगीत है और छन्द हृतकंपन।' 'मिट्टी की ओर' में छन्द को 'काव्य-कला का सहायक नहीं बल्कि स्वाभाविक मार्ग' घोषित करने वाले दिनकर ने आगे चलकर अपने मत को संशोधित करते हुए लिखा : "कविता साहित्य का निचोड़ है और छन्दों से बाहर निकलर वह अपने इस पद को और भी ऊँचा कर सकती है।" बावजूद इसके, उनको इस बात का गहरा बोध था कि "मुक्त छन्द लिखना उतना आसान नहीं है, जितना वह समझा जा रहा है। जो आदमी छन्द के अनुशासन से भी कठिन अनुशासन में चलने में असमर्थ है, उसे मुक्तछन्द की ओर नहीं जाना चाहिए।" कहना न होगा कि कालान्तर अपने मत में आवश्यक संशोधन की प्रवृत्ति उनकी विकसनशीलता का ही साक्ष्य है।

एक जमाने में रूपवादियों से मिलती-जुलती शब्दावली में काव्यभाषा की चित्र-व्यंजना को महत्व देने वाले दिनकर ने आगे अपने समय में तथाकथित आधुनिकता के नाम पर कविता में रूपवादी रूझान के संभावित खतरे से रचनाकारों को अगाह किया हैः "किंतु अब भारत में वह आधुनिकता प्रवेश कर रही है, जो साहित्य को शैलीप्रधान बनाना चाहती है, जो कवियों को यह समझाना चाहती है कि उनका काम मनुष्य का सुधार करना नहीं, उसे चौंकाना है, उसकी चेतना को शॉक और धक्के देना है। यह आधुनिकता यूरोप में उत्पन्न हुई और वहाँ के बहुत बड़े-बड़े लेखक और कवि उसकी लपेट में आ गये। यूरोप में इसकी उत्पत्ति के कारण थे। किंतु भारत में वे कारण मौजूद नहीं हैं।"

मार्क्स ने आलोचना का आरंभ धर्म की आलोचना से माना है। इस दृष्टि से

विचारने पर दिनकर की आलोचना भी मूलगामी आलोचना सिद्ध होती है। महावीर, गौतम बुद्ध, गांधी, रवीन्द्रनाथ, इक बाल एवं श्रीअरविंद के दाय की पूरे मनोयोग से आलोचना करते हुए उन्होंन मध्यकालीनता, सांप्रदायिकता, वर्णाश्रम धर्म, आस्तिकता, रोमैंटिसिज्म, आधुनिकता एवं भारतीय भाषाओं की समस्या आदि से संबंधित ज्वलंत प्रश्नों पर गंभीरता के साथ विचार किया है। मुक्तिबोध की शब्दावली उधार लेकर कहें तो दिनकर अपनी शक्ति एवं सीमा में हिन्दी आलोचना को 'सभ्यता-समीक्षा' की ऊँचाई पर ले जाने वाले पहले समर्थ कवि-आलोचक प्रतीत होते हैं। भक्तिकाव्य के रूप में सर्जनात्मक सांस्कृतिक विस्फोट पर 'मध्यकालीनता की स्याही पोतकर बिलकुल अनुपयोगी और त्याज्य' बतलाने वाले लोगों की खबर लेते हुए दिनकर लिखते हैं कि ऐसे लोग 'भारत का अकल्याण कर रहे हैं।...उनमें से अनेक कवियों के अनेक स्वप्न जीवित हैं...उन्हें हमें धरती पर उतारकर साकार बनाना है। इन स्वप्नों में सबसे बड़ा स्वप्न सांप्रदायिक एकता का स्वप्न है।' इसी प्रकार 'रोमैंटिसिज्म' एवं 'आस्तिकता' को आधुनिकता के प्रतिकूल घोषित करने वालों से सवालिया अंदाज में जिरह करते हुए दिनकर पूछते हैं कि ''रवीन्द्रनाथ आस्तिक भी थे और रोमांटिक भी। तो क्या हम कहेंगे कि वे मध्यकालीन थे? अगर वे मध्यकालीन थे, तो 'गोरा' लिखकर उन्होंने यह क्यों बताया कि संस्कार मनुष्य विरासत में नहीं पाता है, उसे वह अपने परिवेश से अर्जित करता है? और सत्यकाम की कथा लिखकर उन्होंने यह क्यों बताया कि सत्य का अधिकारी वह व्यक्ति भी हो सकता है, जिसके असली पिता का पता उसकी माता को भी नहीं है?''

नामवरजी ने अपने एक व्याख्यान में हाल में कहा है कि दिनकर को ष्साहित्य अकादमी का जो पुरस्कार मिला था वह किसी काव्य पुस्तक पर नहीं मिला था, कविता के नाम पर नहीं मिला था। वह पुरस्कार 'संस्कृति के चार अध्याय' पर मिला था जो काव्य कृति नहीं है। इत्तेफाक से जवाहरलाल नेहरू की उसमें भूमिका है। जवाहरलाल नेहरू उस समय साहित्य अकादमी के अध्यक्ष थे। इस प्रकार वह पुरस्कार एक प्रकार से दूषित ही हो गया था।'' (अनभै-19, जुलाई-सितंबर, 2008, पृ.7) कहना न होगा कि हमारे समय में विभिन्न साहित्यिक पुरस्कारों को देने-दिलाने के विचित्र खेल तथा हिन्दी पाठकों के बीच 'संस्कृति के चार अध्याय' की अपार लोकप्रियता के मद्देनजर आज तय कर पाना शायद बहुत मुश्किल नहीं है कि उनका यह वक्तव्य कितना यथार्थ पर आधारित है और कितना विभ्रम पैदा करने वाला। खुद दिनकर ने इस पुस्तक की भूमिका में लिखा है– ''मेरी स्थापनाओं से सनातनी दुखी हैं, और आर्यसमाजी तथा ब्राह्मसमाजी भी। उग्र हिंदुत्व के समर्थक तो इस ग्रंथ से काफी नाराज है। नाराजगी का एक पत्र मुझे, अभी हाल में, एक मुस्लिम विद्वान

ने भी लिखा है। ये सब अप्रिय बातें हैं। नाराज मैं किसी को भी नहीं करना चाहता। ...मेरा यह विश्वास है कि यद्यपि, मेरी कुछ मान्यताएँ गलत साबित हो सकती हैं, लेकिन, इस ग्रंथ को उपयोगी मानने वाले लोग दिनोंदिन अधिक होते जायेंगे।'' प्रसंगवश याद आते हैं भारतीय उपमहाद्वीप के प्रमुख कवियों में से एक डॉ. सैयद मुहम्मद इकबाल, जिनको भी अपने जमाने में गलतफहमियों का दंश झेलने के चलते कहना पड़ा था:

'जाहिदे-तंग नजर ने मुझे काफिर जाना
औ' काफिर ये समझता है मुसल्माँ हूँ मैं
देख ऐ चश्मे-अदू, मुझको हिकारत से न देख
जिस पे कुदरत को भी है नाज वह इंसाँ हूँ मैं।'

प्रो. मैनेजर पाण्डेय ने दिनकरजी की इस 'गंभीर किताब' के बारे में सही लिखा है कि ''गुलशन नन्दा आदि के उपन्यासों को छोड़कर हिन्दी के लेखकों को यह सौभाग्य नहीं मिलता कि उनकी किताबें पंद्रह बार छपें। इस पुस्तक की लोकप्रियता हमें आकर्षित करती है। एक तरह से यह भारतीय संस्कृति का विश्वकोष है। संस्कृति के बनने, बदलने, बिगड़ने और फिर बनने की जटिल समग्र और द्वंद्वात्मक प्रक्रिया की पहचान है 'संस्कृति के चार अध्याय'।''

'दूसरी परम्परा की खोज' पुस्तक में नामवर सिंह ने अज्ञेय की 'स्मृतिलेखा' से एक बड़ा अनुच्छेद उद्धृत करके दिनकर की 'सामासिक संस्कृति' (Composite Culture) की अवधारणा को किसी सांस्कृतिक दृष्टि का उन्मेष न मानते हुए इसे कुल मिलाकर तद्युगीन सत्ताधारी वर्ग की सांस्कृतिक राजनीति के एक औजार के तौर पर देखा है। अज्ञेय ने लिखा था: ''काव्य की पड़ताल में तो दिनकर 'शुद्ध' काव्य की खोज में लगे थे, लेकिन संस्कृति की खोज में उनका आग्रह 'मिश्र संस्कृति' पर ही था– 'चार अध्याय' भारतीय संस्कृति की मिश्रता को ही उजागर करने का प्रयत्न है, उसकी संग्राहकता के नहीं। संस्कृति का चिंतन करनेवाले किसी भी विद्वान के सामने यह बात स्पष्ट होनी चाहिए कि संस्कृतियाँ प्रभाव ग्रहण करती हैं, अपने अनुभव को समृद्धतर बनाती हैं, लेकिन यह प्रक्रिया मिश्रण की नहीं है। संस्कार नाम ही इस बात को स्पष्ट कर देता है। यह मानना कठिन है कि संस्कृति की यह परिभाषा दिनकर की जानी हुई नहीं थीय उनका जीवन भी कहीं उस मिश्रता को स्वीकार करता नहीं जान पड़ता था, जिसकी वकालत उन्होंने की। तब क्या यह सन्देह संगत नहीं कि उनकी अवधारणा एक वकालत ही थी, दृष्टि का उन्मेष नहीं? और अगर वकालत ही थी तो जिसके मुवक्किल क्या समकालीन राजनीति का एक पक्ष ही नहीं था, जिसके सांस्कृतिक कर्णधार स्वयं भी मिश्रता का सिद्धान्त नहीं

मानते थे, लेकिन अपनी स्थिति दृढ़तर बनाने के लिए उसे अपना रहे थे?''

इस संदर्भ में हजारी प्रसाद द्विवेदी के चिंतन के वैशिष्ट्य-निरूपण के बहाने नामवरजी ने दिनकर की अवधारणा पर कड़ी चोट की हैः ''अब तो भारत की 'सामासिक संस्कृति' की दिन-रात माला जपने वाले बहुतेरे हो गये हैं। दिनकर जी ने तो 'संस्कृति के चार अध्याय' नाम से एक विशाल ग्रंथ ही लिख डाला... दिनकर की 'मिश्र संस्कृति' की एक राजनीति है...।'' अपने विवेचन के क्रम में आगे नामवरजी ने अज्ञेय को डॉ. गोविन्दचन्द्र पांडे के एक कथन का सहारा लेकर और अंततः गोविंदचन्द्र पांडे की अवधारणा को भी खारिज करते हुए लिखा है : ''यदि दिनकर की 'सामासिक संस्कृति' का संबंध राजनीति के एक पक्ष से है तो स्वयं अज्ञेय और गोविन्दचन्द्र पांडे की 'शुद्ध संस्कृति' का संबंध भी राजनीति के दूसरे पक्ष से जोड़ा जा सकता है।'' (दूसरी परम्परा की खोज, पृ.89)

मैनेजर पाण्डेय ने आचार्य हजारी प्रसाद द्विवेदी द्वारा भारतीय संस्कृति की सामासिकता को समझाने के लिए दिए गये एक दिलचस्प उदाहरण का जिक्र किया है : 'भारतीय संस्कृति एक हुक्के की तरह है। हुक्के की विशेषता यह है कि हुक्का दस-बारह वर्ष पुराना हो गया, उसका नरचा खराब हो गया तो नरचा बदल दिया जायेगा और हुक्का वही रहेगा। बीस-तीस वर्ष बाद चिलम खराब हो गयी तो चिलम बदल दी जायेगी। फिर भी हुक्का वही रहेगा। पचास-साठ वर्ष बाद उसके नीचे का हिस्सा बदल दिया जाएगा फिर भी हुक्का वही रहेगा। जैसे हुक्का होता है कि चीजें बदलती रहती है, फिर भी हुक्का वैसा रहता है, वैसे ही भारतीय संस्कृति में बहुत सारी चीजें जुड़ती हैं, आगे बढ़ती हैंय फिर भी भारतीय संस्कृति है। भारतीय संस्कृति लगभग गंगा की तरह है। गंगा जहाँ से निकलती है उसको आप ध्यान मे रखें समुद्र तक जाते-जाते उसमें पच्चीसों नदियाँ मिलती हैं। जब कोई नदी मिल जाती है तो मिलने के बाद वह स्वयं गंगा का हिस्सा हो जाती और वह नदी गंगा ही कहलाती है। इसलिए मैं तो कई बार संगम संस्कृति कहा करता हूँ।'' इस संदर्भ में अपना दो टूक निष्कर्ष प्रस्तुत करते हुए डॉ. पाण्डेय ने सही लिखा है कि ष्संगम संस्कृति का भी अर्थ वही है जो दिनकर 'सामासिक संस्कृति' मे कहना चाहते हैं।'(आजकलः अक्टूबर 2008, पृ.32)

प्रसंगात् खुद दिनकर ने कहा हैः 'पुस्तक लिखते-लिखते इस विषय में मेरी आस्था और भी बड़ गयी कि भारत की संस्कृति, आरम्भ से ही, सामासिक रही है। उत्तर-दक्षिण, पूर्व-पश्चिम, देश में जहाँ भी जो हिन्दू बसते हैं, उनकी संस्कृति एक है एवं भारत की प्रत्येक क्षेत्रिय विशेषता हमारी इसी सामासिक संस्कृति की विशेषता है। तब हिन्दू एवं मुसलमान हैं, जो देखने में अबभी दो लगते हैं, किन्तु, उनके बीच भी सांस्कृतिक एकता विद्यमान है, जो उनकी भिन्नता को कम करती है। दुर्भाग्य

की बात है कि हम इस एकता को पूर्ण रूप से समझने में असमर्थ रहे हैं। यह कार्य राजनीति नहीं, शिक्षा और साहित्य के द्वारा सम्पन्न किया जाना चाहिए।'

असल में 'सामासिक संस्कृति' की अवधारणा की पृष्ठभूमि में लगभग पांच हजार साल पुरानी कही जाने वाली हमारी सभ्यता और संस्कृति की गतिकी (Cultural Dynamics) पर दिनकरजी की वह अंतर्दृष्टि है, जिसका प्रकटीकरण रवीन्द्रनाथ ठाकुर की नीचे उद्धृत काव्यपंक्तियों में भी देखा जा सकता है :

'हेथा आर्य, हेथा अनार्य, हेथाय द्राविड़-चीन,
शक-हूण-दल, पाठान-मोगल एक देहे होलो लीन।'

बहरहाल, कहना यह है कि दिनकर की 'सामासिक संस्कृति' की अवधारणा भले ही स्वाधीन भारत की राजनीतिक जरूरत हो, किन्तु, बुनियादी तौर पर यह कोई राजनीतिक अवधारणा नहीं, बल्कि गद्य में रवीन्द्रनाथ की काव्य-दृष्टि के उन्मेष का वैचारिक प्रतिफलन है। उल्लेखनीय है कि दिनकरजी के लिए भारतीय संस्कृति केवल हिन्दू संस्कृति, हिन्दू संस्कृति केवल हिन्दू धर्म और हिन्दू धर्म केवल ब्राह्मण धर्म का पर्याय नहीं है। दूसरे शब्दों में, 'संस्कृति के चार अध्याय' ग्रंथ अपने सार तत्त्व में भारत की सांस्कृतिक बहुलता को समाहित किए हुए है।

दिनकर मूलतः एक कवि एवं मुख्य रूप से कविता के आलोचक हैं। किंतु, उनकी आलोचना हिन्दी में श्रेष्ठ गद्य का प्रतिमान भी है। उनके गद्य में विचार और व्याकरण के बीच संतुलन का उत्कर्ष उनकी सूक्तियों में देखा जा सकता है। 'सरस्वती की जवानी कविता और उसका बुढ़ापा दर्शन होता है', 'उगती सभ्यता के कवि भावनाशील और बुझती सभ्यता के कवि बुद्धि पीड़ित होते हैं', 'जातियां जब थकती हैं, तब उनका ध्यान रचना से हटकर आलोचना पर चला जाता है', 'आदर्श मनुष्य शरीर से दैत्य और मन से महात्मा होता है', 'बिना आत्मखंडन किए सत्य का सेवन चल नहीं सकता', 'प्रेम स्वतरूस्फूर्त भावना है और विवाह एक कठोर कर्तव्य', 'युद्ध राजनीति की उस अवस्था को कहते हैं, जब वह लोहू से लाल हो उठती है और शांति राजनीति का वह रूप है, जब वह कंठी माला और चंदन से विभूषित रहती है' – जैसी हजारों सूक्तियाँ उनकी गद्य कृतियों में भरी-पड़ी हैं। बावजूद इसके, दिनकर की आलोचना को सूक्ति-निर्भर कहना ज्यादती होगी। आचार्य रामचन्द्र शुक्ल ने काव्य और सूक्ति में भेद करते हुए लिखा है – 'जो उक्ति हृदय में कोई भाव जागरित कर दे या उसे प्रस्तुत वस्तु या तथ्य की मार्मिक भावना में लीन कर दे वह तो है काव्य। जो उक्ति केवल कथन के ढंग के अनूठेपन, रचनावैचित्र्य, चमत्कार, कवि के श्रम या निपुणता के विचार में ही प्रवृत्त करे, वह है सूक्ति।' उल्लेखनीय है कि कवि दिनकर के यहाँ भी ऐसी अनेकानेक सूक्तियाँ मौजूद है जो

काव्य के दायरे में बेहिचक स्वीकार्य हो सकती हैं। 'निरी बुद्धि की निर्मितियाँ निष्प्राण हुआ करती हैं,' 'वाणी का वर्चस्व रजत है किन्तु मौन कंचन है,' 'शान्ति नहीं तब तक जब तक सुख भाग न नर का सम हो' – जैसी अनेकानेक काव्य-पंक्तियाँ इसके प्रमाणस्वरुप उद्धृत की जा सकती है। उनका गद्य 'संस्कृत-फारसी प्रभाव से युक्त और संस्कृत-फारसी दबाव से मुक्त' है। सच तो यह है कि हिन्दी गद्य की ताकत का उन्हें पूरा एहसास था। इस संबंध में उन्होंने 'वट-पीपल' नामक पुस्तक में खुद अपने अनुभव के बारे में लिखा है : "हिन्दी गद्य के हजार, दो हजार पृष्ठ मैंने भी लिखे हैं और उन पृष्ठों में कहानियां नहीं लिखकर मैंने चिंतन किया है और यदा-कदा उन विषयों पर भी चिंतन किया है, जो अंतर्राष्ट्रीय चिंतन के विषय हैं, किंतु, मुझे कभी यह एहसास नहीं हुआ कि हिन्दी में अभिव्यंजना शक्ति का किंचित भी अभाव है अथवा यह कि जो विचार अंग्रेजी में आसानी से लिखे जा सकते हैं, वे विचार हिन्दी में सुगमता से नहीं लिखे जा सकते।"

इस संदर्भ में रैल्फ फॉक्स के एक मंतव्य को उद्धृत करना प्रासंगिक होगा कि "अभिव्यक्ति का सबसे बड़ा जखीरा हर जाति की लोक भाषा में मौजूद है। न ही इस भाषा को आज तक किसी ने मरते सुना है, यों संशोधन इसमें बराबर होता रहता है। आप यह बखूबी कह सकते हैं कि महानतम लेखकों के बारे में यह कहना कठिन होता है कि इन्होंने मुहावरेदार भाषा को सचमुछ गढ़ा है या मुहावरेदार भाषा का उपयोग मात्र किया है। फिर भी,...महानतम लेखकों ने मुख्यतः इसी लोकप्रिय, करीब-करीब मुहावरेदार भाषा को ही अपनाया है।" सच तो यह है कि दिनकर में चीजों को उनके असली नाम से पुकारने की कला कुदरती तौर पर मौजूद थी और इस कला की सिद्धि में उनकी भाषा का योग अप्रतिम है।

एक हद तक छायावादी भावबोध के आलोचक होने के बावजूद दिनकर के गद्य की प्रकृति छायावादियों के गद्य की काव्यात्मक प्रकृति से नितांत भिन्न है। उदाहरण के लिए दिनकर के किसी निबन्ध के बरक्स पन्त रचित 'पल्लव' की भूमिका को रखकर देखा जा सकता है, जिसे खुद दिनकर ने 'छायावाद का मेनिफेस्टो' कहा है, किंतु, जो आत्यन्तिक भावात्मक, अलंकृत व शिथिल गद्य है। इसके विपरीत दिनकर का गद्य न केवल सुलिखित, बल्कि धारदार, हँसमुख और जीवंत गद्य भी है और वहाँ यह जीवंतता लेखन में बोलचाल के लहजे के सार्थक व संतुलित इस्तेमाल से आयी है। दूसरे शब्दों में उनका गद्य केवल लेखन का गुलाम नहीं है। गुप्तजी के बारे में उन्होंने लिखा है कि "एक प्रकार से, खड़ी बोली की उँगली पकड़ कर उन्होंने उसे चलना सिखाया है।" सच तो यह है कि दिनकर तक आते-आते खड़ी बोली बहुत हद तक वयस्कता प्राप्त कर लेती है। दिनकर का गद्य अनुभूति के स्तर पर आदिम,

किंतु, संप्रेषण के स्तर पर आधुनिक है। रैल्फ फॉक्स के ही एक सुप्रसिद्ध निबन्ध का शीर्षक उधार लेकर कहे तो आज तथाकथित भूमण्डलीकरण और बाजारवाद के जमाने की हिन्दी में 'गद्य की विलुप्त कला' को देखते हुए दिनकर के आलोचना-साहित्य की भाषा अपनी ज़मीन से जुड़े हिन्दी गद्य का एक बेहतरीन नमूना है। दिनकर के गद्य में उनके खुले जीवट, अभिव्यक्ति की स्पष्टता और पारदर्शिता, मुहावरेदार भाषा, लेखन में बोलचाल के लहजे का इस्तेमाल एवं चीजों को सही नाम से पुकारने की उनकी कला के नमूने के तौर पर नीचे उद्धृत अनुच्छेद दृष्टव्य है। 'संस्कृति के चार अध्याय' को 'भारतीय एकता का सैनिक' के रूप में अभिहित करते हुए वे लिखते हैं : "यह महल साहित्य एवं दर्शन का है। इतिहास की हैसियत यहाँ किरायदार की है। किरायेदार का आदर तो मैं करता हूँ, किन्तु, महल पर उसे कब्जा देने की बात मैं नहीं सोच सकता। मैं कोई पेशेवर इतिहासकार नहीं हूँ। इतिहास की ओर मैं शौक से गया हूँ और शौक से ही मैं उसकी सामग्रियों का उपयोग भी करता हूँ। साहित्य की ताजगी और वेधकता जितनी शौकिया लेखन में होती है, उतनी पेशेवर में नहीं होती। कृति में प्राण उँड़ेलने का दृष्टान्त बराबर शौकिया लेखक ही देते हैं। थरथराहट, पुलक और प्रकंप, ये गुण शौकिया की रचना में होते हैं पेशेवर लेखक अपने पेशे के चक्कर में इस प्रकार महो रहते हैं कि क्रान्तिकारी विचारों को वे खुलकर खेलने नहीं देते।"

दिनकर के आलोचना साहित्य और सामाजिक-सांस्कृतिक चिंतन की जीवंत भाषा को देखते हुए नामवर सिंह के एक कथन की याद हो आती है : "सच्चे रचनाकार की तरह कृती-आलोचक की भाषा भी विशिष्ट होती है, और यह विशिष्टता केवल शब्दावली में ही नहीं, बल्कि उसके ष्स्वर' अथवा ष्तेवर' से भी साफ़ पहचानी जा सकती है।" (वाद विवाद संवाद, पृ.27) बावजूद इसके, यह सच है कि साहित्यशास्त्र की पारिभाषिकी से प्रयत्नपूर्वक बचने और अपने अनुभव के खुलेपन पर बहुत दूर तक निर्भरता की वजह से दिनकर की आलोचना की भाषा कभी-कभार आत्यंतिक रूप से भावाविष्ट हो जाने के कारण प्रभावाभिव्यंजक आलोचना की कमजोरियों का शिकार हो गयी है। फिर भी दिनकर के खुले जीवट के चलते उनकी आलोचना से शुक्लजी कथित किसी प्रकार के 'विचार-शैथिल्य और बुद्धि का आलस्य फैलने' का कोई खतरा पैदा होता प्रतीत नहीं होता। शुक्लजी की ही शब्दावली उधार लेकर कहें तो कवि-आलोचक दिनकर को इस सीमा तक 'हवाई होना' कभी गवारा नहीं रहा जिससे आलोचना में 'विचारशीलता का ह्रास' होने की संभावना उत्पन्न हो जाती है।

इन्द्रप्रस्थ भारती, 2009

लिखा हुआ बोलता-सा गद्य
(नामवर सिंह के गद्य का सौन्दर्यशास्त्र)

"गद्य की प्रत्येक इमारत में, प्रथमतः, विचार सीमेंट-चूने का काम करता है...यदि पाठक प्रतिरोध करता है तो उस समय जब विचार उसे हवा में तैरते प्रतीत होते है जो वस्तुतः कुछ नहीं पकड़ पाते...ऐसी कोई जीवित शैली नहीं है जिसमें शब्द और विचार की अनुकूलता का अभाव हो ...यथार्थवादी विचार के लिए, सीधे-सादे 'गद्य' विचार के लिए, एक सीधी-सादी यथार्थवादी शैली की दरकार होती है।...भाषण और अभिव्यक्ति की यह समृद्धि हमारे देश में अब पहले जैसी नहीं रही...हमारे आधुनिक लेखन का यह पीलापन और रक्तशून्यता बहुत कुछ इस तथ्य के कारण है कि कतिपय बुद्धिजीवियों ने अपने आप को नवजीवन के इस चिरंतन स्रोत से जानबूझकर...अलग कर लिया है।"

—राल्फ फॉक्सः 'उपन्यास और लोक जीवन', पृ.124

"मैं गद्य की संरचना और शक्ति से बहुत प्रभावित हूँ...लेकिन अच्छा, सुगठित और सोचता हुआ गद्य लिखना काफी कठिन है जो अब दुर्लभ भी होता जा रहा है। मैं ऐसा गद्य लिखने का स्वप्न ही देखता रहता हूँ।...दुर्भाग्य से ज़्यादातर लोग खराब गद्य लिखने के दुर्भाग्य से गुजर रहे हैं और उसे अच्छे गद्य के सौभाग्य की तरह प्रचारित करते हैं।"

—मंगलेश डबरालः 'कवि का अकेलापन', पृ.7

''आलोचना के सामने एक औ चुनौती हिन्दी आलोचना की भाषा है। जान-अनजाने ष्सामाजिक सरोकार' शब्द का प्रयोग खूब किया जा रहा है। तात्कालिकता का दबाव आलोचना के ऊपर साफ़ दिखाई देता है।"

—नामवर सिंह : 'सापेक्ष'— 50, पृ.11

आम तौर से हिन्दी में 'गद्य' की चर्चा नहीं होती है। कारण यह कि हमार

पाठ्यक्रम काव्यप्रधान है। कविता की परंपरा लगभग हजार साल पुरानी है, जबकि गद्य की परंपरा डेढ़ से दो सौ साल की है। दूसरे शब्दों में, कविता की उम्र ज्यादा है, गद्य की कम। उम्र के अलावा गुणवत्ता की दृष्टि से भी गद्य को प्रायः दोयम दर्जे का माना जाता है। किसी भाषा में यदि बीस लेखकों की सूची बनायी जाये, तो उनमें संभवतः पन्द्रह कवि होंगे, पाँच मुश्किल से गद्यकार होंगे। साहित्य की साहित्यिकता की दृष्टि से भी काव्य को विप्र माना जाता है। हालाँकि गद्य की अनेकानेक विधाएँ हैं और लोकप्रियता की दृष्टि से भी गद्य पर काम करना आसान (?) माना जाता है, पर गद्य शैली के बारे में यदि हिन्दी में किताबें खोजी जाएँ, तो उनकी संख्या न के बराबर होगी। अंग्रेजी में 'प्रोज ऑफ लाइफ' या 'पोएटिक्स ऑफ प्रोज' जैसी पुस्तकें मिलती हैं, पर हिन्दी में यह कल्पना भी नहीं की जा सकती कि कोई 'गद्य के काव्यशास्त्र' पर विचार कर सकता है। हिन्दी में किसी कहानीकार या उपन्यासकार के सौन्दर्यशास्त्र पर जो किताबें उपलब्ध हैं, उनमें उस लेखक के गद्य के सौन्दर्यशास्त्र की कहीं कोई चर्चा नहीं मिलती।

नामवर सिंह के गद्य के सौन्दर्यशास्त्र पर चर्चा के पूर्व एक ऐतिहासिक तथ्य की ओर ध्यान दिलाना जरूरी है कि भारत में छापाखाना के आरंभ से गद्य के आरंभ का कोई नाभिनाल संबंध नहीं है। जो लोग प्रिंटिंग प्रेस की शुरुआत से गद्य को जोड़कर देखते हैं वे जाने-अनजाने औपनिवेशिक जेह्नियत के शिकार हैं। वस्तुतः छापाखाना शुरू होने के बहुत पहले न केवल ब्रजभाषा या पुरानी राजस्थानी में, बल्कि संस्कृत, पालि, प्राकृत आदि भाषाओं में काफी मात्रा में गद्य मिलता है। 'वार्ता साहित्य' या राजस्थानी 'वचनिका' से बहुत पहले कहे गये बुद्ध के वचन गद्य में ही हैं।

एक और बात यह कि काव्य का संबंध वाचिक परंपरा से है और गद्य का लिखित परंपरा से है। बावजूद इसके, आम धारणा है कि हम जो बोलते हैं, वही गद्य है। 'गद्य की सत्ता' नामक पुस्तक में रामस्वरूप चतुर्वेदी की यही स्थापना है; "गद्य का संबंध बोलचाल से, और किसी रूप वक्तृता से है।" जबकि वास्तविकता बिल्कुल उल्टी है। 'द क्रिटिकल पाथ' नामक ग्रंथ में नार्थोप फ्राई ने साफ़ लिखा है कि हम जो बोलते हैं, वह कदापि गद्य नहीं होता। रिकॉर्ड करके यदि हमारी बातचीत को लिप्यन्तरित कर दिया जाए, तो उसका वाक्य-विन्यास गद्य कतई नहीं कहा जा सकता। वस्तुतः गद्य भी उतना ही बनावटी होता है, जितना कि काव्य। उसमें भी निर्मिति का बोध होता है। नार्थोप फ्राई ने लिखा है कि गद्य भी 'संडे क्लॉथ' में होता है। इसी प्रकार एजरा पाउण्ड ने जब कहा था कि 'कविता गद्य की तरह सुलिखित होना चाहिए,' तो प्रकारान्तर से वे 'गद्य की कला' को कविता के मुकाबले जटिल बता रहे थे, जाहिर है कि बिम्बवादी कविताएँ 'राइम' के बजाय 'रिद्म' को केन्द्र

में रखकर रचित तथा गद्य के समान सुलिखित हुआ करती हैं। सच तो यह है कि हमारे जमाने में भी अच्छी कविताएँ प्रायः वे ही कवि लिख रहे हैं, जो गद्य की कला में माहिर हैं। अच्छा कहानीकार, उपन्यासकार आदि होना एक बात है, पर अच्छा गद्यकार भी होना बिल्कुल भिन्न बात। इसीलिए अच्छे निबंधकार भी बहुत कम मिलते हैं। यह ठीक ही कहा है की गद्य यदि कवियों के लिए कसौटी है, तो निबन्ध गद्यकारों के लिए।

नामवर सिंह के गद्य में जो गठन व कसावट है, उसके प्रशिक्षण का श्रेय उन्होंन खुद अपने दो विद्वान शिक्षकों – मार्कण्डेय सिंह और आचार्य केशव प्रसाद मिश्र – को दिया है। (तद्भव, 3/9) साथ ही, हजारी प्रसाद द्विवेदी के गद्य को 'हिन्दी गद्य की दूसरी परंपरा' के रूप में अभिहित करते हुए नामवरजी ने लिखा है : ''बहुत बाद में जब मैं 'दूसरी परंपरा की खोज' पुस्तक लिखने के लिए क़लम उठाया, तो लगा कि क़लम जैसे अपने आप ही पंडित जी की रौ में चल पड़ी है। बोलचाल के विन्यास में छोटे सरल सहज वाक्यों वाला गद्य।...'कविता के नये प्रतिमान' में जो गद्य है, वह आचार्य शुक्ल और आचार्य केशव प्रसाद मिश्र के संस्कारों वाला गद्य है।'' (वही, पृ. 10)

कहना न होगा कि गद्य में गठन तथा कसावट के द्वारा वर्णन और अनुभव की तरलता के जिस सही अनुपात का ध्यान रखा जाता है, कविता उसे छंदों की मदद से साधती है। पर गद्य में छंद नहीं होता। वहाँ एक आन्तरिक लय होती है, जिसके लिए उसमें 'काईनेटिक' सिद्धांत अपनाया जाता है। इसके तहत वहाँ साँस के अनुसार छोटे-बड़े वाक्यों की रचना की जाती है। अर्थात् जिस बात को कहने में जितनी दूर तक साँस रहे, वाक्य उतना ही बड़ा होना चाहिए। इस सन्दर्भ में खुद नामवर सिंह का मानना है कि ''गद्य हो चाहे पद्य सभी में एक प्रकार से छंद होता है और वह छंद वाक्य की गति और यति में निहित रहता है। वाक्य की गति और यति से एक लय ध्वनित होती है और इस लय का तार वक्ता के हृदय में होता है। हृदय के स्पंदन से ही वाक्य की लय निर्धारित होती है।'' (छायावाद, पृ. 121) नामवर सिंह के गद्य में काइनेटिक सिद्धांत के विनियोग का एक उदाहरण द्रष्टव्य है, जिसकी अन्तर्वस्तु में निहित मानवीय संबंध की सघनता खासतौर से रेखांकनीय है :

''प्रिय काशी, यह होली की शाम है और मैं एकदम अकेला हूँ। कमरा बंद करके चुप बैठा हूँ। सिर्फ तुमसे बात करने को मन कर रहा है। आओ, पास बैठो।''

(पहल-34,पृ 83)

स्मरणीय है कि कविता लिखने के मुकाबले गद्य लिखने में ज्यादा मेहनत करनी पड़ती है। गद्य की एक कला होती है। यदि सावधानी से एक ही आदमी की कविता

और गद्य को मिलाकर देखें, तो कई बार पता चलेगा कि वही क़लम जो कविता में सावधान थी, गद्य-लेखन में लड़खड़ा गयी। पंत को 'शब्द-शिल्पी' कहा जाता है और स्पष्ट ही कविता में उनकी भाषा-क्षमता देखकर ताज्जुब होता है। पर जिस 'पल्लव' की भूमिका की बड़ी तारीफ की जाती है, वह अलंकृत और शिथिल गद्य है। वस्तुतः जो गद्य केवल लेखन का गुलाम हो जाता है, वह जीवंतता खो देता है। विचित्र विरोधाभास है कि गद्य का जन्म तो लेखन के साथ हुआ, पर वह अपनी सारी जीवंतता बोलचाल के लहजे से अर्जित करता है, दूसरे शब्दों में, गद्य का प्राण बोलचाल में बसता है। लिपि उसको धारण करती है। इसलिए यह कहना अयुक्तियुक्त न होगा कि लिपि गद्य की पार्वती है, पर गद्य का परमेश्वर बोलचाल का लहजा है। इस दृष्टि से गद्य द्विज है। उसका जन्म दो बार होता है।

गद्यकार नामवर सिंह की भी तमन्ना रही है कि उनका गद्य बोलता-सा लगे। उन्होंने स्वीकार किया हैय "मैं बोलने को लेकर भी उतना ही सावधान रहता हूँ। बोला हुआ भी यथावत लिखा जा सकता है। बशर्ते उसको लेकर सतर्कता हो। तमन्ना तो यही रहती है कि बोला हुआ लिखा-सा लगे और लिखा हुआ बोलता-सा।" (तद्भव, 3/10) इस संदर्भ में नामवर सिंह के गद्य का एक टुकड़ा द्रष्टव्य है : "सुना है, जैनेन्द्र जी के सामने एक बार किसी ने कहा अक्ल बड़ी कि भैंस? उन्होंने छूटते ही कहा—सवाल यह है कि किसकी अक्ल और किसकी भैंस? इसी तरह सवाल यह नहीं है कि आस्था बड़ी या अनास्था? सवाल यह है कि किसकी आस्था और किसकी अनास्था? साथ ही, किसमें आस्था और किसमें अनास्था?" (इतिहास और आलोचना, पृ 71)

काशी हिन्दू विश्वविद्यालय में बतौर अध्यापक कार्यरत नामवर जी की वक्तृत्व कला को याद करते हुए काशीनाथ सिंह ने लिखा है : "नामवर न डूबते थे न उड़ते थे – उन्होंने पानी को चीरते हुए ऐसा रास्ता निकाला जिसमें सर आकाश में रहे और धड़ पानी में। वे बीच-बीच में लहरों से खेलते भी थे और छपाके के साथ किलोल भी करते थे। इसी कला का विकास आगे उन्होंने अपने व्याख्यानों में किया – कठोर और ऊबड़खाबड़ धरती पर। ...उन्हें सुनना भोर के उजास में नागफनी के जंगल से गुजरने की तरह होता है। विषय साहित्य का हो या उससे अलग। वह वैसे ही धरती पर उगने, पनपने, और बढ़ने लगता है। अपने खुरदुरेपन के साथ काँटों, पत्तियों-फूलों समेत जैसे नागफनी। ऐसी राह से गुजरना अखरता इसलिए नहीं कि आपके साथ वह सहयात्री भी होता है जिसे खतरों की बेहतर जानकारी होती है...और भाषा पर ऐसा नियंत्रण कि क्या कहिए? क्या मजाल कि कोई शब्द या वाक्य या मुहावरा उनकी इच्छा के बिना अपनी मर्जी से टाक टूक कर चुपके से या जबरदस्ती घुस आने

की जुर्रत करे।'' (तद्भव , 2004)

बालमुकुन्द गुप्त का मानना था कि सरलता, स्वच्छता और संक्षिप्तता अच्छे गद्य की विशिष्टता है। साथ ही, वे श्रेष्ठ गद्य का बामुहावरा होना जरूरी मानते थे। स्मरणीय है कि भाषा में मुहावरा का मतलब बोलचाल की रवानी ही है, कहावत नहीं। खड़ी बोली हिन्दी आगरे में मँजी-सँवरी और सच्चाई है कि इसका गद्य पहले उर्दू में आया, जिसमें बोलचाल के लहजे का इस्तेमाल किया जाता था। इंशा अल्ला खाँ ने साफ़ तौर पर कहा था कि इसमें 'हिंदवी छुट और किसी बोली का पुट न मिले।' इसके अलावा उस जमाने के विद्वानों ने खड़ी बोली के गद्य को पंडिताऊपन और भाखापन, दोनों ही से बचाने की बात कही है। उस समय हिन्दी के लिए यदि पंडिताऊपन का मतलब संस्कृत से आत्यंतिक जुड़ाव था, तो उर्दू के लिए फारसी से। भाषा के बारे में नामवर सिंह कहते हैं : ''हालाँकि मैं भाषा को लकेर बहुत शद्धतावादी नहीं हूँ। भाषा खिचड़ी होती है, भाषा में तद्भव, तत्सम में जो करना है कीजिए। वैसे तद्भव में भी लोक में जो रूप चलता है, वही चलेगा, आपका तद्भव नहीं चलेगा।''('तद्भव', 3/11)

कहा जा चुका है कि 'गद्य' बोलचाल का 'सुलिखित' रूप है। चूँकि लेखन-क्रम में बोल-चाल वाले वाक्य-विन्यास को व्यवस्थित किया जाता है, इसलिए बोलचाल के लहजे में निहित-अन्तर्निहित जीवंतता की रक्षा के लिए भाषा गद्यकार से सृजनशीलता की अपेक्षा रखती है। नामवर सिंह के मुहावरेदार गद्य में सहजता तथा सृजनशीलता की साधना स्वस्थ चेहरे पर खून की चमक की तरह झलकती है। कवि केदारनाथ अग्रवाल को लिखे गये पत्र के कुछ टुकड़े द्रष्टव्य हैं :

1. ''प्रिय केदार भाई, कल रात अचानक रेडियो खोला, तो आपकी आवाज सुनाई पड़ी...बधाई दूँ की दौड़कर आपको गले लगा लूँ। युगों बाद आपकी आवाज कानों में पड़ी है और वह आवाज भी कैसी। जवान, स्वस्थ, खरे धातु के टुकड़ों की तरह कटी-छँटी ढली-ढलाई। काव्य शिल्प पर नई कविता के मास्टर भी निछावर हो जाएँ और काव्य-वस्तु में प्रगतिवाद अपनी नयी ज़िन्दगी देखे।...इस तरह की कितनी कविताएँ आप छिपाए बैठे हैं। सहसा यह 'जवानी' कहाँ से फूट पड़ी है? हम तो बेखबर थे।''
2. ''मेरे केदार भाई पत्र के साथ कविताएँ मिल गई। आपको अपना हाथ मिला, तो मुझे अपनी आँखें मिल गई।''(पहल-34, पृ 87)

केदारनाथ अग्रवाल की कविताओं की तारीफ करते हुए नामवर सिंह ने जिस 'खरे धातु की तरह कटी-छँटी ढली-ढलाई' विशेषता का उल्लेख किया है, वह वस्तुतः उनके गद्य की भी विशेषता है। इसे ही अशोक वाजपेयी ने 'विचार और व्याकरण

का संतुलन' कहा है। यह संतुलन जहाँ चरम पर होता है, वहाँ अनायास सूक्तियों की रचना होती है। 'लगातार घर बदलने से घर का एहसास जाता रहता है', 'स्मृतिहीन लोग जितने दयनीय होते हैं, स्मृतिजीवी उनसे कुछ ही कम दयनीय होते हैं,– जैसी सैकड़ों सूक्तियाँ उनके पत्रों में भरी-पड़ी हैं। बावजूद इसके उनका गद्य सूक्ति-निर्भर नहीं है। इस गद्य का नाभिकीय बिन्दु मानवीय संबंधों की गहनता है। दूरभाष और इलेक्ट्रोनिक मेल के युग में शायद ही ऐसा गद्य अब संभव हो। ऐसे में नामवर जी द्वारा यथास्थान बार-बार उद्धृत एक श्लोक के टुकड़े का स्मरण स्वाभाविक है– 'ते ही नो दिवसा गतः।'

कहा जा चुका है कि 'गद्य' बोलचाल का 'सुलिखित' रूप है। चूँकि लेखन-क्रम में बोल-चाल वाले वाक्य-विन्यास को व्यवस्थित किया जाता है, इसलिए बोलचाल के लहजे में निहित-अन्तर्निहित जीवंतता की रक्षा के लिए भाषा गद्यकार से सृजनशीलता की अपेक्षा रखती है। नामवर सिंह के मुहावरेदार गद्य में सहजता तथा सृजनशीलता की साधना स्वस्थ चेहरे पर खून की चमक की तरह झलकती है। कवि केदारनाथ अग्रवाल को लिखे गये पत्र के कुछ टुकड़े द्रष्टव्य हैं :

1. "प्रिय केदार भाई, कल रात अचानक रेडियो खोला, तो आपकी आवाज सुनाई पड़ी...बधाई दूँ की दौड़कर आपको गले लगा लूँ। युगों बाद आपकी आवाज कानों में पड़ी है और वह आवाज भी कैसी। जवान, स्वस्थ, खरे धातु के टुकड़ों की तरह कटी-छँटी ढली-ढलाई। काव्य शिल्प पर नई कविता के मास्टर भी निछावर हो जाएँ और काव्य-वस्तु में प्रगतिवाद अपनी नयी ज़िन्दगी देखे।...इस तरह की कितनी कविताएँ आप छिपाए बैठे हैं। सहसा यह 'जवानी' कहाँ से फूट पड़ी है? हम तो बेखबर थे।"
2. "मेरे केदार भाई पत्र के साथ कविताएँ मिल गई। आपको अपना हाथ मिला, तो मुझे अपनी आँखें मिल गई।" (पहल-34, पृ 87)

केदारनाथ अग्रवाल की कविताओं की तारीफ करते हुए नामवर सिंह ने जिस 'खरे धातु की तरह कटी-छँटी ढली-ढलाई' विशेषता का उल्लेख किया है, वह वस्तुतः उनके गद्य की भी विशेषता है। इसे ही अशोक वाजपेयी ने 'विचार और व्याकरण का संतुलन' कहा है। यह संतुलन जहाँ चरम पर होता है, वहाँ अनायास सूक्तियों की रचना होती है। 'लगातार घर बदलने से घर का एहसास जाता रहता है', 'स्मृतिहीन लोग जितने दयनीय होते हैं, स्मृतिजीवी उनसे कुछ ही कम दयनीय होते हैं,– जैसी सैकड़ों सूक्तियाँ उनके पत्रों में भरी-पड़ी हैं। बावजूद इसके उनका गद्य सूक्ति-निर्भर नहीं है। इस गद्य का नाभिकीय बिन्दु मानवीय संबंधों की गहनता है। दूरभाष और इलेक्ट्रोनिक मेल के युग में शायद ही ऐसा गद्य अब संभव हो। ऐसे

में नामवर जी द्वारा यथास्थान बार-बार उद्धृत एक श्लोक के टुकड़े का स्मरण स्वाभाविक है– 'ते ही नो दिवसा गतरू।'

कहा जा चुका है कि 'गद्य' बोलचाल का 'सुलिखित' रूप है। चूँकि लेखन-क्रम में बोल-चाल वाले वाक्य-विन्यास को व्यवस्थित किया जाता है, इसलिए बोलचाल के लहजे में निहित-अन्तर्निहित जीवंतता की रक्षा के लिए भाषा गद्यकार से सृजनशीलता की अपेक्षा रखती है। नामवर सिंह के मुहावरेदार गद्य में सहजता तथा सृजनशीलता की साधना स्वस्थ चेहरे पर खून की चमक की तरह झलकती है। कवि केदारनाथ अग्रवाल को लिखे गये पत्र के कुछ टुकड़े द्रष्टव्य हैं :

1. "प्रिय केदार भाई, कल रात अचानक रेडियो खोला, तो आपकी आवाज सुनाई पड़ी...बधाई दूँ की दौड़कर आपको गले लगा लूँ। युगों बाद आपकी आवाज कानों में पड़ी है और वह आवाज भी कैसी। जवान, स्वस्थ, खरे धातु के टुकड़ों की तरह कटी-छँटी ढली-ढलाई। काव्य शिल्प पर नई कविता के मास्टर भी निछावर हो जाएँ और काव्य-वस्तु में प्रगतिवाद अपनी नयी ज़िन्दगी देखे।...इस तरह की कितनी कविताएँ आप छिपाए बैठे हैं। सहसा यह 'जवानी' कहाँ से फूट पड़ी है? हम तो बेखबर थे।"
2. "मेरे केदार भाई पत्र के साथ कविताएँ मिल गई। आपको अपना हाथ मिला, तो मुझे अपनी आँखें मिल गई।"(पहल-34, पृ 87)

केदारनाथ अग्रवाल की कविताओं की तारीफ करते हुए नामवर सिंह ने जिस 'खरे धातु की तरह कटी-छँटी ढली-ढलाई' विशेषता का उल्लेख किया है, वह वस्तुतः उनके गद्य की भी विशेषता है। इसे ही अशोक वाजपेयी ने 'विचार और व्याकरण का संतुलन' कहा है। यह संतुलन जहाँ चरम पर होता है, वहाँ अनायास सूक्तियों की रचना होती है। 'लगातार घर बदलने से घर का एहसास जाता रहता है', 'स्मृतिहीन लोग जितने दयनीय होते हैं, स्मृतिजीवी उनसे कुछ ही कम दयनीय होते हैं– जैसी सैकड़ों सूक्तियाँ उनके पत्रों में भरी-पड़ी हैं। बावजूद इसके उनका गद्य सूक्ति-निर्भर नहीं है। इस गद्य का नाभिकीय बिन्दु मानवीय संबंधों की गहनता है। दूरभाष और इलेक्ट्रोनिक मेल के युग में शायद ही ऐसा गद्य अब संभव हो। ऐसे में नामवर जी द्वारा यथास्थान बार-बार उद्धृत एक श्लोक के टुकड़े का स्मरण स्वाभाविक है– 'ते ही नो दिवसा गत :।'

कहना न होगा कि हिन्दी में नामवर सिंह सरीखे उन आलोचकों को उँगली पर गिना जा सकता है जिनके गद्य में अपनी माटी की सोंधी गंध मिलती है। इसकी सबसे बड़ी वजह अपने जनपद की बोली से उनका रागात्मक सम्बन्ध है। इसका ठोस प्रमाण वहाँ देखा जा सकता है जहाँ वे त्रिलोचन की 'चंपा काले-काले अच्छर नहीं

चीन्हती' कविता की व्याख्या करते हुए अपनी यादाश्त पर ज़ोर डालकर कासी-कोसल में प्रचलित एक लोकगीत की पंक्तियाँ बेहिचक उद्धृत करते हैं :

रेलिया न बैरी, जहजिया न बैरी, पइसवा बैरी हो
सैयाँ के ले गै बिदेसवा इ पइसवा बैरी हो ।

रैल्फ फॉक्स ने लिखा है कि 'अच्छा गद्य लिखने की कला चीजों को उनके सही नाम से पुकारने की विलुप्त कला है। ...यह एक सत्य है, अडिग सत्य कि हमारे देश में अब भी ऐसी क्षमता रखने वाले लोग अदबदाकर मेहनतकश ही हैं क्योंकि वे जीवन के आवश्यक अनुभव तथा शब्दों के भण्डार से संपन्न हैं और उसमें वृद्धि करते रहते हैं।'

नामवर सिंह के गद्य के ऐसे अनेक टुकड़े उद्धृत किए जा सकते हैं जिनकी खूबी यह है कि वहाँ चीजों को उनके सही नाम से पुकारा गया है। उनके लिखने और बोलने के लहजे में हार्दिकता, अनुराग, वस्तुस्थिति की समझदारी के पुट के साथ ही उस आम अनुभूति या समझ के तत्त्व भी भरपूर मात्रा में विद्यमान हैं जो साहित्य के जनतंत्र में सक्रिय किसी प्रबुद्ध नागरिक के भीतर जिंदगी की सामान्य चीजों व तजुर्बे के साथ गहरे लगाव का परिचायक होता है ।

अशोक वाजपेयी ने लिखा है कि "बिना व्यस्क गद्य के सार्थक कविता संभव नहीं है जैसे कि बिना महत्त्वपूर्ण कविता की उपस्थिति के गद्य धारदार और संपेषणशील नहीं हो पाता।" हिन्दी रचनाशीलता के परम्परा के मद्देनजर यह वक्तव्य भले ही अर्द्धसत्य हो, पर नामवर सिंह के धारदार गद्य की जड़ें कहीं न कहीं उनकी काव्य-मर्मज्ञता में अवश्य निहित हैं। इसके अलावा लोकभाषा एवं लोकजीवन से गहरा जुड़ाव भी उनके ताजगी भरे गद्य के मूल में है। 'वाद विवाद संवाद' की भूमिका का एक अंश द्रष्टव्य है जो हिन्दी गद्य में हिन्दी की जुडवां बहन कही जाने वाली उर्दू के लहजे के सार्थक इस्तेमाल का नमूना है :

"आलोचना की वाचिक परंपरा के लिए मुझ पर तुहमत न लगाई गई होती, तो शायद मौखिक को लिखित रूप देने की यह जहमत भी न उठाता। सिंहवालोकन करने का समय तो शायद अभी नहीं आया है, फिर भी अपनी लिखने की ज़िन्दगी पर नजर दौड़ाता हूँ, तो यह सोचकर कृतज्ञता की अनुभूति होती है कि प्रकाशित करते रहने के लिए कभी न कोई बाहरी दबाव महसूस किया, न प्रलोभन। शिक्षक के पेशे में रहते हुए भी और साहित्य की दुनिया में दिन-पर-दिन बढ़ती हुई व्यावसायिकता के बीच। और यह बुरा न हुआ! साहित्य की धरती का कुछ भार कम ही हुआ।"

विराम चिन्हों का यथास्थान सटीक प्रयोग यहाँ काबिलेगौर है। यह ठीक ही कहा गया है कि लिखते समय विराम चिन्हों के प्रयोग की लगभग वही भूमिका होती

है, जो बोलते समय चेहरे पर भाव-भंगिमा की। इस वजह से नामवर सिंह का गद्य भी पाठक से 'वाचन की कला' (Art of reading) की अपेक्षा रखता है। दूसरी बात यह कि एक ही रौ में 'सिंहावलोकन' जैसे पुराने शब्द का प्रयोग, 'नजर दौड़ाता हूँ' और 'कृतज्ञता की अनुभूति' का इस्तेमाल और अंत में 'यह बुरा न हुआ' जैसी अभिव्यक्ति वस्तुतः भाषा के क्षेत्र में हिन्दुस्तान की गंगा-जमनी तहजीब का बेहतर उदाहरण है। ऊपर उद्धृत अनुच्छेद के अंतिम वाक्य से गुजरते हुए गालिब की याद स्वाभाविक है :

'दर्द मिन्नत कशे दवा न हुआ मैं न अच्छा हुआ बुरा न हुआ।'

नामवर सिंह का चेहरा, बकौल कवि केदारनाथ सिंह, किसान-चेहरा है। उनके गद्य का भी एक ठेठ देशी मिजाज है। शास्त्र-ज्ञान की गंभीरता के साथ-साथ उनके गद्य में निहित संवेदनात्मक बनावट पर ग्रामीण परिवेश की छाया दूर तक पहचानी जा सकती है। हिन्दी भाषा की जातीय प्रकृति एवं अस्मिता के प्रति एक संवेदनशील चौकन्नापन के चलते उनकी आलोचना की भाषा अनुभूत सच्चाई को पूरी ताकत के साथ उजागर करने में समर्थ है। एक आलोचक के रूप में इस अनुभूत सच्चाई के तमाम दबाव, तनाव आदि का असर उनके वाक्य विन्यास पर साफ़ दिखाई देता है। बहुतेरे तथाकथित साहित्य-शास्त्रियों की तरह नामवर जी की आलोचना भारतीय काव्यशास्त्र व पाश्चात्य सौन्दर्यशास्त्र की पारिभाषिक शब्दावली का कोश नहीं है। भारतीय काव्यशास्त्र, मार्क्सवादी सौन्दर्यशास्त्र, तथा नई समीक्षा के अनेकानेक प्रत्ययों का हिन्दी साहित्य के विश्लेषण-क्रम में यथास्थान विनियोग करने के बावजूद वहाँ बेजरूरत के जार्गन, क्लीशे या अंग्रेजी के शब्दों से सावधानी के साथ बचा गया है। बकौल मुरली मनोहर प्रसाद सिंह, "यथार्थ के साथ स्रष्टा के द्वंद्व की पहचान की अचूक दृष्टि ने नामवर की आलोचना में प्राण का संचार किया था। आलोचना और भाषण के दौरान दरपेश बहस के किसी भी मुद्दे का सवाल हो, नामवर अपनी इस अचूक दृष्टि को प्रायः तिलांजलि नहीं देते। बहस के हर फ्रेम में द्वंद्व या अंतर्विरोध उद्‌घाटित कर मुख्य नुक्ते को पकड़ने की कला में वे पारंगत हैं।" (आधुनिक हिन्दी साहित्य रूविवाद और विवेचना', पृ.130) और, जाहिर है कि इस कला को साधने में उनकी भाषा, खास तौर से उपयुक्त शब्दों के चयन व संयोजन, की महती भूमिका है।

आज की हिन्दी आलोचना में कई बार तथाकथित उत्तरआधुनिक एवं उत्तरसंरचनावादी विश्वकोषी विद्वानों द्वारा विश्लेषणात्मक गद्य के नाम पर लिखित एक विचित्र प्रकार की प्रेत-भाषा व वागाडम्बर के मद्देनजर आचार्य रामचन्द्र शुक्ल के एक कथन की याद आती है। बहुत पहले आचार्य शुक्ल ने अंग्रेजीदाँ हिन्दी लेखकों की खबर लेते हुए जो बात कही थी, वह हमारे समय में 'कविता की संगत'

करने वालों की 'हिन्दी' के मद्देनजर शायद ज्यादा प्रासंगिक है : "अपनी भाषा की प्रकृति की पहचान न रहने के कारण कुछ लोग उसका स्वरूप ही बिगाड़ चले हैं। वे अंग्रेजी के शब्द, वाक्य और मुहावरे तक ज्यों-के-त्यों उठा कर रख देते हैं, यह नहीं देखने जाते कि भाषा हिन्दी हुई या और कुछ।"

प्रसंगवश हिन्दी के उत्तरआधुनिक कहे जानेवाले दो आलोचकों के गद्य के टुकडे द्रष्टव्य हैं, जिनसे गुजरते हुए न तो किसी सिद्धांत की सार्थकता उजागर होती है, न ही आलोच्य विषय की गहन अर्थवत्ताः

1. "इस कविता का चित्रात्मक (पिक्टोरियल) फलक, इसके लेखिम (ग्राफीक) फलक की सन्निधि (जक्स्टापोजिशन) में है और चूँकि दोनों ही फलक दृश्यात्मक हैं, अतः अपने द्वैत के बावजूद वे अपनी भिन्नता का द्वंद्व से समाहार नहीं करते, बल्कि एक द्वैध संतुलन से इस विषमांगता को समक्षणिक रूप में स्वीकारते हैं। यह समक्षणिकता ही है जो हमारा ध्यान उन अंतरालों पर केंद्रित करती है जो वस्तुतः शमशेर के संवेदन और संज्ञापन के बीच का अंतराल है, जो उनकी कविता के चित्रात्मक और लेखिम फलक के बीच हमेशा-हमेशा के लिए फैला हुआ स्थगित है।"

   —मदन सोनी

2. "लगा कि वे समस्याविहीन नहीं है, बल्कि हिन्दी साहित्य की एक बड़ी समस्या हैं, उनमें यह समस्यात्मकता पढ़ी जा सकती है।...धीरे-धीरे नामवर की जिंदगी और उनकी लीलाएं सब एक दिलचस्प 'पाठ' बन उठीं और चूंकि ये मेरे 'पतन' के दिन थे, इसलिए भी एक 'बड़े पतित' से हमदर्दी होने लगी। मार्क्सवाद के उत्तर-समाजवादी प्रभंजन में, उत्तर-संरचनावादी विखंडन के नए रणकौशलों में से नामवर की आलोचना के भीतर कुछ नए विमर्श झिलमिलाने लगे और लगा कि सामूहिक 'अंतर्पाठ' की प्रविधि से भी नामवर का 'अपना पाठ' बनाया जा सकता है।"

   — सुधीश पचौरी : 'नामवर के विमर्श'

गौरतलब है कि 'आलोचना से आगे' सोचने-विचारने का दावा पेश करनेवाले आलोचकों के इन वागाडम्बरपूर्ण गद्यांशों की प्रकृति और संरचना के मद्देनजर यदि एक ओर याद आती है महाकवि प्रसाद की टिप्पणी— 'बन जाता सिद्धांत प्रथम फिर पुष्टि हुआ करती है— तो, दूसरी ओर रैल्फ फॉक्स का यह वक्तव्य : "जबर्दस्ती किसी शैली की रचना करने के प्रयत्न से अधिक झुंझलाहट पैदा करने वाली चीज और कोई नहीं हो सकती। किन्तु, दुर्भाग्यवश, यह मानना पड़ेगा कि ऐसे समय जब विचार कठिन, दुखद या अरुचिकर हो जाता है, तब बनावटी शैली के प्राधान्य प्राप्त

करने की संभावना भी ज्यादा रहती है।...यह कला विचारतत्त्व से एकदम शून्य, शुरू से अंत तक बनावटी, और इसलिए बेहूदगी की चरम सीमा तक 'शैली की चमत्कारिता' में डूबी हुई रहती है।"

नामवरजी के निबंधों में देशी-विदेशी साहित्यशास्त्रीय पारिभाषिक शब्दावली की संग्रह-वृत्ति के बजाय रचना से रू-ब-रू होने के दरम्यान अनुभूत विशिष्ट काव्यानुभूति का विवेचन-विश्लेषण करते हुए आलोचना की एक स्वतंत्र पद्धति की तलाश और उसके लिए जरूरी शब्दावली का विकास करने की सर्जनात्मक आकांक्षा दिखाई पड़ती है। बावजूद इसके, नामवर सिंह के व्यख्यान हीं नहीं बल्कि सुलिखित गद्य में भी कभी-कभार वैचारिक एवं भाषिक स्खलन के उदाहरण मिलते है। इस संदर्भ में 'आलोचना-29' का संपादकीय खास तौर से द्रष्टव्य है। प्रो. मैनेजर पाण्डे ने विस्तार के साथ उदाहरण देकर बतलाया है कि कैसे 'इस संपादकीय में विचारशीलता से अधिक उत्तेजना की व्यंजना है।...इसमें विशेषण संज्ञा के दुश्मन बन गये हैं। कहा जाता है कि विशेषण भाषा के दुश्मन होते है, लेकिन यहाँ तो वे विचार के भी दुश्मन बन गये हैं। इस संपादकीय में शायद ही कोई ऐसी धारणात्मक संज्ञा हो, जिसके अर्थ को सीमित, संकुचित या विकृत करता हुआ कोई न कोई विशेषण साथ न लगा हो। 'राजनीतिक समझ' के साथ 'स्थूल' लगा हुआ है तो 'लोकवादी रुझान' के साथ 'अंध'। केवल 'लेखक' के साथ लगभग एक दर्जन विशेषण हैं, जैसे— जागरुक, युवा, पराश्रयी, निष्ठावान, पिछलग्गू, अधकचरे, अनाड़ी, अनुवादक, अग्निवर्षी आदि। इतने विशेषण के बाद किसी संज्ञा के सुरक्षित बचने की कोई संभावना नहीं है।' (आलोचना की सामाजिकता, पृ.63)

ऐसी स्थिति में नामवर सिंह का 'गद्य' भी इस कदर लड़खड़ाने लगता है कि उन्ही के शब्दों में 'भाषा का रहस्यवाद' पैदा हो जाने की संभावना बनती है। जाहिर है कि अज्ञेय के गद्य के लिए उन्होंने 'सायास, कृत्रिम, लद्धड़ और बेजान' विशेषणों का जिस वजह से इस्तेमाल किया है वह वजह कभी-कभी उनके अपने गद्य में भी मात्रा भेद के साथ मौजूद है। आलोचना की भाषा में चमत्कारपूर्ण शीर्षकों-उपशीर्षकों के प्रति उनमें जो आकर्षण 'कहानी : नयी कहानी' पुस्तक में दिखाई देता है, उसके व्यामोह से वे 'छायावाद' में भी एक हद तक ग्रस्त थे। किन्तु, आगे चलकर जब वे इस व्यामोह से बहुत हद तक मुक्त होते गये तो उनकी आलोचना में आये कुछ वाक्यों की बनावट और बुनावट के साथ ही उनमें विचार और व्याकरण के बीच अद्भुत संतुलन से उपनिषद् के गद्य जैसी सुषमा उत्पन्न हो गयी है : "जिस प्रकार कंज-कोष सूर्य के कर-स्पर्श के बावजूद अपने अन्तर के आह्लाद से आप-ही-आप विकसित होता है, उसी तरह आज के जागरूक कवियों में लोकशक्ति की तादात्म्य

की अनुभूति अन्तःसंस्कार बनकर उनकी कविताओं में लोकभाषा का सहज प्रस्फुटन प्रदान करती है।...अनुभूति आकांक्षा से नहीं आती, आकांक्षा कार्यान्वित होने की ठोस प्रगति से आती है। जो ऐक्य जीवन में नहीं आ सका है वह अनुभूति में नहीं आ सकता और जो अनुभूति में नहीं आ सका वह अभिव्यक्ति में नहीं आ सकता। आकांक्षा की विवक्षा प्रायः वायवी होती है।'' (इतिहास और आलोचना, पृ.111) कहना न होगा कि नामवर सिंह ने कवि के समान ही भाषा की जिस सृजनशीलता को आलोचक के लिए भी जरूरी बतलाया है वह प्रायः उनके अपने लेखन में मौजूद है। 'कविता के नये प्रतिमान' में उन्होंने लिखा था– ''भाषा कवि से जिस सृजनशीलता की अपेक्षा रखती है, वही सृजनशीलता आलोचना के लिए भी आवश्यक है।'' इस सर्जनात्मक आकांक्षा का प्रकटीकरण उनकी आलोचना में भरसक यथातथ्य एवं बोलचाल की भाषा में हुआ है। उदाहरण के लिए कवि राजकमल चौधरी के निधन पर धूमिल की कविता का एक अंश और उस पर नामवर सिंह की टिप्पणी द्रष्टव्य है :

''जीभ और जाँघ के चालू भूगोल से
अलग हटकर उसकी कविता
एक ऐसी भाषा है (भरोसे की)
जिसमें कहीं भी
'लेकिन', 'शायद', 'अगर' नहीं है
उसके लिए हम इत्मीनान से कह सकते हैं– कि वह
एक ऐसा आदमी था जिसका मरना–
कविता से बाहर नहीं है।''

''जिस नंगे और बेलौसपन के साथ यहाँ एक सच बात कही गई है, वह भी कुछ लोगों को 'नंगई' मालूम हो सकती है, लेकिन सच कहने के लिए अनेक युवा लेखकों में ऐसी नंगई को जान-बूझकर अपनाया है, क्योंकि बड़े-बड़े पहाड़ों को तोड़ने के लिए ऐसे शब्द 'डाइनामाइट' अथवा विस्फोटक का कार्य करते हैं और रचना में मितव्ययिता की दृष्टि से उनका उपयोग आवश्यक है। एक ऐसे विस्फोटक शब्द को वर्जित मान लेने के बाद जब दूसरे शब्दों का सहारा लिया जाता है, तो यही नहीं कि कलात्मक दृष्टि से रचना अनावश्यक रूप में पसर जाती है, बल्कि मूल कथ्य भी बदल जाता है और कभी-कभी वह सच सच भी नहीं रह जाता।'' (वाद विवाद संवाद, पृ 125)

यह बात जिस हद तक कविता के बारे में सच है, उसी हद तक आलोचना के बारे में भी। धूमिल की कविता पर इस टिप्पणी में बीज शब्द है– 'नंगई', जो

स्पष्ट ही सामान्य बोलचाल का शब्द है। यदि इसके बजाय यहाँ दूसरे पारिभाषिक शब्द (जैसे, अराजकतावाद, बोहिमियन आदि) का इस्तेमाल किया जाता, तो आलोचनात्मक टिप्पणी में आस्फालन की पूरी संभावना होती है। इस वजह से कई बार आलोचना में कविता की व्याख्या नहीं, बल्कि अन्यथाकरण होता है। सच तो यह है कि नामवरजी की आलोचना में जो संवादधर्मिता है, वह इस भाषिक खुलापन व जीवट के चलते ही संभव हुई है। 'गद्य की विलुप्त कला' के इस दौर में उनका लेखन हिन्दी गद्य की जातीय प्रकृति का एक श्रेष्ठ उदाहरण है।

वागर्थ, 2010

आलोचना का आत्मसंघर्ष

(मैनेजर पाण्डेय का आलोचना कर्म)

शब्दानां विविनक्ति गुम्फनविधीनामोदते सूक्तिभिः
सान्द्रं लेहि रसामृतं, विचिनुते तात्पर्यमुद्रां च यः।
पुण्यैः सङ्घटते विवेक्तृ-विरहादन्तर्मुखं ताम्यतां
केषामेव कदाचिदेव सुधियां काव्य-श्रमज्ञोजनः ।।

—राजशेखर : 'काव्यमीमांसा'

(*'किसी कवि को बड़े पुण्य प्रभाव से काव्यरचना के परिश्रम को समझने वाला ऐसा विद्वान-आलोचक व्यक्ति प्राप्त होता है, जो शब्दों की रचना-विधि का भली-भाँति विवेचन करता है, सूक्तियों-अनोखी सूझों से आह्लादित होता है, काव्य के सघन रसामृत का पान करता है और रचना के गूढ़ तात्पर्य को ढूँढ निकालता है।'* — नामवर सिंह द्वारा किया गया भावार्थ, आलोचना, जनवरी-मार्च 2008. पृ.128)

"और मैं समीक्षा को सृजनात्मक चीज मानता हूँ। ... एक समीक्षक सही माने में कृतिकार के साथ मिलकर कृति के आतंरिक मूल्य और उन मूल्यों की ओर इंगित करने वाली दिशा का अध्ययन करता है...स्पेंगलर का एक वाक्य याद आ रहा है, द लिटररी आर्ट ऑफ फॉर्म ऑफ द फ्युचर वुड बि क्रिटिसिज्म।"

—मलयज (डायरी, 31 जनवरी, 1958)

'इस लज्जित और पराजित युग में
कहीं से ले आओ वह दिमाग
जो खुशामद आदतन नहीं करता ...
और उसे एक बार आँख से आँख मिलाने दो।'

—रघुवीर सहाय

हिन्दी में आजकल रचनात्मक साहित्य तो प्रभूत मात्रा में लिखा जा रहा है पर हम सब यह अनुभव कर रहे हैं कि अच्छे आलोचनात्मक लेखन की कमी है। नए

आलोचक लगभग चुप हैं और कई बार स्तुति-निंदा को आलोचना का नाम दिया जा रहा है। दरअसल आलोचना रचना और रचनाकार के द्वारा दुनिया की पहचान कराती है और जीवन को आगे बढ़ाती है। जहाँ यह सब नहीं होता वहाँ केवल साहित्य ही नहीं, साहित्यिक समाज की गति भी थम जाती है। आलोचना का एक अर्थ आत्मालोचन भी है – जहाँ देखने का अर्थ है केवल अपने आप को न देखना, बल्कि खुली आँखों से जीवन जगत, सभ्यता, इतिहास, वर्तमान को देखना और भविष्य की रूपरेखा को निर्धारित करना। आलोचना की तीक्ष्ण दृष्टि सिर्फ देखती ही नहीं, दिखाती भी है और एक प्रकार से वह समाज की आलोचना से भी जुड़ जाती है। इसलिए समाज को समझे बिना साहित्य और आलोचना के संघर्ष को नहीं समझा जा सकता। इन दोनों दशाओं के तालमेल से ही आलोचना में एक पड़ाव यह भी आता है जब साहित्य के संघर्ष और समाज के संघर्ष में अद्वैत की स्थिति उत्पन्न होती है। इसीलिए कहा जाता है कि आलोचना के संघर्ष के बिना साहित्य दिखावटी रह जाता है। आलोचना के सलीके और आलोचना की समझ के बिना न तो साहित्य पूर्ण हो सकता, न ही साहित्य का अध्येता। दूसरी बात यह कि जब आलोचना केवल अकादमिक होकर रह जाती है तो वह पाठकों और आम जन से दूर हो जाती है, कुछ के लिए वह विकर्षक भी हो जाती है और धीरे-धीरे हाशिए पर खिसक जाने की नियति का शिकार होती है। ऐसे में हमें उन आलोचकों की जरूरत शिद्दत के साथ महसूस होने लगती है जो वस्तुनिष्ठ होकर मनुष्य और समाज के आपसी सम्बन्ध को बताएं और पाठकीय अभिरुचि को समुन्नत करें, नयी बदलती हुई सामाजिकता और सौन्दर्यात्मकता पर बहस करें, नयी रचना में उसकी तलाश करें और साहित्य के आंतरिक मूल्यों के साथ साथ बाह्य मूल्यों को भी समझें। हम ऐसे समय में जी रहे हैं जो, जान बेकमेन के शब्दों में कहें तो ''वर्तमान पूंजीवादी सभ्यता सामूहिक अनुभव को व्यक्तिगत बनाती है, और सामूहिक विवेक पर प्रतिबन्ध लगाती है।' यह रवैया पूरे साहित्य को इतिहास और समाज से काट देता है और ऐसे ही समय में हमें शब्द और कर्म में ऐक्य रखने वाले आलोचक की आवश्यकता पड़ती है।

आज जबकि आलोचना कर्म कठिन हो गया है, वित्तीय पूंजी के इस दौर में जब सत्ता और प्रजा के बीच व्यवस्था और आम आदमी के बीच संघर्ष बढ़ता ही जा रहा है, लोकतंत्र के प्रति असहिष्णुता का अंत होता दिखाई नहीं दे रहा, ऐसे में आलोचना भी खतरे में है, वह भी बहुस्तरीय संघर्ष कर रही है। बकौल खगेन्द्र ठाकुर, यह ऐसा दौर है जिसमें चमत्कार अथवा चमत्कारिक उपलब्धि के बिना जीने में मजा नहीं आता, सामान्य लोगों का जीना मुश्किल है । इसलिए लेखक भी आयोजित और प्रायोजित चर्चा-परिचर्चा के माध्यम से अपने व्यक्तित्व में चमत्कार अर्जित करना

चाहता है। ऐसी स्थिति में आलोचना और खास तौर से 'निर्मम आलोचना' कम ही लोगों को सह्य होती है। यह असहिष्णुता जनतांत्रिक समाज की बुनियाद को कमज़ोर करने के साथ ही आलोचना की संस्कृति के रास्ते में भी बाधा उपस्थित करती है। इसके साथ ही आलोचना के सामने संघर्ष के कई अन्य मुद्दे भी हैं। हमारा साहित्य पुराने मूल्यों-मापदंडों की जगह नई दुनिया के मूल्यों को, कई बार अंधानुकरण के कारण अपनाने का प्रयास कर रहा है। इसलिए आलोचना के सामने इसे सही सन्दर्भ मे समझने और साथ ही पाठक को सही रास्ता दिखाने की चुनौती है। तमाम मनुष्य विरोधी शक्तियों की भीड़ में से मानवतावादी जनतांत्रिक मूल्यों को खोज निकालना आज के आलोचक से अपेक्षित है। जो साहित्य जीवन के यथार्थ के चित्रण के साथ साहित्य को बोधगम्य बना सके, उसकी आलोचना करना, देश और काल के प्रवाह में रचना की अवस्थिति को चीन्हना आदि आलोचना का काम है। इसके अलावा पाठ केंद्रित आलोचना जैसी नूतन आलोचनात्मक पद्धतियों के माध्यम से साहित्यिक रचना को अर्थ देने का दायित्व भी उसी का है।

कहना न होगा कि हमारे समय में लाभ-लोभ के व्याकरण से दूर रहकर जिन गिने-चुने आलोचकों ने पूरी ईमानदारी से उपर्युक्त दायित्व का निर्वाह किया है उनमें मैनेजर पाण्डेय भी एक हैं। हिन्दी में प्रगतिशील-जनवादी आंदोलन की देन होने के साथ ही वे उसका विकास करने वाले आलोचक हैं। वे हिन्दी आलोचना के क्षेत्र में सतत सक्रिय उन थोड़े से लेखकों में एक हैं जिनके शब्द और कर्म के बीच फाँक संभवतः न के बराबर है। उनके जीवन और लेखन में बनावटीपन, दिखावा या दुराव-छिपाव प्रायः नहीं है। मैनेजर पाण्डेय की आलोचना कृतियों में पहली शताब्दी के कवि भर्तृहरि से लेकर समकालीन कथाकार भगवानदास मोरवाल की रचनाओं पर सम्यक विचार विश्लेषण किया गया है। उनकी 'भक्ति आंदोलन और सूरदास का काव्य' पुस्तक से गुजरते हुए विजयदेव नारायण साही की 'जायसी' की याद ताजा हो जाती है। उनके शब्दकर्म में परिवेश के प्रति गहरा जुड़ाव झलकता है और ऐसा प्रतीत होता है जैसे सामने बैठे पाठक से बतकही में मशगूल हों। उनकी भाषा की यह देशजता अपनी प्रकृति में पर्याप्त संश्लिष्ट है। यह एक ओर उस वैचारिकता या सिद्धांत तक पहुंचती है जिसे जनवादी मानवतावाद कहा जाता है तो दूसरी ओर लोक जीवन के उस उष्ण और भौतिक धरातल तक पहुंचती है जहाँ गजब की सक्रियता और जीवन्तता है। उनकी आलोचना में सतही यथार्थ के बजाय विभिन्न प्रातिनिधिक कलाकृतियों में अन्तर्निहित यथार्थ की द्वंद्वात्मकता को चीन्हने की चाह है। सच तो यह है कि उनका आलोचना साहित्य हमारे समय-समाज की विसंगति और विडम्बना को उजागर करने के साथ ही इनसे मुक्ति का मार्ग बतलाने में भी

सक्षम है। उसमें पाठक को केवल सावधान ही नहीं, बल्कि आवश्यकतानुसार हर तरह का जोखिम उठाने, अपने समय के ज्वलंत प्रश्नों से टकराने और अन्याय का प्रतिरोध करने की चेतना जगाने की क्षमता है तथा विभिन्न रचनाकारों और रचनाओं के बारे में केवल आलोचकीय मंतव्यों या उपदेशों की अभिव्यक्ति के बजाय रचनाओं में अनुस्यूत अपने समय की जटिल वास्तविकता एवं समग्र सत्य को उसके द्वंद्वात्मक सिरों से पकड़ने बेचैनी है। नतीजतन, वह पाठक के यथार्थबोध को विकसित कर उसके चिंतन और चेतना के दायरे का विस्तार कर सकने में समर्थ आलोचना सिद्ध होती है।

मैनेजर पाण्डेय का मानना है कि "आलोचना रचना की व्याख्या करती हुई, उसे व्यापक पाठक समुदाय तक पहुँचने में मदद करती हुई खुद सामाजिक बनती है और रचना को भी सामाजिक बनाती है।...आलोचना, चाहे समाज की हो या साहित्य की, वह सामाजिक बनती है,एडवर्ड सईद के शब्दों में, 'सत्ता के सामने सच कहने के साहस से।' हिन्दी आलोचना के बेजान और बीमार होने का एक कारण हमारे समाज का वह बौद्धिक वातावरण है जिसमें साहित्यवाद का सहयोगी सहमतिवाद है।" सच तो यह है कि भूमंडलीकरण के चलते वैश्विक जगत के साथ साथ भारतीय समाज पर आये 'संकट के बावजूद' मैनेजर पाण्डेय की आलोचना, पाठक को समाज के प्रभुत्वशाली वर्ग के प्रपंच और क्रूर आतंक के सामने पलायन की जगह, विपरीत स्थितियों से जमकर लोहा लेने के लिए प्रेरित करती है। देश और समाज की राजनीति और संस्कृति को आकार देने में क़लम की शक्ति के प्रति उनकी आस्था दृढ़ है और यह आस्था ही उनके 'शब्द और कर्म' की मूल अंतर्धारा है। उनकी आलोचना में सत्ता के ढांचे की संरचना तथा वैयक्तिक प्रतिरोध, विरोध और पराजय के जो जीवंत सन्दर्भ विद्यमान हैं, भारतीय और पाश्चात्य काव्यशास्त्रीय चिंतन की जो सांस्कृतिक आभा एवं दार्शनिक उच्चाशय हैं, या फिर गहरी स्वाधीनता की माँग और प्रबल मुक्ति की युगांतरकारी आकांक्षा है, वह भारत की गंगा-जमनी तहजीब के आत्मसातीकरण का प्रमाण है। निस्संदेह वह अपने समय के सुपठ समाज के प्रति अधिक उन्मुख और संवादमयी है, किन्तु जीवन के स्वाभाविक और सजीव स्पर्श से दूर रहने के अभ्यस्त आलोचकों की भाँति वहाँ आम जनता के सुख दुःख, आशा-आकांक्षा को परे रखकर विवादैषणा मात्र की प्रवृत्ति के बजाय जनहित में संवाद कायम करने की बेचौनी है– शेर हैं 'सब मेरे खवास पसंद / पर मुझे गुफ्तगू अवाम से है।'

अनेकानेक सामाजिक-सांस्कृतिक मुद्दों पर विचारते हुए या विभिन्न साहित्यिक कृतियों के आलोचना-क्रम में समूचे भारतीय जनमानस को उसकी विविधता और

व्यापकता में पकड़ने की छटपटाहट के चलते मैनेजर पाण्डेय की छवि केवल हिन्दी साहित्य के आलोचक के बजाय भारतीय समाज के एक संश्लिष्ट सर्जक बुद्धिजीवी या 'पब्लिक क्रिटीक' के रूप में उभरती है। अशोक वाजपेयी ने सही कहा है कि मैनेजर पाण्डेय हिन्दी के उन उंगली पर गिने जाने योग्य आलोचकों में एक हैं जिन्होंने हिन्दी आलोचना को साहित्यवाद से मुक्त किया है।

जाहिर है कि कोई भी शब्दकर्मी अलग-थलग कटा हुआ, अपने ही ख्यालों में खोया, साहित्य के लिए ही जीने वाला एक बौद्धिक इकाई नहीं होता। मैनेजर पाण्डेय आरम्भ से ही 'अपने समय और समाज से जुड़ी बौद्धिकता' के हिमायती रहे हैं। साहस के साथ सचाई को उजागर करने की अपनी आदत के चलते वे आवश्यक होने पर बड़े से बड़े कवि, आलोचक या समाजवैज्ञानिक की मुखालफत करने से नहीं चूकते। पिछले कुछ दशकों से भारतीय अर्थ-व्यवस्था को भूमंडलीकरण, उदारीकरण और बाजारीकरण के साँचों में ढालने की पुरज़ोर कोशिश पर तथाकथित बुद्धिजीवियों के रुख पर टिप्पणी करते हुए उन्होंने लिखा है : "कुछ लोग इस अभियान को भारत के आर्थिक विकास का राम-बाण कह रहे हैं, तो कुछ दूसरे इसी प्रक्रिया से भारत में राम-राज्य लाने की घोषनाएँ कर रहे हैं। उन लोगों के बारे में ईसा मसीह की तरह यह भी नहीं कहा जा सकता कि वे नहीं जानते कि वे क्या कर रहे हैं। लेकिन व्यापक जनसमुदाय इन नारों से भ्रमित जरूर हुआ है। ऐसी स्थिति में इन मोहक नारों की कलई खोलना और उनमें छिपे खतरों से समाज को सावधान करना सच्चे बुद्धिजीवी का पहला कर्त्तव्य है।" (अनभै साँचा, पृ. 248)

उनके आलोचना साहित्य में जगह-जगह धारदार व्यंग्य है, जिसकी चोट से न तो लेखक बिरादरी बच पायी है और न ही वह मध्यवर्ग, जिससे वे खुद नाभिनाल संबद्ध हैं। अली सरदार जाफरी ने अपने एक भाषण में कहा था कि साहित्य की लोकशाही समाज की लोकशाही से बड़ी होती है, इस अर्थ में आलोचना का काम साहित्य की सब विधाओं में सबसे बड़ा सार्वजनिक कार्य है। बदलते हुए समय के साथ आलोचना अपने आप को किस तरह बदलती है, इस सम्बन्ध में टी.एस. इलियट के हवाले से सरदार जाफरी ने कहा कि "वर्तमान फनपारे स्वयं ही एक आदर्श व्यवस्था बना लेते हैं जिसमें एक नयी यथार्थता फनपारे की रचना से खुद ही परिवर्तित हो जाती है। वर्तमान व्यवस्था नए फनपारे के अस्तित्व में आने के पश्चात इस जीवन पद्धत्ति के लिए आवश्यक हो जाता है कि सारी वर्तमान व्यवस्था में परिवर्तन हो। चाहे वह परिवर्तन कितना ही छोटा क्यों न हो। इस प्रकार हर फनपारे के सम्बन्ध तनासिबात और अकदार(मूल्य)पूरी व्यवस्था में तरतीब पा लेते हैं।" जो आलोचना जीवन की यथार्थता से अलग होकर खुद में ही मगन रहती है,

उससे साहित्य पर कोई प्रभाव नहीं पड़ता। इस अर्थ में मैनेजर पाण्डेय की आलोचना जीवंत रचनात्मक प्रयत्नों से सरोकार रखने वाली आलोचना है, यहीं पर उनकी आलोचना रचनात्मक गतिविधियों का हिस्सा बन कर अपने समय की हर रचनात्मक हलचल से जुड़ जाती है। सिनेमा और समाज के बीच परस्पर अंतर्संबंधों पर बातचीत के दरमियान मैनेजर पाण्डेय कहते हैं : ''आजकल हिन्दी में जो कविताएँ लिखी जा रहीं हैं, उनकी भाषा, बनावट और उनसे व्यक्त होने वाली बौद्धिकता सामान्य पाठकों की पहुँच के परे है। कुछ कवि यह तर्क देने लगे हैं कि आज का जीवन जटिल है इसलिए उस जीवन से जुड़ी पूरी कविता भी जटिल हो रही है। यह आत्मरक्षा में गढ़ा गया कुतर्क है।... मैं कई बार यह कहता हूँ कि आज स्थिति यह है कि कवि लगातार पुरस्कृत हो रहे हैं और कविता तिरस्कृत हो रही है।...आज के बहुत सारे कवि पाठकों की आलोचना आत्मरक्षा में करते हैं पर उससे नुकसान कवि या पाठक का भले ही न हो पर कविता का जरूर होता है।' (कथादेश। सितम्बर 2010)

इसी प्रकार 'सुविधा में रहकर दुविधा की भाषा' बोलने के आदतन शिकार भारतीय मध्यवर्ग को जब वे बेनक़ाब करते है तो अनायास नागार्जुन की 'घिन तो नहीं आती' कविता का स्मरण हो आता है जिसमें कलकत्ते में खचाखच भरी ट्राम में कुली-मजूरों के प्रति मध्यवर्गीय अभिजनों की बेरुखी का उपहास किया गया है। जाहिर है कि गहरे आत्मसंघर्ष की प्रक्रिया से गुजरे बगैर कोई लेखक अपने ही वर्ग की दुखती रग पर कतई उंगली नहीं रख सकता। मैनेजर पाण्डेय ने खुद लिखा है कि लेखक का आत्मसंघर्ष तभी सार्थक और सर्जनात्मक होता है, जब वह व्यापक सामाजिक संघर्षों से जुड़ा हो। इसलिए अध्येताओं से यह अपेक्षा स्वाभाविक है कि वे उनकी आलोचना में अन्तर्निहित आत्मसंघर्ष की शिनाख्त अवश्य करें ,जो वस्तुतः आत्मालोचन से निर्मित है और जिसको नजरअंदाज करने पर न केवल आलोचना, बल्कि उन तमाम रचनाओं का सामाजिक सन्दर्भ भी अनदेखा रह जाएगा जिनकी सामाजिकता की पहचान उनकी आलोचना का मुख्य लक्ष्य रहा है।

मार्क्स ने जहां 'दुराग्रह से मुक्ति' को सच्ची आलोचना की बुनियादी शर्त माना है, वहाँ जार्ज लुकाच ने आलोचनात्मक टेक्स्ट के लिए पठनीय होना जरूरी बतलाया है। मैनेजर पाण्डेय की आलोचना में यदि एक ओर जगह-जगह अपने निजी वर्गीय व वर्णीय आग्रह से मुक्ति के लिए आत्मसंघर्ष झलकता है, वहीं वह पठनीय आलोचना का भी बेहतर उदाहरण है। आम तौर पर माना जाता है कि आमफहम भाषा में आलोचना के नंगे हो जाने के अपने खतरे हैं। बावजूद इसके उन्होंने साबित कर दिया है कि आलोचना केवल प्रभावोत्पादक भाषा, गझिन शब्दावली और पश्चिमी सैद्धांतिकी पर बहस करने का नाम नहीं, बल्कि जीवंत एवं रचनात्मक वास्तविकताओं

को समझने- समझाने के साथ साथ अपने समय के ज्वलंत प्रश्नों से टकराने, आदर्श को यथार्थ में बदलने का वातावरण बनाने, वर्तमान को अतीत से जोड़कर भी उससे अलग करने, अपनी सभ्यता और संस्कृति का अवगाहन करते हुए क्षयिष्णु एवं उदीयमान तत्त्वों की पहचान करने और साहित्य की रचना के लिए अनुकूल वातावरण बनाने और गतिरोध तोड़ने का नाम भी है। आलोचनात्मक लेखन में अपने मिथ्या पांडित्य का प्रकांड दर्शन उड़ेलने वाले आलोचकों से भिन्न व विपरीत वे रामचंद्र शुक्ल, हजारी प्रसाद द्विवेदी, नंददुलारे वाजपेयी, विजयदेव नारायण साही, मलयज, रामविलास शर्मा, नामवर सिंह एवं अशोक वाजपेयी की समृद्ध परम्परा को संग्रह-त्याग के विवेक से आत्मसात कर उसे विकसित करने का उपक्रम करते हैं। कहना न होगा कि इस उपक्रम में सहमति-असहमति के अनेकानेक बिंदु उभर कर सामने आए हैं।

साहित्यिक कृतियों की आलोचना के क्रम में मैनेजर पाण्डेय उनकी अर्थवत्ता के साथ-साथ सार्थकता की पड़ताल करते हुए कृति-विशेष के रचनात्मक अभिप्राय एवं प्रभाव की मीमांसा पर बल देते हैं। वे अपने समय के चिंतन एवं मूल्यों, चेतना एवं विवेक को एक तार्किक क्रम के द्वारा अपने समय की दशाओं, समस्याओं को भी जांचते-परखते हैं और उनको चिंतन और विवेक की शक्ल देकर केवल साहित्य की रचना में ही नहीं, स्वस्थ बौद्धिक समाज और रचनात्मक वातावरण के निर्माण में भी महत्त्वपूर्ण भूमिका निभाते रहे हैं।

मैनेजर पाण्डेय के आलोचना साहित्य का बीज शब्द है- 'संघर्ष', और स्पष्ट ही उनके यहाँ इसका फलक वैचारिक संघर्ष से लेकर आत्मसंघर्ष तक प्रसरित है। वहाँ संघर्ष का मकसद है मुक्ति, जिसका अर्थ स्पष्ट ही मोक्ष नहीं है। यह मुक्ति केवल भारतीय समाज में व्याप्त गुलामी की संरचनाओं, दमन, यातना आदि से मनुष्य की मुक्ति ही नहीं, बल्कि अपने पूर्वाग्रहों एवं खास तौर पर दुराग्रहों से मुक्ति के लिए आत्मसंघर्ष भी है। तमाम बड़े लेखकों की तरह आत्मसंघर्ष को ज़िन्दगी का रस-रक्त बनाए चलना उनकी भी नियति रही है। वे उन गिने चुने आलोचकों में से एक हैं जो जितनी दूसरों की आलोचना करते हैं उतनी ही अपनी और अपनों की भी। वस्तुतः यह उनके आलोचना कर्म की विश्वसनीयता का सबसे महत्त्वपूर्ण पक्ष है। दूसरे शब्दों में उनकी आलोचना में एक तरह की मूलगामिता है, जिसके तहत वहाँ किसी मुद्दे की जड़ तक जाने की प्रवृत्ति दिखाई देती है। चूंकि मनुष्य के लिए मूल मनुष्य ही है, इसलिए उनमें मनुष्य की मुक्ति को दृष्टिपथ में रखते हुए सारे संसार की आलोचना करने, अपने समाज की आलोचना करने और आवश्यकतानुसार अपनी आलोचना करने और सुन सकने का नैतिक बल भी है। एक सुधी आलोचक

के रूप में उनकी संघर्षशीलता में 'असहमति का साहस और सहमति का विवेक' काबिलेगौर है। अंतोनियो ग्राम्शी के हवाले से वे मानते हैं कि आलोचना का एक दायित्व नई संस्कृति के निर्माण के लिए संघर्ष भी है, जो साहित्य और समाज दोनों की होगी। वस्तुतः मैनेजर पाण्डेय का सम्पूर्ण आलोचना कर्म 'नए समाज के निर्माण के लिए वैचारिक संघर्ष' है। इस संघर्ष में हथियार के तौर पर आलोचना को माध्यम बनाने के क्रम में उन्होंने सबसे पहले उसे साहित्यवाद से मुक्त किया और इतिहास और समाजशास्त्र जैसे ज्ञान के दूसरे अनुशासनों से साहित्यालोचन का आवयविक सम्बन्ध स्थापित किया। जाहिर है कि इसके चलते तथाकथित शुद्धतावादियों ने उन पर साहित्य को ज्ञान के दूसरे अनुशासनों का उपनिवेश बनाने का बचकाना आरोप भी लगाया।

मैनेजर पाण्डेय का आलोचक साहित्य की भावभूमि और समाजविज्ञान की विचारभूमि पर एक साथ खड़ा होकर बहुराष्ट्रीय कंपनियों के भारत में पूंजीनिवेश, भारत सरकार द्वारा 'कल्याणकारी राज्य' की जवाबदेही को बरतरफ करके सार्वजनिक क्षेत्रों में विनिवेश को बढ़ावा देने, लघु उद्योगों की लगभग समाप्ति, बाजारवाद, उपभोक्तावाद एवं वृद्ध पूंजीवाद के सर्वग्रासी प्रसार, विसंस्कृतिकरण, जातिवाद, तथाकथित सांस्कृतिक राष्ट्रवाद आदि की गिरफ्त में फँसे भारतीय मनुष्य की अनुभूति की संरचना में तेजी से आ रहे नकारात्मक बदलाव के चलते दिनानुदिन लुप्त होती जा रही सामाजिकता व इंसानियत के कारणों की पड़ताल और इस 'संकट के बावजूद' मुक्ति का मार्ग खोजने के लिए बेचैन दिखाई देता है। इस क्रम में परंपरा के अन्धस्वीकार अथवा अन्धनिषेध से बचते हुए मैनेजर पाण्डेय साहित्यिक एवं सामाजिक विकास की प्रक्रिया को इतिहास की धारा में रखकर देखने-दिखाने के आग्रही हैं। कहना न होगा कि जो लोग इतिहास से फरार होकर अपनी विरासत का मूल्यांकन करते हैं वे या तो यथास्थितिवांद के शिकार होते हैं या रूमानी क्रांतिकारिता के। इतिहास पर बल देने के बावजूद मैनेजर पाण्डेय की आलोचना में इतिहासवाद का भी कोई आग्रह नहीं है। सुविख्यात विचारक राबर्ट वाइमान द्वारा महान कलाकृतियों के सन्दर्भ में कथित 'विगत सार्थकता और वर्तमान अर्थवत्ता का द्वंद्वात्मक सम्बन्ध' को अपने अनोखे अंदाज में व्याख्यायित करते हुए उन्होंने लिखा है: "किसी कलाकृति की उत्पत्ति, उसका अस्तित्व, और उसका जीवन समाज तथा इतिहास के बाहर नहीं होता। कृतिकार और पाठक भी समाज और इतिहास से परे नहीं होते।मनुष्य की चेतना और उसकी सृजनशीलता की उपज में अपने समय, समाज और ऐतिहासिक परिस्थितियों की सीमाओं से ऊपर उठने की क्षमता होती है। इसका यह अर्थ नहीं कि ऐसी चेतना और उसकी सर्जनाओं का अपने समय,

समाज, और ऐतिहासिक स्थितियों से कोई सम्बन्ध नहीं होता। किसी महत्त्वपूर्ण रचना में यथार्थ का केवल प्रतिबिम्बन ही नहीं होता, उसमें यथार्थ संबंधी चिंतन और यथार्थ की पुनर्रचना भी होती है। इस तरह रचना में कालबद्धता से कालजयीपन का केवल विरोध नहीं होता बल्कि विरोधी गुणों का संघर्षधर्मी साहचर्य भी होता है। कोई भी सार्थक रचना इतिहास की उपज होती है, लेकिन उसका अपना भी एक इतिहास होता है जिसे वह स्वयं बनाती है। उसका वर्तमान होता है तो उसका अतीत भी होता है। उसके पाठकीय ग्रहण का वर्तमान होता है तो उत्पत्तिमूलक अतीत भी होता है। इन दोनों के द्वंद्वात्मक सम्बन्ध के बोध के आधार पर ही किसी रचना की प्रासंगिकता का निर्णय हो सकता है।'' (आलोचना की सामाजिकता, पृ.292)।

राजशेखर ने 'काव्यमीमांसा' में तीन प्रकार के आलोचकों का उल्लेख किया है- सतृणाभ्याव्हारी, अरोचकी एवं तत्त्वाभिनिवेशी। हमारे समय के सतृणाभ्याव्हारी आलोचकों को टेरी इगल्टन के हवाले से मैनेजर पाण्डेय हिन्दी आलोचना का 'जनसंपर्क पदाधिकारी' कहते हैं जो आलोचना के नाम पर थोक भाव में पुस्तक समीक्षा लिखकर अपने मनचीते कवियों-लेखकों का गुणगान व गुट-गान करते हुए अपनी जान-पहचान का दायरा बढ़ाने में लगे रहते हैं। एक विद्वान ने तो अपना ईमानदार क्षोभ प्रकट करते हुए यहाँ तक कह डाला है कि 'आज पुस्तक-समीक्षा साहित्य के कलेवर पर एक ऐसे बदसूरत नासूर की तरह है, जो साहित्य के रक्त पर पोषित होता है।' इनसे भिन्न तथाकथित प्रगतिशीलता और जनवाद की कसौटी पर साहित्यिकता की बलि चढ़ाकर शोक शैली में आलोचना लिखने वाले 'अरोचकी' आलोचकों का एक वर्ग है। अंग्रेजी की एक कहावत का इस्तेमाल किया जाये तो इस वर्ग के आलोचक उन तथाकथित समझदार लोगों की तरह हैं जो बाथटब में बच्चे को नहलाने के बाद पानी के साथ-साथ बच्चे को भी फेंक आते हैं। याद आते हैं प्रेमचन्द, जिन्होंने तत्कालीन रचनाओं में जीवन के उल्लास, आह्लाद एवं विनोदवृत्ति के अभाव से चिंतित होकर लिखा थाः 'इस जीवन संग्राम में साहित्य पर जो सबसे बुरा असर पड़ा है, वह यह कि वह मर्सिया हुआ जाता है।' कहना न होगा कि समकालीन आलोचना में कुछेक अपवादों को छोड़कर तथाकथित क्रांतिकारिता और आत्यंतिक वैचारिकता की कोख से पैदा हुए मर्सियाकरण के इस दौर में मैनेजर पाण्डेय का आलोचना साहित्य किसी मरुभूमि में जलाशय की तरह है। वे हिन्दी के अक्षर जगत में प्रगतिशील-जनवादी कही जानेवाली बिरादरी में अपने खुले जीवट, अद्वितीय सत्यनिष्ठा, मूलगामी आलोचना-दृष्टि एवं वाग्मिता के प्रकर्ष के चलते लगभग सर्वसमाकृत हैं। अंतोनियो ग्राम्शी उनके प्रिय विचारकों में से एक है, जिन्होंने लिखा है कि 'कलाकार के सम्मुख भी एक राजनीतिक परिदृश्य अवश्य

होता है पर वह किसी राजनीतिकर्मी की तुलना में कम नपातुला होता है, इसीलिए वह कम कट्टर होता है।' मैनेजर पाण्डेय का भी मानना है कि 'अपने समय और समाज के सन्दर्भ में प्रगतिशील होने के लिए मार्क्सवादी होना आवश्यक नहीं है। अगर कोई रचनाकार अपने समय और जीवन से गहरे स्तर पर जुड़ा हुआ है, तो उसकी रचनाशीलता में प्रगतिशीलता होगी।' उनके आलोचनात्मक लेखन और खास तौर से व्याख्यानों में निहित आवेग, आवेश व संवेग कई बार उनके सुन्दर-सुगठित गद्यात्मक वाक्य को कविता में बदल देता है। साहित्य-सृजन के बुनियादी सौन्दर्यात्मक मूल्यों को अतिक्रान्तिकारिता के आवेश में नजरअंदाज कर अपने ही पैरों पर कुल्हाड़ी मारने को आमादा बहुतेरे आलोचकों से नितांत भिन्न व विपरीत वे एक तत्त्वाभिनिवेशी आलोचक की तरह इस आत्मघाती विभ्रम के दुष्परिणामों को लेकर शुरू से ही सावधान रहे हैं। इसी वजह से उनकी आलोचना राजनीतिशून्य कला और केवल राजनीति से अभिप्रेरित कला जैसे दो अतिवादी छोरों के बीच की खाली जगह को भर सकने में समर्थ है।

मुक्तिबोध ने लिखा है कि साहित्य विवेक मूलतः जीवन विवेक है। उनका यह भी कहना है कि मनुष्य सबसे ज्यादा पारिवारिक संघर्ष में टूटता है। मैनेजर पाण्डेय के व्यक्तिगत एवं पारिवारिक जीवन में एक बड़ी त्रासद घटना (जिसका उल्लेख 'अनभै साँचा' की भूमिका में है।) के बावजूद 'अनभै साँचा' और उसके बाद 'आलोचना की सामाजिकता' जैसी कृतियों के साथ-साथ विभिन्न पत्र-पत्रिकाओं में प्रकाशित उनके अनेकानेक विनिबंधों, आलेखों, व्याख्यानों, साक्षात्कारों, संपादन कार्य, अनुवाद कार्य आदि की गुणात्मकता एवं परिमाण तथा साहित्य-संस्कृति के क्षेत्र में उनके निरंतर जीवंत और सार्थक हस्तक्षेप को देखते हुए कालिदास की एक उक्ति का अनायास स्मरण हो आता है : 'क्लेशरू फलेन हि पुनर्नवतां विधत्ते।'

वागर्थ , 2011

मलय की वात

(गीतकाव्य : रचना और अभिग्रहण)

'गीतकाव्य में केवल महान क्षण रहा करता है। यह वह क्षण होता है जिसमें प्रकृति और आत्मा की सार्थक एकता या उनका सार्थक अलगाव जो आत्मा का सर्वस्वीकृत अकेलापन हुआ करता है, शाश्वत बन जाते है।...गीतमय क्षण में आत्मा की शुद्धतम आभ्यंतरिकता अनिवार्यतः काल से पृथक कर दी जाती है, वस्तुओं की अस्पष्ट विविधता से ऊपर उठा दी जाती है और इस तरह पदार्थ में परिवर्तित कर दी जाती है, जबकि अपरिचित और अज्ञेय प्रकृति भीतर से निकाल दी जाती है ताकि चमकते हुए एक प्रतीक में बंध सके। आत्मा और प्रकृति के बीच स्थापित इस संबंध को केवल गीतमय क्षणों में ही निर्मित किया जा सकता है।'

—जार्ज लुकाच : उपन्यास का सिद्धांत, पृ. 77।

"सुख-दुःख के भावावेशमयी अवस्था विशेष का गिने-चुने शब्दों में स्वर साधना के उपयुक्त चित्रण कर देना ही गीत है।...इसमें कवि को संयम की परिधि में बंधे हुए जिस भावातिरेक की आवश्यकता होती है, वह सहज प्राप्य नहीं, कारण हम प्रायः भाव की अतिशयता में कला की सीमा लाँघ जाते हैं और उसके उपरांत भाव के संस्कार मात्र में मर्मस्पर्शिता का शिथिल हो जाना अनिवार्य है। ...हिन्दी काव्य का वर्तमान नवीन युग गीत-प्रधान ही कहा जाएगा।"

—महादेवी वर्मा : यामा, पृ.6

"एक गाया जाने वाला पद अथवा गाया जा चुका गीत असीमित सन्दर्भ प्रक्षेपित करता है। उस घट चुके समय में गुंजरित शब्द, शब्द मात्र नहीं रह जाता। शब्द से थोड़ा ऊपर उठकर कुछ संभावनाओं के जन्म का द्वार खोलता है।"

—यतीन्द्र मिश्र : गिरिजा, पृ.24।

गीत एक आदिम काव्यविधा है, जिसका सीधा संबंध 'गायन-योग्य मनोदशा' से है। जब यह मनोदशा स्वतरूस्फूर्त ढंग से पैदा होती है तो मन में एक प्रकार की समस्वरता आ जाती है, जिसका प्रभाव आदमी के मुखमण्डल पर सहज रूप में लक्षित होने लगता है। सामान्य जन की इस गायन-योग्य मनोदशा का मूर्तन एकान्त में और संग-साथ में भी, प्रायः किसी पर्व-त्योहार या मांगलिक उत्सव आदि के समय देखा-सुना जाता है। इतना ही नहीं, कठोर श्रम करते हुए किसी श्रमिक या श्रमिक समुदाय द्वारा कुछ गुनगुनाते हुए तल्लीनतापूर्वक अपना कार्य संपादित करते रहने की प्रक्रिया में भी इसे देखा-परखा जा सकता है। 'गीत' की वैधानिक संरचना पर सैद्धान्तिक चर्चा करते हुए कुछ गीतकारों एवं आलोचकों ने इस 'गायन-योग्य मनोदशा' को 'शब्द की लय' एवं 'अर्थ की लय' के बजाय 'मनोलय' के रूप में चिह्नित किया है, जो गीत की मूलभत ऊर्जा है। कहना न होगा कि गायन-योग्य यह मनोदशा ध्वनि-शब्द का आधार लेकर ही गीत के रूप में व्यक्त होती है। वस्तुतः किसी रचना के गीत होने के लिए उसमें भावों की तीव्रता तथा उनकी एकतानता का होना अनिवार्य है, क्योंकि इसी से उस मनोलय का जन्म होता है, जो गीत का प्राण-तत्त्व है।

'कविता कुसुम माला' (जून, 1909, प्र.सं.) की भूमिका में लोचन प्रसाद पाण्डेय ने काव्य में तीन प्रकारों की चर्चा की थी : गीति काव्य, श्रव्य काव्य और दृश्य काव्य। स्पष्ट ही उन्होंने काव्य के दो परंपरागत भेदों (श्रव्य और दृश्य) से गेय अथवा गीतिकाव्य को अलग कर काव्य का एक तीसरा भेद भी माना था। संभवतः तब उनकी जानकारी में आधार स्वरूप केवल पूर्वागत गीति-परंपरा ही थी, जिसमें कथा-गीति से छंदबद्ध स्फुट रचनाओं के सभी नमूने और गेयता के तत्त्वों से संपन्न छोटे गीत भी एक साथ थे और उन्हें कल्पना ही नहीं थी कि विद्वान आलोचकों और प्रातिभ गीतकारों के बीच अहमहमिका के फलस्वरूप कालान्तर में 'गीत काव्य', 'गीतिकाव्य' से अलग हो जाएगा— ठीक उसी प्रकार जैसे 'सांग लिरिक' विदेशों में 'लिरिक' से अलग हो चला है, जबकि दोनों का मूल 'लायर' नामक वाद्य यंत्र ही है। संस्कृत में तो 'गीति' एक छंद-विशेष है, जो गान-पद्धति के अर्थ में भी प्रयुक्त होता है। वस्तुतः 'गीति' गायन के किसी विशेष निकाय की प्रकृति है न कि उसके योग्य शाब्दिक रचना की लयात्मक पहचान। आरंभिक अर्थध्वनि पर ध्यान देने से स्पष्ट होता है कि 'गीत' की अन्तःप्रकृति एवं अनिवार्य चरितार्थता 'गीति', संगेयता की पहचान अर्थात गीत-कला की हैसियत से कलावस्तु 'गीत' में अनुस्यूत होती है।

'गीति' और 'गीत' की यह बहिरन्तर एकमेकता गीतकाव्य के समानान्तर 'लिरिक पोएट्री' के स्वीकार से ही धीरे-धीरे खण्डित हो चली। छठे दशक में प्रबंध

काव्य के प्रभेदों से विलग 'लिरिक' के अर्थ में, हर तरह की वाचिक कविता, जिसमें लय का निर्वाह होता था, गीति काव्य की परिधि में पहचानी जाती थी और 'सांग' के अर्थ में मात्र गेय-संगेय छोटी कविता 'गीत' कही जाती थी। छठे दशक से 'गीति' और 'गीत' में भ्रामक अन्तर पर बहस रूक गयी और रचनाकार एवं प्रस्तोता की ओर से कविता के दो ही व्यवहारिक भेद रह गए – वाचिक और गेय। चूँकि ये दोनों व्यावहारिक भेद थे इसलिए प्ररूपगत हुए। जाहिर है कि लोचन प्रसाद पाण्डेय को 'श्रव्य' और 'दृश्य' से 'गेय' का, या उनके अनुसार गीतिकाव्य का इतर बोध वहाँ तक नहीं था कि वे गेय काव्य की भिन्न रचना-प्रक्रिया और अभिग्रहण-प्रक्रिया का भी विवेचन-विश्लेषण कर सकते। फिर भी उन्होंने उसी वक्त आज के विचारकों के लिए गेय कविता की अलग पहचान का प्रश्न उठा दिया था।

'गीत' शब्द का मूलार्थ है- 'गाया हुआ', अर्थात गान का गायनोत्तर गुण(विशेषण)। इस तर्क का अवशिष्ट प्रमाण 'गीता' के शब्दार्थ में भी है-'गायी हुई कथा।' यहाँ ध्यातव्य है कि पहले 'गेय' शब्द 'गायन-योग्य संरचना' और ऐसी संरचना की 'गायन-योग्यता', दोनों अर्थों में प्रचलित था, जिसके पूर्व ही 'गान' संज्ञा और क्रिया की भूमिका में था। बाद में गायी हुई संरचना के लिए 'गीत' विशेषण प्रयुक्त हुआ। संभवतः 'गेयता' भी रचना में गाने की परंपरा के द्वारा ही सिद्ध हुई। तभी पहले जनसमूह ने और बाद में आचार्यों ने 'गीत' विशेषण को ही गेय वस्तु के लिए संज्ञा की भूमिका में स्वीकृत किया। इस अर्थ में 'गीत' शब्द के रूढ़ होते ही 'गेय' शब्द संज्ञा की भूमिका छोड़कर विशेषण मात्र रह गया। जाहिर है कि 'गेय' शब्द कंठ-स्वर-संयोजन के अनेक प्रकारों में अगेय के विपरीत सारे प्रकारों का लक्षण है। इस मीमांसा के अनुसार 'गेय' शब्द कंठ से लय में स्वरित किये जाने की योग्यता से गीत के अस्तित्व को ही अनेक बार एकमेक कर देता है। फलतः गीत के नाट्यशास्त्रीय प्राचीन षड्विध लक्षणों में स्वर, रस, राग, मधुराक्षर, अलंकार एवं मनोदशा की प्रामाणिकता का विधान किया गया है।

सुस्वरं सरसंचौव सरागं मधुराक्षरम्।
सालंकारं प्रमाणं च षड्विध गीत लक्षणम् ।।

अतः यह कहना अनुचित न होगा कि अगेयता के आग्रह से 'अगीत', जो 'अकविता' के वजन पर गढ़ा गया, 'एण्टी सांग' है। 'गेय'- जब गानार्थक भूमिका में- 'गीत' को 'प्रीसीड' करेगा तब निश्चित रूप से गेय मनोभाव से उत्पन्न तथा गान-चेष्टा के साथ विरचित कविता, अगेयात्मक रचनाशीलता से निर्मित कविता से पूरी भाषिक एवं वैधानिक संरचना एवं प्रक्रिया में भिन्न होगी। वह गायन के द्वारा

ही उपर्युक्त ढंग से प्रस्तुत्य और सहानुभव के द्वारा ही ग्राह्य होगी। कहना न होगा कि गीत की संप्रेषणीयता और उसके साधारणीकरण की यह विशेषता वाचिक या वैचारिक कविता से खुद को अलगा लेती है, क्योंकि जहाँ पाठक या श्रोता वाचिक कविता की अर्थसंगति का प्रभाव सहज अनुषंग से ग्रहण करता है वहीं गीत का श्रोता स्वर और लय की प्रतिध्वनि से उत्पन्न अनुबोध एवं आसंग से उसका तत्काल श्रवणकर्ता-मात्र न रहकर तत्क्षण ही मनोभागी हो जाता है। दूसरे शब्दों में, गीतकाव्य का ग्रहणकर्ता, प्रस्तोता की भाव-भंगिमा का दर्शक और शब्द-रचना का श्रोता होते हुए भी अनुषंग-मात्र से अर्थ-संगति ढूंढने और चरितार्थता की अपेक्षा में रूके रहने के बजाए गीत में प्रस्तुत मनोलय के सूत्र से अपनी मनोलय को जोड़कर रचना से एकतानता प्राप्त कर लेता है। इस प्रकार वह गीत में व्यंजित मनरूस्थिति और किसी अनुपात में उसकी रचना-प्रक्रिया का भी भागीदार बनकर अपने जीवनानुभवों को तत्क्षण ही सजग एवं स्वरित अनुभव करने लगता है। या यूँ कहें कि वह गीत का सहभोक्ता और अन्ततः उसका प्रकट या प्रच्छन्न अनुगाता हो जाता है। गीतकाव्य का यह अनुगाता, जो उसका ग्रहणकर्ता, श्रोता या प्रकाशित हो जाने के बाद पाठक भी है, अपनी एवं प्रस्तोता की ओर से गेयकाव्य मनःसंश्लेष को मनोलय की एकतानता के द्वारा स्वकीय कर लेता है। दूसरे शब्दों में, गीत भी गान-लय के संप्रेषण से किसी भी अनुगाता का स्वकीय हो जाता है। अतः गान (विशेषतः सवाद्य गान) के पूरे संगीत की संलयात्मक भूमिका का निर्वाह करने की क्षमता केवल गीत की संरचना में होती है, वाचिक कविता में नहीं। इसलिए मानना पड़ेगा कि संगीत-रचना का, विशेषतः कंठ-गान का मनोवैज्ञानिक पक्ष भी गीत की रचना-प्रक्रिया में दूर तक सक्रिय रहता है। साथ ही, गाने की इच्छा एवं मनःस्थिति गायन-योग्य सामग्री के रचने की मनरूस्थिति से भी जुड़ती है और इस प्रकार संगीत का मनोविज्ञान दोनों पर लागू होता है। कहा जा सकता है कि संगीत के मनोविज्ञान से गीत की संरचना किसी न किसी रूप में अवश्य अनुकूलित होती है।

संगीत को 'प्रत्यक्षदर्शनात्मक प्रतीक' के रूप में स्वीकारते हुए सुसन लैंगर ने 'फीलिंग एण्ड फार्म' पुस्तक में लिखा है कि उसे किसी भी तरह भाषा नहीं कहा जा सकता,क्योंकि भाषा मे प्रयुक्त शब्दों का अपना निश्चित शब्दकोशीय अर्थ होता है जबकि संगीत में न तो शब्द-संग्रह होता है और न ही उसके घटकों का कोई निश्चित अर्थ ही। इसी प्रकार संगीत में जो व्यक्त होता है वह भाषा के माध्यम से कभी व्यक्त नहीं हो सकता। लैंगर ने संगीत को भावनाओं की अभिव्यंजना मानने से इंकार करते हुए कहा है कि संगीत के इतिहास में सतत विकसित होने वाले रूपों को महत्त्व प्राप्त हो जाता है, भाषाभिव्यंजना को रूप की तनिक भी आवश्यकता नहीं

होती। संगीत के कारण भावों की अभिव्यंजना या भावजागृति हो तो उसका महत्त्व नहीं है। संगीतकार भावनाओं की व्यंजना नहीं करता या सुनने वाले के सहानुभव का आवाहन नहीं करता, वह देता है भावनाओं के रूपों का ज्ञान। गौरतलब है कि सुसन लैंगर की ये तमाम अतिवादी स्थापनाएँ सुप्रसिद्ध रूपवादी विचारक क्लाईव बेल द्वारा कला-चिंतन के क्रम में प्रवर्तित 'सार्थक रूप' (Significant Form) की अवधारणा को पुष्ट करने के दौरान दी गईं। लैंगर की अवधारणा में संगीत की तरह अन्य कलाओं को भी अभाषिक, प्रत्यक्ष-दर्शनात्मक प्रतीकों के माध्यम से भावनाओं की बनावट एवं रूप की अभिव्यक्ति माना गया है।

प्रभावान्विति की दृष्टि से संगीत को कला की पराकाष्ठा के रूप में स्वीकारते हुए डॉ। नामवर सिंह ने लिखा है कि 'हर कलाकार की यह सबसे बड़ी आकांक्षा रही है कि उसकी कलाकृति संगीत की हद को छू ले। इस लक्ष्य की प्राप्ति के लिए चित्रकारों ने यदि चित्रकला को अधिक से अधिक ज्यामितिक रूपाकारों में बदलने की कोशिश की तो मलारमें जैसे प्रतीकवादी कवियों ने भाषा की सीमा में रहते हुए भी कविता को संगीत बनाने का प्रयत्न किया।' (कहानीः नयी कहानी, पृ. 72) नामवर जी से ही विचार-सूत्र लेकर यदि कहें तो सच्चा गीतकार गीत-रचना के दौरान संगीत का उपयोग केवल वातावरण-चित्रण के लिए ही नहीं करता, बल्कि संगीत के उस रागधर्म को भी व्यक्त करता है जिसके तहत रचना का कथ्य अपनी पृथक सत्ता खोकर संवेद्य के रूप में तत्त्वांतरित हो जाता है। दूसरे शब्दों में सच्चे गीतकार के यहाँ संगीत अनुभवों को अर्थ प्रदान करता है। सच तो यह है कि गीतकाव्य के लिए संगीत केवल अलंकरण नहीं होता, बल्कि उसकी संपूर्ण रचना-प्रक्रिया ही संगीतधर्मी होती है। इस संदर्भ में मुक्तिबोध ने लिखा है कि "काव्य की रचना-प्रक्रिया के अन्तर्गत तत्त्व-बुद्धि, भावना, कल्पना आदि-एक होते हुए भी प्रभाव-संगठन उद्देश्यों की भिन्नता के साथ ही रचना-प्रक्रिया भी, वस्तुतः बदल जाती है। गेय काव्य (लिरिकल पोएट्री)की रचना प्रक्रिया उस कविता की रचना-प्रक्रिया से बिल्कुल भिन्न है, जो मन की किसी प्रतिक्रिया-मात्र का रेखांकन करती है।" (मुक्तिबोध रचनावली,भाग-5,पृ.212)

प्रसंगवश यह याद कर लेना अनुचित न होगा कि जिन दिनों हिन्दी साहित्य क्षेत्र में संकीर्णतावादी रूझान के तहत 'नयी कविता' एवं उस जमाने में रचे जा रहे नये गीतों के बीच अनावश्यक द्विभाजकता का भ्रम पैदा करके दोनों ही रचनाभियानों को परस्पर विरोधी बताया जा रहा था, उस समय भी मुक्तिबोध के मन में कोई अस्पष्टता नहीं थी। उन्होंने लिखा थाः "मनुष्य जीवन का कोई अंग ऐसा नहीं है, जो साहित्याभिव्यक्ति ले लिए अनुपयुक्त हो। जड़ीभूत सौन्द्रर्याभिरूचि एक विशेष

शैली को दूसरी विशेष शैली के विरूद्ध स्थापित करती है। गीतों का 'नयी कविता' से कोई विरोध नहीं है और न 'नयी कविता' को उसके विरूद्ध अपने को प्रतिष्ठापित करना चाहिए।'' (मुक्तिबोध रचनावली,भाग-5,पृ.333)

देखा जाए तो उत्तरशती का गीतकाव्य एक प्रभावकारी रचनाभियान है, जो विरोध के बजाय पूरकता के अत्यन्त विशिष्ट संबंध में 'नयी कविता' और उसके बाद की समकालीन कविता से संपृक्त रहा है। स्पष्ट ही यह पूरकता परिमाणमूलक न होकर गुणात्मक पूरकता है जो आमंत्रित या आरोपित नहीं हो सकती । यही वह बुनियादी बात है जिस उलझन को न सुलझा पाने के कारण कई आलोचक 'नयी कविता' और उसके बाद की कविता के समानान्तर रचित नये गीतों की रचना-प्रक्रिया की जगह दोनों रचनाभियानों को परस्पर पूरक मानते रहें हैं। जबकि वास्तविकता इससे नितान्त भिन्न है। वस्तुतः दोनों के बीच पूरक संबंध दोनों की रचना-प्रक्रियाओं से भिन्न पहलुओं का मनोनीत संबंध रहा है, जिसके अभाव में शायद कविता-मात्र की रचना-प्रक्रिया सम्पूर्ण नहीं हो सकती। सच तो यह है समकालीन कविता एवं गीत के संदर्भ में भी यही बात लागू होती है और इनके पारस्परिक संबंध को अन्योन्याश्रयी रूप में देखा जाना चाहिए।

स्व-नियंत्रित चिन्तन-प्रक्रिया के तहत गीतकाव्य की रचनात्मक शक्ति, संभावना एवं वैशिष्ट्य को नजरअंदाज करते हुए प्रभाकर श्रोत्रिय ने लिखा है कि ''गीत का भावपरकता से स्वाभाविक संबंध है। कवि पर गीतिमत्ता का दबाव जितना अधिक होता है, उतना ही उसका जीवनानुभव, चिंतन और लक्ष्य आवेग से आच्छन्न हो जाता है। इससे आधुनिक मनोवैज्ञानिक दृष्टि नहीं उपजती जो प्रेक्षण, अनुभूति और कल्पना की निरूसंग शल्य-क्रिया करती है। भाव-बोध के साथ मूल्य-बोध की दोहरी चेतना जो कारण की जटिलता का अन्वेषण करती है, गीत की अभिवृत्ति नहीं है। इसीलिए गीतकार प्रायः उद्वेग, आकर्षण, लालसा, मनस्ताप, करूणा आदि की काल्पनिक अनुभूति से ग्रस्त रहता है। गीत के रूपतंत्र से मुक्त हुए बिना किसी कवि के लिए काल्पनिक अनुभूतियों के दबाव से मुक्त होना प्रायः संभव नहीं होता।'' (कालयात्री है कविता,पृ.119)

ध्यातव्य है कि अज्ञेय ने भी एक समय में संस्कृत के किसी छुटभैए आचार्य द्वारा कथित 'गीतं काव्येन हन्यते' की तर्ज पर गीत को 'गतानुगतिक रचना' कहकर उसकी महत्ता पर प्रहार किया थाः ''विश्व का कोई भी साहित्य अपने गीतकारों को अपने काव्य में नहीं गिनता।'' (आज का भारतीय साहित्य, पृ.409) जबकि वर्ड्सवर्थ एवं कालरिज द्वारा संपादित 'लिरिकल बैलेड्स' का विश्वसाहित्य में महत्त्व सर्वविदित है। इतना ही नहीं, उन्होंने 'आलवाल' में अपने समय के गीतकारों को कथावाचकों

की परंपरा से संबद्ध बताते हुए लिखा था: "वास्तव में आज का गीतकार न तो संगीत की परंपरा में है, न काव्य की परंपरा में। उसकी परंपरा आल्हा गानेवालों की या कथावाचकों की परंपरा है। उनमें से अधिकतर स्वयं अपनी परंपरा को न पहचानने के कारण अपनी प्रतिभा का सही उपयोग नहीं करते हैं।" (पृ.60)

वस्तुतः अज्ञेय की यह टिप्पणी अंतर्विरोधों से भरी है, क्योंकि विभिन्न सप्तकों में असंकलित उस समय के अनेक महत्त्वपूर्ण गीतकारों को छोड़ भी देंय तब भी इन सप्तकों में ऐसी अनेक रचनाएँ संकलित हैं, जो मूलतः गीत हैं। स्वयं अज्ञेय की 'चिन्ता' में न केवल अनेक गीत हैं, बल्कि वहाँ उनका गद्य भी प्रगीतात्मक है। उनके एक गीत की पंक्तियाँ इस संदर्भ में द्रष्टव्य हैं

प्यार के उन्माद से भर
पंडुकी भी स्वर बदलकर
सघन पीपल-डाल पर से
थी बुलाती प्रणय-सहचर
छा रहा सब ओर था
अनुराग का कलहास
वह मिलन की प्यास।

'दूसरा सप्तक' (1951) में जहाँ भवानी प्रसाद मिश्र, हरिनारायण व्यास, नरेश मेहता और धर्मवीर भारती आदि के गीत संकलित है; जो पूर्ववर्ती गीतों से भिन्न है, तो 'तीसरा सप्तक' (1959) में भी केदारनाथ सिंह ('धान गीत', 'वसंत गीत', 'फागुन गीत', 'विदा गीत'), प्रयाग नारायण त्रिपाठी आदि के साथ ही सर्वेश्वर दयाल सक्सेना ने 'सुहागिन का गीत' लिखकर गीत के साथ अपना संबंध स्थापित किया था और कहना न होगा कि इन रचनाकारों का तेवर कहीं से भी परंपरित नहीं है। दूसरे शब्दों में, अनुभूति एवं अभिव्यक्ति, दोनों ही दृष्टियों से उपर्युक्त रचनाओं का दायरा भिन्न एवं विशिष्ट है।

काव्य के प्रसंग में गेयता, संगीतात्मकता एवं छन्दोबद्धता को पिछड़ेपन की निशानी घोषित करने को आमादा आधुनिकतावादी समालोचकों को याद दिलाना शायद जरूरी हो कि कदाचित गीतकाव्य की अभिग्रहण-प्रक्रिया और रचनात्मक प्रभाव को स्वीकार करते हुए बहुत पहले भारतेंदु हरिश्चन्द्र ने लिखा था कि 'जितना काव्य को संगीत द्वारा सुनकर चित्त पर प्रभाव होता है उतना साधारण शिक्षा से नहीं होता। इससे साधारण लोगों के चित्त पर भी इन बातों का अंकुर जमाने को इस प्रकार से जो संगीत फैलाया जाय तो बहुत कुछ संस्कार बदल जाने की आशा है।' इतना

ही नहीं, वे जन साधारण में नवीन संस्कार जगाने के लिए ग्रामगीतों के आदर्श पर गीत काव्य रचने के पक्षधर थे : 'ऐसे गीत बहुत छोटे-छोटे छंदों में और साधारण भाषा में बनें, वरंच गवांरी भाषाओं में और स्त्रियों की भाषा में विशेष हों। कजली, ठुमरी, खेमटा, कहरवा, अद्धा, चौती, होली, साँझी, लावनी, जाँते के गीत, विरहा, चनैनी, ग़ज़ल इत्यादि ग्रामगीतों में इनका प्रचार हो और सब देश की भाषाओं में इसी अनुसार हो।' (भारतेन्दु ग्रंथावली, तीसरा भाग)

अपनी ज़मीन से गहरे जुड़े राष्ट्रीय साहित्य एवं संस्कृति के निर्माण में लोकगीतों की महती भूमिका पर प्रकाश डालते हुए भारत के महान सांस्कृतिक व्यक्तित्त्वों में एक आनंद कुमारस्वामी ने भी लिखा है : ''भारत इंगलैंड के अनुभव से सीख सकता है। एक प्रगतिशील देश के रूप में इंगलैंड ने जन-गीतों में निहित सार से प्रेरणा ली है। ये गीत वे किसान गाते थे जिन्हें अशिक्षित समझा जाता था। एक समय इंगलैंड ने जनता के इन गीतों की उपेक्षा की थी। यदि हमने भी अपने लोकगीतों में निहित निर्देशों की अवहेलना की तो हमें भी सांस्कृतिक क्षीणता के युग से गुजरना पड़ेगा। लेकिन एक दिन हमें यह अवश्य स्वीकार करना होगा कि हमने एक महत्त्वपूर्ण चीज की अनदेखी की है। हमने उन किसानों और अशिक्षितों के हृदय में बसने वालें गीतों की उपेक्षा की है जो शिक्षित लोगों से अधिक 'भारतीय' हैं। ...भारत के सुंदर भविष्य का निर्माण वही कर सकते हैं जो भारतीय परिस्थितियों के अनुरूप चीजों की आवश्यकता या अनावश्यकता परखते हैं।'' (पूरनचंद्र जोशी : संस्कृति विकास और संचार क्रांति, पृ.172)

दरअसल, जो रचनाकार आम आदमी की अनुभूति की संस्कृति और अभिव्यक्ति के रूप प्रकारों से जितनी गहराई के साथ जुड़ा होगा, उसकी रचना उतनी ही स्वाभाविक, जीवंत एवं सम्प्रेषणीय होगी। इस दृष्टि से उत्तरशती में रचित कुछ श्रेष्ठ जनगीतों को 'लोकगीतों की पैरोडी' कहकर सिरे से खारिज कर देने के बजाय उनके रचनात्मक स्रोत, अभिप्राय तथा प्रभाव आदि का मूल्यांकन हिन्दी आलोचना के समक्ष एक बड़ी चुनौती है।

उल्लेखनीय है कि सहृदय जब तक केवल पाठक रहता है, वह गीत में अंतर्निहित रागात्मक अनुभूति की संरचना को शिद्दत के साथ अपने अनुभव संसार का हिस्सा नहीं बना पाता, लेकिन जैसे ही वह गीत की सांगीतिक प्रस्तुति का भोक्ता बनता है– अर्थात गीत का गायन या वादन आस्वादित करता है, वह गीतकार के स्वानुभूत अनुभव जगत का अनिवार्य अंग बनने की प्रक्रिया में सम्मिलित हो जाता है। इसे रचनाकार और रचना-कर्म के साथ तादात्म्यता के रूप में विश्लेषित किया जाना चाहिए। यहीं पर पाठक/श्रोता का तत्त्वांतरण सहृदय के रूप में हो जाता है

और वह गीत का तत्क्षण सहभागी बन जाता है– जो मानवीय संवेदना के मर्म को महसूस कर, या भावन-सामर्थ्य की धरती पर खड़ा होकर गीत का अभिग्रहण करने के दौरान रचना-प्रक्रिया का मात्र साक्षी नहीं, बल्कि अंग बन जाता है। इसी बात को अपने तईं रेखांकित करते हुए यतीन्द्र मिश्र ने लिखा है कि "कोई भक्ति का पद हो या या शृंगार का वर्णन, उसकी व्याख्या या टीका उतनी गहराई से लिखकर या बोलकर व्यक्त नहीं की जा सकती, जितनी उसको गाकर हो सकती है। किसी संत का लिखा हुआ कोई सुन्दर पद, सवैया जब गायक अपनी तन्मयता से राग में निबद्ध करके गाता है, तो अर्थ की व्यंजना बहुत दूर तक, बहुत गहरे और अनंत तक न सिर्फ अनुभूत, बल्कि शंख के वलय की भाँति एक बड़ा सुर का वृत्त बनाती हुई उत्तरोत्तर उर्ध्वगामी आगे बढ़ती है, जो स्वर के धीमा होने पर भी कुछ देर तक बची रहती है। तुलसीदास का 'गाइए गणपति जगबन्दन' उतना अर्थगाम्भीर्य व्याख्या में नहीं देता, जितना उस क्षण देता है, जब कोई सांगीतिक व्यक्ति उसे गाता है।"

बहरहाल, कहना यह है कि केवल तथाकथित पाठक के रूप में किसी गीत को पढ़कर उसकी पंक्तियों में निहित अनुभूति की संरचना को महसूस करना ही नहीं, बल्कि व्याख्यायित करना भी लगभग असंभव है, जिनकी संगीतमय आवृत्ति या गायन सुनकर गीतकार के अनुभव की प्रामाणिकता परिमाण-भेद से मानवीय संवेदना के साथ प्रबुद्ध एवं सहृदय पाठक और श्रोता तक पहुँचती है। हिन्दी आलोचना में कुछेक ऐसे उदाहरण जरूर मिलते हैं, जहाँ गीतकाव्य के मर्म को पकड़ने की छटपटाहट दिखाई देती है। उदाहरण के लिए सूरदास द्वारा 'महारास' के प्रसंग में रचित एक पद पर रामविलास शर्मा की टिप्पणी उल्लेख्य है । पद इस प्रकार है–

अरूझी कुंडल लट, बेसरि सौं पीत पट, बनमाल
बीच आनि उरझे है दोउ जन।
प्राननि सौं प्रान, नैन नैननि अटकि रहे, चटकीली
छबि देखि लपटात स्याम घन
होड़ा-होड़ी नृत्य करें, रीझि-रीझि अंक भरैं,
ता-ता थेई-थेई उछटत हैं हरखि मन।
सूरदास प्रभु प्यारी, मंडली जुवति भारी,नारी कौ
आँचल लै-लै पोंछत हैं श्रमकन।

इस संगीतमयी रचना में आये उल्लास के अपूर्व चित्र पर रीझकर रामविलास शर्मा अपने मित्र केदारनाथ अग्रवाल को लिखते हैं : "कृष्ण के कुंडलों में राधिका की लट, राधा की बेसर में कृष्ण का पीत पट उलझे (उलझा) हैं (है)। नृत्य घनीभूत है न ! वनमाल में दोनों ही उलझ गये हैं। होड़ करके नाचते हैं। सामंती निषेधों की

बेड़ियाँ पैरों में नहीं हैं, इसलिए प्राक्-सामंती समाज की स्वच्छंदता के ताल पर नाच रहे हैं। प्राणों से प्राण, नैनों से नैनों का मिलना।...रीझ-रीझ कर अंक भरनाय ता-ता थेई-थेई उछटत पर जब मृदंग पर थाप पड़े, तब नाद की नसेनी पर मन सुन्न महल पर पहुँच जाए। मंड़ली-जुवति हैय अनेक नाचने वाले हैं। सामूहिक उल्लास। फिर समग्र क्रिया की पूर्ति के फलस्वरूप आँचल से श्रमकन पोंछना रस-निष्पत्ति की पराकाष्ठा है।''

(मित्र संवाद, पृ.164)

अशोक वाजपेयी ने उल्लेख किया है कि ''प्रख्यात संगीतकार कुमार गंधर्व ने एक बार लाचारी तोड़ी राग की एक बंदिश का जिक्र करते हुए कहा था कि इतिहास अधूरा सच बताता है, संगीत पूरे सच को पकड़ने की चेष्टा करता है। बंदिश थी : 'ऐ तूरुक बटमार, बरज़ोरी मोकों गरवा लगाय लेत'। कुमार गंधर्व कहते थे कि इतिहास में तो यही दर्ज है कि तुर्क सैनिक भारतीय स्त्रियों के साथ ज़ोर-जबरदस्ती करते थे। लेकिन इस बंदिश में उस सुख का भी संकेत है जो इस ज़ोर- जबरदस्ती में मिलता था।'' (कवि कह गया है, पृ.210) एक अन्य संदर्भ में कुमार गंधर्व ने कहा हैः 'राग तो नंगा होता है, उसे कपड़े हम पहनाते हैं।' स्पष्टतः यह गरिमामय वस्त्र उस गायन-योग्य शब्द-संरचना से निर्मित होता है जिसका रचयिता या तो कोई गीतकार होता है या लोक। यदि गीत किसी शास्त्रीय राग-रागिनी में बड़े रचनाकार ने लिखा हो तो उसकी शब्द-संरचना का मर्म परंपरानुमोदित दीक्षित कंठ से सुनने पर ही अनुभव किया जा सकता है। जबकि लोकगीतों का मर्म, बकौल हबीब तनवीर, 'कागज पर नहीं, गायक के कंठ में वास करता है।'

गीत-संगीत के प्रसंग में शास्त्र और लोक के अंतःसम्बन्ध के मद्देनजर विख्यात शास्त्रीय गायिका गिरिजा देवी का स्मरण स्वाभाविक है। अपने एक साक्षात्कार-क्रम में ठाकुर जयदेव सिंह के हवाले से वे कहतीं हैं : ''शास्त्रीय गायन को लोक-संगीत ने ही बचाया है। जब हमारे यहाँ मुगलों का आक्रमण हुआ, तब उस समय कलाकार इधर-उधर हो गये। एक शांतिपूर्ण वातावरण में ध्रुपद-धमार, भजन-कीर्तन की जो परम्परा चल रही थी उसमें मुग़लों के आने के बाद काफी क्षति हुई कलाकारों ने दूसरों के घरों में शरण पायी, कुछ ने गाना-बजाना छोड़ दिया, काफी क्षति हुई। कुछ खेती करने लगे, कुछ व्यापार में उतर आए। इस तरह स्वस्थ संगीत का वातावरण खत्म हो गया, मगर औरतों के कान में जो गाने पड़े थे, उन्होंने जस-का-तस उसे याद रखा, फिर समय-समय पर वे स्त्रियाँ काज-प्रयोजन में इन्हें अपनी सुविधानुसार गाने लगीं और मुझे लगता है इसी तरह संगीत विलुप्त होने से बचा रहा।'' (यतीन्द्र मिश्रः गिरिजा, पृ.116)

रचनात्मक अभिप्राय एवं प्रभाव की दृष्टि से गीत की रचना-प्रक्रिया में शास्त्रज्ञान एवं लोक-संपृक्ति के कारण उत्पन्न अंतराल को त्रिलोचन और जानकीवल्लभ शास्त्री के गीतों के विशेष संदर्भ में अपने तईं उजागर करते हुए रेवती रमण ने लिखा है कि ''दोनों की रचना-प्रक्रिया में एक भीतरी समानता यह है कि ये अपने से जोड़कर ही चीजों का, काव्य-वस्तु का रंग-रूप संवारते हैं, लौकिक स्तर पर दोनों के शब्द-संयोजन में कोई विशेष फर्क नहीं, लेकिन भाव-पक्ष की परिणति को लेकर जानकीवल्लभ शास्त्री निराला की अर्चना-अराधना वाले भक्त-रूप से जुड़ते हैं, उनकी प्रतिनिधि चिन्ता प्रेम-भावुकता को दार्शनिक तल पर पहुँचा कर गीत-संगीत को आध्यात्मिक उपलब्धि में ढाल देती है। यह एक तरह से मध्यकालीन सन्त-भक्त कवियों की रचना-पद्धति है। दूसरी और त्रिलोचन भौतिकवादी-यथार्थवादी दिखने के प्रयत्न में रोमैंटिक भाव-बोध के अंतर्गत ही संतुष्ट हो लेते हैं। उनके गीत भी आन्तरिक जरूरत का कम आभास नहीं देते, पर जानकीवल्लभ शास्त्री का-सा निर्द्वन्द्व और निश्चिन्त आत्मालाप वे नहीं लिख पाये।''(कविता और मानवीय संवेदना, पृ.56) किन्तु, भारतीय संगीत परम्परा का अपने आंतरिक कवित्वपूर्ण भोवोद्रेक से सामंजस्य बिठाते हुए जानकीवल्लभ शास्त्री जिस गेय शब्द-संरचना का निर्माण करते हैं, उसकी रचना-प्रक्रिया पर यह टिप्पणी लागू नहीं होती। उदाहरण के लिए 'मेघ-रंध्र में मन्द्र सान्द्र ध्वनि/द्रिम-द्रिम-द्रिम उन्मद मृदंग की' – जैसे गीतों की रचना-प्रक्रिया को विवेचित-विश्लेषित करना उस आलोचक के लिए नामुमकिन है जो संगीत के नाद-सौंदर्य की बारीकियों से लगभग अपरिचित है।

इस संदर्भ में प्रसाद एवं निराला के गीतों की रचना-प्रक्रिया पर दृष्टि डालना समीचीन हो सकता है। जयशंकर प्रसाद गीत की निर्माण प्रक्रिया में अनुभूति के गहन क्षणों में भी उपयुक्त भाषा की सार्थक भूमिका को विस्मृत नहीं करते। सघन अनुभूति के नितान्त रचनात्मक क्षणो में भी शब्द-चयन, शब्द-लय, शब्द-ध्वनि का सायास चुनाव संम्प्रेषण के प्रति गीतकार की जागरूकता को स्पष्ट करता है। इस बात को उनके गीत 'तुमुल कोलाहल कलह में मैं हृदय की बात रे मन' के विश्लेषण से समझा जा सकता है।

इस गीत की प्रथम पंक्ति से ही स्पष्ट है कि अनुभव की किस गहराई से यह रचना उद्‌भूत हुई है। वस्तुतः यह उस व्यक्ति द्वारा रचित गीत प्रतीत होता है, जो भारतीय दर्शन में आए प्रकृति और मनुष्य की पारस्पारिकता में द्वन्द्व की जगह समस्वरता या 'हारमनी' की खोज कर लेता है। समय के जिस काल खंड में प्रकृति और मनुष्य परस्पर विरोधी भूमिका में व्याख्यायित किए जा रहे हों, विकसिनशील मानवता की समृद्धि का पैमाना प्रकृति का नृशंस दोहन बन चुका हो, वहाँ गीतकार

द्वारा मनुष्य और प्रकृति की उदात्त समस्वर भूमिका का अंकन उसे भारतीय संस्कृति की अति प्राचीन चिन्तन-सरणि का अनिवार्य अंग बनाता है। गीत की पहली पंक्ति में ही उस दर्शन की ओर संकेत किया गया है। यह कोलाहल और कलह वह है जिसके संसार को छोड़ कर कभी नाविक को विकल्प खोजने के लिए कहा जा रहा था। यहाँ उल्लेखनीय है कि कहने वाला कोलाहल से अलग नहीं, अपितु उसका भागी होकर ही हृदय की बात करना चाह रहा है, जिसे कवि ने मानवीय रूप में प्रस्तुत किया है। वह 'तुमुल कोलाहल' चाहे प्रकृति का हो या मानव-समाज का कलहपूर्ण कोलाहल हो, हृदय की बात उसमें 'हारमनी' पैदा कर देती है। गीत की विभिन्न अंतराओं में एक क्रम है और ऐसा लगता है कि जैसे गीतकार अपने अस्तित्व और व्यक्तित्व की भीतरी रचना को संवेदना की कई तहों में क्रमशः खोल रहा है। गीत के पहले टुकड़े में बचपन से लेकर वृद्धावस्था तक अनुभव की परिपक्वता को गीतात्मक रूपांतरण द्वारा कई सोपानों में रखा गया है। गीत के आरंभ में कुतूहल और विस्मय है। 'मलय की वात' शैशव की पुलक की तरह आ रही है तथा चेतना का थकना उस शैशव को धारण करने वाले शिशु को जन्म देने वाली माता का प्रसव-पीड़ा से थकना है। इसकी रचनात्मक प्रतिध्वनि कालिदास के 'रघुवंश' में सुनी जा सकती है : 'पश्चिमात् यामिनी यामात् प्रसादमिव चेतना'। रात्रि के अंतिम प्रहर में जैसे चेतना प्रसार पाती है वैसे ही इन्दुमती ने वृद्धावस्था में पुत्र पाकर अपनी चेतना का प्रसार पाया। इस गीत में कौतूहल और विस्मय की अवस्था के बाद आकर्षण का स्रोत, अभिलाषाओं के चित्र, मिलन-विरह की आँखमिचौली, धैर्य की गहराई, विषम बाधाओं की ध्वनि, चिंतन, अंतःसंघर्ष और अंतर्द्वन्द्व-जैसी यौवन से पौढ़ता प्राप्त करने तक की स्थितियों की क्रमिक अवस्थाओं का चित्रांकन और गीत के अंत में एक व्याप्ति एवं चरितार्थता प्राप्त करने की पूरी प्रक्रिया का संकेत भी हुआ है। इस रचना की सर्वाधिक दुर्व्याख्येय पंक्तियों में से एक को लें —

पवन की प्राचीर में रुक,
जला जीवन जी रहा झुक;

इस पंक्ति की अंतर्वस्तु को यदि रंग-रेखाओं के सहारे उभारा जाए तो एक ऐसे कैदी का बिम्ब उभर सकता है जिसके लिए जो बंदीगृह है वह उसके मनरूलोक से संबंध हो सकता है। यह 'पवन की प्राचीर' है, जो किसी राजा द्वारा निर्मित न होकर परम्पराओं द्वारा निर्मित है, जिसमें बंदी झुककर दग्ध जीवन जीने के लिए अभिशप्त है। वस्तुतः शब्दों में विरल रेखाओं से निर्मित इस रेखाचित्र में स्त्रीत्व की अत्यंत कलात्मक पारदर्शी छवि अंकित की गई है। यहीं पर प्रसाद मात्र एक गीत के माध्यम से सम्पूर्ण भारतीय मनुष्य के आध्यात्मिक जीवन-दर्शन को उदात्त रूप

में प्रस्तुत कर देते हैं।

गीत का अनिवार्य संबंध गायन-क्रम में प्रयुक्त होनेवाले विभिन्न अंग-उपांगों से होता है। प्रसाद के गीतों पर सांगीतिकता अथवा राग-रागिनी की दृष्टि से विचार करने पर स्पष्ट है कि यद्यपि उनके गीतों का संबंध गायन से है, तथापि उन्होंने भक्तिकालीन गीतकारों अथवा निराला की तरह अपने गीतों के संदर्भ में इस संबंध में कोई स्पष्ट निर्देश नहीं किया है। फिर भी, 'बीती विभावरी जाग री' का वाचन-श्रवण करने वाले सहृदय जानते हैं कि यह गीत 'राग भैरवी' में बहुत ही सफलतापूर्वक गाया गया है। कारण यह कि उसकी आंतरिक शब्द-संरचना, निकटस्थ अवयवों का संयोग और अर्थलय 'राग भैरवी' के नितान्त उपयुक्त है। प्रातरूकालीन राग को ऊषाकाल के चित्रण के साथ संबद्ध कर देना गीतकार की रागात्मक और सांगीतिक मनोरचना का परिचायक है। और इसके गायन-क्रम में भैरवी की आत्मा को मूर्त करने के लिए गीतकार ने ध्वनि-तत्त्व का सहारा लिया है। ऐसे तो 'अम्बर-पनघट में डुबो रही ताराघट ऊषा नागरी' एक चित्र है, पर यह घड़े के जल मे डुबोये जाने से उत्पन्न जल की ध्वनि का चित्र है। यदि कोई इस विभावरी को नदी-तट पर बीतता हुआ देखे तो उसे प्रतीत होगा कि नदी की प्रवहमान जलधारा में हवा की गति के अनुरूप जो अन्तर आता चलता है, वही इस गीत में ध्वनित हो रहा है। दूसरे शब्दों में, गीतकार जयशंकर प्रसाद इस रचना में ध्वनियों के नये प्रवर्तन के द्वारा रात्रि के बीत जाने और सुबह के आने का जो बोध पैदा करना चाहते है, उसे भैरवी में जब गले से कई तरह की तानों के संकोच और विकुंचन, आरोह-अवरोह आदि के द्वारा जिन ध्वनियों के सहारे व्यक्त किया जाता है, वह 'भैरवी' के संदर्भ में इस गीत के लिए अत्यंत उपयुक्त है।

जयशंकर प्रसाद के गीतों की अंतर्वस्तु में हमें वहाँ क्लासिकी यथार्थवाद के दर्शन होते हैं, जहाँ प्रकृति और मनुष्य के बीच की द्वन्द्वात्मकता को कलात्मक ढंग से उभारा गया है। उनके गीतों को इस संदर्भ में देखा जाना चाहिए, क्योंकि प्रकृति का परिवेश उभारे बगैर प्रायः वे मानवीय सत्य को निरूपित या चित्रित नहीं करते हैं। 'उठ-उठ री लघु-लघु लोल लहर' गीत में यह बताया गया है कि विषमता और प्रकृति की नियामकता के बीच क्या संबंध है और मनुष्य की जीवंतता कैसे उन लहरों की तरह स्वयं को चरितार्थ करती है।

निराला के 'बाँधो न नाव इस ठाँव बंधु' अथवा 'सुख का दिन डूबे डूब जाय' सरीखे परवर्ती गीतों को अपवादस्वरूप छोड़ दें तो प्रसाद से भिन्न उनके अनेकानेक गीतों में हमें अनुभव के प्रति अतिरिक्त मोह एवं अभिव्यक्ति के प्रति सामान्य पहलकदमी

या कई बार अभिव्यक्ति के स्तर पर चमत्कार पैदा करने की प्रवृत्ति दिखाई देती है। नतीजतन उनके अनेक गीत पाठक एवं श्रोता को चुनौती देते-से प्रतीत होते है। उदाहरण के लिए जानकीवल्लभ शास्त्री द्वारा 'मंत्र गीत' के रूप में अभिहित निराला रचित्त 'रचना की ऋजु बीन बनी तुम' की पंक्तियाँ देखी जा सकती हैं :

रचना की ऋजु बीन बनी तुम !
ऋतु के नयन नवीन बनी तुम !

पल्लव के उर कुसुम-हार सित,
गन्ध-पवन-पावन विहार नित,
मिलित-अन्त नभ नील-विकल्पित
एक-एक से तीन बनी तुम !

चपल बाल क्रीड़ा अब अवसित,
यौवन के वन मदन नहीं श्रित,
प्रौढ़ प्राण से शाश्वत विगलित,
तुम जानो कब लीन बनी तुम !

उपर्युक्त दोनों अंतराओं में किसी अंतर्बंध के अभाव में सहृदय समझ नहीं पाता कि आखिर कैसे ये एक ही गीत के दो अंतराएँ हैं। दूसरे शब्दों में, वह गीतकार के अनुभव के प्रति अतिरिक्त मोह से घनीभूत इस प्रकरण को तल तक स्पष्ट महसूस नहीं कर पाता। 'गीतिका' में संग्रहित कई गीतों के साथ ऐसी स्थिति घटित होती हुई दिखाई देती है।

प्रसाद एवं निराला के गीतों की रचना-प्रक्रिया पर दृष्टि डालने से जाहिर होता है कि प्रसाद के गीत जहाँ चित्रों का वहन करते हैं, वहाँ निराला के गीत ध्वनियों का। स्पष्टतः 'बादल राग' में निहित नाद—सौंदर्य के मद्देनजर इसे अलग से समझाने की जरूरत नहीं है। दूसरी बात यह कि जहाँ प्रसाद किसी एक प्रतिमा को अपने गीत में उत्कीर्ण करके उसे वहीं समाप्त नहीं करते, बल्कि अनेक छोटे चित्रों को परस्पर गूँथकर एक पूरा अर्थ-परिवेश रच देते हैं, वहाँ निराला अपने तमाम शाब्दिक एवं अर्थजन्य परिवेश को एकत्र कर उन्हें अंग-अवयव की तरह जोड़ते हुए अपने संवेद्य की एक प्रतिमा खड़ी करते हैं। इस प्रकार यह कहा जा सकता है कि शाब्दिक संरचना एवं रचनात्मक प्रभाव की दृष्टि से निराला के गीत यदि आवयविक हैं तो जयशंकर प्रसाद के गीत प्रवहमान।

हिन्दी समीक्षा ने एक लंबे समय तक 'कविता' और 'गीत' में द्विभाजकता ही

नहीं देखी, बल्कि कई बार उन्हें परस्पर विरोधी तक घोषित किया। एक समय नामवर सिंह ने लिखा था– 'मैं मानता हूँ कि समकालीन कविता लिरिक नहीं हो सकती, लिरिक से मेरा अभिप्राय आकारपरक नहीं है।' जबकि सच्चाई यह है कि कविता और गीत परस्पर विरोधी न होकर पूरक है। वस्तुतः कविता की काव्यात्मकता को लिरिक से अलगा कर कतई नहीं देखा जा सकता। कारण यह कि कविता का लिरिक होना उसके कविता होने की बुनियादी शर्त है जो कदापि निरस्त नहीं की जा सकती। एक बात यह भी कि कविता का लिरिकल होना राष्ट्रीयता, प्रगतिशीलता या प्रतिबद्धता के आड़े नहीं आता। अर्डोनो ने सही लिखा है कि "प्रगीत तत्त्वतः सामाजिक होता है। प्रगीत की पुकार का मर्म वही समझ सकता है जो उसकी आत्मपरकता में निहित मानवीयता की आवाज सुन पाता है।" (गरिमा श्रीवास्तव, संपादक : उपन्यास का समाजशास्त्र, भूमिका)

आश्वस्त करने वाली बात यह है कि आगे चलकर अपने पूर्वाग्रह को तोड़ते हुए नामवर जी ने 'प्रगीत और समाज' शीर्षक निबन्ध में लिखा : "स्वीकार करना चाहता हूँ कि पन्द्रह वर्ष पहले कविता के नये प्रतिमान में कविता के प्रतिमान को व्यापकता प्रदान करने के लिए जब मैंने मुक्तिबोध की लंबी कविताओं– जैसी वस्तुपरक नाट्यधर्मी कविताओं को भी विचार की सीमा में ले आने के लिए आग्रह किया था तो आत्मपरक प्रगीतधर्मी छोटी कविताओं में निहित सामाजिक सार्थकता की संभावनाओं का पूरा-पूरा एहसास न था।...कितनी बड़ी विडंबना है कि जिस साहित्य में काव्योत्कर्ष के मानदंड प्रबंध काव्यों के आधार पर बने हों और जहाँ प्रबंध काव्य को ही व्यापक जीवन के प्रतिबिंब के रूप में स्वीकार किया गया हो, उसकी कविता का इतिहास मुख्यतः प्रगीत-मुक्तकों का है, यही नहीं बल्कि गीतों ने जन-मानस को बदलने में क्रांतिकारी भूमिका भी अदा की।" (वाद विवाद संवाद, पृ.108-109)

उपर्युक्त स्वीकारोक्ति के बावजूद अब तक हमारी आलोचना 'गीतकाव्य' के मूल्यांकन हेतु उपयुक्त निकष निर्मित नहीं कर सकी है। यदि यह कार्य भारतीय काव्यशास्त्र के आचार्यों ने संपन्न नहीं किया तो कम से कम छायावाद के आलोचकों का इस ओर मुखातिब होना जरूरी था, क्योंकि छायावादी कवियों ने प्रभूत संख्या में श्रेष्ठ गीतों की रचना की है। यह विचित्र बात है कि हम एक ही निकष पर 'पेशोला की प्रतिध्वनि' कविता और 'भारती जय विजय करे' गीत, दोनों की समीक्षा करते हैं। जबकि उपर्युक्त स्थिति या नागार्जुन की 'मंत्र कविता' और 'धिन-धिन-धा धमक-धमक मेघ बजे' गीत का मूल्यांकन एक ही प्रकार के आलोचनात्मक निकष

पर करना बेमानी है। चूँकि कविता से एक हद तक भिन्न गीत की एक अलग रचनात्मक शर्त एवं समझ होती है, इसलिए हिन्दी आलोचना-क्षेत्र में व्याप्त इस अंधसामान्यीकरण की प्रवृत्ति से छुटकारा पाकर हिन्दी में प्रस्तुत्य कला की आलोचना विकसित किए बगैर भारत की जातीय संस्कृति की ज़मीन को बचाये रखने में समर्थ पूर्ववर्ती गीतों के साथ-साथ इस तथाकथित उत्तर-आधुनिक दौर में रचे जा रहे श्रेष्ठ गीतों के भी समुचित मूल्यांकन की प्रविधि का विकास असंभव है।

आलोचना, 2010

अच्छी कुंठा रहित इकाई

"आज यदि हम जीवन के गौरव की रक्षा करना चाहते हैं तो हमें परखने और मुकाबला करने की शक्ति को संगठित करना होगा, हमें एक आलोचक राष्ट्र का निर्माण करना होगा ।...आलोचना से अनुभूति में व्यापकता और गहराई आती है और बिना गहरी अनुभूति के संस्कृति संभव नहीं है।"

—अज्ञेय

"अज्ञेय की कलात्मक अनुभूति में सांस्कृतिक दृष्टि है, पर वह कलात्मक अनुभूति के दर्पण में ही है।"

—शमशेर बहादुर सिंह

छायावादोत्तर रचनात्मक परिदृश्य पर विचार करते हुए नामवर सिंह ने लिखा है कि "सन् 1936 के बाद का हिन्दी साहित्य प्रगतिशील आन्दोलन के सचेत और संगठित हस्तक्षेप का फल है और उसे हम चाहें तो वाल्टर बेन्जामिन के शब्दों में 'इतिहास के नैरन्तर्य में विस्फोट' की संज्ञा दे सकते हैं। उस समय साहित्य में 'प्रगति' से प्रगतिशील लेखकों का यही आशय था। समाज और संस्कृति के समान ही साहित्य भी संकट के दौर से गुजर रहा था। विकास की गति रूद्ध थी। आवश्यकता थी सृजन की शक्तियों के उन्मोचन की। यह उन्मोचन ही प्रगति है।" (वाद विवाद संवाद, पृ.96)

रचनाकारों के वैज्ञानिक यथार्थवादी रूझान की दृष्टि से यदि हम सन् 1936 से 1951 तक के काल को प्रगतिशील आंदोलन का स्वर्ण काल कहें तो अत्युक्ति न होगी। कारण यह कि इस बीच समाजवादी यथार्थवाद को अपनी रचना-दृष्टि बनाकर लेखकों द्वारा साहित्य की तमाम विधाओं में व्यापक स्तर पर लेखन हुआ, विभिन्न पत्र-पत्रिकाओं ने रचनाकारों को मंच प्रदान किया तथा प्रगतिशील समीक्षकों ने उनका मूल्यांकन किया।

प्रगतिशील काव्यधारा के मूर्धन्य कवियों की काव्य-यात्रा पर विचारने से स्पष्ट होता है कि इनकी रचना-यात्रा के बीच में ही 'प्रयोगवाद' एवं 'नयी कविता' के

आंदोलन उठ खड़े होते हैं जिनकी जनविरोधी प्रवृत्तियों से ये कवि टकराते हैं तथा 'नयी कविता' के अवसान के बाद फिर जब जनवादी कविता का दौर आरंभ होता है तो इन सब की पुनःप्रतिष्ठा होती है। इस संदर्भ में ध्यान देने की बात यह कि प्रगतिशील कवि न तो काव्य-क्षेत्र में प्रयोगधर्मिता के विरोधी थे और न ही उनका विरोध पूरी की पूरी ष्नयी कविता' से था। वस्तुतः उनकी असहमति 'प्रयोगवाद' एवं 'नयी कविता' की उस जनविरोधी आधुनिकतावादी भावधारा से थी जो रचनाशीलता के क्षेत्र में 'व्यक्ति स्वातंर्त्य' के नाम पर सामाजिक यथार्थ का तिरस्कार कर रही थी। प्रयोगवाद एवं नयी कविता के ऐसे कवियों की बद्नीयत की पृष्ठभूमि में निहित राजनीतिक संदर्भों का पर्दाफाश करते हुए मुक्तिबोध लिखते हैं कि "सन् 1951-52 के अनन्तर साहित्य क्षेत्र से, विशेषकर काव्य क्षेत्र से, प्रगतिवादी विचारधारा को खदेड़कर बाहर करने के लिए नयी कविता के बुर्ज से शीतयुद्ध की गोलन्दाजी की गयी थी। यह शीतयुद्ध, मेरे लेखे विश्व में चल रहे राजनैतिक शीतयुद्ध की साहित्यिक शाखा के रूप में था।" गौरतलब है कि सन् 1950 मे जब बम्बई में यूरोपीय पूँजीवादी तथा अमरीकी साम्राज्यवादी ताकतों के सांस्कृतिक संगठन "सोसायटी फॉर कल्चरल फ्रीडम" की शाखा स्थापित हुई तो अज्ञेय उसके संगठक मनोनीत हुए। उस जमाने में इस संगठन द्वारा वैज्ञानिक यथार्थवादी विचारधारा एवं रचनाशीलता के खिलाफ बुर्जुआ लेखकों को एक झंडे तले जमाकर रचनाकारिता के क्षेत्र में 'व्यक्ति स्वातंर्त्य' का' दमामा पीटा जा रहा था। अज्ञेय जब 'हरी घास पर क्षण भर' की भूमिका में लिखते हैं 'अकारण लोगों को चिढ़ाता रहूँ, इतना अवकाश ही मुझे कभी नहीं मिला, पर संसार में उद्यानों की कमी के कारण जो जहाँ-तहाँ बची हरी घास की थिगलियों को भी उखाड़ फेकना चाहें, उनके कुंठित अकरूण मन का शासन क्यों मान्य हो?' — तो प्रकारान्तर से वे उसी 'व्यक्ति स्वातंर्त्य' की वकालत करते हैं जिसके बारे में कहने की जरूरत नहीं है कि प्रभुत्व प्राप्त होते ही वह कैसे स्वतंत्रता से निरंकुशता में बदल जाता है । याद आते हैं मुक्तिबोध, जो 'व्यक्तिवाद' को 'पूंजीवादी अर्थव्यवस्था का मूल नियम' मानते थे और जिसका निषेध करते हुए उन्होंने लिखा है : 'कविता में कहने की आदत नहीं पर कह दूँ ...पूँजी से जुड़ा हृदय बदल नहीं सकता / स्वातंर्त्य व्यक्ति का वादी छल नहीं सकता / मुक्ति के मन को, जन को।' इस पंक्ति का रामविलास शर्मा— कृत भाष्य दिलचस्प है : 'अर्थात व्यक्ति-स्वातंर्त्य के वादी सच्चिदानंद हीरानंद वात्स्यायन गजानन माधव मुक्तिबोध के मन को छल नहीं सकते।'

व्यंग्य-विनोद के लिए 'प्रगतिवाद' को 'प्रतिगतिवाद' कहने वाले अज्ञेय के व्यक्तित्व का दूसरा पहलू वहाँ दिखाई देता है जहाँ वे भगत सिंह और चंद्रशेखर

आजाद सरीखे क्रांतिकारियों के साथ 'हिन्दुस्तान सोशलिस्ट रिपब्लिकन आर्मी' जैसे गुप्त क्रांतिकारी संगठन के सदस्य के रूप में सक्रिय थे। इतना ही नहीं, उन्होंने मेरठ के किसान आंदोलन एवं फासिस्ट विरोधी आंदोलन में भी बढ़-चढ़ कर हिस्सा लिया, अपनी शक्ति और सीमा में 'तारसप्तक'(1943), 'दूसरा सप्तक' (1951), ''तीसरा सप्तक'(1959) के साथ ही 'पुष्करिणी' एवं 'रूपाम्बरा' के संपादक के रूप में हिन्दी कविता के इतिहास की धारा का नियमन किया और मनुष्य की स्वतंत्रता की पुरज़ोर वकालत करते हुए अनेक श्रेष्ठ कविताएँ लिखीं : 'एक मृषा जिसमें सब डूबे हुए हैं / क्योंकि एक सत्य जिससे सब ऊबे हुए हैं/...स्वातंर्त्य के नाम पर मारते हैं, मरते हैं / क्योंकि स्वातंर्त्य से डरते हैं।' इसी प्रकार 'नानक नन्हे ह्वै रहो, जैसी नन्ही दूब' -जैसी मध्ययुग में रचित पंक्तियाँ आधुनिक संवेदना से संस्कारित होकर अज्ञेय के यहाँ इस प्रकार अभिव्यक्त हुई हैं : 'छंद है यह फूल पत्ती प्रास / कौन-सा वह अर्थ जिसकी अलंकृति कर नहीं सकती / यही पैरों तले की घास।' याद आ सकते हैं शमशेर, जिनका कहना है कि ''अज्ञेय में सबसे अधिक चीज जो मुझे मोहती है, वह है उनकी व्यापक और गहरी सुरुचि, जिस पर भरोसा किया जा सकता है। और भावों की सच्ची गंभीरता, और अभिव्यक्ति में कुछ सादगी-सी, जो एक उस्ताद शिल्पी के यहाँ मिलती है।...अज्ञेय में जो चीज मुझे खटकती और साथ ही आकर्षित करती रही, वह है उनका सदैव अपनी भावनाओं के प्रति सचेत रहना। कभी वह अपने को भूल नहीं सकते, खो नहीं सकते।...ऐसा आर्टिस्ट निरंतर ऊपर उठता जाएगा – अगर प्रज्ञावान है और विनम्रता और क्षमा उसका आतंरिक स्वभाव है।''

ज्ञानरंजन ने 'पिता' कहानी में लिखा है कि 'पूरा शहर, कभी नहीं सोता या मरता। बहुत से सोते हुए जान पड़नेवाले भी संक्षिप्त ध्वनियों के साथ या लगभग ध्वनिहीनता के बीच जगे होते हैं।' प्रयोगवाद के दरम्यान प्रगतिशीलता बिल्कुल समाप्त हो गयी हो, ऐसा नहीं था। उस दौर में भी प्रगतिशील कविताएँ लिखी जा रही थीं। सच तो यह है कि उस युग में प्रगतिशील रचनाकार एक तरह से विपक्ष के कवि की तरह सतत रचनारत थे और उनकी इस भूमिका का मूल वस्तुतः अज्ञेय की उन घोषणाओं में था जिनमें तमाम मानवीय सक्रियताओं के सम्बंध में निर्णय लेने के लिए फ्रायड का निकष इस्तेमाल करने पर बल दिया जा रहा था। 'वर्ग-भावना सटीक' कविता में अज्ञेय ने लिखा था :

''हमलोगों का एकमात्र श्रम है-सुरति श्रम
उस अन्त्यज का एकमात्र सुख है-मैथुन सुख''

यह बात वैज्ञानिक यथार्थवादी कवि-लेखकों को कतई स्वीकार्य नहीं हो सकती थी। ऐसे भी, सुविधाभोगी वर्ग का श्रम न तो कभी 'सुरति श्रम'- मात्र रहा है और

न आज दुनिया के किसी भी देश-समाज में वैसा रह गया है। ठीक यही बात किसान-मजूर आदि के संदर्भ में भी लागू होती है। इस संदर्भ में विचारणीय है कि क्या यह टकराव मार्क्स एवं फ्रायड का टकराव था, जो उस युग में हिन्दी साहित्य में अपना रूप बदलकर उतर आया था। दूसरी बात यह कि उस युग में पश्चिम में मानवीय सक्रियताओं के सम्बन्ध में निर्णय लेने के लिए फ्रायड का निकष इस्तेमाल करनेवाले रचनाकार भी जहाँ मानव स्वभाव के यथार्थ को पकड़ने का दावा कर रहे थे, जिस पर कि राजनीतिक अर्थवाद से जुड़े लेखकों द्वारा काफी ज़ोर दिया जाता था, वही प्रयोगवादी हिन्दी कविता के प्रवक्ता मानव स्वभाव के नियामक बिन्दु को पकड़ने की बात कर रहे थे।

कहना न होगा कि प्रयोगवाद के सारे शिल्पगत तत्त्व न केवल प्रगतिवाद से पहले की हिन्दी कविता में बीज रूप में विद्यमान थे, बल्कि बहुत सारी प्रगतिशील कविताओं में तो वे पुष्ट आकार तक ले चुके थे, जिनका इस्तेमाल प्रयोगवाद ने किया और जहाँ तक मानसिकता का प्रश्न है, प्रयोगवाद की यौनकुण्ठावादी मानसिकता को सहारा देने के लिए उस जमाने में बच्चन जैसे कवियों का 'हालावाद' अपने पूरे जोशोखरोश के साथ खड़ा था जिसका मानसिक धरातल वस्तुतः मध्यवर्गीय स्वेच्छाचार और लोक-मर्यादा को चुनौती देने वाले जन-विरोधी और सामान्य जन से असहमत व्यक्तित्व का धरातल है, जिस पर निराशावाद से ग्रस्त एकांत और मयखाने का दर्शन ही उभरता है। हिन्दी कविता के इतिहास में व्याख्या का यह भी एक अन्तराल है जिस पर नये सिरे से विचार किया जाना अपेक्षित है।

यह अज्ञेय की विवशता थी कि उन्होंने प्रयोगवाद के आरंभ को 'तारसप्तक' द्वारा संसूचित करने के लिए ऐसे कवियों को अपने सम्पादन में लिया जिनमें से अधिकांश वामपंथी रुझान के थे। 'तारसप्तक' में प्रकाशित कवियों के वक्तव्यों से गुजरते हुए उनकी मानसिकता का पता चलता है। अपने वक्तव्य में नेमिचन्द्र जैन ने साफ़ लिखा था कि 'साहित्य की प्रगतिशीलता में मेरा विश्वास है और उसके लिए सचेष्ट प्रयत्न का मैं पक्षपाती हूँ। किन्तु कला की सच्ची प्रगतिशीलता कलाकार के व्यक्तित्व की सामाजिकता में है, व्यक्तित्वहीनता में नहीं।' इसी प्रकार भारतभूषण अग्रवाल की भी स्पष्ट मान्यता थी कि 'यदि कविता का उद्देश्य व्यक्ति की इकाई और समाज की व्यवस्था के बीच के सम्बन्ध को स्वर देना और उसको शुभ बनाने में सहायता करना है तो हिन्दी के कवि को समाज से नाराज होकर भागने की बजाय समाज की उस शोषण सत्ता से लड़ना होगा, जिसने उसे कोरा स्वप्नाभिलाषी और कल्पनाविलासी बना छोड़ा।' इन सारी बातों को जानने-समझने के बावजूद यदि हम सपाट ढंग से प्रयोगवाद को प्रगतिवाद की प्रतिक्रिया बताने लगें तो विचारणीय होगा

कि 'तारसप्तक' के साथ हम क्या सलूक कर रहे हैं।

सच तो यह है कि अज्ञेय ने जब 'तारसप्तक' निकालने की योजना बनायी थी तब शायद उन्हें खुद ज्ञात नहीं था कि उनको आगे चलकर 'नयी कविता' तक आना होगा। वस्तुतः यह 'प्रयोगवाद' के एक प्रवक्ता कवि की योजना थी जिसके सारे स्रोत अमेरिका से आ रहे थे। इनमें विलियम कैर्लोस विलियम् की तरह के तमाम ऐसे कवि शामिल थे जिन्होंने नयी पीढ़ी के विरोध में यांत्रिक वादों की कविताएँ लिख रखी थीं (इस संदर्भ में अज्ञेय की 'इतिहास की हवा' तथा 'आ तू आ' जैसी कविताएँ द्रष्टव्य हैं।) और इन लोगों में ई.कमिंग्स इसलिए सबसे ऊँची चोटी पर चल रहे थे क्योंकि उनकी कविताओं को समझने के लिए एक नये पाठक वर्ग को जन्म लेना पड़ा था।

दूसरे शब्दों में, 'एक्सपेरिमेंट' के आरंभिक चरण में यदि विलियम कैर्लोस विलियम्स थे, जो कविता को 'एक छोटी-सी शब्द मशीन' कहा करते थे और उसके स्थापत्य की तुलना भवन निर्माण कला से किया करते थे, तो एक्सपेरिमेंट की चरमता पर ई. कमिंग्स थे। इसके बीच एक बहुत बड़ा ग्राफ है इससे प्रभावित 'प्रयोगवाद' की कविता थी। किन्तु, हिन्दी में 'तारसप्तक' के आयोजन को सफल बनाने के लिए अज्ञेय को प्रगतिशील शिविर के कवियों से समझौता करना पड़ा जिसके तहत उन्होंने सर्वप्रथम अपने पूर्वाग्रह को तोड़ा और वे 'प्रगतिशील लेखक संघ' में शामिल हुए। लगभग एक वर्ष तक 'वाचफुल' या 'सहयोगी सदस्य' के रूप में रहने के बाद सन् 1938 में वे बकायदा प्र.ले.सं. के सदस्य बने तथा सन् 1939 के आसपास से 'तारसप्तक' की तैयारी में लग गये, जो कि अन्ततः प्रगतिशील शिविर के कवियों के सहयोग से ही सफल हो पाया। इसके बाद अचानक एक तीखा मोड़ आता है जब अज्ञेय प्र.ले.सं. से इस्तीफा दे देते हैं और साम्यवाद विरोधी लेखक के रूप में उनकी पहचान कायम होने लगती है। कदाचित् प्र.ले.सं. से अपने इस्तीफे का औचित्य सिद्ध करते हुए उन्होंने लिखा था : 'आरंभ में प्रगतिशील लेखक संघ में विभिन्न प्रवृत्तियों के लोग थे, जिनको साथ मिलानेवाली भावना वस्तुस्थिति के प्रति एक संदेह की भावना थी। सुधारवाद, या कि प्राचीन संस्कृति की पुनःस्थापना का स्वप्न पर्याप्त नहीं है, और इससे अधिक भी कुछ होना चाहिए, लेखक को भी नेताओं का मुँह न जोहकर स्वयं कार्यात्मक रूप से कुछ करना चाहिए, सामान्यतः ऐसा माननेवाले सभी लेखक प्रगतिशील आंदोलन की ओर आकृष्ट हुए, क्योंकि वह आंदोलन उनकी उदात्त भावनाओं के लिए नया क्षेत्र प्रस्तुत करता जान पड़ता था। किन्तु क्रमशः प्रगतिशील आंदोलन में 'शील' का स्थान 'वाद' ने ले लिया। जिनके नाम और प्रतिष्ठा के आधार पर प्रगतिशील लेखक संगठित हुआ और पनपता रहा

वे एक-एक-कर उससे अलग हो गये या अलग कर दिए गए।'

कहना न होगा कि अज्ञेय का यह लंबा वक्तव्य सचाई से कोसों दूर है, क्योंकि थोड़े-बहुत मतभेद के साथ स्वदेशज् आधुनिकता एवं समाजवाद में आस्था रखनेवाले लेखकों के उस व्यापक मोर्चे के मूल में वस्तुस्थिति के प्रति संदेह की ऐसी कोई भावना नहीं थी। अपने एक अन्य वक्तव्य में अज्ञेय का स्पष्ट कहना था कि "राजनैतिक स्वार्थ साधने की कोशिश 'प्रतिबद्धता' के नाम पर विचारधारा वाले करते हैं। वैचारिक प्रतिबद्धता का प्रश्न मुझे कई बार रंगा हुआ प्रतीत होता है। अधिकांश लेखक कहीं न कहीं मार्क्सवाद के प्रभाव में लिख रहे हैं। समाजवादी समाज के निर्माण ले लिए, जितने भी मूल्य निर्धारित किये गए हैं, उनपर बात करना मैं जरूरी नहीं समझता।" एक कविता में भी उन्होंने क्रान्ति को जीवन की कोई स्थायी प्रक्रिया मानने का निषेध किया है :

'क्रान्ति है आवर्त, होगी भूल उसको मानना धारा ...
जो नहीं उपयोज्य वह गतिशक्ति का उत्पात-भर है
स्वर्ग की हो - मांगती भागीरथी भी है किनारा।'

अज्ञेय के इस अचानक परिवर्तित रूख का कारण कुछ और था। उस दशक में दुनिया के दूसरे मुल्कों के कवि-लेखकों की सक्रियताओं पर नजर दौड़ाने से पता चलता है कि तकरीबन 1933 के आसपास अँग्रेजी एवं अन्य भाषाओं के पश्चिमी कवि-लेखकों की एक जमात कम्युनिस्ट पार्टी में शामिल हुई थी। कई वर्षों तक विभिन्न देशों में घूमते हुए वे रचनाकार अपने हित में उन संभावनाओं की तलाश करते रहे जो उनके लेखन के साथ मार्क्सवाद के समीकरण से पैदा हो सकती थीं और अंततः राजनीतिक रस्साकशी के बीच सन् 1940 के आसपास उन तमाम लेखकों ने साम्यवाद के विरूद्ध सामूहिक बयान प्रकाशित कर कम्युनिस्ट पार्टी से त्यागपत्र दे दिया। 'दी गौड दैट फेल्ड : सिक्स स्टडीज इन कम्युनिज्म' नामक मिलजुलकर लिखित उनकी उस पुस्तक का सार यह था कि जिस मार्क्सवाद को दलित देशों की जनता ने अपने उद्धारक देवता के रूप में स्वीकार किया था, वह विनष्ट हो चुका है। इस संदर्भ में ध्यान देने योग्य बात यह कि इस पुस्तक के सब लेखक (आर्थर कोइस्लर, स्टीफन स्पेंडर, आंद्रे जींद, इग्नेजियो सिलोने तथा रिचर्ड राइट) अज्ञेय के अत्यंत प्रिय रहे हैं। उन्होंने इनमें से कुछ पर अलग से हिन्दी में लिखा है और अपने निबंधों में उन्हें यथास्थान उद्धृत भी किया है। प्र.ले.सं. से अज्ञेय के त्यागपत्र को इन पश्चिमी कवि-लेखकों की गतिविधियों से जोड़कर देखने पर यह बात आसानी से समझ में आ सकती है कि जिन अज्ञेय ने कभी स्वीकार किया था कि "व्यक्तित्व के टुकड़े कर देनेवाली पूँजीवादी जीवन-व्यवस्था, हमारी जिजीविषा

के टुकड़े नहीं कर पाती यह सही है, परन्तु उसे व्यर्थ कर देती है।'' ... वे ही क्यों 'व्यक्ति स्वातंर्त्य' की आड़ में प्रगतिशील जीवन मूल्यों का शिकार करते हुए पूँजीवादी ताकतों की हिमायत करने लग गये :

अच्छी कुंठा रहित इकाई
साँचों ढले समाज से
अच्छा अपना ठाठ फकीरी
मँगनी के सुख साज से।

याद आते हैं मुक्तिबोध, जिन्होंने 'समीक्षा की समस्याएं' शीर्षक निबन्ध में लिखा है : ''जिस समाज में हर चीज खरीदी और बेची जाती है, जहाँ बुद्धि बिकती है, और बुद्धिजीवी वर्ग बुद्धि बेचता है, अपने शारीरिक अस्तित्व के लिए, जहाँ उदारवादी की जगह उदरवादी हुआ जाता है, जहाँ स्त्री बिकती है, श्रम बिकता है, वहाँ अंतरात्मा भी बिकती है।...जहाँ व्यक्ति-स्वातंर्त्य सिमटकर, केवल अपने घेरे में सिमटकर, अपनी स्वयं की मनोलीन विचारणा बन जाता है, ... वहाँ हम लोगों के लिए वास्तविक व्यक्ति-स्वातंर्त्य रक्षा का युद्ध, अपनी अंतरात्मा की रक्षा का युद्ध, अपने भौतिक-जैविक अस्तित्व – अपने पारिवारिक अस्तित्व – की रक्षा के युद्ध में परिणत हो जाता है।' 'तार सप्तक' के द्वितीय संस्करण के 'पुनश्च' शीर्षक वक्तव्य में भी मुक्तिबोध ने लिखा है कि 'व्यक्ति-स्वातंर्त्य की वास्तविक स्थिति केवल उनके लिए है जो उस स्वातंर्त्य का उपयोग करने के लिए सुपुष्ट आर्थिक आधार रखते हों।''

'तारसप्तक' के आयोजन के पीछे नीयत चाहे जो भी रही हो और भले ही उसे हिन्दी कविता के क्षेत्र में 'प्रयोगवाद' के प्रतिनिधि संकलन के रूप में स्वीकार कर लिया गया हो किन्तु हमें यह नहीं भूलना चाहिए कि उसमें यदि एक ओर रामविलास शर्मा जैसे प्रतिबद्ध कवि शामिल हैं तो दूसरी ओर मुक्तिबोध की 'पूँजीवादी समाज के प्रति' जैसी कविता भी मौजूद है, जिसमें कवि की बड़ी ईमानदार अभिव्यक्ति है :

तू है मरण तू है रिक्त तू है व्यर्थ
तेरा ध्वंस केवल एक तेरा अर्थ।

स्पष्ट ही कवि की दृष्टि में पूँजीवाद के संहार में समाजवाद के निर्माण की संभावनाएँ निहित हैं।

'तारसप्तक' में अधिकांश कवि वामपंथी रुझान वाले थे पर 'नयी कविता' की भूमिका के साथ अवतरित होनेवाले 'दूसरा सप्तक' में शमशेर जैसे कुछ मुलायम किस्म के मार्क्सवादी कवियों को ही शामिल किया गया। यह वह समय था जब कि रघुवीर सहाय भी मार्क्सवादी कहे जाते थे। पर आगे चलकर उन्होंने राममनोहर

लोहिया की विचारधारा को स्वीकार कर एक 'सोशल डेमोक्रेट' कवि के रूप में अपनी अलग पहचान बनायी। विचारधारात्मक प्रतिबद्धता की दृष्टि से रघुवीर सहाय भले मार्क्सवादी न हों पर उनकी रचना-यात्रा की परिणति के मद्देनजर इतना तो तय है कि अंत-अंत तक वे विदेशज आधुनिकतावाद की बजाय स्वदेशज आधुनिकता-बोध के ही प्रवक्ता रहे।

'तारसप्तक' से लेकर 'तीसरा सप्तक' तक में संकलित कविताओं पर शिल्प की दृष्टि से विचार करने पर उनमें जो नवीनताएँ दिखाई पड़ती हैं उनके उदाहरण प्रयोगवाद से पहले की कविताओं में भी प्राप्त होते हैं। दूसरे शब्दों में कहें तो प्रयोगवादियों द्वारा खुद को नये रूपों का उद्भावक घोषित करना अपने-आप में महज एक नारा था जिसकी ओर सन् 1946 में ही शमशेर ने इशारा किया था : "मौलिक रूप से तारसप्तक के प्रयोग अन्यत्रा और कवियों के इससे पहले के संग्रहों में मिल जाएंगे। प्रथमतः निराला में ही न केवल तारसप्तक के लगभग सभी प्रयोग बल्कि उससे भी कहीं अधिक, दूसरे पंत जी में उनकी अतुकांत और मुक्त छंद की रचनाओं में लगातार 'ग्रंथि' से 'युगवाणी' तक फिर नरेन्द्र शर्मा ने भी अपनी कतिपय वर्णनात्मक अतुकांत मुक्त छंद की कविताओं में अपनी एक विशिष्ट शैली का परिचय दिया है (मसलन् "वासना की देह में" — पलाशवन), यद्यपि यह उनकी सामान्य धारा नहीं। उनकी एक कविता "बटनहोल" भी पाठकों को अपरिचित न होगी।"

शिल्प की दृष्टि से साहित्यिक रचनाशीलता में होनेवाले अंतःसंघर्ष पर एक नजर डालने से स्पष्ट होता है कि लोक संस्कृति से संबंधित जनपक्षधर रचनाशीलता पर प्रायः पूँजीवादी साम्राज्यवादी सांस्कृतिक शक्तियाँ मुख्यतः मनोविज्ञान पर आधारित नागरिक संस्कृति के शिल्प को हथियार बनाकर हमला करती हैं। मुक्तिबोध की विशेषता यह है कि उन्होंने काव्य-क्षेत्र में प्रतिगामी ताकतों द्वारा प्रयुक्त तमाम तकनीकों को जज्ब कर बड़ी ही प्रवीणता के साथ उनका उपयोग वैज्ञानिक यथार्थवादी रचनाधारा के पक्ष में किया है। बहुत हद तक यही बात शमशेर-काव्य के संदर्भ में भी लागू होती है।

पश्चिमी योरोपीय आधुनिकतावादी शिल्प में रचित स्वदेशज आधुनिकताबोध से लैस जनपक्षधर कविताओं के उदाहरण प्रयोगवाद-काल की अपेक्षा 'नयी कविता' के अनेकानेक कवियों की कृतियों में ज्यादा मौजूद हैं। 'नयी कविता' ने जब पहचाना कि इस शताब्दी के मध्य तक सभ्यता के विकास की समीक्षा के क्रम में मानवीयता के जो सुरक्षा-कवच टूट गये हैं औरं उनकी परवाह न करने वाले लोग जनविरोधी हैं तो नरेश मेहता की "समय देवता" शीर्षक कविता में वह भावना सिमट कर आ गयी।

कहना न होगा कि ऐसी तमाम कविताओं का शिल्प प्रगतिशील-जनवादी मिलिटेंट कविता का शिल्प नहीं है। किन्तु विचारणीय है कि हिन्दी में पश्चिमी योरोपीय आधुनिकतावादी शिल्प में अपनी प्रवीणता के लिए विख्यात अज्ञेय की कविताओं से इन कविताओं की अर्थध्वनि, संदर्भ एवं रचना-दृष्टि बिल्कुल भिन्न है। इस सन्दर्भ में अज्ञेय की 'साँप' शीर्षक प्रसिद्ध कविता दृष्टव्य है –

साँप !
तुम सभ्य तो हुए नहीं
नगर में बसना
भी तुम्हें नहीं आया
एक बात पूछूँ– (उत्तर दोगे ?)
तब कैसे सीखा डंसना–
विष कहाँ पाया ?

वरिष्ठ हिन्दी कवि एवं नवगीतकार राजेन्द्र प्रसाद सिंह ने बहुत पहले एक निबन्ध ('अग्रज कवियों की अभ्यर्थना : समझ और सीख', ऋतुगंध-5, पृ.47.) में उल्लेख किया किया था कि अनुवाद प्रायः इस कविता का मूल संस्कृत में बारहवीं सदी में आचार्य शेखर द्वारा प्रणीत संकलन (सूक्ति संग्रहः सर्प वर्ग) में मौजूद है–

"रे सर्प नैव त्वमभू खलु सभ्यजन्तुः
नैवं भविष्यसि तथा नगरेपि वसतुम्
जानासि नैव यदि दास्यसि सत्यमुत्तरं
दंशः वचचादृम शिक्षि वचचा पिवै विषम्?"

हिन्दी पाठकों के बीच 'साँप' कविता की प्रचलित व्याख्या या अर्थ की लीक से हटकर देखने की बात यह भी है कि अपने जातीय साहित्य से प्रेरणा एवं प्रभाव ग्रहण करने के बावजूद अज्ञेय के कवि की आधुनिकतावादी रचना-दृष्टि यहाँ इस कदर प्रबल है कि वे तथाकथित आधुनिक समाज द्वारा असभ्य और अनागरिक कहे जाने वाले लोगों और आदिम जीवन-स्थिति में रहने के लिए मजबूर समुदायों पर ब्याज-शैली में आरोप चस्पाँ करने से नहीं चूकते।

किन्तु, जब नरेश मेहता लिखते हैं – "दिशा वधू की नथ का मोती चील ले गयी"– तो अज्ञेय के विपरीत उनकी समाजालोचन संबंधी दृष्टि जन-पक्ष में सक्रिय है जिसके तहत वे कहना चाहते हैं कि सही दिशा की खोज में संक्रमण की दशा से गुजरते निर्णय के चौराहे पर खड़े समाज की मर्यादा (नथ का मोती) को पूँजीवाद-साम्राज्यवाद (चील) ने कैसे ध्वस्त कर दिया है।

सच तो यह है कि 'प्रयोगवाद' के बाद 'नयी कविता' के दौर में भी प्रगतिशीलता तथा पहले से चली आ रही आत्म केन्द्रित प्रयोगशीलता से विकसित आधुनिकतावादी प्रवृत्तियों के बीच द्वन्द्व की स्थिति थी। किन्तु कालांतर में औपनिवेशिक आधुनिकतावादी काव्य-प्रवृत्तियों तथा परिमल-प्रकोष्ठ के सदस्यों की यथास्थितिवादी रचनाशीलता को प्रगतिशील कविता ने बहुत हद तक हाशिए पर ला दिया।

आलोचना, 2011

अपने से परे उठने की कोशिश
(सौन्दर्यशास्त्र का मार्क्सवादी परिदृश्य और मुक्तिबोध)

मार्क्सवादी सौन्दर्यशास्त्र साहित्य और कला में अभिव्यक्त सौन्दर्यबोध के स्रोत तथा उनके स्वरूप के सामाजिक सन्दर्भों के मद्देनजर उन पर वस्तुपरक ढंग से प्रकाश डालता है। दूसरे शब्दों में कहें तो मार्क्सवादी सौन्दर्यशास्त्र का सारतत्त्व उसकी वस्तुपरकता तथा समाजवादी मानवता में निहित है। मार्क्स-एंगेल्स के लिए सौन्दर्य की वस्तुगत सत्ता का दृढ़ता के साथ प्रतिपादन इसलिए भी जरूरी हो गया था क्योंकि उनके पहले के तमाम भाववादी विचारक सौन्दर्य को हमेशा किसी अतीन्द्रिय लोक की सत्ता मानकर उसकी सामाजिक उपलब्धि को नजरअंदाज कर देने की प्रवृत्ति से परिचालित थे। ऐसे, आज भी कला, साहित्य एवं संस्कृति के क्षेत्र में सक्रिय शुद्ध सौन्दर्यवादी विचारकों की कमी नहीं है जो सौन्दर्य की निरपेक्ष सत्ता में विश्वास रखते हैं। मुक्तिबोध ने ऐसे लोगों की धारणा का खंडन करते हुए लिखा है कि "आदर्शवादी भाववादी सौन्दर्यशास्त्री सौन्दर्य को मनोवैज्ञानिक संवेदनाओं के ही रूप-रूपान्तरों को मूलभत तथा चरम मानकर चलने वाले साधारण रूप से, उसको किसी अतीन्द्रिय सत्ता का आत्मप्रकाश भी मानते हैं। इन आदर्शवादी भाववादियों में अनेक पंथोपंथ है। वे मानव इतिहास की भी उसी ढंग से व्याख्या करते हैं जिस प्रकार वे जगत् की आध्यात्मिक व्याख्या करते हैं। फलतः उनके लिए इतिहास, समाजशक्ति मनुष्य के परिवेश के रूप में उपस्थित होती है। वे उसे वह मूलभूत क्रिया नहीं मानते, जो मनुष्य को प्रारंभिक पाशव स्तर से उठाकर मानव स्तर तक तथा उससे भी लगातार उसकी उन्नति करती हुई आ रही है, जिसने उसकी आत्मा को वास्तविकता दी है।" इस संदर्भ में दो टूक निष्कर्ष प्रस्तुत करते हुए मुक्तिबोध लिखते हैं कि– "शुद्ध साहित्यिक सौन्दर्य, मात्र सौन्दर्य निरपेक्ष सत्ता स्वीकार करने वाले लोग या तो स्वयं धोखे में है, अथवा धोखा देना चाहते हैं।"

मार्क्सवादी सौन्दर्यशास्त्र मनुष्य को उसकी सामाजिक चेतना के ही अंग-अवयव के रूप में स्वीकार करता है। जाहिर है कि मार्क्स-एंगेल्स की रचनाएँ अरस्तु के

'पोयटिक्स' या क्रोचे के 'एस्थेटिक्स' की तरह किसी सुव्यवस्थित 'सौन्दर्यशास्त्र' का निर्माण नहीं करतीं। परवर्ती विचारकों ने अपने अकाट्य तर्कों से यह सिद्ध कर दिया है कि मार्क्सवादी सौन्दर्यशास्त्र मार्क्स-एंगेल्स के साहित्य विषयक निष्कर्षों की प्रतिध्वनि के बजाय उनके द्वारा प्रवर्तित द्वंद्वात्मक भौतिकवाद के आधार पर निर्मित है। 'ए कन्ट्रीब्यूशन टू द क्रिटीक ऑफ पोलिटिकल इकोनोमी' की प्रस्तावना में मार्क्स ने लिखा है कि– "अपने जीवन के सामाजिक उत्पादन में मनुष्य ऐसे निश्चित संबंधों में बंधते हैं जो अपरिहार्य एवं उनकी इच्छा से स्वतंत्र होते हैं। उत्पादन के ये संबंध उत्पादन की भौतिक शक्तियों के विकास की एक निश्चित मंजिल के अनुरूप होते हैं। इन उत्पादन संबंध का पूर्ण समाहार ही समाज का आर्थिक ढाँचा है–वह असली बुनियाद है जिस पर कानून और राजनीति का ऊपरी ढाँचा खड़ा हो जाता है और जिसके अनुकूल ही सामाजिक चेतना के निश्चित रूप होते हैं। भौतिक जीवन की उत्पादन पद्धति जीवन की आम सामाजिक, राजनीतिक और बौद्धिक प्रक्रिया को निर्धारित करती है। मनुष्य की चेतना उसके अस्तित्व को निर्धारित नहीं करती, बल्कि उल्टे उसका सामाजिक अस्तित्व उसकी चेतना को निर्धारित करता है।"

मार्क्स के उपर्युक्त कथन को केन्द्र में रख कर ही लुकाच, काडवेल, ब्रेख्त, रोजर गारोदी, फिशर आदि चिन्तकों ने सौन्दर्यशास्त्र की आधारभूत समस्यायों पर यथार्थवादी दृष्टि से विचार किया है। ये तमाम विचारक भाववादी विचारकों को कला-साहित्य के स्वायत्त एवं समाज निरपेक्ष अस्तित्व जैसी धारणा के विपरीत उसे श्रम की ऐतिहासिक प्रक्रिया के अंतर्गत विकसित हुआ मानते हैं जिसके तहत कला-साहित्य और उसके मनोगत संघटकों का विकास होता रहा है। मार्क्स की धारणा रही है कि श्रम प्रक्रियाओं के अंतर्गत ही मनुष्य में सौन्दर्यानुभूति के साथ-साथ 'संगीतधर्मा कान' तथा – 'रूपद्रष्टा आँख' की चेतना जगी और इनका विकास हुआ। इसी प्रकार एंगेल्स ने भी 'वानर से नर' बनने की प्रक्रिया में 'हाथ' की भूमिका को अत्यधिक महत्त्वपूर्ण मानते हुए स्पष्ट किया है कि इसी की बदौलत "रायफल की सी चित्रकारी, थोवल्दिसन की सी मूर्तिकारी तथा पागानीनी का-सा संगीत आविर्भूत हो सका।" एंगेलस के इस वक्तव्य का विश्लेषण करते हुए डॉ. रमेश कुंतल मेघ अपनी पुस्तक – 'साक्षी है सौन्दर्य प्राश्निक' में लिखते हैं– "एंगेल्स ने सौन्दर्य सृजन को सबसे पहली समाजशास्त्रीय शर्त उस युग से मानी जब वनमानुषों के चौपायेपन का विकास होकर उनसे मनुष्यों का आविर्भाव हुआ और– जब हाथ स्वतंत्र हो गया। हाथ केवल परिश्रम का उपकरण ही नहीं, श्रम का परिणाम भी हुआ। मानवीय हाथों नें ही उत्कर्ष की भव्य ऊँचाइयाँ प्राप्त की और सुन्दरतम सौन्दर्य-सृजन किये, हाथों

ने ही धनुष-बाण तथा स्पूतनिकों और अपोलो यानों का निर्माण किया, हाथों ने ही गोम्मटेश्वर की भीमकाय प्रतिमा गढ़ी, हाथों ने ही कांगड़ा के चित्र बनाये और हाथों ने ही 'राम की शक्तिपूजा' लिखी। अतः हाथों में सौन्दर्य-सृजन की बाह्य प्रक्रिया, कौशल समेत प्रतीक बनी।''

मनुष्य एवं संसार के दूसरे प्राणियों के द्वारा किये जाने वाले उत्पादन की प्रक्रिया के बीच मूलभत अंतर को स्पष्ट करते हुए मार्क्स-एंगेल्स कहते हैं कि ''अन्य जीवधारी अपनी आवश्यकताओं एवं माप के अनुरूप ही उत्पादन करते हैं किंतु मनुष्य अपने अतिरिक्त अन्य जीवजातियों के माप और आवश्यकता के अनूरूप उत्पादन करना जानता है। मनुष्य सौन्दर्य नियमों के अनुसार ही सृजन करता है।'' इसके अलावा मनुष्य द्वारा उत्पादन-प्रक्रिया की एक और विशेषता यह है कि वह सारा कुछ केवल उपयोगिता को ही ध्यान में रखकर नहीं करता बल्कि वह उपयोगिता से परे जाकर अपने संतोष, सुख एवं आनंद के लिए भी काम करता है और कई बार, 'स्वांतः सुखाय' किया गया उसका कार्य 'बहुजन हिताय' भी सिद्ध होता है। उपयोगिता से परे जाकर कार्य करने की मनुष्य प्रवृत्ति के मूल में सौन्दर्यतत्त्व की प्रेरणा को स्वीकारते हुए मार्क्स उसे मानवजाति का ऐसा क्रियाकलाप मानते हैं जिसे मनुष्य सामाजिक-ऐतिहासिक प्रक्रियाओं के अन्तर्गत आत्मोपलब्धि की दिशा मे सदा प्रगति के रूप में संपन्न करता है।

मार्क्स के सौन्दर्य-तत्त्व विषयक उपर्युक्त मंतव्य को और अधिक स्पष्ट रूप में समझने के लिए यहाँ मुक्तिबोध को उद्धृत करना अप्रासंगिक नहीं होगा जिन्होंने हिन्दी में कदाचित पहली बार मार्क्सवादी सौन्दर्यशास्त्र के संदर्भ में सूत्रवाक्य प्रस्तुत करते हुए 'एक साहित्यिक की डायरी' में लिखा था कि 'कला का पहला क्षण है जीवन का उत्कट तीव्र अनुभव क्षण। दूसरा क्षण है अनुभव का अपने कसकते दुखते हुए मूलों से पृथक हो जाना और एक फैन्टेसी का रूप धारण कर लेना मानो वह फैन्टेसी अपनी आँखों के सामने ही खड़ी हो। तीसरा और अंतिम क्षण है इस फैंटेसी के शब्द-बद्ध होने की प्रक्रिया का आरंभ और उस प्रक्रिया की परिपूर्णावस्था तक की गतिमानता।'' कहना न होगा कि रचना-प्रक्रिया को लेकर भाववादी रचनाकारों-विचारकों द्वारा साहित्य-चिन्तन के क्षेत्र में उहापोह पैदा करने वाले जो भारी-भरकम वक्तव्य दिये जाते हैं उनकी रहस्यमयता को तोड़ने में मुक्तिबोध का यह वक्तव्य कितना कारगर रहा है। इसी प्रकार सौन्दर्यानुभूति के सन्दर्भ में भी उनकी धारणा भाववादी विचारकों के मुकाबले ज्यादा साफ़ और मानवीय मूल्यों से परिपूर्ण है। सौन्दर्यानुभूति को वास्तविक जीवन की मनुष्यता बताते हुए मुक्तिबोध लिखते हैं... ''अपने से परे उठने और परे जाने की यह जो प्रवृत्ति है, उसी की एक विशेष शाखा है सौन्दर्यानुभूति।

यह सौन्दर्यानुभूति केवल कलाकार की विशेषता नहीं है, वरन् वह उन सबकी विशेषता है जिन्हें हम मनुष्य कहते हैं। वह मनुष्यत्व का एक लक्षण है।...घर में दिनभर मेहनत करने वाली माँ और पत्नी, मारा-मारा फिरने वाला नवयुवक, अपने माँ-बाप का बोझ हल्का करने के लिए नौकरी ढूंढ़ने वाली बेटी – इनको मानव जीवन का यह रस प्राप्त होता रहता है। इसीलिए वे जीते हैं, अपने लिए और दूसरों के लिए। सौन्दर्यानुभूति केवल कलाकार की निधि नहीं है। वह वास्तविक जीवन में, वास्तविक भावना और कल्पना का उच्चतर स्तर पर ऐसा एकाएक उत्स्फूर्त और विकसित विस्तार है, जिसमें मनुष्य की व्यक्तिसत्ता का विलोपन हो जाता है। किंतु आत्मबद्ध दशा का यह परिहार वास्तविक जीवन में, वास्तविक जीवन ही का अंग है, जिसकी सहायता के बिना वास्तविक जीवन अधिक सुखकर तथा सुगम नहीं होगा, जिसके बिना यथार्थ मानव संबंध अधिक स्निग्ध और सार्थक नहीं होंगे, जिसके बिना हम दूसरों में घुलमिल सकने के आनंद को सघन नहीं करेंगे। संक्षेप में, सौन्दर्यानुभूति की अधिकतमता और बारंबारता जिस व्यक्ति में अधिक होगी वह अधिक मनुष्य होगा।...अपने से परे उठने और परे जाने की मनुष्य क्षमता से उसका पूरा और सीधा संबंध है। अपनी एक कविता में जब मुक्तिबोध कहते हैं कि–

समस्या एक
मेरे सभ्य नगरों और ग्रामों के
सभी मानव
सुखी, सुन्दर व शोषणमुक्त
कब होंगे।

– तो स्पष्ट ही यह एक ऐसे मानवतावादी कवि की चिंता है जो आत्मबद्ध दशा का परिहार कर मनुष्य-मात्र को ऐसी स्थिति में देखना चाहता है जिसमें कि उसे मानवोचित जीवन जीने की तमाम अनिवार्य शर्तें उपलब्ध हों। रचनाकार का यह स्वप्न, उसकी यह उदात्त अनुभूति और कुछ नहीं, सौन्दर्यानुभूति ही है। सौन्दर्य की वस्तुगत सत्ता को स्वीकारते हुए मुक्तिबोध ने 'मानसिक द्रवण के क्षण को सौन्दर्यानुभूति का क्षण' माना है। उनके अनुसार सौन्दर्यानुभूति के दो लक्षण हैं – आत्मबद्ध दशा का परिहार तथा आनन्दात्मक अनुभव।

जब 'नयी कविता' के बुर्ज से एक जमाने में कला-संस्कृति के क्षेत्र में शोषक वर्ग की सौन्दर्याभिरूचि के पोषक रचनाकारों द्वारा जनपक्षधर रचनाओं को सौन्दर्यशास्त्रीय दृष्टि से विद्रूप करार दिया जाने लगा तो इसका प्रतिवाद करते हुए मुक्तिबोध ने लिखा था– "ये सौन्दर्यवादी लोग भूल गये हैं कि बंजर काले स्याह पहाड़ में भी एक अजीब वीरान भव्यता होती है, गली के अंधेरे में उगे छोटे से जंगली पौधे में भी एक

विचित्र संकेत होता है। विशाल व्यापक मानव-जीवन में पाये जाने वाले भयानक संघर्ष के रौद्र रूप तो उनकी सौन्दर्याभिरूचि के फ्रेम से बाहर थे। आप मुझे क्षमा करेंगे अगर मैं यह कहूँ कि 'नयी कविता' में आवेश के पंख काट दिये गये, कल्पना को अपने पिंजरे में पालकर रखा गया। उसे मानव-जीवन को मूर्त्त और साक्षात् करने वाली रचनात्मक-शक्ति के रूप में उपस्थित नहीं किया गया, क्योंकि वह एक विशेष प्रकार की भद्रजनोचित सौन्दर्याभिरुचि के फ्रेम के खिलाफ जाती थी।"

कहना न होगा कि वह "भद्रजनोचित सौन्दर्याभिरूचि" और कुछ नहीं सांस्कृतिक क्षेत्र में किसी युग विशेष में ऐतिहासिक तथा आर्थिक-राजनीतिक कारणों से वर्चस्व प्राप्त कर लेनें वाले अभिजनों की वर्गाभिरुचि ही है, जो संस्कृतिकर्मियों को अपने विभिन्न हथकंडो द्वारा अनुकूलित करने की निरन्तर चेष्टा करते रहते हैं। जो कवि-लेखक सत्ता-व्यवस्था के द्वारा प्रदान किये जाने वाले विभिन्न पुरस्कारों एवं सुविधाओं के प्रलोभन से अपने को बचाकर अनुकूलन से जूझते हैं, उन्हें अनेकानेक विपन्न परिस्थितियाँ झेलनी पड़ती हैं और जो रचनाकार इस सत्तानुकूल का शिकार हो जाते हैं, उनकी सौन्दर्याभिरूचि प्रायः जड़ीभूत हो जाने को अभिशप्त होती है। अपनी कविताओं में ऐसे समझौतापरस्त शब्दकर्मियों की बखिया उघेरते हुए मुक्तिबोध कहते हैं–

1. राजनीति, साहित्य और कला के प्रतिष्ठित महासूर्य
बड़े-बड़े मसीहा
सरकस के जोकर से रिझाते हैं निरंतर
नाचते हैं कूदते हैं
शोषण में सिद्धहस्त स्वामियों के सामने।

2. दुनिया को हाट समझ
जन-जन के जीवन का मांस काट
रक्त-मांस विक्र य के
प्रदर्शन की प्रतिभा का
नया ठाठ,
शब्दों का अर्थ जब
नोच-खसोट लूट पाट।

(मुक्तिबोध रचनावली, भाग 2, पृ 44)

कला, साहित्य, संस्कृति ही नहीं, मानव-सक्रियता के किसी भी क्षेत्र से जुड़ा मनुष्य जब व्यवस्थानुकूल के इस शैतानी ढाँचे में फिट होने से इंकार कर देता है

तो भले ही यह कुछ लोगों के लिए 'सिनिकपन' हो किंतु उसका इंकार वस्तुतः व्यवस्था द्वारा निर्धारित एवं स्वीकृत तमाम मूल्यों एवं मानदण्डों के सामने एक बहुत बड़ा प्रश्नचिन्ह खड़ा करता है। ये मूल्य-मानदण्ड सामाजार्थिक और राजनैतिक ही नहीं, सांस्कृतिक एवं सौन्दर्यशास्त्रीय भी होते हैं जिन्हें प्रतिबद्ध कवि बेहिचक नकार देता है-

नामंजूर उसको
ज़िन्दगी को शर्म की सी शर्त नामंजूर।

(मुक्तिबोध रचनावली, भाग 2, पृ 391)

अदोल्फो सांचेज वास्कवेस ने 'सौन्दर्य बोध के स्रोत और स्वरूप के बारे में मार्क्स के विचार' का विश्लेषण करते हुए लिखा है कि– ''सौन्दर्यशास्त्र को मार्क्स महान योगदान मनुष्य और यथार्थ के बीच एक विशिष्ट संबंध के रूप में सौन्दर्यबोध के बारे में उनकी वह धारणा है जिसके अनुसार सौन्दर्यबोध प्रकृति का रूपांतरण करने और मानवीय वस्तुओं का जगत निर्मित करने की प्रक्रिया में ऐतिहासिक और सामाजिक रूप से विकसित हुआ है।'' अपने इसी निबन्ध में आगे वे मनुष्य की सौन्दर्य-संवेदना तथा सौन्दर्यपरक संबंध के सामाजिक स्वरूप पर प्रकाश ड़ालते हुए उसे उपयोगितावाद से पृथक बताते हैं– ''सौन्दर्य-संवेदना तभी प्रकट होती है जब मानवीय संवेदना इस हद तक समृद्ध हो चुकी होती है कि वस्तुएँ प्रमुखतः और सारतः मानवीय यथार्थ, सारभूत मानवीय शक्तियों का यथार्थ बन जाती हैं। वस्तुओं के गुणों को सौन्दर्यपरक गुणों के रूप में तभी देखा जाता है जब उन्हें प्रत्यक्ष उपयोगितावादी अर्थ में नहीं समझा जाता, जब वे खुद मनुष्य की अभिव्यक्ति और उसका सार हो जाते हैं। खास तौर पर कला-रचना आमतौर से वस्तुओं के साथ बनने वाले सौन्दर्यपरक संबध मानवता के समूचे इतिहास के फल हैं और इसके साथ ही ये दोनों उन सर्वाधिक विकसित साधनों में हैं जिनसे मनुष्य वस्तु जगत में अपने को स्थापित करता है। "किंतु, इसका मतलब यह नहीं कि मार्क्सवादी विचारक साहित्य, कला आदि को अनुपयोगी मानते हैं। '1844 की आर्थिक एवं दार्शनिक पाण्डुलिपि' में मार्क्स ने साफ़ लिखा है कि श्रम के किसी ऐसे उत्पाद की कल्पना भी नहीं की जा सकती जो भौतिक अर्थ में अनुपयोगी हो। भाववादी तथा यांत्रिक भौतिकवादी सौन्दर्यशास्त्र से भिन्न मार्क्सवादी सौन्दर्यशास्त्र श्रम के उच्चतर रूप में कला साहित्य आदि को मनुष्य की सौन्दर्यबोधात्मक क्रिया की अभिव्यक्ति के रूप में मान्यता देता है जिसकी मानवीय और सार्वभौम उपयोगिता होती है। दूसरे शब्दों में यदि कहें तो मार्क्सवादी सौन्दर्यशास्त्र के अनुसार साहित्य एवं कला-सृजन मनुष्य द्वारा संपन्न ऐसा सांस्कृतिक क्रिया-व्यापार है जो कुदाल को क़लम से ओछा मानने

के बजाय श्रम में सौन्दर्य की सत्ता देखता है। काव्य-क्षेत्र में उपलब्ध इस बात के अनेकानेक प्रमाणों में एक मुक्तिबोध एंवं केदारनाथ अग्रवाल की नीचे उद्धृत काव्य पंक्तियाँ·हैं, जिनमें शारीरिक श्रम एवं शब्दकर्म के बीच द्विभाजकता को साफ़ तौर पर नकारा गया है-

विचार आते हैं
लिखते समय नहीं बोझ ढोते वक्त पीठ पर
सिर पर उठाते समय भार
परिश्रम करते समय
चांद उगता है व
पानी में झलमलाने लगता है
हृदय के पानी में. -मुक्तिबोध

2

छोटे हाथ परिश्रम करते,
ईंटों पर ईंटे धरते हैं.
मधुमक्खी से तन्मय होकर
मधुकोषों से घर रचते हैं

* * *

छोटे हाथ गुनी-ग्यानी हैं,
मौलिक ग्रंथों को रचते हैं

* * *

मानव की सुन्दरतम कृतियां
मानव को अर्पित करते हैं।

— केदारनाथ अग्रवाल

इरा संदर्भ में अंततः जार्ज लुकाच को उद्धृत करना प्रासंगिक होगा जिन्होंने 'समाजवादी मानवता' को 'मार्क्सवादी सौन्दर्यशास्त्र' का सार बताया है- "समाजवादी मानवता ही प्रगतिवादी सौन्दर्यशास्त्र एवं वस्तुवादी ऐतिहासिक चेतना का सार है। यह वस्तुवादी चेतना सामग्रिक भाव से मूलाधार का संधान करती है किंतु पुष्प के आह्लादकारी सौन्दर्य की उपेक्षा नहीं करती, बल्कि ठीक इसके विपरीत इतिहास की वस्तुवादी चेतना एवं प्रगतिवादी सौन्दर्यशास्त्र इस मूलाधार एवं फल के सजीव संपर्क को अविच्छेद मानने के पक्ष को मजबूत बनाता है।" एक अन्य स्थान पर लुकाच ने साफ़ लिखा है कि "मार्क्सवादी सौन्दर्यशास्त्र उस प्रश्न का हल ढूंढ़ लेता है, जिससे

महान लोग एक अरसे से उलझे रहे हैं। (और जो प्रश्न छोटे लोगों की समझ में इसलिए नहीं आता था कि वे लोग छोटे थे)। यह प्रश्न है, किसी कलाकृति के स्थायी सौन्दर्यमूल्य को उस ऐतिहासिक प्रक्रिया का अंग बनाना जिससे वह कृति अपनी पूर्णता और सौन्दर्यमूल्य में ही वस्तुतः अविभाज्य होती है।...चूँकि महान कलाकार गतिहीन वस्तुओं और स्थितियों को नहीं प्रस्तुत करता, बल्कि प्रक्रिया की दिशा और रूझान को व्यक्त करने की कोशिश करता है, इसलिए उसे इस प्रक्रिया के स्वरूप की अच्छी समझ होनी चाहिए और इस प्रकार की समझ बिना पक्षधरता के नहीं आ सकती।''

समग्रतः यह कहा जा सकता है कि 'मार्क्सवादी सौन्दर्यशास्त्र' कला का विरोधी नहीं कलावाद का विरोधी है। वह 'शैलीवाद' का विरोधी तो है किंतु शैली के किसी प्रकार-विशेष से उसका विरोध नहीं है। इसी तरह 'प्रकृतवाद' से विरोध होने के बावजूद वह किसी प्रकृत-सत्य का विरोधी नहीं है। वह कला-साहित्य आदि के क्षेत्र रूपवादी रूझान का जितना विरोधी है, सौन्दर्य की वस्तुगत सत्ता में विश्वास रखने के बावजूद 'वस्तुवाद' से उतना ही अलग है। सौन्दर्य को लेकर वह किसी भी प्रकार के अमूर्तन या अतीन्द्रीयता की धारणा को स्वीकार भले न करता हो पर कला-साहित्य के लिए सौन्दर्य तत्त्व को अपरिहार्य मानता है। निराला के एक काव्यांश से विचारसूत्र लेकर यदि कहें तो वैज्ञानिक यथार्थवादी लेखक की रचनादृष्टि में 'चारु चयन' (Aesthetic Selection) की वही अनिवार्य भूमिका है जो हरे पत्ते में जल की, पुष्प में सुरभि की, फल में बीज की तथा उपवन में पक्षियों के कलरव को होती है–

''पल्लव में जल, सुरभि सुमन में
फल में दल, कलरव उपवन में
लाओ चारु चयन चितवन में''। —निराला

किंतु, इस संदर्भ में यह स्पष्ट कर देना जरूरी है कि आज के बदलते माहौल में हम 'चारुता' की पुरानी धारणा से चिपक कर नहीं रह सकते। यदि इस कड़वे सत्य से हम मुंह चुरायेंगे वो हमारी 'चारूता' कभी 'प्रियषुसौभाग्यफला' नहीं हो सकती। दूसरे शब्दों में कहें तो हम उस जड़ीभूत सौन्दर्याभिरूचि के शिकार हो जायेंगे जिससे मुक्ति का आह्वान करते हुए सन् 1936 में ही प्रेमचन्द ने कहा था– 'हमें हुस्न का मेयार तब्दील करना होगा' क्योंकि– 'अभी तक उसका मेयार अमीराना, ऐशपरबाना था।' उन्होंने 'जीवन संग्राम में सौन्दर्य का परमोत्कर्ष' देखने की जो राय दी थी वह आज भी हमारे लिए उतनी ही प्रासंगिक है। यह सुखद है कि हमारे समय-समाज के लगभग सभी महत्त्वपूर्ण शब्दकर्मी अपने जमाने की 'हाइपर रियालिटी' से पूरी तरह वाकिफ हैं। ब्रेख्त की शब्दावली में कहें तो वे 'अंधकार के

युग में भी अंधकार के बारे में कविता' लिख रहे हैं। इस स्रोत सामग्री से ही मार्क्सवादी सौन्दर्यशास्त्र को अपने भावी विकास के लिए ऊर्जा प्राप्त हो सकती है। इसको नजरअंदाज करके या इससे कटकर यदि कोई सौन्दर्यशास्त्र विकसित होता है तो वह ब्रेख़्त के शब्दों में कालान्तर में 'उत्पादन का शत्रु' ही सिद्ध होगा, उसकी भूमिका सृजन-विरोधी होगी।

दायित्वबोध, 1998

सगुन दिवस का विचारता-सा मौन

"एक चीज जो आधुनिक कला और कविता का भी, अक्सर खास हिस्सा बन जाती है वह है प्रेरणा का चित्र की ज़मीन से पैदा होना, उभरना ... लगभग चित्र की ज़मीन पर ही रहना। कभी-कभी मूर्ति की ज़मीन से उभरना और मूर्ति की ज़मीन पर ही रहना।"

—'शमशेर बहादुर सिंह की कुछ गद्य रचनाएँ', पृ.331

'उसने मुझसे पूछा, तुम्हारी कविताओं का क्या मतलब है?
मैंने कहा – कुछ नहीं।
उसने पूछा– फिर तुम इन्हें क्यों लिखते हो?
मैंने कहा – ये लिख जाती हैं।'

—शमशेर बहादुर सिंह : प्रतिनिधि कविताएँ, पृ. 58

प्रगतिशील कवि के रूप में नागार्जुन, केदारनाथ अग्रवाल, त्रिलोचन और शमशेर 'औरेबी हमसफर' हैं। स्पष्ट ही प्रगतिशील कविता का वैविध्य एवं अनेकायामिता इनकी रचनाओं में देखी जा सकती है। घनानंद की 'लोग तो लागी कावित्त बनावत, मोहि तो मोरे कवित्त बनावत' वाले अंदाज में रचित शमशेर की ऊपर उद्धृत काव्यपंक्तियों से गुजरते हुए उनके अंतर्मुखी व्यक्तित्व का एहसास होता है। गौरतलब है कि विजयदेव नारायण साही ने उनकी रचनाओं के सन्दर्भ में जिस मलार्मीय विडम्बना को रेखांकित किया है– वह कहीं न कहीं कवि के एकांतवास से संबद्ध है। किन्तु, मार्क्सवादी विचारधारा से शमशेर की बुनियादी प्रतिबद्धता जगजाहिर है। उन्होंने लिखा है कि "मार्क्सवाद मेरी जरुरत थी, सच्ची जरुरत, उसने मुझे मार्बिड और रुग्ण मनरूस्थिति से उबारा।" 'मार्क्सवाद' शीर्षक कविता में वे स्वीकार करते हैं कि वर्तमान के संस्कारों को जन्म देने वाले विगत संस्कारों के युग में प्रचलित मिथ्या सामंतवाद पोषक मध्ययुगीन भटकाने वाले दर्शन से निजात पाने की सच्ची दृष्टि उन्हें मार्क्सवादी दर्शन में आस्था से प्राप्त हुई :

'मेरा माजी, हाल।
मेरा दिल
मेरा मुस्तकबिल।
मेरी जान
नज्र के काबिल।
कुफ्र से लिया ईमान।'

—उदिता, पृ. 92

बावजूद इसके, भारत-चीन युद्ध पर लिखी 'सत्यमेव जयते' कविता में कवि को अपने राष्ट्रीय हितों के पक्ष में तथाकथित साम्यवादी नीतियों की तल्ख आलोचना करने में भी कोई हिचक नहीं हुई :

'हिमालय पहाड़ कोई चीन की दीवार तो नहीं / जिसे लाँध जाओ !
अखिल सच्चाई के महादेव बौनों पर करुणा से हँसते है।

....

माओ ने सब कुछ सीखा, एक बात नहीं सीखी :
कि झूठ के पाँव नहीं होते !
सत्य की जबान बंद हो, फिर भी वह गरजता है।'

— चुका भी हूँ नहीं मैं, पृ. 40

नागार्जुन ने अपनी प्रगतिशीलता एवं विचारधारात्मक प्रतिबद्धता के सन्दर्भ में जिस 'राष्ट्रीय मार्क्सवाद' की बात कही है, वही शमशेर पर भी लागू होती है। आज यह अलग से बताने की जरुरत नहीं है कि मार्क्सवाद मात्र को प्रगतिशीलता की और प्रगतिशीलता को बड़ा कवि होने की बुनियादी शर्त मान लेने के बालहठ के चलते हिन्दी आलोचना में रागात्मक अर्थवत्ता और सौन्दर्यात्मक संवेदनशीलता से ओतप्रोत कविताओं की जाने-अनजाने कहीं न कहीं उपेक्षा जरूर हुई है। अंग्रेजी की एक कहावत का इस्तेमाल करते हुए कहा जाय तो मार्क्सवाद के प्रति आत्यंतिक आग्रह की वजह से कुछ आलोचक कविता के साथ उन तथाकथित समझदार लोगों की तरह सलूक कर बैठते हैं जो बच्चे को बाथटब में नहलाने के बाद बचेखुचे पानी के साथ बच्चे को भी फेंक आते हैं। यह सुखद है कि कालान्तर में प्रगतिशील-जनवादी बिरादरी के आलोचक आत्यंतिक क्रांतिकारिता के आवेश से मुक्त हुए हैं। इसका एक पुख्ता सबूत मैनेजर पाण्डेय की वह स्वीकारोक्ति है, जिसमें कहा गया है कि ''प्रगतिशील होने के लिए मार्क्सवादी होना आवश्यक नहीं है। अगर कोई रचनाकार अपने समय और जीवन से गहरे स्तर पर जुड़ा हुआ है, तो उसकी रचनाशीलता में

प्रगतिशीलता होगी।'' वस्तुतः प्रेमचन्द ने 'प्रगतिशील लेखक संघ' के पहले अधिवेशन (1936) में 'प्रगतिशील' शब्द और साहित्य में प्रगतिशीलता को लेकर जो बात उठाई थी उसका वृत्त मैनेजर पाण्डेय के ऊपर उद्धृत कथन के साथ कमोबेश पूरा होता दिखाई देता है। तात्पर्य यह कि शमशेर ने ऐसी अनेक कविताएँ रचीं हैं जिन्हें मार्क्सवाद के बने-बनाए चौखटे में जबरदस्ती फिट करने की कोशिश गैर-रचनात्मक ही नहीं, बल्कि गैरजरूरी है :

'मुझको प्यास के पहाड़ों पर लिटा दो जहाँ मैं
एक झड़ने की तरह तड़प रहा हूँ।
मुझको सूरज की किरणों में जलने दो
ताकि उसकी आंच और लपट में तुम फौव्वारे की तरह नाचो
मुझको जंगली फूलों की तरह ओस से टपकने दो,
ताकि उसकी दबी हुई खुशबू से अपने पलकों की
उनींदी जलन को तुम भिंगो सको
मुमकिन है तो।'

बहरहाल, हमारा मकसद यहाँ शमशेर की कुछ कलात्मक-सी दिखने वाली अल्पज्ञात कविताओं में 'शमशेरियत' की शिनाख्त करना है। इस क्रम में 'वाम वाम वाम दिशा / समय साम्यवादी', 'बम्बई में वर्ली के सत्तर किसानों को देखकर', 'लेनिनग्राद', 'अकाल' जैसी अनेकानेक कविताओं से बनावट और बुनावट में भिन्न व विपरीत प्रतीत होने वाली उनकी कुछेक ऐसी कविताओं पर भी समाजशास्त्रीय दृष्टि से विचार किया जाना चाहिए जिनमें स्वयं कवि के शब्दों में 'वस्तुगत प्रयोग और रूपगत प्रयोग, दोनों के यथासंभव निर्दोष शिल्प के उच्चतम स्तर पर...कठोरता से आग्रह' मौजूद हैं। उदारहण के लिए शमशेर की एक कविता द्रष्टव्य हैः

'निश्लच जल पर घिरा कोहरा
बीच खड़ा टापू
सगुन दिवस का विचारता-सा मौन।'

छायाचित्र की तरह प्रतीत होने वाली इस छोटी-सी कविता में शब्दों के द्वारा जो घटित किया गया है उससे सर्वप्रथम एक परिदृश्य उभर कर सामने आता है। जल है जो निश्चल है, उस पर कोहरा घिरा हुआ है। घिरा हुआ से अभिप्राय यह कि कोहरे में हवा की गति से आगे बढ़ाते जाने की कोई स्थिति अभी पैदा नहीं हुई है। व्यंजना है कि हवा भी बह नहीं रही है। एक अन्य कविता में शमशेर ने लिखा है : 'स्थिर है शव-सी वात'। विवेच्य कविता में टापू बीच में है, किनारे पर या किसी एक तरफ

नहीं। वस्तुतः कविता में पहले जो पूरा दृश्य अंकित किया गया है वह टापू के लिए पृष्ठभूमि बन जाता है। रचनात्मक प्रभाव की दृष्टि से यह किसी सरोवर या झील का वर्णन मालूम पड़ता है, क्योंकि यदि नदी होती तो जल प्रवाहित हो रहा होता। यह सब जो रचना के भीतर से छन कर बाहर निकल रहा है उसे पाठक के अंतर्मन में अर्थ के रूप में स्वतरू उदित होना चाहिए।

अब जरा रुककर टापू की मुद्रा पर एक नजर डालें। मुद्राएं अनेक हो सकतीं हैं। मुद्रा किसी योगी की हो सकती है, मुद्रा प्रतीक्षा करने वाले व्यक्ति की हो सकती है, मुद्रा चिंता में डूबे किसी मनुष्य की हो सकती है, मुद्रा पछतावे में पड़े किसी व्यक्ति की हो सकती है। पर यहाँ मुद्रा है—'सगुन दिवस का विचारता सा मौन।' हम एक ऐसे पुरोहित की कल्पना करें जो पूरे के हित में आने वाले दिवस के लिए सगुन विचार रहा है। जाहिर है कि सगुन तब विचारा जाता है जब किसी किसी महत्त्वपूर्ण काम की शुरुआत करनी होती है, कोई बड़ा कदम उठाना होता है। सवाल उठना वाजिब है कि आने वाले दिवस का सगुन विचारने वाला यह 'टापू', जो कविता में एक गुणात्मक चित्र के रूप अंकित है, किसका प्रतिनिधित्व करता है। संभवत : उस व्यक्ति का, जो किसी समुदाय या समूह को किसी बड़ी पहलकदमी के लिए नेतृत्व प्रदान करने की मनोदशा में है। दूसरे शब्दों में कहें तो किसी क्रांतिकारी समूह की नेतृत्वकारी शक्ति इस कविता में टापू के रूप में प्रतीयमानित हो रही है।

विचारणीय है कि यदि एक पाठक उपर्युक्त बात को अगर समझ ले तो यह कविता की कैसी समझ होगी। स्पष्ट ही यह प्रभाववादी समझ होगी। कारण यह कि शमशेर की इस कविता से गुजरकर एक संवेदनशील पाठक जो प्रभाव ग्रहण करेगा और उस प्रभाव का कविता की पंक्तियों से अंतरूसंबंध स्थापित करके उसके अंतर्मन में जो आभासित होगा, वही उसके लिए काव्यार्थ है। तात्पर्य यह कि अब तक बतौर पाठक हमने इस कविता को अपनी आकल्पना में आभास के द्वारा ग्रहण किया है।

मुक्तिबोध के अनुसार शमशेर की 'मूल मनोवृत्ति एक इम्प्रेशनिस्टिक चित्रकार की है। इम्प्रेशनिस्टिक चित्रकार अपने चित्र में केवल उन अंशों को स्थान देगा, जो उसके संवेदना ज्ञान की दृष्टि से प्रभावपूर्ण संकेत शक्ति रखते हों।...शमशेर ने अपने हृदय में आसीन चित्रकार को पदच्युत करके कवि को अधिष्ठित किया है, इससे एक बात यह हुई है कि कवि का कार्य-क्षेत्र (द्रमड़ द्रङ्ग) बढ़ गया है। इम्प्रेशनिस्टिक चित्रकार जीवन की उलझी हुई स्थितियों का चित्रण नहीं कर सकता, वह किसी दृश्य खंड को ही प्रस्तुत कर सकता है। उस विचित्र दृश्य खंड में भी वह दृश्य के सूक्ष् पक्षों को प्रस्तुत नहीं कर सकता, किन्तु कवि वैसा कर सकता है।''

अंतर्वस्तु के स्तर पर शमशेर की इस कविता में आए 'निश्चल जल' से गुजरते

हुए निराला की 'तुलसीदास' कविता के 'उर्मिल जल' की सहसा याद हो आती है, जो वहाँ ऐतिहासिक परिस्थितियों में हलचल का द्योतक है, जिसमें जातीय आकांक्षाओं का शतदल प्रस्फुटित होना चाह रहा था। यह रचनात्मक प्रतिध्वनि शमशेर की कविता में आए 'निश्चल जल' के चित्र को एक ऐतिहासिक-सांस्कृतिक सन्दर्भ प्रदान करती है। स्पष्ट ही शमशेर के यहाँ 'निश्चल जल' सामाजिक-ऐतिहासिक परिस्थितियों में ठहराव का द्योतक है। कविता में निश्चल जल पर कोहरा घिरा होने की बात कही गयी है। कहना न होगा कि हिन्दी कविता में पहले भी जल पर कोहरा घिरता रहा है। उदाहरण के लिए अज्ञेय की कविता में जहाँ कोहरा 'झोंप अधियारा' बनकर घिरा बताया गया है वहाँ एक दुविधा या असमंजस की स्थिति व्यक्त हुई है। कोई चाहे तो परम्परा की पगडंडी पर चलते हुए इससे शमशेर की कविता में आए 'घिरा कोहरा' का संबंध-सूत्र जोड़ सकता है।

यदि इस कविता में टापू बीच में खड़ा न होकर बायीं अथवा दायीं ओर खड़ा होता तो कोई बड़ी आसानी से रचनाकार की विचारधारात्मक रुझान को क्रांतिकारी वामपंथ अथवा सौन्दर्यवादी दक्षिणपंथ से जोड़ दे सकता था। पर यहाँ टापू संकल्प की मुद्रा में बीच में खड़ा है। गौरतलब है कि शमशेर आम तौर पर जिस सामजिक-राजनीतिक विचारधारा से प्रतिश्रुत रहे हैं उसके नेतृत्वकारी वर्ग की कार्रवाई का रुख इस कविता के रचना-काल तक अतिक्रान्तिकारी के बजाए मध्यवर्ती था। दूसरे शब्दों में, तब तक भारतीय संस्कृतिकर्मियों के बीच घनघोर वामपंथी राजनीति अपने पाँव नहीं पसार पायी थी।

इस कविता के रूप विधान में प्रच्छन्न रंग-संकेत भी निहित हैं। यहाँ जो 'निश्चल जल' है, वह सलेटी रंग का है, क्योंकि अभी दिनारम्भ नहीं हुआ है। इस जल पर घिरे कोहरे का रंग भी सलेटी है, क्योंकि उस पर अभी सूर्य की किरणों का प्रभाव पड़ना शेष है। इस धुंधलके के बीच खड़े टापू का रंग भी सलेटी ही है। कविता में टापू मौन है और ज्ञातव्य है कि चित्रकला की दुनिया में मौन को सलेटी रंग से ही प्रतिभाषित किया जाता है। विश्व के एक महान चित्रकार मातिस ने अपने चित्रों में सलेटी रंग का सबसे ज्यादा इस्तेमाल किया है, क्योंकि उनके चित्रों में उत्कीर्ण अधिकांश चरित्र चुप हैं। उल्लेखनीय है कि इस कविता के रूप-संयोजन में एकरंगीय कल्पना को प्रच्छन्न रखकर कवि शमशेर ने काव्यबिम्बों के माध्यम से जो एक तरह की मिश्रित एकता पैदा की है उनमें विक्षेप के बजाए पूरकता का संबंध है। संभवतः यह पूरा छायाचित्र कवि के रचनात्मक मानस पटल पर सलेटी रंग में ही पहले पहल अंकित हुआ होगा। प्रसंगवश शमशेर की एक अन्य काव्यपंक्ति की बरबस याद आती है : 'मौन में इतिहास का कन किरन जीवित, एक, बस।' राजेन्द्र कुमार का

कहना सही है कि "शमशेर की भाषा सबसे ज्यादा वहाँ फबती है, जहाँ हिन्दी और उर्दू का दोआबा है और उनकी कला सबसे ज्यादा वहाँ निखरती है, जहाँ काव्य-कला और चित्रकला का दोआबा है।"

यह ठीक ही कहा गया है कि श्रेष्ठ कविता का समाजशास्त्रीय परिप्रेक्ष्य अत्यंत प्रच्छन्न और उसकी अर्थबहुलता प्रायः बहुसंदर्भ-मुखर होती है। याद आ सकते हैं फ्रेडरिक जेम्सन, जिनके अनुसार बहुसंदर्भ-मुखर पाठों की अर्थबहुलता किसी आलोचक की आकस्मिक सूझ के बजाए पठन-प्रक्रिया में पाठ और परिप्रेक्ष्य के बीच मौजूद गहरी नातेदारी की क्रमबद्ध पहचान का परिणाम होती है। कवि शमशेर के यहाँ सामाजिक यथार्थ के दबाव के उदहारण और भी हैं। प्रसंगवश उनकी एक दूसरी कविता विचारणीय है जो अपनी संरचना में एक पूरे लैंडस्केप को इस कदर समेटे हुए है कि पाठक के समक्ष कवि का सृजन-संसार परत-दर-परत खुलता चला जाता है:

'श्रम-रत कुछ धोबी, कुछ अस्थिर प्रस्तर :
तट पर - कवि से दूर
चाँदी के स्थिर जल में असित हिलतीं मूर्तियाँ।'

—चुका भी हूँ नहीं मैं, पृ. 91

'मूर्तियाँ' शीर्षक से रचित इस कविता से गुजरते हुए महसूस किया जा सकता है कि यहाँ गति और स्थिरता के के द्वंद्व के बीच जो देखा जा रहा है वह है – चाँदी के निर्मल जल में हिलतीं काली मूर्तियाँ। कविता में जल को आईने की तरह चमकदार, हृदय की तरह स्वच्छ, पारदर्शी आदि तो कहा जाता रहा है पर यहाँ इसे चाँदी की तरह निर्मल कहने का प्रयोजन विचारणीय है। संभवतः कवि जल की उज्ज्वलता पर बल देना चाहता है, क्योंकि इसमें प्रतिबिंबित होने वाली मूर्तियों का रंग काला है। कविता में इस तरह के चित्र खचित करने के संरचनात्मक तर्क को शुक्लजी की शब्दावली गें 'विरुद्धों का सामंजस्य' कहा जा सकता है। दूसरी बात यह कि लोक में 'चाँदी' का प्रयोग समृद्धि या वैभव के अर्थ में किया जाता है। 'चाँदी काटना' मुहावरे के अभिप्राय से हम सब भली भांति परिचित हैं। इस कविता में 'चाँदी का जल' वस्तुतः अर्थकेन्द्रित समाज-व्यवस्था का द्योतक है। इस व्यवस्था के आईने में उस मेहनतकश वर्ग का अक्स उभरता है, जिसकी नियति निर्जीव पत्थर की तरह तट पर ही रह जाने की है। जाहिर है कि उसके श्रम का बड़ा लाभांश व्यवस्था को प्राप्त होता है पर वह तटस्थ रहने के लिए विवश है। इसके साथ यह भी कि अपने हित में यथास्थिति कायम रखने के लिए चौकन्नी व्यवस्था के दर्पण में श्रमिक वर्ग की तमाम सक्रियताएं लगातार आंकी जाती हैं, जिससे प्रायः कामगार

वर्ग अनजान रहता है। एक छोटे से शब्दचित्र में यह मार्मिक अर्थ पिरोया हुआ प्रतीत होता है।

'काल तुझसे होड़ है मेरी' की प्रस्तावना में शमशेर ने लिखा है : "मैं सदा ही अपने मानसिक परिवेश को चित्रित करता रहा हूँ। परिवेश के साथ-साथ उसके माहौल को भी अपने पास, 'इतने अपने पास' खींचता रहा हूँ कि मेरा अंदरूनी कवि और चित्रकार, अपने अक्स को उसमें उतरने से बाज नहीं रख सके।"

अमृता शेरगिल के चित्रों पर टिप्पणी करते हुए समर्थ युवा कलाविद व हिन्दी आलोचक ज्योतिष जोशी ने लिखा है कि उन्होंने "...भारतीय कला को अपनी यथार्थवादिता से हैरत में डाल दिया। भारतीय दैन्य, अवसाद और उसके रूढ़िवाद को इतनी तन्मयता से किसी भी दूसरे कलाकार ने रूपायित नहीं किया। उनकी चित्रमय भाषा भारतीय लघुचित्रों की याद दिलाती है। कृतियों के माध्यम से जीवन-यथार्थ की अभिव्यक्ति के साथ अमृता की प्रश्नाकुलता उन्हें पहला समग्र आधुनिक चित्रकार बनाती है।" (आधुनिक भारतीय कला, भूमिका, पृ. 8) एक हद तक यह बात शमशेर की छोटी कविताओं पर भी लागू होती है, जो एक विराट प्रतिभा के सुफल की तरह हैं जिनसे गुजरते हुए प्रभाकर माचवे को पत्रोत्तर देने के क्रम में हास-परिहास में लिखित उनकी एक पंक्ति का सहसा स्मरण हो आता है : 'प्रतिभा में गुरु प्रथम आधुनिक कवि होना भी क्या है ठठ्ठा।'

यदि साहित्यवाद के हिमायती किसी पाठक या आलोचक को यह प्रतीत हो कि शमशेर की कविताओं पर यहाँ एक राजनीतिक अर्थ जबरन थोपा जा रहा है, तो अचरज नहीं। ऐसे शुद्धतावादी सौन्दर्यप्रेमी साहित्य-रसिकों को हमारे समय के सर्वाधिक समर्थ एवं विश्वसनीय हिन्दी आलोचक नामवर सिंह के एक कथन की याद दिलाना अप्रासंगिक न होगा : "...कविता के मूल पाठ जैसी कोई चीज होती ही नहीं, यहाँ से वहाँ तक व्याख्या ही व्याख्या है। कोई सर्जनात्मक कृति इसीलिये कृति है कि वह कोई स्थिर वस्तु नहीं है, जड़ पदार्थ नहीं है। पढ़ने की प्रक्रिया में ही काव्यकृतियाँ अर्थ ग्रहण करती हैं और सार्थक होतीं हैं। इस प्रक्रिया में कभी-कभी मूल पाठ इतना बदल जाता है कि मूल पाठ का पता लगाना भी कठिन होता है।. ..सृजन से ग्रहण तक सम्प्रेषण की समग्र प्रक्रिया में काव्यकृति निरंतर उपजती और उपजाई जाती है। यह 'उपज' ही उसका जीवन है। किसी कृति को जड़ पाठ से मुक्त करना ही उसकी प्रासंगिकता है।" (वाद विवाद संवाद, पृ. 71)

कविता केवल अभिव्यक्ति ही नहीं, सम्प्रेषण भी है और कहने की जरुरत नहीं कि अभिव्यक्ति के स्तर पर शमशेर की कविताओं में सूक्ष्म कारीगरी का करिश्मा एक हद तक पारदर्शी है पर सफल सम्प्रेषण के लिए ऐसी कविताएँ पाठक से संवेदनशील

चौकन्नेपन की माँग करती हैं। याद आते हैं मुक्तिबोध, जिनका मानना था कि 'जनता का साहित्य' से मतलब जनता को तुरंत समझ में आने वाला साहित्य कतई नहीं है। अपने काव्य-संग्रह 'उदिता' के अंत में 'सीधे अपने पाठक से' मुखातिब होकर शमशेर ने लिखा था कि 'सच्चे मतलब को ढँकने वाली कला एक झूठा आडम्बर है य वह ऊपर से पहली नजर में चाहे जितनी खूबसूरत और मोहक लगे।' किन्तु इसके साथ ही उनका यह भी मानना रहा है कि ''रचना की संरचना को समाज की संरचना प्रभावित करती है। एक आंदोलन कई कला-रूपों को प्रभावित कर सकता है, ...लेकिन यह नहीं भूलना चाहिए कि प्रत्येक कला-रूप या विद्या की अपनी एक मर्यादा होती है और वह मर्यादा कायम रखना जरूरी होता है।'' सच तो यह है कि शमशेर तथाकथित कलावादी-प्रयोगवादी कवियों की तुलना में कहीं ज्यादा प्रयोगशील रहे हैं और इस क्रम में वे कई बार काव्यभाषा की गहन संरचनाओं का इस्तेमाल सतही संरचना के तौर पर करते हैं। उन्हें इस बात का इल्म न था ऐसा नहीं है। अपने काव्य संग्रह ''चुका भी हूँ नहीं मैं' के आरम्भ में साहित्यिक मित्रों के प्रति 'आभार ज्ञापन' करते हुए वे स्वयं कहते हैं : ''अपनी काव्यकृतियाँ मुझे दरअसल सामाजिक दृष्टि से बहुत मूल्यवान नहीं लगतीं। उनकी सामाजिक उपयोगिता मेरे लिए एक प्रश्न-चिह्न-सा रही है, कितना ही धुंधला सही।'' वावजूद इसके, प्रतिबद्धता और सर्जनात्मकता के अप्रतिम समन्वय से रचित उनकी कविताओं में गहन वैयक्तिकता से उपजी वह निर्वैयक्तिकता व निस्संगता उल्लेखनीय है जिसके चलते उनमें चित्रण के स्तर पर यथातथ्यता और मूल्यनिर्णय के स्तर पर प्रतिबद्धता दिखाई देती हैं। विजयदेव नारायण साही ने सही लिखा है कि ''प्रगतिवाद शमशेर के लिए मात्र वह नहीं है जो वह है, बल्कि वह है जो उनकी काव्यानुभूति की बनावट का अंग बनाकर प्रस्तुत होता है। इस अर्थ में वह उनके लिए अभिनय नहीं है, वास्तविकता है।''

आलोचना, जून 2011

जनता को रोटी से काम

"जब हिन्दी प्रदेश की श्रमिक जनता एक जुट होकर नई समाज-व्यस्था के निर्माण की ओर बढ़ेगी ...निम्न मध्यवर्ग और किसानों और मजदूरों में भी जन्म लेने वाले कवि दृढ़ता से अपना सम्बन्ध जनांदोलनों से कायम करेंगे, तब उनके सामने लोकप्रिय साहित्य और कलात्मक सौंदर्य के संतुलन की समस्या फिर दरपेश होगी और साहित्य और राजनीति में उनका सही मार्गदर्शन करने वाले अपनी रचनाओं के प्रत्यक्ष उदाहरण से उन्हें शिक्षित करने वाले, उनके प्रेरक और गुरु होंगे कवि नागार्जुन।"

—रामविलास शर्मा

हमारे समय में हुक्मरानों द्वारा अवाम को इक्कीसवीं शताब्दी में प्रवेश करा दिए जाने का बार-बार दावा किया जा रहा है। मंदी के इस दौर में वृद्ध पूंजीवाद को सहारा देने के लिए सूचना तंत्र की वैशाखी का अंधाधुंध इस्तेमाल काबिलेगौर है।

बीसवीं सदी के अंतिम चरण में गांधी के सपनों को साकार करने का दावा करने वाली काँग्रेस पार्टी द्वारा 'मनमोहननिमिक्स' के तहत जब राष्ट्रीय हितों को ताक पर रखकर 'विश्व बैंक', 'अंतर्राष्ट्रीय मुद्रा कोष', 'वाशिंगटन आम राय' एवं 'विश्व व्यापार संगठन' की नीतियों का तत्परता के साथ अनुपालन करते हुए कर्ज पर आधारित अर्थव्यवस्था और विदेशी पूँजी निवेश के लिए कालीन बिछाई जाने लगी तो नागार्जुन ने उसका मखौल उड़ाते हुए लिखा थाः

'हम तो ठहरे घीसू माधव की औलाद !
क्या रहेगा याद, क्यों रहेगा याद ?
मिलता रहे कर्ज, बढ़ता रहे मर्ज
छुट्टियाँ मनेंगी टापू में
फर्क नहीं रह जाएगा
बा और बापू में।

आज यह याद रखना बहुत जरूरी है कि तमाम प्रगतिशील इतिहासकारों एवं

समाज वैज्ञानिकों ने सन् 1947 में भारत को मिली आजादी को देशी सामंतवाद-पूँजीवाद तथा अन्तर्राष्ट्रीय पूँजीवाद एवं साम्राज्यवाद के बीच हुए समझौते के रूप में रेखांकित किया है, जिसमें आजादी के बाद भारतीय बुर्जुआ के शासन काल में देश में साम्राज्यवादियों के आर्थिक हितों की सुरक्षा की गारंटी दी गई थी। डॉ.रामविलास शर्मा के शब्दों में "भारत में लोकप्रिय मंत्रिमण्डल किस प्रकार ब्रिटेन के आर्थिक हितों की रक्षा करें, इसकी ट्रेनिंग सबसे पहले कांग्रेस नेताओं को 1937 वाले दौर में मिली। दूसरी बार यह ट्रेनिंग उन्हें सन् 46-47 की अंतरिम सरकार के दौरान मिली।" हालांकि सन् 1929 में जवहारलाल नेहरू के माध्यम से कांग्रेस पूर्ण स्वाधीनता का लक्ष्य घोषित कर चुकी थी, पर 1937 में प्राप्त यह लक्ष्य भारतीय बुर्जुआ के लिए भले ही पूर्ण हो, आम जनता के लिए यह निश्चय ही अपूर्ण रहा है। कारण यह कि इस तथाकथित आजादी के बाद भी "भारत से ब्रिटेन के आर्थिक हित गायब नहीं हो गए, विदेशी बैकों के कर्ज लेकर दरअसल भारत सरकार ने विदेशी पूँजी के दबाव को बढ़ने दिया।"

ऐसी विडंबनापूर्ण स्थिति में जनपक्षधर बुद्धिजीवियों एवं पार्टी के नेताओं ने यदि भारत की आजादी के खोखलेपन को उजागर करते हुए राष्ट्रवादी कही जानेवाली कांग्रेस पार्टी के जनविरोधी चरित्र का पर्दाफाश किया तो इस कारण उन्हें राष्ट्रविरोध बताने वालों की नीयत स्वतः स्पष्ट हो जाती है। न केवल राजनीति के क्षेत्र में ही, बल्कि उस समय साहित्य एवं संस्कृति के मोर्चे पर सक्रिय प्रगतिशील कवियों-लेखकों की अनेकानेक रचनाओं तथा उनके वक्तव्यों में भी हमें आजादी के ठीक बाद राष्ट्रीय पूँजीपतियों एवं उनके राजनीतिक प्रतिनिधियों के विरूद्ध मुखालफत का अत्यंत मुखर स्वर सुनाई पड़ता है। उदाहरण के लिए सन् 1949 (25 सितंबर) में इलाहाबाद में आयोजित युक्त प्रांत के प्रगतिशील लेखकों के सम्मेलन में अध्यक्षपद से दिये गये नागार्जुन के भाषण का एक अंश दृष्टव्य है : "हम शासक-शोषक वर्ग के पिछलगुआ जी-हुजूर, चाटुकार लेखक नहीं हैं। हम बिड़ला-टाटा डालमियाँ के चाकर नहीं हैं। हम नेहरू और पटेल की थाप पर थिरकने - ठमकने वाले आर्टिस्ट नहीं हैं। सर्वसाधारण जनता को ही हम अपनी अधिस्वामिनी समझते हैं। हमारी सारी प्रेरणाओं और कल्पनाओं का मूल स्रोत वही है।"

कहना न होगा कि एक रचनाकार द्वारा सर्वसाधारण जनता को ही अपनी अधिस्वामिनी तथा सारी प्रेरणाओं एवं कल्पनाओं के मूल स्रोत के रूप में अंगीकार किया जाना उसकी वैज्ञानिक समझ एवं प्रगतिशील दृष्टि का परिचायक है। कारण यह कि साहित्यकार को जहाँ से प्रगति के लिए असली ताकत मिलती है, उसका स्रोत जनता ही है। डॉ. विजय बहादुर सिंह को लिखित अपने पत्र में भी नागार्जुन

ने स्पष्ट शब्दों में इस तथ्य को स्वीकार किया है– ''किसने, कब, कहाँ, मेरे प्रसंग में क्या कहा? मेरे पक्ष या विपक्ष में अमुक शोधकर्ता ने क्या राय जाहिर की है या किस परिचर्चा गोष्ठी में कौन मेरा परिहास कर रहा था? मेरे हितैषियों ने समय-समय पर मुझे इस बात की सूचना देने की कोशिश की है। वामपंथी एवं वामगंधी बंधुओं के परामर्श, चेतावनियाँ शीतोष्ण उपदेश यह सब मेरे इन कानों तक पहुँचते रहे हैं, परन्तु सर्वाधिक परवाह जिस तत्व की मैं करता हूँ वह कोई और तत्त्व है। जिस शक्ति से मैं ऊर्जा हासिल करता हूँ, वह कोई और शक्ति है। मुझे संघर्षशील जनता का विपन्न बहुलांश ही शक्ति प्रदान करता है। कोटि-कोटि भारतीयों के वे निरीह, पिछड़े हुए, अकिंचन, दुर्बल समुदाय जो चाहने पर भी अपना मतपत्र नहीं डाल पाए, मेरी चेतना उनकी विवशताओं से ऊर्जा हासिल करेगी।''

जाहिर है कि अनेक फैशनपरस्त तथाकथित प्रगतिशील रचनाकारों की तरह नागार्जुन जिंदगी को केवल किताब से मापनेवाले लेखक कतई नहीं रहे हैं। इसीलिए सामाजिक - राजनीतिक विसंगतियों के संदर्भ में उनका कृत्य महज बौद्धिक मुठभेड़ तक सीमित न रहकर जनांदलनों का पीछा करने के लिए उन्हें समय-समय पर उत्प्रेरित करता रहा है। निश्चय ही उनकी सक्रिय भागीदारी कई बार ऐसे आन्दोलनों के साथ भी रही है जो मार्क्सवादी दृष्टिकोण विचारने पर भी प्रतिक्रियावाद की गर्भ से पैदा हुए सिद्ध होते हैं। उदाहरण के लिए केलानिया के मठ से जब उनका किसान नेता स्वामी सहजानंद सरस्वती के साथ किसानों की समस्याओं को लेकर पत्र-व्यवहार हुआ और स्वामी जी ने उनको लिखा– ''वहाँ मुर्दों के चक्कर में क्या पड़े हो? आओ और जनता के लिए काम करो।'' – तो तरूण बौद्ध सन्यासी नागार्जुन खुद को रोक न सके। वे केनालिया से आकर किसान आन्दोलन के साथ सक्रिय रूप से जुड़ गये और इस क्रम में बिहार के सिवान जिले के पचरूखी प्रखंड में वे कैद भी किये गये थे। डॉ. प्रभाकर माचवे के अनुसार नागार्जुन 'भारत लौटे, सन् 38 के मध्य में। अमबारी (बिहार) के अत्याचारी भूस्वामी के खिलाफ राहुल सांकृत्यायन ने नेतृत्व किया। उनके भिक्षु जैसे मुंडित सिर पर लाठी पड़ी। रामवृक्ष बेनीपुरी ने 'योगी' में संपादकीय लिखा। नागार्जुन को किसानों के नेतृत्व के लिए पकड़ लिया गया। छपरा और हजारीबाग जेल में दस महीने रहना पड़ा। इस किसान आन्दोलन में उनके जेल के साथियों में समाजवादी युवा नेता श्यामनन्दन मिश्र और किसान सभा के प्रसिद्ध नेता पंडित कार्यानंद शर्मा भी थे। इन्हीं दिनों दो-एक बार नागार्जुन का पत्र-व्यवहार सुभाष बोस जैसे नेताओं से भी हुआ।' उनके कवि-व्यक्तित्व के निर्माण के बारे में डॉ.खगेन्द्र ठाकुर का कहना है कि 'सन'46 में नौसेना में विद्रोह हुआ, पुलिस में

विद्रोह हुआ, लाल सेना के नेतृत्व में प्रन्नपा का किसान संघर्ष, तेलंगाना का किसान संघर्ष, बंगाल का तेभागा आंदोलन, रेल-हड़ताल, अनेक उद्योगों में हड़ताल और 'आजाद हिंद फौज' के समर्थन में राष्ट्रीय कार्रवाइयाँ हो रही थीं और इन सबका नेतृत्व कम्युनिस्ट पार्टी ने किया, नौसेना के समर्थन में मुंबई के मजदूरों ने कार्रवाई की।...केदार और नागार्जुन की काव्य-चेतना पर सन'46 के क्रांतिकारी जन-उभार का गहरा असर है।...नागार्जुन की काव्य-चेतना में स्वाधीनता संघर्ष और क्रांतिकारी किसान-संघर्ष में स्वयं भाग लेने के अपने अनुभव भी हैं।' नागार्जुन सन् 1974 में जयप्रकाश नारायण के नेतृत्व में चलाये गये 'बिहार आन्दोलन' से भी जुड़े जिस आन्दोलन का चरित्र आदि से अंत तक बुर्जुआ चरित्र था और इस क्रम में भी वे गिरफ्तार किये गये। पर जेल से छूटने पर उन्होंने अपनी भूल स्वीकार करते हुए कहा कि 'मै रंडियों भडुओं के कोठे पर पहुँच गया था।' बिहार आन्दोलन में अपनी शिकायत को नागार्जुन ने अपनी एक कविता में इस प्रकार 'कन्फेस' किया है—

रहा उनके बीच मैं।
था पतित मैं, नीच मैं
दूर जाकर गिरा, बेबस उड़ा पतझड़ में
धंस गया आकंठ कीचड़ में
सड़ी लाशें मिलीं
उनकी मध्य लेटा रहा आँखे मींच, मैं
उठा भी तो झाड़ आया नुक्कडों पर स्पीच मैं
रहा उनके बीच मैं।
था पतित मैं, नीच मैं!!

इस कविता का स्वर मुक्तिबोध की 'बहुत शर्म आती है' से भिन्न है। कारण यह कि मुक्तिबोध के मध्यवर्गीय काव्यनायक की शर्मनाक तटस्थता के विपरीत यहाँ कविता का प्रथम पुरुष अपने किए पर ग्लानि से गल रहा है। दूसरे शब्दों में उसे अपने विचलन का मर्मांतक बोध हो रहा है जिससे उसे भविष्य में अपनी सक्रियताओं के दिशा निर्धारण में सहायता मिलेगी और वह फूँक-फूँक कर कदम बढ़ायेगा। ज्ञातव्य है कि सन् 1947 में लोकनायक जयप्रकाश नारायण के नेतृत्व में आहूत तथाकथित 'सम्पूर्ण क्रान्ति' एवं तदनंतर सत्ता परिवर्तन को नागार्जुन ने 'खिचड़ी विप्लव' के रूप में अभिहित किया था।

नागार्जुन निर्विवाद रूप में एक सच्चे जनपक्षधर कवि हैं। मार्क्सवादी विचारधारा में उनका गहरा विश्वास रहा है। किन्तु इन सारी बातों के बावजूद वे भारत की

विभिन्न कम्युनिस्ट पार्टियों एवं उनसे जुड़े लेखकों के संघटनों की नीतियों के कभी कायल नहीं रहे। पार्टी-विशेष के प्रति अपने लेखकीय व्यक्तित्व को समर्पित कर देने के बजाय वे रचनाकार के लिए जनपक्षधरता को ज्यादा जरूरी मानते हैं–

चाहते हो–
अगर तुम निर्विघ्न होकर
शांतिपूर्वक
शिल्प-संस्कृति-कला का,साहित्य का निर्माण करना
इतर साधारण जनों से अलहदा होकर मत रहो
कलाधर या रचयिता होना नहीं पर्याप्त है
पक्षधर की भूमिका धारण करो–

स्पष्ट ही सर्वहारा जन्म से ही वर्ग-सचेतन नहीं होता। वह समय के साथ इसे अर्जित करता है। ऐसी स्थिति में प्रतिबद्ध लेखक के लिए जरूरी है कि वह वर्ग चेतना से लैस सर्वहारा तथा दिशाविहीन भीड़ में फर्क को समझे। कवि नागार्जुन न केवल इस फर्क को भली-भाँति समझते हैं, बल्कि वे अपने 'व्यामोह' से उत्पन्न खतरे के प्रति भी सचेत हैं, तभी उनमें यह कहने का नैतिक साहस है–

...अविवेकी भीड़ की 'भेड़िया-धसान' के खिलाफ
अंध-बहिर व्यक्तियों को सही राह बतलाने के लिए
अपने आप को भी व्यामोह से बारंबार उभारने की खातिर
प्रतिबद्ध हूँ जी हाँ, शतधा प्रतिबद्ध हूँ।

किन्तु कवि की इस प्रतिबद्धता को किसी राजनीतिक दल की पाबंदी स्वीकार नहीं है, हालांकि वह आरंभ से कम्युनिस्ट पार्टी एवं प्रगतिशील आन्दोलन से संगठन के स्तर पर भी जुड़ा रहा है। अतः ऐसे में अंतर्राष्ट्रीय साम्यवाद के नाम पर कई तथाकथित प्रगतिशील लेखकों की तरह साम्यवादी शासन वाले देशों के प्रति नागार्जुन की आत्यंतिक ललक का तो प्रश्न ही नहीं उठता। डॉ. विजय बहादुर सिंह से बातचीत करते हुए नागार्जुन कहते हैं कि यदि लेखक "पार्टी के इनर सर्किल में आयेगा तो मूलतः साहित्यकार नहीं रह सकता। मैं तो 62 तक सी.पी.आई का सदस्य रहा। यह और बात है कि मेरी सदस्यता हमेशा ढीले किस्म की रही। ... मेरे संदर्भ में राष्ट्रीय मार्क्सवादी शब्द ज्यादा सही होगा। भारत में ही क्यों संपूर्ण दक्षिण एशिया में मार्क्सवाद तभी फलदायी होगा जब वह राष्ट्रीयता से जुड़ेगा। अंतर्राष्ट्रीय साम्यवाद जब राष्ट्रीय हो लेगा तभी वह राष्ट्रीय मार्क्सवादी की संज्ञा पा सकेगा। मेरे लिए इसका मतलब स्थनीय समस्याओं और निकट के संघर्षों से जुड़ना है। बाहर-बाहर तो हम प्रगतिशील बने रहे और भीतर वही प्रतिक्रियावाद

काम करता चले तो फिर कैसी राष्ट्रीयता और कैसी साम्यवादिता... मैं स्थानीय घटनाओं से निर्लिप्त रहकर मार्क्सवादी नहीं रहना चाहता।''

'राष्ट्रीय मार्क्सवाद' विषयक नागार्जुन की इस अवधारणा तथा व्याख्या को ध्यान में रखकर यदि हम उनकी माओत्से तुंग और मार्शल टीटो को लक्ष्य कर लिखित काव्य पंक्तियों पर दृष्टिपात करें तो कवि की मार्क्सवाद-लेनिनवाद के प्रति आस्था को लेकर किसी भ्रम की गुंजाइश न रहेगी, जो कि एक जमाने में प्रगतिशील शिविर में पैदा हो गयी थी।

जाहिर है कि सन् 1962 के चीनी साम्राज्यवादी आक्रमण का भारतीय कम्युनिस्ट आन्दोलन पर बहुत बुरा असर पड़ा। इस संदर्भ में भारत की कम्युनिस्ट पार्टियों के रूख पर भी प्रश्न चिह्न लगाया जाता रहा है। किन्तु एकाध अपवाद को छोड़कर अपनी ज़मीन से जुड़े जिन अधिकांश प्रगतिशील रचनाकारों ने इस आक्रमण का जमकर विरोध किया था उसमें नागार्जुन का स्वर संभवतः सबसे ऊँचा था।ऐसे तो सन् 1962 के बाद नागार्जुन ने 'भारतीय कम्युनिस्ट पार्टी 'से त्यागपत्र दे दिया पर इसका मतलब कतई यह नहीं है कि वे देश में जगह-जगह पर विभिन्न तबकों द्वारा चलाये जा रहे विभिन्न आन्दोलनों से भी विमुख हो गये हो। सच तो यह है जनांदोलनों से जुड़ना नागार्जुन के कवि की प्रकृति है, जहाँ से उन्हें रचनात्मक ऊर्जा प्राप्त होती है। उन्हें इस बात का बोध है कई सामाजिक यथार्थ स्थिर रहने के बजाए अपने अन्तर्निहित द्वन्द्व के चलते सतत परिवर्तनशील होता है और इसीलिए लगातार बदलता भी रहता है। भोजपुर में किसानों के सशस्त्र संग्राम पर रचित अपनी एक कविता में कवि ने उस क्षेत्र को एक तरह से तीर्थस्थल की महिमा प्रदान की है जहाँ सदियों से दबे-कुचले लोग अपनी मुक्ति के लिए संघर्षरत हैं–

यही धुआँ मैं ढूँढ़ रहा था
यही आग मैं खोज रहा था
यही गंध थी मुझे चाहिए
बारूदी छर्रे की खुशबू !

× × ×

भोजपुरी माटी सोंधी है,
इसका यह अदभुद सोंधापन!
लहरा उठ्ठी है
कदम-कदम पर, इस माटी पर
महामुक्ति की अग्निगंध!
ठहरो-ठहरो इन नथनों में इसको

भर लूँ
अपना जनम सकारथ कर लूँ।

कहा जाता है कि जब कथाकार गोगोल ने जनता की तरफदारी का रास्ता छोड़कर ईसाइयत के आदर्श के नाम पर भूस्वामियों, किसानों एवं दासों को मिल-जुलकर शांतिपूर्वक रहने की शिक्षा देनेवाली एक किताब लिखी थी जो वस्तुतः जारशाही के हित में थी तो प्रख्यात रूसी आलोचक बेलिंस्की ने अपने इस मित्र को एक पत्र में लिखा था कि "बात यह है कि तुम रूस को बहुत वर्षों से सुन्दर-सुदूर से देखने के आदि हो गए हो। कौन नहीं जानता कि चीजों को अपने मनचीते रूप में देखने का सबसे आसान तरीका है उन्हें दूर से देखना। तुम भला कैसे देख सकते थे कि रूस की मुक्ति न तो रहस्यवाद में है, न वैराग्यवाद में, न भक्तिवाद में। उसकी मुक्ति है तो सभ्यता में, प्रकाश में और मानवता की सफलताओं में।... ... आवश्यकता है ऐसे अधिकारों और कानूनों की जिन्हें गिरिजा के उपदेशों का अमृत छिड़क कर नहीं, वरन् सामान्य बुद्धि और न्याय के आधार पर पढ़ा जाए और यथासंभव दृढ़ता से उनका पालन किया जाए।"

भारत में गाँव-देहात में किसानों-मजदूरों के संघर्ष को शहरी दूरबीन से देखने के अभ्यस्त तथाकथित क्रान्तिकारियों के विपरीत आन्दोलनकारियों की जमात में खुद भी शामिल होकर पुलिस-दमन का स्वाद चखने की कवि की इच्छा उसकी जनपक्षधरता के जिस स्तर का पता देती है उसे व्याख्यायित करना अपेक्षित नहीं है –

मुन्ना, मुझको
पटना-दिल्ली मत जाने दो
भूमिपुत्र से संग्रामी तेवर लिखने दो
पुलिस-दमन का स्वाद मुझे भी तो चखने दो
मुन्ना मुझे पास आने दो
पटना दिल्ली मत जाने दो।

कम्युनिस्ट पार्टी का सदस्य न होते हुए भी विभिन्न जनांदलनों से नागार्जुन के इस हार्दिक जुड़ाव से मिलती-जुलती स्थिति ही प्रगतिशील लेखकों के विभिन्न संगठनों एवं गुटों के साथ उनके संबंध को लेकर भी है। वामपंथी रुझान वालें तीनों शिविरों (प्र.ले.स, ज.ले.स.एवं ज.स.म.) के साथ-साथ जिला शहरों, कस्बों एवं गाँव-देहात तक में आयोजित सांस्कृतिक कार्यक्रमों तथा काव्य गोष्ठियों में उन्हें काव्य पाठ करते और नये से नये रचनाकार की कविताओं को सुनते-सराहते देखा गया है। बर्तोल ब्रेख्त के बारे में अपनी एक कविता में नागार्जुन ने लिखा है–

क्या नहीं है, इन घुच्ची आँखों में!
इन शातिर निगाहों में
नफरत की धधकती भट्ठियाँ
प्यार का अनूठा रसायन
अपूर्व विक्षोभ
जिज्ञासा की बाल-सुलभ ताजगी
ठगे जाने की प्रायोगिक सिधाई
प्रवंचितों के प्रति अथाह ममता।

इस कविता की अंतिम अंश से गुजरते हुए अनायास मुक्तिबोध का स्मरण हो आता है जिन्होंने नागार्जुन की 'ठगे जाने की प्रायोगिक सिधाई' को अपने ढंग से अभिव्यक्त करते हुए लिखा है –

"हृदय में मेरे प्रसन्नचित्त एक मूर्ख बैठा है
जो हँस- हँस कर अश्रुपूर्ण मत्त हुआ जाता है
जगत स्वायत्त हुआ जाता है।"

यदि हम नागार्जुन की आत्मवक्तव्य-सी एक कविता से उनकी ब्रेख्त वाली कविता को जोड़कर पढ़ें तो स्पष्ट होगा कि नफरत, प्यार, विक्षोभ, जिज्ञासा, ममता आदि जिन गुणों को कवि ने ब्रेख्त के व्यक्तित्व में लक्ष्य किया है, वे मात्रा-भेद से कहीं न कहीं नागार्जुन के अपने व्यक्तित्व में भी विद्यमान हैं। उन्हें हिन्दी कविता का ब्रेख्त कहना अतिशयोक्ति न् होगी :

नफरत की अपनी भट्ठी में
तुम्हे गलाने की कोशिश ही
मेरे अंदर बार-बार ताकत भरती है
नव-दुर्वासा, शवर-पुत्र मैं, शवर-पितामह
सभी रसों को गला-गला कर
अभिनव द्रव तैयार करूँगा
महासिद्ध मैं, मैं नागार्जुन
अष्टधातुओं के चूरे की छाई में मैं फूँक भरूंगा
देखोगे, सौ बार मरूँगा
देखोगे सौ बार जियूँगा
हिंसा मुझसे थर्राएगी
मैं तो उसका खून पियूँगा

प्रतिहिंसा ही स्थाई भाव है मेरे कवि का
जन-जन में जो ऊर्जा भर दे, मैं उद्गाता हूँ उस रवि का।

अपने समय की विसंगतिपूर्ण सामाजिक-राजनीतिक स्थितियों की ठीक-ठीक रचनात्मक आलोचना वही कवि-लेखक प्रस्तुत कर सकता है जिसमें आत्मलोचन की प्रवृत्ति होगी और जो हरदम सत्ता पक्ष ही नहीं, बल्कि विपक्षी दलों के द्वारा भी अपने रचनाकार को 'एप्रोप्रिएट' किए जाने के खतरे को लेकर सतर्क रहेगा। दूसरे शब्दों में जो कवि अपने व्यक्तित्व के अंतर्विरोधों को आत्मालोचन द्वारा समझ कर निर्ममतापूर्वक उन पर भी प्रहार कर सकता है, वही अपने समय के साथ रचना-क्रम में न्याय कर पायेगा। अपनी एक कविता में नागार्जुन खुद से सवाल करते हैं –

थकित-चकित-भ्रमित भग्न मन को
स्फूर्ति देता है किसी समर्थ का सहारा
तो क्या मुझे भी प्रभु की सत्ता स्वीकारनी होगी
तो क्या मुझे भी आस्तिक बन जाना होगा ?

गहरे आत्मलोचन के उपरान्त कवि का जीवन-विवेक उसे ईश्वर के प्रति अंधश्रद्धा तथा आस्तिकता के विरोध में ले जाकर खड़ा कर देता है। उसे बुद्ध की तरह धर्म, आस्था आदि उस नौका की तरह प्रतीत होते हैं जो नदी पार करने का साधन मात्र है- 'कुल्लुपमं देशेस्सरसि वो भिक्खवे धम्मं ,तरणत्थाय नो गहणत्थाय।' नागार्जुन ने लिखा है :

'कल्पना के पुत्र हे भगवान
चाहिए मुजको नहीं वरदान
× × × ×
खोलकर बंधन, मिटाकर नियति के आलेख
लिया मैंने मुक्ति पथ को देख
नदी कर ली पार, उसके बाद
नाव को लेता चलूँ क्यों पीठ पर मैं लाद।

नागार्जुन न केवल प्रदत्त सामाजिक मूल्यों की विसंगतियों पर ही निर्ममतापूर्वक प्रहार करते हैं , बल्कि वे अपने प्रति भी कम निर्मम नहीं है। इसके चलते उनके व्यंग्य में अनेक बार आत्मव्यंग्य सहज रूप में शामिल हो गया है, जो निराला के काव्य-विवेक की याद दिलाता है। उनकी ''पछाड़ दिया है मेरे आस्तिक ने'' जैसी मर्मभेदी कविता इस बात को पुष्ट करती हैं-

'सोते ही बिता देता हूँ शत-शत प्रभात
छूट गया है जनपदों का स्पर्श

(हाय रे आँचलिक कथाकार!)
आज मगर उगते सूरज को
देर तक देखेंगे, जी भर कर देखेंगे
करेंगे अर्पित बहते जल का अर्ध
गुनगुनाएँगे गदगद होकर- -
ओ नमो भगवते भुवन-भास्कराय

× × × ×

पछाड़ दिया है आज मेरे आस्तिक ने मेरे नास्तिक को
साक्षी रहा है तुम्हारे जैसा नौजवान 'पोस्ट-ग्रेजुएट'
मेरे इस 'डेविएशन' का!
नहीं? मैं झूठ कहता हूँ।'

नागार्जुन की ऐसी अनेक कविताओं के मद्देनजर डॉ.विजय बहादुर सिंह ने ठीक ही लिखा है कि ''नागार्जुन उन कठमुल्लों में नहीं हैं जो अपने संस्कारों के साथ जबर्दस्ती या नाइंसाफ़ी करे और उन लोगों में से भी नहीं है जो अपने अनुभवों को किन्हीं राजनीतिक या आर्थिक दबावों के चलते छिपा ले। एक कवि की सबसे पहली ही नहीं सबसे आखिरी जिम्मेदारी भी अपने काव्यानुभव के प्रति होती है। भारतीय मीमांसा यह राय रखती है कि मानव-व्यक्तित्व एक अविभाज्य पूर्णता है और उसके सभी अंग और इंद्रियाँ एक दूसरे पर आश्रित और एक दूसरे के कार्य में सहायक हैं।यह भी कि सभी मानव क्रियाएँ जो समाज को स्वस्त और अखंड़ बनाए रखती हैं, समान रूप से महत्त्वपूर्ण और सार्थक हैं, और वे परस्पर संबद्ध हैं। इसलिए जब कवि के अनुभव की बात चलती है तो उसे लोक या काल निरपेक्ष नहीं माना जा सकता। नागार्जुन का कमाल यह है कि वे कुछ ज्यादा ही समय सापेक्ष हैं। वे विराट काल पर भी निगाह रखते हैं और उनके क्षम-क्षण परिवर्तित रूप पर भी। इस रूप में वे सृजन के भीतर स्वयं एक परम्परा का निर्माण करते हैं। ठीक धरती की गति की तरह विराट विश्व की परिक्रमा तो करते ही हैं, अपनी धुरी पर भी वे घूम लेते हैं। कुछ लोग हैरान होते हैं कि वे एक ही साँस में परस्पर भिन्न राग कैसे गा लेते हैं। पर यह उनकी समझ का खोट है। नागार्जुन का प्रकृत-दोष नहीं।''

मार्क्स के चिंतन में हमें वर्ग संघर्ष की धारणा तथा वर्गों के ऐतिहासिक विकास के संबंध में वर्गों, उनके स्वरूप और व्यवस्था में उनकी स्थिति का विषद् विवेचन प्राप्त होता है। उनके अनुसार पूँजीवादी समाज में बुर्जुआ और सर्वहारा के अलावा एक तीसरा वर्ग भी होता है जो निम्न पूँजीवादी रूझान से ग्रस्त होता है। निम्न वर्ग का निकटतम वर्गीय होने के बावजूद यह वर्ग हमेशा उच्च्च वर्ग की नकल करता है।

पूँजीवादी व्यवस्था में निम्न पूँजीवादी रूझान वाला यह मध्यवर्ग हरदम अपने वर्गीय स्थिति कों लेकर असुरक्षा की भावना से ग्रस्त रहता है। इस वर्ग की आत्मकेन्द्रित प्रवृत्ति पर चोट करते हुए नागार्जुन "घिन तो नहीं आती है?" कविता लिखते हैं जिसमें अपनी तथाकथित सुरूचि के चलते निम्न वर्ग से एक खास दूरी बनाकर रहने वाले मध्यवर्गीय सफेदपोशों की खबर ली गई है।

मध्यवर्गीय निम्न पूँजीवादी रूझान पर प्रहार करती उनकी कविताओं की धार अत्यंत तीक्ष्ण है, जो दूर तक मार करती है। नागार्जुन की ऐसी कविताओं में आवेश संयत होकर व्यंग्य का रूप धारण कर लेता है। स्वतंत्रता प्राप्ति के पूर्व सरकार द्वारा कपड़े की राशनिंग को लेकर हिन्दी में यशपाल रचित 'परदा' कहानी अपनी प्रभावान्विति के चलते बहुचर्चित रही है। इसी विषय पर रचित नागार्जुन की 'मन करता है' कविता पर यदि विचारे तो स्पष्ट होगा कि हिन्दी में ऐसी कविताएँ विरल हैं—

मन करता है
नंगा होकर कुछ घंटों तक सागर-तट पर मैं खड़ा रहूँ
यों भी क्या कपड़ा मिलता है?
धनपतियों की ऐसी लीला!

इस कविता पर टिप्पणी करते हुए परमानन्द श्रीवास्तव ने लिखा है कि "ऐसी कविता लिखने के लिए विराट ऊर्जा और साहस के साथ यह सच्चा विक्षोप भी जरूरी है, जो खरी सच्ची नैतिकता का समकक्ष होता है।... महज काव्य कौतुक के लिए या बौद्धिक या काव्यात्मक अमूर्तन के कलात्मक प्रलोभन में से निकल दिखने की कोशिश एक चीज है, सिनिसिज्म को विद्राह चेतना का लगभग पर्याय बना सकने के लिए गहरा नैतिक विवेक या नैतिक विक्षोभ भी चाहिए, जो नागार्जुन की कविता का खास चरित्र है।"

राजनीति नागार्जुन की कविताओं का सर्वाधिक सशक्त एवं महत्त्वपूर्ण पक्ष है। दूसरे शब्दों में राजनीति नागार्जुन-काव्य का मेरूदण्ड है। 'राजनीति का प्रश्न नहीं रे ! आज जगत् के सम्मुख' की उद्घोषणा करनेवाले छायावादी कवियों-कलाकारों की तरह राजनीति से दूर रहकर संस्कृति की सुरक्षा में लगे रहने का उपदेशामृत पिलाने वाले लोगों की संस्कृति विषयक बुर्जुआ अवधारणा को नकार कर नागार्जुन का कवि जीवन और राजनीति को एक-दूसरे का पर्याय घोषित करता है—

"जीवन है राजनीति, राजनीति है जीवन
अन्तस की अभिव्यक्ति ही तो होगा साहित्य।"

आज की राजनीति में अपने-आप को आम आदमी का एक मात्र प्रवक्ता बताने

वाले तथाकथित क्रांतिकारियों के प्रतिक्रांतिकारी रूख एवं प्रतिगामी आचरण से भी नागार्जुन पूरी तरह परिचित हैं। ऐसे छद्म परिवर्तनकामियों की खोटी नीयत कवि के लिए बर्दाश्त से बाहर की चीज है। वे कहते हैं–

मैं नरक के गलियारों तक
इस दुष्ट का पीछा करूँगा
'आम आदमी' का एक मात्र प्रवक्ता होने की
उसकी यह ढोंग मैं कभी बर्दाश्त नहीं करूँगा।

नामवर सिंह ने लिखा है कि "नागार्जुन की गिनती न तो प्रयोगशील कवियों के सन्दर्भ में होती है न 'नयी कविता' के प्रसंग में,फिर भी कविता में रूप संबंधी जितने प्रयोग अकेले नागार्जुन ने किये हैं, उतने शायद ही किसी ने किये हों और भाषा में भी बोली के ठेठ शब्दों से लेकर संस्कृत की संस्कारी पदावली तक इतने स्तर हैं कि कोई भी अभिभूत हो सकता है। तुलसीदास और निराला के बाद कविता में हिन्दी भाषा की विविधता और समृद्धि का ऐसा सर्जनात्मक संयोग नागार्जुन में ही दिखाई पड़ता है।" उनका यह भी मानना है कि 'व्यंग्य की विदग्धता ने ही नागार्जुन की अनेक तात्कालिक कविताओं को कालजयी बना दिया है।'

वस्तुतः नागार्जुन क्रान्ति के ढिंढोरची कवियों से भिन्न एक यथार्थवादी कलाकार हैं। उनकी कविता में सौंदर्यबोध के कई अछूते बिम्ब मिलते हैं। 'गरीब देश के धनिक' कवि को 'कोढ़ी-कुढ़ब तन पर मणिमय आभूषण' की तरह दिखाई देते हैं, 'मादा सूअर' उसे 'मादरे हिंद की बेटी'-सी लगती है, पूस-माघ की सुहावन धूप उसे 'शिशु के गालों की सी मनहर' प्रतीत होती है और अगरबत्ती की सुगंध के बजाए 'बारूदी छर्रे की खुशबू' उसे लुभाती है। इनसे बिलकुल अलग मिजाज की नागार्जुन की कई कविताओं में हम भारतीय काव्य-परम्परा के वैभव से परिपूर्ण क्लासिकी बिम्ब विधान देखते हैं जिनमें आधिभौतिक अनुभूति और पारदर्शी अभिव्यक्ति के बाह्यान्तर योग से कला की सिद्धि संभव हुई है :

'दुर्गम बर्फानी घाटी में / शत-सहस्र फुट ऊँचाई पर
अलख नाभि से उठने वाले / निज के ही उन्मादक परिमल–
के पीछे धावित हो-हो कर / तरल तरुण कस्तूरी मृग को
अपने पर चिढ़ते देखा है।'

याद आ सकते हैं तोल्स्तोय जिन्होंने कला को 'मानव जीवन की एक इन्द्रिय माना है, जो मनुष्य के विवेकयुक्त बोध को भाव में संप्रेषित करती है।'

आधुनिक युग में लगभग यह मान लिया गया था कि मध्यकाल में 'दोहा' जैसे काव्यरूप में भक्ति, नीति एवं शृंगार विषयक कविता उस हद तक लिखी जा चुकी

है कि उसमें कुछ नया कहना असंभव है। पर इस पुराने काव्यरूप में 'शासन की बन्दूक' एवं 'अन्न पचीसी के दोहे' में नागार्जुनपन को देखकर कवियों-आलोचकों को सुखद आश्चर्य हुआ। इसी प्रकार रैदास के सुप्रसिद्ध पद 'प्रभुजी ! तुम चन्दन हम पानी' से मुखड़ा लेकर बाबा की अमरीकी राष्ट्रपति जानसन पर लिखित व्यंग्य कविता पारंपरिक रूप एवं आधुनिक अंतर्वस्तु के बीच आवयविक सम्बन्ध का एक श्रेष्ठ उदाहरण है। उनकी तमाम ऐसी कविताओं में संवाद की लय अन्तर्निहित है जिससे कविता में एक विलक्षण नाटकीयता उत्पन्न होती है और इसी वजह से ऐसी कविताएँ हमारी जबान पर बड़ी आसानी से चढ़ जाती हैं। इस दृष्टि से 'इस गुब्बारे की छाया में' कविता खास तौर से रेखांकन के योग्य है। संभवतः इसीलिए डॉ.रामविलास शर्मा ने उन्हें 'लोकप्रियता और कलात्मक सौंदर्य के संतुलन और सामंजस्य' का विरल कवि कहा है।

नागार्जुन के कवि को अपने समय के राजनीतिक तापमान का गहरा एहसास रहा है। उनके विभिन्न काव्य-संग्रहों में उपलब्ध राजनीति विषयक अनेक कविताओं से गुजरते हुए उनकी काव्य-ऊर्जा को महसूस किया जा सकता है। पर सवाल यह उठता है कि नागार्जुन की ऐसी कविताओं के आधार पर 'राजनीतिक कविता' की कोई खास संकल्पना क्या निर्मित होती है या हो सकती है? कहना न होगा कि खास तौर से उनकी राजनीति विषयक कविताओं में ''उबड़-खाबड़पन'' ज्यादा है जिसके कारण कुछ कविताएँ काव्यात्मक प्रभाव की दृष्टि से कम सशक्त प्रतीत होती हैं। बावजूद इसके कवि का नैतिक साहस किसी भी शब्दकर्मी के लिए अनुकरण के योग्य हो सकता है। जिस समय में पढ़े-लिखे लोग सामान्य विवाद से भी दूर रहने की रणनीति के तहत न्याय की पक्षधरता का दावा करने पर भी ऐन वक्त पर चुप्पी साध लेते हों, उसमें क्षेत्रीय व भाषाई साम्प्रदायिकता के खिलाफ अपनी बुलंद आवाज उठाने से नहीं चूकते। 'शिव सेना' को 'महाराष्ट्र का सबसे भारी रोग' और 'बाल ठाकरे' को 'बर्बरता की ढाल' कहने की हिम्मत संभवतः अकेले नागार्जुन में थी। इस कविता में शब्दकर्मियों की बेबसी को रेखांकित करते हुए कवि कहता है : 'चुप है कवि डरता है शायद खींच नहीं ले खाल ठाकरे।' बहरहाल, कहना यह है कि भारतीय समाज के एक खास समय की सामाजिक-राजनीतिक समस्याओं को कविता में पुनर्रचित करने के बावजूद उनके ऐसी तात्कालिक कही जाने वाली कविताएँ आज भी प्रासंगिक हैं।

अभी हाल-हाल तक हिन्दी के प्रगतिशील कवि-लेखक भारतीय समाज में वर्ग-वर्ण के द्वैत अथवा द्वन्द्व को लेकर दुविधा की स्थिति में थे। जबकि सच्चाई यह

है कि इस चुनौती का सामना किये बगैर भारतीय समाज की संरचना की समझ तथा उनके यथार्थ-चित्रण का सवाल ही नहीं उठता। वर्ण-व्यवस्था व जाति-व्यवस्था हमारे समाज की एक सच्चाई है जिससे मुँह मोड़कर केवल वर्ग-आधार पर सामाजिक संघर्ष को अंजाम नहीं दिया जा सकता। इसी के साथ सच का दूसरा पहलू वर्ग से सम्बंधित है जिसे नजरंदाज करना ऐतिहासिक भूल होगी।

वस्तुतः हमारे समाज में कुछ अपवादों को छोड़ दें तो शोषित वर्ग एवं वर्ण में ज्यादा अंतर नहीं है। इस संदर्भ में थोड़ी गंभीरता के साथ विचारें तो स्पष्ट होगा कि भारत में धन, जाति और शिक्षा की दृष्टि से सर्वाधिक पिछड़े दलित जाति के बहुसंख्यक लोग ही वास्तविक सर्वहारा हैं जिन्हें अपनी लड़ाई खुद लड़नी है। अपने एक साक्षात्कार के क्रम में नागार्जुन इस वस्तविकता को अपने ढंग से स्वीकार करते हुए कहते हैं– "हम तो प्रतीक्षा में होंगे कि कोई ऐसी पार्टी निकले जो इन तमाम वामपंथियों से अलग हो और जिसका नेतृत्व शोषित वर्ग से उभरे।" इस संदर्भ में अंतिम बात यह है कि यदि सामाजिक आन्दोलन को केवल जाति या वर्ग के आधार पर चलाया जाता है तो उनके दिशा-विहीन होकर अराजक रूख अख्तियार कर लेने के खतरे से इनकार नहीं किया जा सकता। अतः इस मुद्दे को लेकर क्रांतिकारी नेतृत्व वर्ग को बहुत ही संतुलित तथा सतर्क रहना होगा। नागार्जुन अपनी 'हरिजन गाथा' कविता में उपेक्षित समुदाय के जिस नवजातक 'कुलए' की तदबीरों से भविष्य में शोषण की बुनियाद हिलने में विश्वास प्रकट करते हैं वह अतिवादी एवं अराजक नहीं बल्कि बहुत ही सूझ-बूझ वाला होगा–

सबके दुख में दुखी रहेगा
सबके सुख में सुख मानेगा
समझ-बूझकर ही समता का
असली मुद्दा पहचानेगा।

नागार्जुन के कवि का यदि अपने समय की तथाकथित संसदीय लोकतांत्रिक शासन प्रणाली में कोई विश्वास नहीं रह गया था तो यह कतई आश्चर्यजनक नहीं है, क्योंकि आज के कठिन एवं त्रासद समय में हममें से ज्यादातर लोगों को सत्ता-व्यवस्था के प्रति कोई खास मोह नहीं है। इस व्यवस्था की विसंगतियों को उजागर करते हुए जब हम कवि को समाज के सर्वाधिक पिछड़े तबके की कतार में खड़ा पाते हैं तो जाति-प्रथा की कोढ़ से ग्रस्त हमारे समाज की वर्गीय संरचना के बारें में उनकी समझ एवं पक्षधरता को अलग से रेखांकित करना आवश्यक हो जाता है। स्पष्टतः कवि की दृष्टि में दलित जाति के लोग ही मौजूदा व्यवस्था का नरक

भोगने के लिए सर्वाधिक अभिशप्त हैं जिनके सर पर हमेशा अभाव का चाबुक लहराता रहता है :

"सुखी हैं चाटुकार
मगर मस्त हैं लबार
जिनके हित दिल्लीगत त्रिविधतापहारी
लहू की फेंके थूक
मरे शूद्र शंबूक
खेले क्रिकेट राम योजना बिहारी
स्वर्ग है पार्लमेण्ट
करता है बहुमत जनहित की चांदमारी।"

विडम्बना यह है कि समाज में, देश में जिनकी बहुमत है उनके हितों के विरूद्ध संसद में रोज-ब-रोज तथाकथित बहुमत से निर्णय लिए जा रहे हैं, क्योंकि संसद में एक तो उनके सच्चे प्रतिनिधि कम हैं और यदि कभी एकाध होते भी हैं तो उनकी राय नक्कारखाने में तूती की आवाज बनकर रह जाती है। ऐसी स्थिति में यदि कोई जनकवि संसद को कब्र में दफना देने की बात करता है तो कविता में लोकतांत्रिक मूल्यों, कलात्मक अनुशासन एवं संयत आवेग की दुहाई देकर उसके काव्य-विवेक पर अंगुली उठाना कहीं से उचित नहीं होगा। ग्राम्शी की शब्दावली में कहें तो नागार्जुन 'राजनीतिक प्रणाली' के कवि नहीं, 'नागरिक प्रणाली' के अविचल जनवादी रचनाकार हैं। तभी उन्हें यह कहने में संकोच नहीं हुआ :

'होंगे दक्षिण, होंगे वाम, जनता को रोटी से काम।'

आलोचना, 2012

त्रिलोचन की काव्यानुभूति की संस्कृति

'त्रिलोचन की कविता एक नये काव्यशास्त्र की मांग करती है।'

—नामवर सिंह

'हर समर्थ कवि के साथ काव्यशास्त्र भी खुद की पुनर्रचना करता है और बदलें में सृजन की परम्पराओं को काव्य को लौटाता है। परम्पराएँ काव्य को समृद्ध बनाती हुई अंततः एक दिन काव्यरूढ़ियाँ बन जाती हैं, पुनरू कोई समर्थ कवि या आलोचक एक अन्य काव्यशास्त्रीय पुनर्रचना की जरूरत और वजह पैदा करते हैं।'

—विनोद शाही : आलोचना, अप्रैल-जून 2009, पृ.97

त्रिलोचन की कविता में हिन्दी भाषा की प्रकृति तथा उसके प्रयोक्ता समुदाय के जीवन का एक ठेठ रूप प्राप्त होता है। उसमें भारत की आम जनता की अनुभूति एवं अभिव्यक्ति का निखरा हुआ काव्यमय रूप जगह-जगह देखा जा सकता है। किन्तु इसका यह मतलब कतई नहीं हैं कि त्रिलोचन निरे लोक कवि हैं और उन्हें अपने समय की बदलती हुई सामाजिक संरचना की कोई खबर नहीं है। वस्तुत त्रिलोचन का कवि भारतीय ग्रामीण जीवन की समस्याओं से जितनी गहराई से परिचित है, उससे कम परख उसे शहरी जीवन की नहीं है। निर्मल वर्मा ने अपनी संवेदनशीलता की सीमाओं को स्वीकार करते हुए कहा है कि 'मैं संवेदनशीलता के अपने इलाके को जानता हूँ, मेरे पास केवल मध्य वर्ग का नगरीय जीवन है।' स्पष्ट ही त्रिलोचन की संवेदनशीलता का फलक बहुत व्यापक है। यदि वे पूंजीवादी आधुनिकीकरण के फलस्वरूप गांवों की कीमत पर मकड़ी के जाले की तरह दिनानुदिन फैलते शहरी वातावरण एवं वहाँ के जीवन की समस्याओं से परिचित नहीं होते तो उनके द्वारा 'रैन बसेरा' जैसी कविता की रचना संभव न हो पाती। 'मैं' शैली में रचित इस कविता के उत्तम पुरुष द्वारा पहले काव्य-नायक परमानंद को शहर में बिना सोचे-समझे यहाँ-वहाँ टिकने पर संभावित खतरे से परिचित तो कराया जाता

है पर बाद में उन्हें अपने यहाँ नहीं टिका पाने की विवशता के कारण उसे अत्यंत दुखी भी होना पड़ता है–

'कमरा एक और रहने वाले तीन
पत्नी, बच्चा और मैं
चौथे की गुंजाइश यहाँ नहीं
मेरी अनकहनी चिन्ता
मेरी बिथा बना दी।' (पृ.82)

सच तो यह है कि कवि त्रिलोचन का अनुभव लोक अत्यंत व्यापक है। उनकी कविता का फलक गाँव से लेकर शहर तक, ग्रामीण किसान एवं खेत मजूर से लेकर कारखनियाँ मजूर तक तथा निम्नवर्ग एवं मध्यवर्ग की खस्ता हालत से लेकर श्रम से विरत अवकाशभोगी धन्नासेठ एवं भूस्वामी वर्ग तक प्रसरित है।इसलिए उनकी कविताएँ अपने पाठकों से संवेदनाओं का विस्तार माँगती हैं।

काव्यवस्तु ही नहीं, बल्कि रूपविधान की दृष्टि से भी त्रिलोचन-काव्य विविधिवर्णी है। उसमें कहीं गद्य-लय की उठान काव्य-लय में तो कहीं काव्य-लय का पर्यवसान गद्य की लय में होता हुआ दिखाई देता है। लेकिन कुल मिलाकर त्रिलोचन एक गद्यात्मक प्रकृति के कवि प्रतीत होते हैं। इन सबसे अलग उनके यहाँ सॉनेट जैसे विदेशी काव्यरूप का भी सफल प्रयोग इतना अधिक हुआ है कि आज हिन्दी में त्रिलोचन और सॉनेट तकरीबन एक-दूसरे के पर्याय से बन गए हैं। अतः विचारणीय मुद्दा यह है कि क्या त्रिलोचन का काव्य रूपविधान की दृष्टि से स्खलित हो गया है तथा कहाँ वे वस्तुतत्त्व की नैसर्गिक आकांक्षा के अनुकूल उसे 'रूप' प्रदान कर श्रेष्ठ काव्य का सृजन करने में सफल हो सके हैं।

त्रिलोचन-काव्य के शिल्प पक्ष पर विचार करते हुए शमशेर बहादुर सिंह ने अपने 'एक बिल्कुल परसनल एसे' में लिखा है कि 'मैं त्रिलोचन के शिल्प और शैली पर बहुत कठोर मत रखते हुए भी, उनकी कम-से-कम सौ से अधिक चीजों को दुनियाँ के अच्छे-से-अच्छे शिल्पी की रचनाओं के बराबर निःसंकोच रख, सकता हूँ। उनके यहाँ जो कमजोरियाँ हैं, वे सहज ही कब ही दूर हो सकती थीं, मगर कई बातों की तरह भाषा और शैली पर भी इनके दृष्टिकोण में एक प्रकार का कट्टरपन है, एक कड़ापन। इस दिशा में मैं समझता हूँ कि इनके और मेरे बीच कहीं-न-कहीं बुनियादी मतभेद है। त्रिलोचन खड़ी बोली की हिन्दी भाषा और साहित्यिक अभिव्यक्ति के आधुनिक इतिहास में एक बड़ी महत्त्वपूर्ण कड़ी बनकर आते हैं। एक विशिष्ट दृष्टिकोण के कारण उन्होंने अपने लिए, जाने या अनजाने जो सीमाएँ निर्धारित कर

ली हैं, उनको पार करके आगे बढना, ऐसा लगता है, उनके लिए सहज नही है। मगर फिर भी उनके लिए संभव क्या नहीं है।'

शमशेर का उपर्युक्त मंतव्य इसलिए भी ज्यादा महत्त्वपूर्ण है कि यह किसी पूर्वाग्रही आलोचना-दृष्टि का फलाफल होने के बजाय एक सुधी रचनाकार एवं कवि मित्र की हैसियत से दिया गया संतुलित वक्तव्य है। इसके साथ ही सब जानते है कि अनेक बार खुद शमशेर ने त्रिलोचन की कविताओं को ठीक-ठाक करने का कष्ट भी उठाया है और इस संदर्भ में उनमें 'सुचिंतन और श्रम' की सराहना स्वयं त्रिलोचन ने भी की है। अपने इस आलेख में शमशेर ने त्रिलोचन-काव्य की खूबियों एवं खामियों दोनो ही को पकड़ने का जो सूत्र बताया है, वह अत्यंत काम का है– 'त्रिलोचन की कमजोरियों और शक्तियों, दोनों को समझने के लिए यह हृदयंगम कर लेना बहुत उपयोगी है कि वह सामान्य को ही असामान्य का दर्जा देते हैं और उसी को व्यक्त करने के लिए कृत-संकल्प हैं। वे सपाट और स्पष्ट शैली में ही विश्वास करते हैं। सपाट का मैं स्ट्रेट के अर्थ में प्रयोग कर रहा हूँ। यह सपाट भाव, विचार और अनुभूति तीनों के अर्थ में है : और अक्सर अनुभूति की धारा पर अनुलक्षित ड्रामें को व्यक्त करने के लिए, जिसमें भाषा का किंचित् भी लालित्य या 'साहित्यिकपन' उसे अयथार्थ बना देगा, जो त्रिलोचन को सह्य नहीं होगा। कविता मात्र अनुभूति की विशिष्टता में होगी, नहीं तो फिर नहीं होगी। उसके लिए और कोई उपादान और कोई आदान नहीं, जहाँ तक भी संभव है।'

कुल मिलाकर हम यह कह सकते हैं कि शमशेर की दृष्टि में सहजता ही त्रिलोचन काव्य का प्राण है। उनके यहाँ इस सहजता को काव्यवस्तु एवं रूपविधान, दोनों ही स्तरों पर गठित देखा जा सकता है। जहाँ उन्होंने जटिल काव्य वस्तु को उठाकर उसे सहज 'रूप' में विन्यस्त करने की असफल चेष्टा की है, वहाँ कविता कुछ हद तक लड़खड़ा गई-सी प्रतीत होती है पर अधिकांश कविताओं में त्रिलोचन अपनी स्वाभाविक सहजता एवम् संयमित स्वर के बावजूद कुछ इस रूप में उपस्थित होते हैं कि उनके सामान्य रचाव में भी एक प्रकार का वैशिष्ट्य परिलक्षित होता है। अपनी कविता के बारें में उन्होंने ठीक ही दावा किया है–

शब्दों के द्वारा जीवित अर्थों की धारा
मैंने आज बहा दी है जिसके दो तट है
एक भाव का एक रूप का। निकट-निकट हैं
चाहे दूर-दूर दिखते हों। जो भी हारा-थका
यहाँ पहुँचेगा वह तन-मन में न्यारा

तेज-ओज पायेगा, लक्षण सभी प्रकट हैं
हुलसी हरियाली से उपचित है, उद्भट हैं—
वचन प्राण का परितोषण करते हैं सारा।' (शब्द-पृ.44)

कहना न होगा कि कविता अन्य कलाओं से इस कारण भी भिन्न है कि इसकी संरचना मात्र भाषिक होती है तथा इसकी संरचना की व्याख्या का एकमात्र माध्यम भाषा ही है। अतः कवि के सामने अपनी 'काव्यवस्तु' को उसके अनुकूल 'रूप' प्रदान करने की जो चुनौती होती है इसके लिए उसे भाषा के स्तर पर भी एक प्रकार का रचनात्मक संघर्ष करना पड़ता है। सर्वेश्वर जब अपनी सुप्रसिद्ध कविता ष्कुआनो नदी' में लिखते हैं कि—

'आग मेरी भी धमनियों में जलती है
पर शब्दों में नहीं ढल पाती
मुझे एक चाकू दो
मैं अपनी रगें काटकर दिखा सकता हूँ
कि कविता कहाँ हैं'

—तो प्रकारान्तर से वे काव्य-रचना के क्रम में अपने इसी संघर्ष की ओर इंगित करते हैं। त्रिलोचन ने भी संभवतः अपने इसी संघर्ष की ओर इशारा करते हुए लिखा है—

'शब्दों में उन अर्थों को मैं कैसे लाऊँ
जो आमों की टहनी-टहनी में फल बन कर
झूल रहे हैं, जंगल में देखा है तनकर
सिंह किस तरह चलता है, किस विधि से पाऊँ
धरती का सा धैर्य   गों में व्योम बसाऊँ
फिर यह छवि उरेहता जाऊँ'।

वस्तुतः यह कविता की रचना-प्रक्रिया के क्रम में कवि त्रिलोचन द्वारा काव्यवस्तु को सही रूप प्रदान करने के लिए उनकी तत्परता एवम् सजगता का प्रमाण देती है। उसके पास साधन के रूप में मात्र शब्दों की पूँजी है, जिनकी शक्ति में कवि को पूरी आस्था है—

'शब्दों से ही वर्ण गंध का काम लिया है
मैंने शब्दों को असहाय नहीं पाया है
कभी किसी क्षण' (शब्द, पृ.41)

अज्ञेय ने एक स्थान पर कदाचित कविता की संरचना पर विचार करते हुए

लिखा हैं कि– 'आज भी मेरे सामने जो समस्या है, और जिसका हल पा लेना मैं अपने कवि जीवन की चरम उपलब्धि मानूँगा, वह अर्थवान शब्द की समस्या है। काव्य सबसे पहले शब्द है। और अंत में भी यही बात बच जाती है कि काव्य शब्द है। सारे कविधर्म इसी परिभाषा से निरूसृत होते है। शब्द का ज्ञान, शब्द की अर्थवत्ता की सही पकड़ भी कृतिकार को कृती बनाती हैं। ध्वनि, लय, छंद आदि के सभी प्रश्न इसी में से निकलते और इसी में विलय होते हैं। इतना ही नहीं, सारे सामाजिक संदर्भ भी यहीं से निकलते है : इसी में युग संपृक्ति का और कृतिकार के सामाजिक उत्तरदायित्व का हल मिलता है या मिल सकता है।'

जाहिर है कि अज्ञेय ने यहाँ कविता को शब्द केंद्रित विधा माना है। किन्तु जब वे 'दूसरा सप्तक' की भूमिका में लिखते है कि 'भाषा के विकास के क्रम में कविता की भाषा निरन्तर गद्य की भाषा होती जाती है'– तो स्वाभाविक रूप से सवाल उठता है कि जब कविता की भाषा निरन्तर गद्य की भाषा होती हुई अंततः गद्य काव्य की संरचना में अपनी भूमिका अदा करने लगेगी, क्या तब भी वह शब्द केंद्रित रह पायेगी? स्पष्टतः ऐसी स्थिति में कविता की इकाई के रूप में शब्द की जगह वाक्य की भूमिका ज्यादा महत्त्वपूर्ण होगी। ऐसे भी चूँकि कविता में शब्द है अतः काव्यात्मक तर्क से उनके एक दूसरे के निकट होने के संयोग से यदि वाक्य बन जाये तो वह कविता में और अधिक प्रभावशाली भूमिका अदा कर सकता है। उदाहरण के लिए त्रिलोचन रचित 'गद्य कविता' का अंश देखना प्रासंगिक होगा–

'शहरों में आदमी को आदमी नहीं चीन्हता। पुरानी
पहचान भी बासी होकर बस्साती है। आदमी को
आदमी की गंध बुरी लगती है। इतना ही विकास
मनुष्यता का, अब हुआ है। (आलोचना-82 पृ.13)

त्रिलोचन-काव्य में जो अनगिनत सूक्ति वाक्य हमें प्राप्त होते है वे कविता के प्रभाव को और बढ़ाते ही हैं। इस संदर्भ में उनका काव्य-कौशल वहाँ देखा जा सकता हैं, जबकि वे सॉनेट के छन्दों-तुकों की कठोर पाबन्दी का पूरी तरह निर्वाह करते हुए भी अपने गद्यात्मक वाक्य-विन्यास की सरसता को संपूर्णतः सुरक्षित रख पाते हैं। अनेक बार तो उनके साँनेट में प्रयुक्त गद्यात्मक वाक्य-विन्यास साधारण बोलचाल की भाषा के बिलकुल करीब आ जाते हैं–

दुपहर थी जेठ की। हवा भी चलकर ठहरी थी।
नींम छाँह। चलता कुआँ। मुड़े। चलें हम
तुम। प्यास कड़ी भी और थकन भी गहरी।

घनी छाँह देखी। जा बैठे पेड़ के तले।
घमा गये थे हम। फिर नंगे पाँव भी चले
थे। मर गया पसीना जी भर बैठ जुड़ाये
लोटा-डोर फाँस कर जल काढ़ा। पिया।
चले चंगे हुए। हवा ने जब-तब वस्त्र उड़ाये।

उपर्युक्त वर्णन के मद्देनजर लूसिएं फेवब्रे के एक मार्मिक कथन का स्मरण हो आना स्वाभाविक है, जिसे इतिहासकार कार्लो गिंजबर्ग ने एक भिन्न संदर्भ में उद्धृत किया है : 'जो आप देखें, उसका वर्णन करना ठीक है, लेकिन जिसका वर्णन किया ही जाना चाहिए, उसे देख पाना-असल काम तो यह है।' कहना न होगा कि त्रिलोचन की कविता हिन्दी के प्रबुद्ध पाठकों एवं आलोचकों से इसी 'असल काम' की अपेक्षा करती है।

इसी प्रकार नीचे उधृत उनके एक सॉनेट के षष्ठक की पंक्तियाँ भी काव्यभाषा एवं बोलचाल की भाषा के समीप होने का अच्छा उदाहरण हैं, पर इसका वाक्य-विन्यास ऊपर के उद्धरण के मुकाबले थोड़ा पद्यात्मक हैं-

'प्रिय लगती हैं बहुत, घमौनी, घाम देखकर
लोग कहीं जमते हैं, गायें और बकरियाँ
खड़ी धूप में मौज लिया करती है, सर्दी
इसी तरह जाती है। घर में मीन-मेख कर
आती है महिलाएँ, आती हैं, सुंदरियाँ,
कुत्ते करते रहते हैं आवारागर्दी।' (शब्द,पृ.22)

किन्तु इसका मतलब यह नहीं कि त्रिलोचन की कविता केवल काव्य-भाषा को जनभाषा के करीब लाने के क्रम में किया गया अकाव्यात्मक प्रयोग मात्र है। वस्तुतः वे उधार की भाषा का इस्तेमाल करने के बजाय उस देशज भाषा का इस्तेमाल करते है जिसमें हिन्दी अंचल के लोग बोलते-बतियाते है।उनकी काव्यभाषा में एक खास तरह की जीवंतता है जो काव्य-सृजन में आम आदमी की बातचीत के लहजे के इस्तेमाल से पैदा हुई है। राजेश जोशी ने सही लिखा है कि 'बातचीत के अंदाज ही नहीं, बातचीत वाली भाषा का भी कलात्मक उपयोग त्रिलोचन ने किया है। उनकी कविता में एक ओर किसानों-सा बातूनीपन है तो दूसरे छोर पर बहुत सारी बात को कुछ शब्दों में, एक चुस्त-से वाक्य में या एक सूक्ति में समेट लेने की-मितव्ययिता भी। यह द्वैत वस्तुतः इस बात का प्रमाण है कि उनकी कविता का रचाव हिन्दी अंचल के किसान के चरित्र, आदतों और बोलचाल से कितने गहरे अर्थों में

संपन्न हुआ है।'

वस्तुतः त्रिलोचन अपनी कविता में वस्तु-रूप के बीच सामंजस्य के आग्रही हैं। इसलिए जब काव्यवस्तु लोकजीवन से ली जायेगी, उसे अभिव्यक्ति देनेवाली काव्यभाषा का भी लोकभाषा के करीब आ जाना अस्वाभाविक नहीं है। जिन कवियों के पास वस्तु-रूप के द्वन्द्वात्मक संबंधों की पहचान का अभाव होता है वे अपनी कविता में वस्तु की नैसर्गिक आकांक्षा के विपरीत कभी तो संस्कृत शब्दों की आनावश्यक ठूँस-ठाँस करके तैयार की गई गद्य पंक्तियों को ही कविता के नाम पर आड़ी-तिरछी रेखाओं में सजा दिया करते है जिसके फलस्वरूप रचना से स्वाभाविकता का प्रायः लोप हो जाता है। कहना न होगा कि काव्य-रचना के बहाने कवि-कर्म को मजाक बना देनेवाले कवियों से ज्यादा खतरनाक चरित्र उन रचनाकारों का होता है, जो शिल्प के उस्ताद तो होते हैं, पर अपनी इस उस्तादी को ही वे कवि-कर्म की इति मान लेते है। ऐसे रूप-शिल्प के आग्रही रचनाकारों की कविता में जन पक्षधरता की बात तो दूर, अनेक बार वहाँ भाव पक्ष की कीमत पर चमत्कार सृजन का आत्यंतिक आग्रह दिखाई देता है। त्रिलोचन का कवि इन तमाम स्थितियों से भली-भाँति अवगत है–

'भाषा कितना छिपा लिया करती है
अपनी पर्तों में, मनुष्य का केवल चेहरा
रह जाता है, केवल अभिनय की उस्तादी
खेल दिखाया करती है।'

कविता की अंतर्वस्तु को ठीक-ठाक अभिव्यक्ति देने के लिए समुचित काव्यभाषा तलाशने का उनका संघर्ष कितना गहरा है, यह नीचे उद्धृत उनकी काव्यपंक्तियों से पता चलता है–

भाषा के भी पार प्राण लहरें लेता है,
उगता है, बहता है और पल्लवित होकर
अपने पाँव खड़ा होता है, इसके द्वारा
और-और भी उठते हैं।

डॉ.परमानन्द श्रीवास्तव ने लिखा है कि 'त्रिलोचन के यहाँ एकदम अपरिचिति अप्रचलित संस्कृत के तत्सम शब्द ठेठ देशज तद्भव शब्दों के साथ जितना सहजता से, अनायास आतें हैं और भाषा की अर्थशक्ति (जहाँ-तहाँ अर्थव्याप्ति) के कारण बनते हैं, वह अन्यत्रा विरल है।' वस्तुतः त्रिलोचन की कविता में तत्सम शब्दों के साथ तद्भव एवम् देशज शब्दों के सटीक प्रयोग से रचना में बेतरतीबी की जगह

एक प्रकार की विशिष्टता पैदा होती है, जो नये अर्थ-सौदर्य की सृष्टि करती है –

भूमण्डल भर के भविष्यव्यवसायी दल ने
जलं-स्थल-नभ ने महा प्रलय होगा– भाखा है।
प्राणी अर्थप्राण हो गये हैं, बस कल की
चिंता उनको अकर्मण्यता से कर मलने
पर ही विवश कर रही है, जिसने राखा है
वह क्या कल न रखेगा, ऐसी चिंता छलकी। (शब्द,पृ.27)

उपर्युक्त काव्यपंक्तियों की संरचना का विश्लेषण करते हुए डॉ.नंदकिशोर नवल ने लिखा है कि 'इसमें भाखा शब्द में व्यंग्य है। व्यंग्य का कारण स्पष्ट है। वह यह कि भविष्य कथन का व्यवसाय करनेवाले ज्योतिषियों के एक समूह ने एक निहायत झूठी बात इस भाव से कही है, जैसे कि वह सवा सोलह आने सही हो। यह कहना सामान्य कहना न होकर 'भाखना' ही हो सकता है। इस 'भाखा' में जो व्यंग्य है वह आगे 'राखा' शब्द में अपना अर्थविस्तार करता है, लेकिन इस बार व्यंग्य उस आम जनता पर है जो इस अंधविश्वास की शिकार है कि 'जाको राखे साईयाँ, मार सके न कोय' यह व्यंग्य उस सर्वशक्तिमान ईश्वर पर भी है, जिसमें कण मात्र भी शक्ति नहीं है। यह सारी व्यंजना 'भाखा' की तुक के लिए 'राखा' शब्द को लाने से संभव हुई है। इस तरह त्रिलोचन के सॉनेटों में रूप और वस्तु, तुक और अर्थ की एक-दूसरी पर क्रिया-प्रतिक्रिया चलती रहती है।'

जैसा कि विदित है, त्रिलोचन ने सॉनेट जैसे पश्चिमी काव्यरूप को अपनाने के बावजूद उसे रोला छंद के मात्रिक संगीत में ढालकर उसका एक अलग साँचा तयार किया है, जो हिन्दी भाषा की आंतरिक लय से मेल खाता है। उस संदर्भ में गंभीरतापूर्वक विचार करने से यह भी स्पष्ट होता है कि उन्होंने इस रूप प्रकार को विषयवस्तु की दृष्टि से अपेक्षित विस्तार दिया है। पेट्रार्की पद्धति पर लिखे गये सॉनेटों के अलावा शेक्सपिरियन पद्धति पर लिखित उनके अनेकानेक सॉनेटों में भी हमें वस्तु तत्त्व की दृष्टि से विविधता के दर्शन होते है। उदाहरण के लिए सदियों से सामंती दमन-शोषण के चक्र में पीसती तथा व्यवस्था का नरक भोगने को अभिषप्त आम जनता का क्रांतिकारी आवाहन करते हुए शेक्सपिरियन पद्धति पर रचित उनके एक सॉनेट की प्रथम चतुष्पदी की कुछ पंक्तियाँ द्रष्टव्य हैं–

'सड़ी व्यवस्था के विरूद्ध विद्रोह के लिए
मैं ललकार रहा हूँ उस सोई जनता को

जिनको नेता लूट रहे हैं, कह कर ताको
मत, हम तो है ही।'

वस्तुतः त्रिलोचन का राजनीतिक विवेक उनकी काव्य-चेतना का अपरिहार्य अंग है। इसलिए अपने कविकर्म के बारें में उनकी समझ साफ़ है–

'बीज क्रांति के बोता हूँ मैं, अक्षर दाने
हैं, घर बाहर जन समाज को नये सिरे से
रच देने की रूचि देता है। धीरे-धीरे से
रहना असम्मान है जीवन का अनजाने।'

और, अंत में सड़ी-गली समाजार्थिक व्यवस्था का व्यूह तोड़ने के लिए अवाम का यह आह्वान–

'अगर घुटन हो, प्राण छटपटाएं तो घेरा
तोड़-फोड़ दो, क्योकि हुआ है नया सबेरा।'

(अनकहनी भी कुछ कहनी है, पृ.87)

त्रिलोचन की एक कविता है– 'बिना मिले लौटने की राह में।' मुक्त छंद में रचित यह पूरी की पूरी कविता आत्मकथन की शैली में विन्यस्त है। इस कविता का उत्तम पुरूष जब कवि विजेन्द्र से मिलने भरतपुर जाता है तो पहले वह दरवाजे पर ही रूक कर भीतर की टोह लेता है। इस क्रम में जब उसे किसी की कोई आवाज नहीं सुनाई पड़ती तो बिना दरवाजा खटखटाये ही वह कई तरह के अनुमान करते हुए वापस लौट जाता है–

'संभव है, विजेन्द्र और ऊषा किसी बात पर
आपस में ऊलझे हों
बच्चियाँ चुप हैं
माँ जी लेटी होंगी
बर्तन रसोई में बोलते हैं
उषा बोलती नहीं
सोचती हो शायद
ऐसा क्यों हो जाया करता है ऐसे में,'

इराके राथ ही उरो इरा बात का भी तीक्ष्ण एहरारा है कि उराके कवि गित्र की पत्नी कविता से बहुत चिढ़ती हैं–

'यदि मिलकर ही आता
तो उषा कविता से

और अधिक चिढ़ जाती
वैसे हँसकर रहती
बड़ा आनंद आया'

इस पूरी कविता में आतिथेय के संभावित व्यवहार के बहाने अपनी खस्ता हालत तथा परिवार-समाज में कवि-कर्म की अप्रतिष्ठाजन्य स्थिति पर भाँति-भाँति से विचारा गया है।किंतु, जैसे ही अपने भविष्य के बारें में आशावादिता का एक स्वर उभरा है, तो, न केवल छंद विधान बदलता है, बल्कि इस भाव को अभिव्यक्ति देनेवाली भाषा भी बदल जाती है–

'एक दिना नहिं एक दिना
कबहूँ दिन वे दिन फेर फिरेंगे'

(तुम्हें सौपता हूँ, पृ.99)

कवि राजेश जोशी का कहना है कि ''यथार्थवादी शैली और बातचीत की भाषा में त्रिलोचन की कविता को एक और महत्वपूर्ण आयाम दिया है– कविता में छोटी बड़ी कहानी कहने का। लोककथाओं-सी सरल चुटीली, लेकिन गहरे घाव करनेवाली कहानियाँ त्रिलोचन ने बांधी हैं। 'धरती' की कविता 'चम्पा' और 'जीवन का एक लघु प्रसंग' का बहुत सार्थक विस्तार 'नगई महरा' में हुआ है। त्रिलोचन की कहानी कहने की इस कला पर विस्तार किया जाना चाहिए।''

नागार्जुन-काव्य के रूप विधान पर विचार करते हुए राजेश जोशी ने जिस 'स्वगत में मुक्त संवाद' के फार्म की विस्तृत चर्चा की है, उसे उदाहृत करनेवाली यथार्थ चेतना संपन्न अनेकानेक कविताएँ त्रिलोचन के यहाँ भी मौजूद हैं। यदि हम उनके 'धरती' नामक काव्य-संग्रह की कविताओं से ही आरंभ करें तो वहाँ 'भोरई केवट के घर' तथा 'चम्पा काले-काले अच्छर नहीं चीन्हती' जैसी कविताएँ अपनी नाटकीय संरचना एवम् संवाद-योजना के कारण अत्यन्त सशक्त बन पड़ी है।

डॉ.नामवर सिंह ने ठीक ही लिखा है कि 'धरती' की जिस भाषा से 'चम्पा' की कली फूटी है, उसीसे आगे चलकर त्रिलोचन नें 'नगई महरा' शीर्षकीय लंबी कविता की सृष्टि की है, जिसमें गाँव की पूरी संस्कृति मूर्तिमान हो उठी है। वस्तुतः 'नगई महरा' ठेठ अर्थ में एक वर्णनात्मक कविता है। ऐसे तो त्रिलोचन की कविता में भाषा के विविध धरातल मिलते है, पर 'नगई महरा' कविता में उनकी काव्यभाषा चिरानीपट्टी की भाषा के बिलकुल करीब आ गई है, जिसमें कहीं से भी कोई बनावटीपन, आवेश एवम् तनाव नजर नहीं आता–

'नगई खाँची फाँदे बैठा था

हाथों में वही काम
आँखे उन हाथों को
हयवट चिताती हुई
खाँची में लगी एक आँख मुझे भी देखा
और कहा बैठो उस पीढ़े पर
साफ़ है मैंने कुछ ही पहले धोया है
बैठने पर मुझसे कहा
अच्छा बाँच लेते हो रामायन
तुम्हारे बापू कहते थे जैसे
अब कोई क्या कहेगा
उनकी भीतरी आँख खुली थी
सुर भी क्या कंठ से निकलता था
जैसे असाढ़ के मेघ की गरज'

(प्रतिनिधि कविताएँ, पृ.60)

रूप विधान की दृष्टि से 'नगई महरा' कविता पर विचारने से स्पष्ट होता है कि छोटे-बड़े कुल तेईस चरणों में लिखित इस कविता के हर चरण का एक केंद्रीय प्रयोजन है और उसमें किसी न किसी दृश्य या तथ्य या भाव का प्रस्थापन अवश्य हुआ है। प्रत्येक चरण के अंत में अगले चरण का आरंभ निहित है तो विधि वस्तुतः कथा-कथन की है और उपन्यासों में अपनाई जाती है जैसा कि पहले कहा जा चुका है, त्रिलोचन के काव्य में शब्द की जगह वाक्य ही प्रायः काई की भूमिका में है। इस कविता में भी जिन छोटे-छोटे सुगठित वाक्यों का इस्तेमाल किया गया है वे कविता को कथात्मक चरित्र प्रदान करते है। कविता की इस कथात्मकता के द्वारा जिस यथार्थ की उसे अभिव्यक्ति देनेवाली भाषा बिल्कुल पारदर्शी है। तल तक साफ़। सोमदत्त के शब्दों में कहें तो त्रिलोचन की यह कविता 'किसी व्यक्ति विशेष की या अलग-अलग घटी घटनाओं की काव्यात्मक परिणति मात्र नहीं, बल्कि एक समूचे वर्ग की जीवन पद्धति का औपन्यासिक संवेदनावाला आख्यान है।'

त्रिलोचन के कवि की एक बड़ी विशेषता है उसका संयमित स्वर। काव्य रचना के क्रम में कवि प्रायः उद्विग्न नहीं होता। इसके विपरीत नागार्जुन की अधिकांश कविताओं में हमें अत्याधिक उद्वेग के दर्शन होते हैं। किन्तु इसका मतलब यह नहीं है कि त्रिलोचन का मन अपनी पारिवेशिक विसंगतियों से आहत नहीं होता और उसके मनरू मस्तिष्क में आक्रोश की लहरें नहीं उठती। सच तो यह है कि वे अपनी

गंभीर प्रकृति एवम् अंतर्मुखी व्यक्तित्त्व के कारण अपना गुस्सा पी जाते हैं। राजेश जाशी का कहना है कि 'स्वर की उपरी तटस्थता उनको ऐसा विशिष्ट व्यक्तित्व प्रदान करती है, जिससे उन्हें हिन्दी कविता में अलग से पहचाना जा सकता है। आवेगों की ऐसी संयमित अभिव्यक्ति और सुर की ऐसी तटस्थता का कोई दूसरा कवि ढूँढ़ना असंभव-सा लगता है।' इसके चलते जब वे अपनी काव्यवस्तु को रूप प्रदान करने या काव्य-रचना के लिए प्रवृत्त होते हैं, तो अनायास उनकी रचना में एक प्रकार की संवेदनात्मक गहराई आ जाती है। परन्तु इसके साथ ही त्रिलोचन-काव्य में ऐसे भी अनेक उदाहरण मौजूद हैं, जहाँ अनुभूतिप्रवणता के बजाय कोरी उपदेशात्मकता की प्रवृत्ति प्रधान है। वस्तुतः अनुभव के जिस मर्म के कारण उनकी अनेकानेक गद्यात्मक शैली में लिखित कविताओं में भी उच्च स्तरीय कवित्व के दर्शन होते हैं, उसी के अभाव में उनकी कई छन्दोबद्ध एवम् तुकों के कठोर नियम का पालन करके लिखित कविताओं एवम् विशेषकर सॉनेटों में फाकनर के गद्य-सा कड़ियल ठोसपन के चलते कवित्व लगभग गायब हो गया-सा प्रतीत होता है। डॉ.नामवर सिंह के शब्दों में – 'उसके बाद रह जाता है, द्विवेदी-युगीन सीधा-सरल पूरा सही वाक्य। व्याकरण और इतिवृत्त। सॉनेट के अन्दर अरूद्धान्त वाक्य-रचना-निर्वाह के कारण ऐसी दुर्घटना अक्सर घटित होती है। तुक मिलाने की दयनीय कोशिश में फालतू वाक्य भी काफी आते हैं। कारण वहीं पूरा वाक्य लिखने का हठ।'

इस प्रसंग में त्रिलोचन का कहना है कि 'लय तो गद्य और पद्य दोनों में होती है गद्य की लय थोड़ा अलग जाती है, वह अनियंत्रित होती है और पद्य की लय नियंत्रित होती है। कवि वहाँ पंक्ति के अनुवर्तन में है, उसे हर पंक्ति को पूरा करना ही है चाहे भाव हर पंक्ति का पूरा होने के पहले ही खत्म हो जाए।'

जाहिर है कि त्रिलोचन ने बड़ी संख्या में गजलों की रचना भी की है, जो उनके 'गुलाब और बुलबुल' नामक संग्रह में संग्रहित हैं। जहाँ तक 'ग़जल' के फार्म का प्रश्न है, उसके निर्माण की इकाई शेर होता है जिसकी तुलना एक हद तक 'दोहे' जैसे रूप प्रकार से की जा सकती है। ज्यादातर ग़जलों के अधिकांश शेर अपने-आप में पूर्ण होते हैं। इसके साथ ही एक महत्वपूर्ण बात यह है कि शेर में प्रायः रवानी तभी आती है जब इसकी अंतर्वस्तु रोमांटिक होती है। किन्तु इसका मतलब यह नहीं है कि शेर या ग़जल के फार्म में यथार्थवादी अंतर्वस्तु को ढाला ही नहीं जा सकता। उर्दू के तरक्कीपसन्द शायदों में अकेले 'फैज अहमद फैज' की सैकड़ों गजलें यथार्थवादी अंतर्वस्तुवाली हैं। फिर भी यदि गौर से देखे तो स्पष्ट होगा कि उर्दू की बेहतर ग़जलों में प्रायः तिक्त यथार्थवादी अंतर्वस्तु भी रोमानी शर्करा से अवेष्टित रहा

करती है। तब जब तक यह संतुलन वहाँ बना रहता है, तभी तक यथार्थवादी अंतर्वस्तु का ग़ज़ल के फाम में प्रभावकारी विन्यास संभव हो पाता है। उदाहरण के लिए फैज का एक प्रसिद्ध शेर देखा जा सकता है—

मुझसे पहली सी मुहब्बत मेरे महबूब न माँग
और भी दुख हैं, जमाने में मुहब्बत के सिवा

....

राहतें और भी हैं, वस्ल की राहत के सिवा

या

दुनिया ने तेरी याद से बेगाना कर दिया
तुझ से भी दिलफरेब हैं, गम रोजगार के।

ऊपर उद्धृत दोनों ही कविताओं की अंतर्वस्तु यथार्थवादी है पर कवि के कहने का ढंग कुछ ऐसा है कि यथार्थवादी अंतर्वस्तु भी सफलता के साथ रोमांटिक ढंग से अभिव्यक्त कर दी गई है। खूबी यह कि इन में न तो वस्तु द्वारा रूप की सीमाओं की अवहेलना की गई है और न ही रूपतत्त्व ने वस्तु का गला घोंटकर काव्य-प्रभाव को बाधित किया है। वस्तुतः यहाँ कविता के दोनों ही तत्त्व अपनी-अपनी जगह पर संतुलन बनाए हुए हैं। इसलिए विलग उर्दू शायरी में ऐसे भी कई उदाहरण मिलते है, जब कि प्रातिभ रचनाकारों ने ग़ज़ल के फार्म में खालिस क्रांतिकारी अंतर्वस्तु को भी सफलता के साथ विन्यस्त किया है। हिन्दी ग़ज़ल के नाम पर दुष्यंत ने जो कुछ लिखा है, वह मेरी समझ से नागरी लिपि में लिखित उर्दू ज़्यादा है। ऐसा कहकर यहाँ हिन्दी-उर्दू विवाद छेड़ना मेरा अभिप्राय नहीं है। किन्तु यदि केवल दुष्यंत की काव्यभाषा पर गौर किया जाय तो स्वतः स्पष्ट हो जायेगा कि अपवाद स्वरूप कुछ शेर छोड़कर उनके काव्य संग्रह 'साये में धूप' की अधिकांश ग़जले हिन्दी में है या उर्दू में।

जहाँ तक त्रिलोचन की ग़ज़लों का सवाल है, उनकी कई ग़ज़ले बेशक अच्छी हैं, जिनको हिन्दी ग़ज़ल भी कहा जा सकता है। पर ग़ज़ल में काफिया-रदीफ की पाबन्दी के कारण जब वे भाषा के स्तर पर तत्सम शब्दों को ग्रहण करते हैं तो स्वभावतः उनके शेर बोलचाल की भाषा से दूर चले जाते है। उदाहरण के लिए उनके एक शेर में 'कितना अवसन्न हूँ कितना दुःखी है मेरा मन' में 'अवसन्न' तथा 'अपनी बस्ती में कहीं हर्ष नहीं पाता है' में 'हर्ष' जैसे शब्द वस्तुतः ग़ज़ल या शेर के फार्म की प्रकृति के अनुरूप नहीं हैं। लेकिन यदि इनका विकल्प ढूँढ़ा जाए तो शेर के हिन्दी-उर्दू से दूर फारसी के करीब चले जाने की संभावना अधिक होगी। अतः

यहाँ इनका प्रयोग करना एक प्रकार से कवि की बाध्यता है। इन सबसे विलग कई बार त्रिलोचन जब अपनी कवि-प्रकृति के अनुरूप सहज होकर खालिस यथार्थवादी अंतर्वस्तु को 'शेर' के फार्म में विन्यस्त करते हैं, बात तो वे कह पाते हैं पर काव्यात्मकता की दृष्टि से शेर बहुत कमज़ोर प्रतीत होता है—

'घर औरों का जो बनता है अपना भी आप बना लेगा
अनुकूल मसाला पा जाए औ' चूना गारा पा जाए।'

कहने की अवश्यकता नहीं है कि यहाँ कवि ने जिस प्रकार काव्यवस्तु को 'शेर' के फार्म में विन्यस्त करने का असफल प्रयास किया है उससे कविता की प्रभावान्विति बाधित हुए बिना नहीं रह सकती। किन्तु इसका मतलब यह नहीं है कि त्रिलोचन ग़ज़लगो के रूप में बिलकुल असफल रहे हैं। सच तो यह है कि जहाँ ग़ज़ल के 'रूप' की प्रकृति को ध्यान में रखकर उसके अनुकूल अंतर्वस्तु को हिन्दी-उर्दू से उपर्युक्त शब्दों का चयन करके विन्यस्त किया गया है, वहाँ उनकी ग़ज़लें भाव का निर्झर बन गई है—

'लोग कच्चा तुम्हें बतलायेंगे खुश होकर
गैर के आगे गिला अपनों का गाया न करो
क्या हुआ लोग जो हँसते है, उन्हें हँसने दो
प्रेम की पीर में तो आँसू न बहाया करो।'

(गुलाब और बुलबुल, पृ.18)

त्रिलोचन-काव्य के प्रसंग में सॉनेट, वैचारिक कविताओं, ग़ज़ल आदि के बाद 'गीत' के फार्म की चर्चा भी अपेक्षित है। वस्तुतः त्रिलोचन ने इस संदर्भ में निराला के अनुभवों से लाभ उठाते हुए एक लंबे समय से ठहरे हुए रूप प्रकार को जो प्रगति का मार्ग दिखाया है वह कहीं से भी कम महत्त्वपूर्ण नहीं है। उनके गीतों में मात्र आत्माभिव्यंजना की जगह शब्द-चेतन समुदाय को अपने से बाहर आकर देखने-परखने का जो आमंत्रण है वह हिन्दी गीतकाव्य में प्रायः दुर्लभ है। कहना न होगा कि पठ्य-पाठ्य एवम् वैचारिक कविता से भिन्न गीत की एक अलग रचनात्मक शर्त एवम् समझ होती है और कई मायने में तो प्रभावान्विति की दृष्टि से वैचारिक कविता की अपेक्षा गीत कहीं ज्यादा श्रेयस्कर होता है। गीत की रचनात्मक महत्ता को स्वीकारते हुए जार्ज लुकाच ने ठीक ही लिखा है कि 'गीतकाव्य में केवल महान् क्षण रहता है। यह वह क्षण होता है जिसमें प्रकृति और आत्मा की सार्थक एकता या उनका सार्थक अलगाव जो आत्मा का सर्व-स्वीकृत आकेलापन हुआ करता है, शाश्वत बन जाते है।' आगे लुकाच ने कदाचित् गीतिकाव्य की रचना-प्रक्रिया पर

विचार करते हुए लिखा है कि ष्गीतमय क्षण में आत्मा की शुद्धतम आभ्यंतरिकता अनिवार्यतः काल से पृथक कर दी जाती है, वस्तुओं की अस्पष्ट विविधता से ऊपर उठा दी जाती है और इस तरह पदार्थ में परिवर्तित कर दी जाती है, जबकि अपरिचित और अज्ञेय प्रकृति भीतर से निकाल दी जाती है, ताकि चमकते हुए एक प्रतीक में बंध सके। आत्मा और प्रकृति के बीच स्थापित इस संबंध को केवल गीतमय क्षणों में ही निर्मित किया जा सकता है।'

जाहिर है कि लुकाच ने यहाँ जिस गीतमय क्षण की महत्ता पर बल दिया है वह और कुछ नहीं, बल्कि गायन-योग्य सामग्री को रचने की मनरूस्थिति ही है, जिसका सीधा संबंध गायन की मनःस्थिति से है और यह मनःस्थिति निश्चय ही पठ्य-पाठ्य एवम् वैचारिक कविता को रचने की मनरूस्थिति से एक हद तक भिन्न होगी। त्रिलोचन-काव्य में हमें इस मनरूस्थिति का प्रथम दर्शन उनके पहले काव्य संग्रह ष्धरती' की पहली ही रचना में होता है—

'मुझे जगत जीवन का प्रेमी
बना रहा है प्यार तुम्हारा
मेरी दुर्बलता को हर कर
नयी शक्ति नव साहस भर कर
तुमने फिर उत्साह दिखाया
कर्म क्षेत्र में बढ़ूँ सँभलकर
तब से मैं अविरत बढ़ता हूँ
बल देता है प्यार तुम्हारा।'

(धरती, पृ.11)

डॉ. रामविलास शर्मा ने लिखा है कि आदिम कबीलाई समाज टूटने और नया श्रम विभाजन लागू होने पर 'स्त्री-पुरूष' में छोटे-बड़े का भेद उत्पन्न होता है। स्त्री घर का काम करती है, पुरूष बाहर का काम करता है। संपत्ति का स्वामी पुरूष होता है, वह युद्ध करता है, शास्त्र रचता है, व्यापार करता है, स्वभावतः उसके काम के आगे स्त्री का घरेलू काम छोटा लगता है। शूद्रों में, जहाँ स्त्री पुरूष के साथ काम करती है, वह द्विजवर्ण की देवियों की तुलना में अधिक समर्थ होती है। कहना न होगा कि स्त्री पर उसके अनचाहे ही थोपी गई दाराता की बेड़ियों से उसे मुक्त कराने के लिए प्रगतिशील कवियों ने दो तरीकें अख्तियार किये। पहला, सामाजिक जीवन में अपने साथ उन्हें सहभागी बनने को प्रेरित किया, और दूसरा सामाजिक विषमताओं का अंत करके समता पर आधारित नये समाज की रचना का आदर्श अपनाया।

सामाजिक जीवन में स्त्री-पुरूष द्वारा परस्पर एक दूसरे को अपने संघर्ष में सहभागी बनाने की कामना को व्यक्त करते हुए त्रिलोचन लिखते हैं –

बाँह गहें कोई/अपरिचय के/सागर में
दृष्टि को पकड़कर/कुछ बात कहे कोई।
लहरें ये/लहरें वे/इनमें ठहराव कहाँ
पल/दो पल/लहरों में साथ रहे कोई। (ताप के ताये हुए दिन)

हालाँकि कवि का जीवन-संघर्ष अत्यंय गहरा है जिसमें बारम्बार उसे पराजय की पीड़ा झेलनी पड़ी है –

ठोकरें दर-ब-दर की थीं हम थे,
कम नहीं हमने मुँह की खाई है।

(गुलाब और बुलबुल)

पर ऐसे में प्रेम पाकर उसकी जीवन शक्ति बढ़ जाती है और वह जीवन-संग्राम से मुँह फेरने की बजाए नयी उर्जा से परिपूर्ण होकर कर्म-क्षेत्र में प्रवृत्त होता है। 'मुझे जगत् जीवन का प्रेमी बना रहा है प्यार तुम्हारा।' जयशंकर प्रसाद ने प्रेम के संदर्भ में लिखा है कि वह पाने के बजाय देने की चीज है– 'पागल रे! वह मिलता है कब/उसको तो देते ही हैं सब'। त्रिलोचन की कविता में भी ऐसे ही उदात्त स्वर सुनाई पड़ते हैं–

'स्नेह मेरे पास है, लो स्नेह मुझसे लो
चल अंधेरे में न जीवन दीप ठुकराओ
साँस के संचित फलों को यों न बिखराओ
मेघ माला विश्व है लो राग मुझ से लो।'

(सबका अपना आकाश,पृ.55)

किन्तु यहाँ ध्यान रखना जरूरी है कि प्रसाद के 'प्यार' के मुकाबले जीवन के उत्थान-पतन को सहज रूप में झेलने को तत्पर जुझारू समुदाय को त्रिलोचन के कवि द्वारा दिया जाने वाला यह 'स्नेह' तथा 'राग' अपनी प्रकृति में कहीं ज्यादा आत्मीय है। दूसरे शब्दों में इस 'स्नेह' और 'राग' की अर्थध्वनि अपने विशिष्ट संदर्भों के कारण परम्परागत नहीं रह गई है, जिसका कारण कवि की प्रगतिशील जीवन-दृष्टि है। त्रिलोचन के पास विपरीत स्थितियों में भी इस 'राग तत्त्व' से जुड़ाव के कारण एक आंतरिक दृढ़ता है, अतिरिक्त ऊर्जा है–

'मुझको तो मुस्कान तुम्हारी जिला रही है
जहाँ कहीं भी और जब कहीं भी जाता हूँ

वही स्निग्ध मुस्कान आँख आगे पाता हूँ,
मर्त्यलोक में श्रांत देख कर पिला रही है
मुझे सुधा का सार, ...'

(फूल नाम है एक, पृ.85)

टी.एस.एलियट ने अपने 'ट्रेडिशन एण्ड इन्डिविजुअल टैलेंट' शीर्षकीय सुप्रसिद्ध निबन्ध के पूर्वार्ध में किसी कविता का महत्त्व पूर्ववर्ती कवियों की कविताओं के साथ समझने-परखने की आवश्यकता पर बल देते हुए लिखा है कि 'किसी कवि या कलाकार की पूर्ण सार्थकता केवल अपने-आप में नहीं होती। उसकी सार्थकता, उसकी परिशंसा दिवंगत कवियों और कलाकारों की सापेक्षता में ही होती है। राधावल्लभ त्रिपाठी ने अपने एक आलेख में सोदाहरण यह उद्घाटित किया है कि त्रिलोचन की कई कविताओं में पूरा उपमान या बिम्ब ही नहीं, कथ्य भी कालिदास से आभार के साथ लिया गया है। किन्तु, 'त्रिलोचन के कवि का यह स्वभाव नहीं है कि वह केवल सजावट के लिए या अपनी बात में टेका लगाने के लिए पुराने समर्थ कवि की कथनभंगी उधार लें, पहले की कविता से मुहावरा या उक्ति वह तभी उठा सकता है जब वह मुहावरा या उक्ति उसके अपने अनुभव में संपृक्त हो।' यदि हम इस दृष्टि से त्रिलोचन के गीतों को उनके पूर्ववर्ती गीतकारों की रचनाओं के संदर्भ में रखकर विचारें तो हमें वहाँ अनेकानेक ऐसे गीत भी प्राप्त होंगे, जो उन्होंने उन गीतकारों की विभिन्न शैलियों का अभ्यास करते हुए रचे हैं—

'दूर अति दूर, क्षितिज के पार
कनक का रच सुंदर संसार
हरित अंकुर से उठा उभार
प्राप्त कर जग का मृदु व्यवहार।'

किन्तु पन्त की 'दूर उन खेतों के उस पार' वाली शैली में रचित इस गीत की अगली पंक्तियों में 'त्रिलोचनपन' को आसानी से रेखांकित किया जा सकता है-

'बढ़ा, वह उद्धत हो स्वयमेव
बह पढ़ा पाकर कुटिल बयार
धरा के धसके मानस नेत्र
वितरने लगे उसे धिक्कार।'

(तुम्हें सौंपता हूँ, पृ.13)

इसी प्रकार निराला-शैली में रचित उनका एक छोटा गीत भी देखा जा सकता है—

'कैसी नित नयी यह प्यास
हो गया प्रति-कंठ में
जिसका कि अब आवास
तृषित छूटे हैं उसी की ओर
यदि कहाँ-समझे कि यह निशि भोर
चाहते भर है— पा की कोर
उठ रहा प्रति-रोम में गति रोर
जग का यही अभ्यास!'

(तुम्हें सौंपता हूँ,पृ.16)

आज यह अलग से बताने की जरूरत नहीं है कि कालांतर में त्रिलोचन की एक निजी शैली का विकास हुआ। जहाँ तक उनके गीतों में वस्तु-रूप संबंध का सवाल है, वहाँ प्रायः संतुलन की स्थिति ही दृष्टिगत होती है। कारण यह कि गीत के फार्म में विन्यस्त करने हेतु रचनाकार ने प्रायः लिरिकल अंतर्वस्तु का ही चुनाव किया है। फलतरू गीत-रचना में उसे बेहद सफलता मिली है। जैसा कि पहले भी कहा जा चुका है, त्रिलोचन के गीत मात्र आत्माभिव्यंजना के वाहक नहीं हैं, वहाँ इसके साथ-साथ जनपक्षधरता का भी स्पष्ट स्वर सुनाई देता है—

व्यूह बनते है दलों के एक दल चुनना पड़ेगा
फिर महाभारत निकट है
लक्षणों से यह प्रकट है
शंख नीरव हैं रहें पर
भर चुका अब धैर्य-घट है
रात-दिन उद्योग चलता
पक्षवर्धन की विकलता
पाँव सिर की ओर दो हैं,एक की सुनना पड़ेगा
...
एक अपहर्ता अपरकर्ता तुम्हें गुनना पड़ेगा।

(सबका अपना आकाश, पृ.35)

पिछले कई वर्षों में भारतीय राजनीति में सक्रिय कुछ अवसरवादी तत्त्वों ने सामाजिक न्याय को साम्प्रदायिक और जातिवादी घृणा का पर्याय-सा बना दिया है। फलतरू जो राजनीतिक पार्टियाँ जातिवाद को जड़-मूल से उखाड़ने का संकल्प लेकर गठित हुई थीं उनमें से अनेक आज खुद जातिवाद की घिनौनी राजनीति में लिप्त

है। ऐसे में डॉ.बाबासहाब आम्बेड़कर की चेतावनी अक्षरशः सत्य सिद्ध हो रही है कि 'जाति के आधार पर कोई भी निर्माण स्थाई नहीं रह सकेगा, वह खण्ड-खण्ड हो जायेगा।' यदि आजादी के बाद सत्तारूढ़ हुए दल ने जनतांत्रिक नैतिकता के तहत आरंभ से ही साम्प्रदायिक और जातिवादी राजनीति के बजाय सत्ता में आम आदमी की व्यापक साझेदारी सुनिश्चित करते हुए उसके बहुमुखी विकास के लिए कुछ ठोस कदम उठाया होता तो आज यह समाजघाती ताण्डव भारतीय राजनीति को इतना विद्रूप और गर्हित न बना पाता। दीगर बात यह कि हमारे जमाने में वृद्ध पूँजीवाद जिस तरह भूमण्डलीकरण की प्रक्रिया से गुजरते हुए आर्थिक उपनिवेशवाद को जन्म दे रहा है उसके चलते विकास के नाम पर दुनिया के गरीब देशों में प्राकृतिक संसाधनों की लूट मची हुई है। भारत में बड़े पैमाने पर किसानों द्वारा रोज-ब-रोज आत्महत्याओं तथा ग्रामीण क्षेत्रों के लोगों का शहर की ओर पलायन आदि के मद्देनज़र याद आते है क्लाँद लेवी-स्त्रास, जिन्होंने अपनी आत्मकथात्मक पुस्तक 'ट्रिस्टेस ट्रापिक्यूज' में लिखा है : 'दुनिया बिना मानव प्रजाति के शुरु हुई और निश्चय ही इसी के साथ खत्म हो जायेगी। आदमी ने क्या किया है, सिवा प्रसन्नतापूर्वक खरबों संरचनाओं को तोड़ा और उन्हें ऐसी स्थिति पर पहुँचा दिया कि वे अब पुनर्गठित होने की स्थिति में नहीं हैं।' इस विवेचन के आलोक में यदि त्रिलोचन के काव्य-परिदृश्य पर दृष्टिपात करें तो वहाँ ऐसी अनेकानेक कविताएँ मिलती है जिनके माध्यम से कवि ने अवाम को धर्म-जाति आदि की सामंती दीवारों के साथ-साथ तमाम तरह की विषमताओं के घेरों को तोड़कर अपने हित में एकजुट होने की सलाह दी है–

'दीवारें ! दीवारें ! दीवारें ! दीवारें !
चारों ओर खड़ी हैं। तुम चुपचाप खड़े हो
हाथ धरे छाती पर, मानो वहीं गड़े हो।
मुक्ति चाहते हो तो आओ धक्के मारें
और ढहा दें। उद्यम करते कभी न हारें
ऐसे वैसे आघातों से। स्तब्ध पड़े हो
किस दुविधा में। हिचक छोड़ दो। जरा कड़े हो।
आओ, अलगाने वालें अवरोध निवारें।'

(त्रिलोचनः प्रतिनिधि कविताएँ, पृ.80)

कार्ल मार्क्स ने अपने लेखन में धर्म की आलोचना को बहुत महत्त्व दिया है और कहना न होगा कि जब धर्म की संवेदना पथराती है तो यह ठूंठ कर्मकाण्ड बन

जाता है। इस दृष्टि से त्रिलोचन द्वारा महाकुंभ (1953) में मची भगदड़ पर रचित पच्चीस सॉनेटों का महत्त्व उल्लेखनीय है, जिनमें मुख्य चिन्ता है : 'कब स्वतंत्र होगी यह जनता टूटी हारी।' नामवर सिंह ने सही लिखा है कि इनसे गुजरते हुए 'सहज ही कवितावली के लंकादहन संबंधी कवित्त याद आ जाते हैं। लेकिन यह विभीषिका कुछ और है। इस सॉनेट-पुंज में त्रिलोचन महाकाव्यात्मक प्रतिभा के साथ सामने आते है। वही विराटता। वही गरिमा। वही मानव त्रासदी।' कुछ पंक्तियाँ दृष्टव्य हैं :

कीचड़ से लथपथ आता है, चिल्लाता है —
लाशों पर चढ़कर मानव आता-जाता है।

- - - - - - - - - - -

लानत है, लानत। विराग को राग सुहाए
साधू होकर मांस मनुज का भरमुँह खाए।

- - - - - - - - - - -

लाशों का सुखवन पुलीस ने फैलाया है,
इसी के लिए तो उसने पैसा खाया है
सुप्रबन्ध का कहना ही क्या है, कमाल था
समाचार पत्रों ने गली-गली गाया है।

- - - - - - - - - - -

लाशों की चर्चा थी, अथवा सन्नाटा था
राज्यपाल ने दावत दी थी, हा हा ही ही।

इस प्रसंग पर रचित सौनेटों में यदि एक ओर 'सतुआ और पिसान बांध के कुंभ नहाने' आयी 'गंगा मैय्या के गीत गा रही' दिशाहारा धर्मभीरू जनता-जनार्दन के प्रति आत्यंतिक मोह और उसकी दुर्दशा को देखकर गहरा दुख व्यक्त हुआ है वहीं 'महाकुंभ में हत निरीह प्राणों की पीड़ा' के लिए जिम्मेदार सत्ता-व्यवस्था के शोषण-तंत्र के सभी पेंचों का उद्घाटन भी किया गया है। कवि आलोचक अरूण कमल के शब्दों में कहें तो 'इनसे गुजरते हुए सहृदय पाठक को यह तीखा एहसास हुए बगैर नहीं रह सकता कि एक तरह से यह महाकुंभ सिर्फ प्रयाग का ही महाकुंभ नहीं, बल्कि पूरे भारत में लगातार चल रहे शोषण का महाकुंभ है।'

कवि केदारनाथ सिंह के अनुसार त्रिलोचन के शिल्प की एक खास बात यह है कि वे किसी भी वस्तु का प्रयोग प्रतीकवत् नहीं करते। अपनी कविता में वे सारी काव्यात्मक जिम्मेदारी के साथ उसे 'वस्तु' ही बने रहने देते हैं। वस्तुतः इसका संबंध भारतीय साहित्य की रूप संबंधी अवधारणा की एक विशिष्ट परम्परा से है, जिसके

व्यावहारिक उदाहरण हमें अपनी लोक-कविता और क्लासिकी कविता में एक साथ मिल सकते है। यह परम्परा एक खास ढंग से प्रेमचन्द के कथा साहित्य में भी जीवित है। वहाँ भी वर्णन के क्रम में आनेवाली वस्तुओं को प्रतीकों में बदल डालने की जल्दी कहीं नहीं दिखाई देती। 'नये पत्ते' और 'बेला' की कुछ कविताओं में निराला ने भी इस तथ्य परक कला का प्रयोग किया है। फिर भी मोटे तौर पर कहना चाहे तो त्रिलोचन काव्य में आये चरित्रों में 'नगई महरा', 'भोरई केवट' एवम् 'चम्पा' आदि पात्रों को उस सत्तर-पचहत्तर प्रतिशत भारतीय ग्रामीण जन का प्रतीक-पात्र कह सकते है, जिन्हें हाड़-तोड़ मजूरी के बाद भी भरपेट अन्न नसीब नहीं हो पाता। इस प्रकार 'रैन बसेरा' कविता का 'मैं' (उत्तम पुरूष) भी शहर में रहनेवाले निम्न-मध्यवर्गीय लोगों की जीवन स्थिति को प्रतीकित करता है, जो चाहते हुए भी किसी को अपने यहाँ टिका पाने में असमर्थ होते है और 'देह धरे का दण्ड' भोगते हुए इन तमाम स्थितियों को चुपचाप झेलने को अभिशप्त होते है। त्रिलोचन-काव्य में ऐसे अनेक प्रतीकों को खोजा जा सकता है।

मैनेजर पाण्डेय ने लिखा है कि त्रिलोचन का कवि-व्यक्तित्व आधुनिकतावादियों को पसन्द नहीं आ सकता उन्होंने आज तक अपनी कविता को लगातार आधुनिकतावादी फैशनों और प्रवृत्तियों से बचाया हैं। याद आ सकते है कवि-आलोचक मलयज, जिन्होंने कवि त्रिलोचन को 'औसत भरतीयता का कवि' बताया था। आगे चलकर उन्होंने अपनी डायरी में त्रिलोचन की भारतीयता में बौद्धिक ऊर्जा की कमी को भी दर्ज किया था : 'हमें रामचन्द्र शुक्ल की भारतीयता चाहिए, प्रेमचन्द की भारतीयता चाहिए, गांधीजी की भारतीयता चाहिए जिनमें एक ओर अपनी ज़मीन का विवेक था तो दूसरी तरफ पश्चिम से टकराने की अदम्य बौद्धिक ऊर्जा और ललकार और उससे टकराने का खुलापन - त्रिलोचन की भारतीयता जैसा बंधा-बंधापन उनमें न था, एक जगह टिके रहने की भारतीयता उनमें न थी।'

कहना न होगा कि मलयज के चिन्तन में आधुनिकतावादी आग्रह है जिसके चलते अज्ञेय में उन्हें दो टूक ओजस्वी विचारशीलता दिखाई दी वहाँ त्रिलोचन में काव्य-विवेक के अत्यंत पुष्ट होने के बावजूद समय के विवेक का अभाव खटकता रहा और अपने इसी आलोचनात्मक विवेक के तहत उन्होंने कवि त्रिलोचन को अपनी कविता का कायाकल्प करने का जोखिम उठाने की सलाह दे डाली। गौरतलब है कि स्वयं त्रिलोचन ने भी एक साक्षात्कार में स्वीकार किया है कि 'हमारी आधुनिकता यूरोपीय आधुनिकता न होगी। भारतीय आधुनिकता ही होगी। और कोई रचनाकार तब बड़ा होता है जब वह अपने पात्रों का वैसा उपस्थापन करता है रचना

में जैसे वे हैं-चाहे वें गिरी हुई मानसिकता और आर्थिक स्थिति के हों या उत्कृष्ट मानसिकता के। इसी परिवेश के कारण कोई रचनाकार बड़ा कहलाता हैं।'

'संस्कृति' यदि 'सौंदर्यबोध के विकसित होने की मौलिक चेष्टा है' तो, निस्संदेह त्रिलोचन की कविता उसे अपने तईं विस्तार देती है। उनकी काव्यानुभूति की संस्कृति लोकधर्मी है। सच तो यह है कि शिष्ट संस्कृति भी आसमान से नहीं टपकती। वह लोकजीवन की तद्भवता का ही मार्जित संस्करण होती है। विदित है कि सारी की सारी शास्त्रीय राग-रागिनियों का मूल कहीं न कहीं लोक रागों में ही निहित होता है। लोक और शास्त्र के बीच जब तक आवाजाही बरकरार रहती है, तब तक उसमें जीवंतता व उल्लास भी बना रहता है। कवि त्रिलोचन की रचनाओं में ये गुण लोकजीवन से उनके गहरे जुड़ाव से चलते मौजूद हैं। डॉ.रामविलास शर्मा को ठीक ही त्रिलोचन उन कवियों की याद दिलाते हैं 'जो जनता के बीच रहते थे, एक बस्ती से दूसरी बस्ती पहुँचकर उसे अपनी कविता सुनाते थे, चरैवेति सिद्धांत का पालन करते थे, जब उनकी मुक्त दार्शनिक चेतना को पुरोहित वर्ग के धर्मशास्त्र में दबोच न लिया था, जब भूस्वामी वर्ग ने उनकी प्रतिभा खरीदकर उन्हें अपना चाटुकार न बना लिया था।' इस क्रम में यह भी जोड़ देना जरूरी है कि त्रिलोचन मौजूदा समय में अनेक सांस्थानिक प्रलोभनों एवं विभिन्न पुरस्कारों को पाने-देने-दिलाने की घुड़दौड़ में कभी शामिल नहीं हुए। त्रिलोचन के काव्यमूल्य वस्तुतः उनके इन जीवन-मूल्यों की ही पुनर्रचना हैं, जिनमें उस चेतना को विकसित करने की क्षमता अंतर्निहित है, जो रेणु की शब्दावली में 'समाज को मानवीय और मनुष्य को सामाजिक' बनने के लिए प्रेरित करती है।

अन्यथा, 2012

काव्यानुभूति की संस्कृति के बदलते आयाम
(समकालीन कविता पर कुछ टिप्पणियाँ)

"कविता आदमी के भीतर से निकली एक गहरी पुकार है। उसी से उपासना पद्धतियाँ निकलीं, भजन और धर्मों के तत्त्व भी। कवि ने प्रकृति की लीलाओं का सामना किया और प्राम्भिक युगों में अपने व्यवसाय की सुरक्षा के लिए खुद को पुरोहित कहा। ठीक इसी तरह – आज का सामाजिक कवि भी पुरोहितों की प्राचीनतम व्यवस्था का सदस्य है। पुराने जमाने में उसने अन्धकार से संधियाँ की थीं – अब उसे प्रकाश की व्याख्या करनी होगी।

—पाब्लो नेरुदा।

किसी कविता की समकालीनता को जाँचने-परखने का एक निकष यह हो सकता है कि इस बात की पड़ताल की जाए कि कवि और उसकी कविता अपने पाठकों को यह बोध कराने में समर्थ हैं या नहीं कि वे कैसे माहौल में जी रहे हैं। जयशंकर प्रसाद ने कहीं लिखा है कि समझदारी आने पर यौवन चला जाता है। सौभाग्यवश समकालीन कविता के क्षेत्र में सक्रिय अनेक युवा कवियों एवं कवयित्रियों में ज्यादातर इस सीमा तक समझदार नहीं हो गए हैं कि वे कविता में संवेदनहीनता की हद तक नपे-तुले वक्तव्य देने में माहिर हो जाएँ। दूसरे शब्दों में कहें तो हमारे समय व समाज में बहुत कुछ ऊलजलूल होने के बावजूद उन्होंने सोचना फिजूल नहीं मान लिया है। इसलिए वे अपने समय के अनेकानेक अन्तर्विरोधों से रचनात्मक मुठभेड़ के लिए तत्पर हैं।

समकालीन कवियों की इस रचनात्मक तत्परता में जो चीज सबसे ज्यादा मानीखेज है, वह है— निर्मम आलोचना, जो प्रवृत्ति की दृष्टि से रेडिकल या मूलगामी है। स्पष्ट ही 'मूलगामी' का अर्थ होता है चीजों की जड़ तक जाना और चूँकि मनुष्य के लिए मूल मनुष्य ही है, इसलिए हमारे समय के तमाम सजग कवि मनुष्य की मुक्ति को दृष्टिपथ में रखते हुए रचनात्मक भावबोध के धरातल पर सारे संसार एवं

अपने समाज की आलोचना करने के साथ-साथ आवश्यकतानुसार आत्मालोचन भी कर रहे हैं :

'और मुक्ति के लिए छटपटाता मेरा मन
वामपंथी राजनीति के तीन शिविरों में भटकता है
और हर शिविर से
मुक्ति का एक दस्तावेज़ लेकर लौटता है
और अब-
शिविर दर शिविर भटकने के बाद
कुछ ऐसा हो गया है
कि मुझसे मेरा बहुत कुछ खो गया है'

—कुमार विकल

यहाँ स्मरणीय है कि दूसरों की आलोचना करने में एक तरह की शहादत का आकर्षण हुआ करता है, जबकि अपने समाज व समुदाय तथा अपनी आलोचना करना कई बार दूसरों की आलोचना करने से ज्यादा मुश्किल काम होता है। जब यह काम कविता की बुनियादी रचनात्मक शर्त पर करना हो, तो, मुश्किल और बढ़ जाती है।

इस दृष्टि से हमारे समय में रची जा रही कविताओं में निहित सांस्कृतिक चेतना की पड़ताल करने पर स्पष्ट होता है कि पुरानी पीढ़ी के बरअक्स नयी पीढ़ी के कवियों व कवयित्रियों की काव्यानुभूति की संस्कृति में यथेष्ट परिवर्तन हुआ है। जब यहाँ आज के कवियों की काव्यानुभूति की संस्कृति में परिवर्तन की बात कही जा रही है तो इसके अन्तर्गत रचनाकारों के यथार्थबोध, उनका अनुभवलोक तथा कविता की वैधानिक एवं भाषिक संरचना में आए परिवर्तन जैसी कई बातें शामिल हैं। हमारे समय के कई रचनाकार अपनी ही बिरादरी के उन उखड़े हुए लोगों की खबर ले रहे हैं जो इतिहास से फरार होकर देशकाल निरपेक्ष सुन्दर(?) कविताओं का उत्पादन करते रहे हैं। कात्यायनी ने 'दिल्ली पर एक कविता' में लिखा है :

दिल्ली पर एक कविता लिखी
दिल्ली में रहते हुए
एक ने,
दूसरे ने दिल्ली बिना देखे ही,
कौन था असंभव, दुर्दान्त
कवि

हमारे समय का
एक महान जादुई यथार्थवादी?

इस सत्य का दूसरा पहलू केदारनाथ सिंह के काव्य संग्रह 'उत्तर-कबीर तथा अन्य कविताएँ' की कई कविताओं से गुजरते हुए उजागर होता है जिनमें, मुरली मनोहर प्रसाद सिंह के शब्दों में, "गाँव-कस्बे से आए शहरी मध्यवर्ग के पाठक अपने को नये सिरे से पढ़ सकते हैं-यथार्थ के बारे में अपना ही बदला-बदला-सा रूख समझने के लिए। वे अंतर्बाह्य की रग-रग भली भाँति देख-परख भी सकते हैं। विस्थापन, पुनर्वास और प्रवास ने इस शहराती मध्यवर्ग को अपने ही लोगों से कितना बेगाना बना दिया है। आदिम अरण्य जीवन और आसन्नभूत के ठेठ देहाती ग्राम्य जीवन की घुली-मिली एकाकार स्मृतियाँ केदारनाथ सिंह की कविताओं में नया आकार धारण कर रही हैं। इन स्मृतियों से हहराकर बहते जीवन-प्रपात के प्रतिलोम के रूप में आधुनिक महानगर के कृत्रिम जटिल संसार की द्वंद्वात्मक चित्रमयता जहाँ-जहाँ सामाजिक संदर्भों के साहचर्य के साथ आती है, वहाँ उनकी कविताओं का प्रभाव बड़ा गहरा होता है।" (आधुनिक हिन्दी साहित्य : विवाद और विवेचना, पृ. 265) गाँव आने पर कविता में शहरी मध्यवर्ग के आत्मपरायापन को आत्मालोचन की शैली में जिस प्रकार अभिव्यक्ति दी गई है, वह काव्यानुभूति की ईमानदारी एवं प्रामाणिकता का जीवंत दस्तावेज़ है :

अब तो आ गया हूँ
पर क्या करूँ मैं
एक बूढ़े पक्षी की तरह लौट-लौट कर
मैं क्यों चला आता हूँ बार-बार?
क्या करूँ मैं क्या करूँ कि लगे
कि मैं इन्हीं में से हूँ
इन्हीं का हूँ
कि यही हैं मेरे लोग
जिनका मैं दम भरता हूँ कविता में
और यही तो मुझे कभी नहीं पढ़ेंगे
छू लूँ किसी को?
लिपट जाऊँ किसी से?
मिलूँ पर किस तरह मिलूँ
कि बस मैं ही मिलूँ?
और दिल्ली न आये बीच में?

इस काव्यानुभूति की संस्कृति का एक अन्य सशक्त पहलू अरुण कमल की 'उर्वर प्रदेश' कविता में महसूस किया जा सकता है :

'मैं जब लौटा तो देखा
पोटली में बँधे हुए बूँटों ने
फेंके हैं अंकुर।

दो दिनों बाद आज लौटा हूँ वापस
अजीब गंध है घर में
किताबों कपड़ों और निर्जन हवा की फेंटी हुई गंध

पड़ी है चारों ओर धुल की एक पर्त्तत
और जकड़ा है जग में बासी जल

जीवन की कितनी यात्राएँ करता रहा यह निर्जन मकान
मेरे साथ
तट पर स्थिर, पर गतियों से भरा
सहता जल का समस्त कोलाहल ...
सूख गए हैं नीम के दातौन
और पोटली में बँधे हुए बूँटों ने फेंके हैं अंकुर
निर्जन घर में जीवन की जड़ों को
पोसते रहे हैं ये अंकुर

खोलता हूँ खिड़की
और चारों ओर से दौरती है हवा
मानों इसी इंतजार में खड़ी थी पल्लों से सट के
पूरे घर को जल भरी तसली-सा हिलाती
मुझसे बाहर मुझसे अनजान
जारी है जीवन की यात्रा अनवरत
बदल रहा है संसार

आज मैं लौटा हूँ अपने घर
दो दिनों बाद आज घूमती पृथ्वी के अक्ष पर

फैला है सामने निर्जन प्रांत का उर्वर प्रदेश
सामने है पोखर अपनी छाती पर
जलकुम्भियों का घना संसार भरे।'

यदि यह कविता किसी को अबूझ प्रतीत हो तो उसे पुनरू कवि-आलोचक अरुण कमल के पास जाना चाहिए जिनका कहना है कि "कविता में कथित से अधिक महत्त्वपूर्ण होता है अभिप्रेत। एकतारे का बजता हुआ तांत यदि कथित है तो उसका कंपन अभिप्रेत या व्यंजित। कवि भी स्वर को पकड़ता है और पाठक को भी चाहिए कि वह उस स्वर को पकड़े। प्रत्येक भाव-दशा का अपना संगीत, अपनी लय, यानी अपना स्वर होता है। इस स्वर का अंकन, पुनर्लेपन तथा पुनर्रेखन – यही तो कविता का सम्पूर्ण चक्र है, कवि से पाठक तक। ... कविता हमें तब दुरूह मालूम पडती है जब हम उसकी स्वर-लिपि को ठीक-ठीक नहीं पढ़ पाते। कविता की स्वर लिपि ही उसका वास्तविक या आभ्यांतरिक पाठ है।...कविता निर्बलों का बल है। कविता उसका पक्ष है जिसका कोई नहीं, जो सबसे कमज़ोर,सबसे असहाय है, जिस पर बाकी सबका बोझ है।" (गोलमेज, पृ. 213)। कहना न होगा कि हमारे समय में तेजी से बदलते सामाजिक यथार्थ के मद्देनजर आशा भरे अवसाद से लबरेज अरुण कमल की कविता 'इस नए इलाके में' उनकी 'उर्वर प्रदेश' के मुकाबले अद्यतन समकालीन प्रतीत होती है।

अरुण कमल कविता रचने के लिए ऐसी प्राविधि के इस्तेमाल को जरूरी मानते हैं जिससे अधिक से अधिक को कम से कम में कहा जा सके। उनकी एक कविता का शीर्षक उधार ले कर कहें तो वह 'पुतली में संसार' को समाए हुए हो। अपने एक अन्य वक्तव्य में वे कहते हैं कि 'कविता सम्पूर्ण जीवन की कविता हो, ऐसा ही मैंने सोचा और चाहा। भाषा भी एक तरह की नहीं, सब तरह की हो – मेरे भिक्षा-पात्र में हर घर का अन्न हो।' इसीलिए उन्होंने खरी बोली हिन्दी के कविता लिखते हुए भोजपुरी के अनेक शब्दों को ज्यों का त्यों उठाया। 'उन मुहावरों को, उन स्वर-भंगिमाओं को, यहाँ तक कि साँस की भाप की आवाज को भी।' यह बात उनकी कविता की अंतर्वस्तु एवं रूप, दोनों के सन्दर्भ में सच है। इतिहास-बोध से लैस एक सजग एवं संवेदनशील शब्दकर्मी के रूप में संसार की साहित्यिक-सांस्कृतिक विरासत के घुलावटी रसायन से अनुग्रहित उनके निजी स्वर की धार से समकालीन हिन्दी कविता समृद्ध हुई है :

अपना क्या है इस जीवन में सब तो लिया उधार
सारा लोहा उन लोगों का अपनी केवल धार।

हमारे समय के रचनाकारों की काव्यानुभूति की संस्कृति में आए परिवर्तन का एक महत्त्वपूर्ण फलाफल हमें वहाँ दिखाई देता है जहाँ अपनी जड़ों की खोज में भाषिक संरचना की दृष्टि से तत्समप्रधान-सी हो गई हिन्दी कविता धीरे-धीरे लोकोन्मुख हो रही है। कविता की श्रेष्ठता के लिए यदि आज भी कोई अकबर इलाहाबादी के शब्दों में 'अपना कहा वे आप समझें या खुदा समझे' को ही अपना आदर्श मानता हो या विलियम ऑम्पसन कथित 'सेवन टाइप्स ऑफ एम्बीग्युटी' को बतौर कसौटी इस्तेमाल करने पर आमादा हो, तो, ऐसे महानुभावों को याद दिलाना जरुरी होगा कि कुछ रचनाकार भाषिक सुरूचि के नाम पर पाठक के साथ कई बार छल भी किया करते हैं। गौरतलब है कि हमारे समय की वास्तविकता पहले के मुकाबले कहीं ज्यादा नृशंस, जटिल और नाटकीय है, जिसको बेनक़ाब करने में समर्थ काव्यभाषा का पारदर्शी होना निहायत जरुरी है। प्रसंगात् राजेश जोशी ने अपनी एक कविता में लिखा है :

निश्छल और नंगी ऐसी हो भाषा
लुकाया न जा सके जिसके भीतर कुछ भी
अपना दर्प, न दूसरों का छल
अपनी दुर्बलता, न दुश्मन का बल
छिपे नहीं जिसमें चरित्र की कालिख
छिपे नहीं आत्मा का खोट!

वाल्टर वेन्यामिन ने कवि कर्म को अपने समय की सक्रिय बराबरी में लाने हेतु जिस 'तात्कालिक भाषा' के रचनात्मक इस्तेमाल की वकालत की है उसे उनके ही शब्दों में 'किताबों की सार्वभौमिक शक्ल के बजाय सक्रिय समाजों में अपने प्रभावों के अनुकूल छद्म-रहित रूपाकारों में पालना-पोसना होता है- पर्चों में, ब्राश्योर में, छोटे-छोटे अखबारी लेखों में और नारों की तख्तियों में।' बेन्यामिन के अनुसार ऐसा करना इसलिए जरूरी है क्योंकि 'सच्ची साहित्यिक गतिविधियाँ कोई साहित्यिक ढाँचे से प्रेरणा ग्रहण नहीं कर सकतीं। वह तो उसकी जीवन- रहित अभिव्यक्ति मात्र हैं। साहित्य का महत्त्वपूर्ण प्रभाव, सिर्फ लेखन और कर्म -कर्म और लेखन की नियमित अदला-बदली से ही संभव है।' स्मरणीय है कि हिन्दी में बहुत पहले संभवतः रामचन्द्र शुक्ल पर मोनोग्राफ तैयार करने के क्रम में मलयज ने अपनी मनोवांछित कविता की तस्वीर पेश करते हुए लिखा था : "भाषा के भीतर जो अनुभूति है, भाषा के बाहर वही कर्म है। कविता इन दोनों की संधि पर है। कविता सच्ची बनती है भाषा के भीतर की अनुभूति से और बड़ी बनती है भाषा के बाहर के कर्म से। बौने जीवन से बड़ी कविता नहीं पैदा होती। पर जीवन बौना कर्म की

असिद्धि से नहीं, कर्म-क्षेत्र की विविधता का अनुसंधान न करने से बनता है।'' तात्पर्य यह कि कवि के जीवनानुभवों का दायरा जितना बड़ा होगा, उसकी काव्यानुभूति की संस्कृति में भी उतनी ही व्यापकता और गहराई होगी। आज यदि तेलुगुभाषी समुदाय का लगभग हर सदस्य कवि ज्वालामुखी, निखिलेश्वर एवं वरवर राव के शब्द और कर्म से बहुत दूर तक वाकिफ है तो स्पष्ट ही इसकी एक बड़ी वजह वेन्यामिन द्वारा कथित 'लेखन और कर्म-कर्म और लेखन की नियमित अदला-बदली है।' जबकि हिन्दी में कुछेक अपवादों को छोड़कर शब्द और कर्म का एकमात्र मतलब शब्दकर्म है। यहाँ 'अतिक्रमण' भी शब्दकर्म की परिधि में ही घटित होता है। परिणामतः हिन्दी कविता की मुख्यधारा के कवियों की काव्यानुभूति की संस्कृति में हाल के दशकों में आया अपेक्षित बदलाव बहुत हद तक सच्चा होने के बावजूद कोई दूरगामी प्रभाव पैदा नहीं कर सका है। आज यदि हमारे युवा छात्र मित्रों के बीच दलित साहित्य व स्त्रीवादी साहित्य ज्यादा पसंद किया जा रहा है तो कहीं न कहीं इसकी एक वजह इनके रचनाकारों की सामाजिक सक्रियता भी है। स्त्री रचनाकारों के 'ऐक्टिविस्ट' होने की जरूरत पर बल देते हुए कात्यायनी ने कहा है : ''मेरी पक्की धारणा है कि स्त्री-लेखन में भी स्त्री-जीवन की वास्तविक सच्चाइयाँ और चुनौतियाँ तभी आ सकती हैं जब हम अपने सामाजिक सरोकारों के हिसाब से किसी न किसी रूप में 'ऐक्टिविस्ट' हों और साथ ही घर-गृहस्थी से लेकर सड़क-ऑफिस-दफ्तर तक, अपने अधिकारों के प्रति जागरूक और अपनी मान्यताओं के प्रति ईमानदार औरत के रूप में लगातार 'एसर्ट' करने का - अपनी उपस्थिति दर्ज कराने का, जोखिम उठाती रहती हों और उसका खामियाजा भुगतती रहती हों। यह हमारे जीवन के हर जाग्रत क्षण में जारी रहने वाला संघर्ष हो, जो अविराम है, और जिससे एक स्त्री यदि थकती है तो मुक्ति के अपने स्वप्नों को 'विजन' को और प्रोजेक्ट को खो देती है।...मैं ज़ोर देकर कहना चाहूँगी कि स्त्री-लेखक के 'ऐक्टिविस्ट' होने की दरकार है, तभी वह बदलते उत्पादन संबंधों, सामाजिक संबंधों और आत्मिक जगत का साक्षात्कार कर सकेगी, वर्तमान की कोख में छिपे भविष्य की भी पहचान कर सकेगी, और ऊपरी सच्चाई की परतों को भेदकर सारभूत यथार्थ तक पहुँच सकेगी।'' (पहल-67)

कहना न होगा कि व्यापक और गहरी सामाजिक-ऐतिहासिक चिंता से उत्पन्न तथा प्रखर राजनैतिक चेतना से लैस समकालीन दलित व स्त्री-कविता में भारतीय समाज की मूलगामी आलोचना-दृष्टि की सांस्कृतिक अभिव्यक्ति रेखांकन के योग्य है। सामाजिक, राजनैतिक एवं सांस्कृतिक क्षेत्रों में सक्रिय सुविधा में जीते हुए दुविधा की भाषा बोलने वाले महारथियों के विभिन्न असुविधाजनक सवालों पर काष्ठमौन

की मुद्रा के मद्देनजर इन 'ऐक्टिविस्ट' कवियों की बौखलाहट स्वाभाविक है, जिसके चलते इनकी कविताओं में प्रश्नाकुलता के साथ ही विद्रोह की आकांक्षा का सार्थक मूर्तन हुआ है :

1. *यज्ञों में पशुओं की बलि चढ़ाना*
किस संस्कृति का प्रतीक है
मैं नहीं जानता
शायद आप जानते हों !
चूहड़े या डोम की आत्मा
ब्रह्म का अंश क्यों नहीं है
मैं नहीं जानता शायद आप जानते हों
—ओमप्रकाश वाल्मीकि

2. *ऐसा किया जाए कि...*
एक साजिश रची जाय
बारूदी सुरंगे बिछाकर
उड़ा दी जाय
चुप्पी की दुनिया।
—कात्यायनी

हिन्दी कविता के 'उर्वर प्रदेश' में पैदा हुए ये गिनचुने अंकुर अकेले भाड़ फोड़ सकेंगे, इसको लेकर कोई भविष्यवाणी तत्काल असंभव है।

हिन्दी कविता के क्षेत्र में एक्टिविस्ट रचनाकारों की गुणात्मक अनिवार्यता के बावजूद सवाल उठना स्वाभाविक है कि क्रांतिकारी, दलित व स्त्री-मुक्ति आंदोलनों की कोख से जो बड़ी संख्या में कविताएँ जन्म ले रही हैं, उनमें संख्या या परिमाण की दृष्टि से कितनी कविताओं में रचनात्मकता है और कितनी प्रचारात्मक हैं। जार्ज लुकाच ने मार्क्सवादी शब्दकर्मियों को सचेत करते हुए लिखा है कि— 'मार्क्सवाद चिंतन का हिमालय है, लेकिन हिमालय के शिखर पर खड़े किसी खरगोश को यह न समझना चाहिए कि वह घाटी के हाथी से ऊँचा है।' यह बात अन्य विचारधाराओं व आन्दोलनों के संदर्भ में भी उसी तरह सच है जिस हद तक मार्क्सवाद के संदर्भ में। इसके साथ ही अतिरिक्त राजनैतिक चेतना से लैस होने का दावा करने वाले लेखकों को यू.आर.अनंतमूर्ति के एक वक्तव्य पर भी गौर करना चाहिए : "A bad literature cannot be a good politics at all."

रोमिला थापर का मानना है कि 'संस्कृति सामाजिक प्रक्रिया में रचित और

अर्जित प्रतीकों की एक व्यवस्था है और इस व्यवस्था की निरंतरता से परंपरा का निर्माण होता है।' इसी मान्यता से जुड़ी उनकी एक और स्थापना रेखांकनीय है कि 'परंपरा विशुद्ध और मूल रूप में हमारे सामने कतई नहीं आती।' वह विभिन्न व्याख्याओं से प्रभावित होती हुई अतीत से वर्तमान में आती है।' इसलिए बहुत जरूरी है कि कलाकृतियों में अभिव्यक्त परंपरागत सांस्कृतिक मूल्यों पर ऐतिहासिक संदर्भ में विचार किया जाए। चूँकि किसी जाति की संस्कृति का गहरा रिश्ता उसमें सौन्दर्यबोध के विकसित होने की मौलिक चेष्टा से होता है, अतः समकालीन हिन्दी कविता के संदर्भ में काव्यानुभूति की संस्कृति के बदलते आयामों की निशानदेही करने के दरम्यान यह भी देखना जरूरी है कि सौन्दर्यबोध के धरातल पर उसमें कहाँ और कि रुप में रचनात्मक प्रतिरोध के संभावनाशील व सार्थक बिन्दु मौजूद हैं और कहाँ इतिहास से फरार नकली क्रांतिकारिता व यथास्थितिवाद की अभिव्यक्ति हुई है। इस फर्क को बच्चों के बारे में रचित कुछ कविताओं के माध्यम से भलीभाँति समझा जा सकता है :

'बच्चों के बारे में बनायी गयी ढेर सारी योजनाएँ
ढेर सारी कविताएँ लिखी गयीं बच्चों के बारे में
बच्चों के लिए खोले गये ढेर सारे स्कूल
ढेर सारी किताबें बाँटी गयी बच्चों के बारे में

बच्चे बड़े हुए
जहाँ थे
वहाँ से उठ खड़े हुए बच्चे
बच्चों में से कुछ बच्चे
हुए बनिया, हाकिम और दलाल
हुए मालामाल और ख़ुशहाल

बाकी बच्चों ने
सड़क पर कंकड़ कूटा
दुकानों में प्यालियाँ धोयीं
साफ़ किया टट्टी घर
खाये तमाचे
बाजार में बिके कौड़ियों के मोल
गटर में गिर पड़े

बच्चों में से कुछ बच्चों ने
आगे चलकर फिर बनायीं योजनाएँ
बच्चों के बारे में
कविताएँ लिखीं
स्कूल खोले
किताबें बाँटी
बच्चों के लिए।

—गोरख पाण्डेय

यह तथ्य है कि नयी महाजनी सभ्यता के इस दौर में वित्तीय पूँजीवाद, बाजारवाद एवं भूमण्डलीकरण की प्रक्रिया के तहत बहुराष्ट्रीय कंपनियों द्वारा विभिन्न प्रकार की उपभोक्ता सामग्री का आविष्कार कर तथा उन्हें लोगों की आवश्यकता का जनक बनाकर आज जो अंधाधुंध मुनाफा कमाया जा रहा है उन पर किसी न किसी रूप में विकासशील व अविकसित देशों के मासूम बच्चों के नन्हें-नाजुक हाथों के खूनी धब्बे अवश्य मौजूद हैं। गोरख की इस कविता में बच्चों के अतीत और वर्तमान की चिंता के साथ-साथ उनकी भविष्योन्मुखता को लेकर भी आकांक्षा की अभिव्यक्ति हुई है, जो वस्तुतः कवि की ऐतिहासिक चेतना में उसकी रचनात्मक आकांक्षा के प्रवेश का स्वाभाविक परिणाम है। हालांकि कवि पूँजीवादी व्यवस्था की क्रूरता को वर्तमान के क्षण में पकड़ता है, पर बच्चों के माध्यम से मनुष्यमात्र के अतीत, वर्तमान की प्रतीति और भविष्य के बारे में उसकी रचनात्मक आकांक्षा कविता को वयस्कता प्रदान करती है। चूँकि गोरख के लिए शब्दकर्म कभी 'पार्ट टाइम वर्क' नहीं रहा, बल्कि कविता की उनके जीवन में हमेशा केन्द्रीय स्थिति रही है, इसलिए अभिव्यक्ति की धार यहाँ अत्यन्त तीक्ष्ण है, जो बहुत दूर तक मार करती है। कवि-आलोचक मलयज से शब्द उधार लेकर कहें तो गोरख पाण्डेय के लिए कविता सीधा-सादा कर्म नहीं, बल्कि कवि ने जीवन में कर्म की जो दिशाएँ खोजी हैं, उनका वह फलक है।

मौजूदा व्यवस्था में बाल-श्रम के मुद्दे को अपने खास सवालिया अंदाज में उठाते हुए राजेश जोशी लिखते हैं :

'बच्चे काम पर जा रहे हैं
हमारे समय की सबसे भयानक पंक्ति है यह
भयानक है इसे विवरण की तरह लिखा जाना
लिखा जाना चाहिए इसे सवाल की तरह
काम पर क्यों जा रहें हैं बच्चे?'

गौरतलब है कि रचना में हर दम शोर को संगीत की तरह या सवाल को ब्यौरे

की तरह लिखने से सामाजिक कलह-कोलाहल और सवाल की पेंचीदगी की मूलगामी आलोचना संभव नहीं हो पाती। साथ ही यह भी देखा गया है कि अपने समय की किसी महत्वपूर्ण समस्या की तह में गये बिना जब कवि उसका जल्दबाजी में कोई बना-बनाया हल पेश करने की ठान लेता है तो इसके दुष्परिणामस्वरूप सरसरी निगाह में बड़ी क्रांतिकारी-सी प्रतीत होनेवाली काव्यपंक्तियाँ कवि की तमाम सदिच्छा के बावजूद अन्ततः बेजान साबित होती हैं—

बच्चे एक दिन यमलोक पर धावा बोलेंगे
और छुड़ा ले आयेंगे
सब पुरखों को
वापस पृथ्वी पर
और फिर आँखे फाड़े
विस्मय से सुनते रहेंगे
एक अनन्त कहानी
सदियों तक।

—अशोक वाजपेयी

बच्चों के बारे में सहज स्वाभाविक कविता रचनेवाली मानसिकता के निरंतर क्षीण होते जाने पर चिंता व्यक्त करते हुए मैनेजर पाण्डेय ने सही लिखा है कि— "आधुनिकतावादी और अस्तित्ववादी कविता की दुनिया में बच्चों के लिए कोई जगह नहीं थी। सतही जनवादी कविता में बच्चे कविता या क्रांति के उपकरण बन गए हैं। ऐसे लोगों को कौन समझाए कि बच्चे का सहज स्वाभाविक रूप और उसकी क्रीड़ा मानव-जीवन की सबसे बड़ी कविता है।" इस संदर्भ में उन्होंने 'लहर' के संपादक प्रकाश जैन की 'अबोध तुतलाहट' कविता को बतौर उदाहरण पेश किया है :

उससे बतियाते हुए
एक अबोध तुतलाहट
मेरे ओठों पर फिसलने लगती है
खो जाता है
मेरा जाना-समझा, शब्द
और उसका अर्थ
मैं रेशू हो जाता हूँ।

ग्राम्शी ने विस्तार से समझाया है कि कैसे सामाजिक यथार्थ का चित्रण करने वाले दो लेखकों में एक उसका प्रवक्ता होता है जबकि दूसरा कलाकार। अपने समय

के यथार्थ से जीवन-द्रव्य प्राप्त कर कोई रचना किस प्रकार मनुष्य की संवेदनशीलता को ही नहीं, बल्कि विचारधाराओं की दुनिया को भी समृद्ध करती हुई अन्ततः हमारे भीतर 'सहज न्याय का बोध' जगाती है, इसे कात्यायनी की एक कविता से गुजरकर महसूस किया जा सकता है, जिसमें चित्रण के धरातल पर यथातथ्यता और मूल्य-निर्णय के धरातल पर प्रतिबद्धता विद्यमान है :

घनी घटायें उस दिन दुख की
छायी थीं भोले मुख पर
आँखों में आँसू तैर रहे थे।
बस्ता बिना उतारे
आकर खड़ा हो गया,
रोज की तरह झूला नहीं पकड़कर आँचल।
'सजा मिली स्कूल में मुझे आज' और यह
कहते-कहते लुढ़क पड़े
आँखों से दो मोती गालों पर।
'सजा मिली? की होगी तूने कोई गलती।'
'नहीं शोर मैं नहीं
दूसरे मचा रहे थे
मैं तो चुप था
और सभी के साथ मुझे भी खड़ा कर दिया।'

बिना किसी गलती के
जीवन में कितना कुछ सहना पड़ता है कितनों को
अभी कहाँ यह उसने जाना
जानेगा भी धीरे-धीरे

सहज न्याय का बोध
अभी तक बना हुआ है
इसलिए आहत है,
दुख से भरा हुआ है।

स्मरणीय है कि नागार्जुन यदि बीसवीं शताब्दी के बड़े कवियों में एक हैं तो केवल 'हरिजन गाथा' तथा 'भोजपुर' पर लिखी क्रांतिकारी कविताओं के कारण ही नहीं, बल्कि 'दन्तुरित मुस्कान' सरीखी अनेक मनोहरी कविताओं के चलते भी वे बड़े

कवि हैं।

साहित्य के समाजशास्त्रीय अध्ययन में रूचि लेने वाले अध्येताओं को बताने की जरूरत नहीं है कि समाज में परिवर्तन की व्यापक प्रक्रिया में रचनाकार की दोहरी भूमिका होती है। जहाँ एक ओर वह रचना के धरातल पर वृहत्तर समाज की आशाओं व आकांक्षाओं को शब्दबद्ध करते हुए सामाजिक बदलाव की प्रक्रिया को तीव्र करता है, वहीं दूसरी ओर, वह अपने समय व समाज के अच्छे-बुरे अनुभवों को इतिहास-प्रवाह में अपनी रचनाओं के माध्यम से सुरक्षित रखने में मदद करता है। समकालीन कविता की विभिन्न धाराओं-अन्तर्धाराओं के मद्देनजर यदि विचारें तो समकालीन स्त्री-लेखन के माध्यम से भी ये दोनों काम बखूबी संपन्न हो रहे हैं। दूसरे शब्दों में कहें तो हमारे समय की स्त्रीवादी कविताएँ सदियों से बरकरार पितृसतात्मक व्यवस्था के दमनचक्र में पिसती लगभग आधी आबादी के विद्रोह की आकांक्षा की अभिव्यक्ति हैं। अनामिका की 'इच्छाएँ ' कविता में स्त्री मुक्ति की आकांक्षा के कुछ नवीन सौन्दर्यबोधात्मक आयाम देखे जा सकते हैं :

'इच्छाओं की लय भी होती है अलग-अलग
कुछ सितार के झाले-सी अठगुन में ही
कुछ विलंबित में उठती हैं
अचानक किसी सुर से
(सृष्टि के पहले आलाप की तरह)-

और रास्ते में पड़े जंगलों के एक-एक पेड़ से पता पूछती-सी
सीधा पहुँचती है ऊँचे दिंगत में
यों ही उड़े जाते पंछी-दल के
किसी एक पंछी के
सिहरे हुए एक रोयें तक'

—अनामिका

कहना न होगा कि परंपरा द्वारा पोषित व स्थापित व्यवस्था को ध्वस्त करने के लिए बंधी हुई मुट्ठी के प्रति आत्यन्तिक आकर्षण कई बार आवेश व आवेग की मुद्रा के प्रति भावुक लगाव का आकर्षण होता है और यह अतिरिक्त भावुक लगाव वैचारिकता के बजाय प्रायः ऐसे वैचारिक छद्म एवं वागाडम्बर को जन्म देता है जिससे आदमियत की पहचान धूमिल होती है। अनामिका की कविताओं में परंपरा को लेकर एक संवेदनशील आलोचनात्मक रवैया दिखाई देता है। उनमें वह सच्ची व वयस्क वैचारिकता है जो परंपरा की खोजबीन कर उसी में से रचनात्मक प्रतिरोध

के सौन्दर्यबोधात्मक बिन्दु ढूंढ़ती हुई पाठक के साथ किसी तात्कालिक प्रभाव के बजाय बोध का रिश्ता कायम करती है। इसीलिए उनकी कविता की प्रकृति उन स्त्रीवादी कविताओं से नितान्त भिन्न व विशिष्ट है जिनमें आतंक की हद तक यथार्थ का इस्तेमाल करते हुए पाठक को अभिभूत करने की चेष्टा की जाती है। ठेठ राजनीतिक शब्दावली व बड़बोलापन से खुद को जाने-अनजाने बचाती हुई उनकी कविताएँ कई बार अपनी जनपदीय संस्कृति से ऊर्जा प्राप्त कर पितृसत्ता के विरुद्ध संवेदनात्मक प्रतिरोध दर्ज करने के लिए उपमेय व उपमान तलाशती हैं। सामाजिक समस्याओं को निकट से देखने-दिखाने की जो रचनात्मक आतुरता उनमें है, वह विचारों की टकराहट से पैदा हुई है। एक अर्थ में उनकी कविता की रचना-प्रक्रिया गहरे संशय से अडिग विश्वास की तरफ काव्य-यात्रा की प्रक्रिया है। 'एक पोस्टकार्ड अनंत को' कविता में अनामिका ने लिखा है :

यह बालू तो मेरी आँखों में है
शायद उस तट का पता जानती है
जिस पर हम गले-मिले
मिल लेंगे कभी एक दिन ऐसे
जैसे कि दुविधा से मारे हुए मन में
मिलते हैं निश्चय-अनिश्चय।

इन पंक्तियों से गुजरते हुए अनायास याद आती है महाकवि जायसी की पद्मावती और उसकी हमजोली सखियाँ, जिनसे अपनी अनिश्चय भरी व्यथा बयान करती हुई वह कहती है कि पति के आज्ञानुसार मैं वहाँ जा रही हूँ जहाँ से फिर लौटकर मिलना शायद असंभव है :

मिलहु सखी हम तहवाँ जाहीं, जहाँ जाइ फिर आवन नाहीं।।

* * *

हम तुम्ह एक मिले संग खेला। अंत बिछोउ आनि केइँ मेला।।

* * *

कंत चलाई का करौं आएसु जाइ न मेंटि।
पुनि हम मिलहिं कि ना मिलहि लेहु सहेली भेंटि।।

स्त्री-जीवन की समस्याओं को अनामिका ने जहाँ अमूर्तन की शैली में देखा-दिखाया है वहाँ वह उनकी रचनात्मकता की अनिवार्य मांग है। कारण यह कि आज के इस दौर का यथार्थ मध्यकालीन समाजव्यवस्था के यथार्थ की अपेक्षा कई गुणा ज्यादा क्रूर पर अमूर्त और उलझा हुआ है, जिसे दो टूक शैली में आर-पार

देखने या बयान करने की हड़बड़ी से किसी भी रचना के अकारथ हो जाने का खतरा पैदा हो सकता है। ऐसे में उनकी कविताओं में आये तमाम शब्दों(बालू, तट...) के निश्चित और ठोस अर्थ-संदर्भ बताने की कोशिश एक जोखिम-भरा काम है। विपिन कुमार अग्रवाल की 'अमूर्तन के पक्ष में' शीर्षक स्वतंत्र टिप्पणी से यदि विचार-सूत्र लेकर कहें, तो, ऐसी कविताओं में "हर वर्णन कुछ सत्य है कुछ संभावना। उसमें सत्य उतना ही है जो एक घटना विशेष में प्रत्यक्ष हो जाता, शेष संभावना है और उसके सत्यापन के लिए दूसरी उपयुक्त घटना की संरचना आवश्यक है। इस दृष्टि से वस्तु या अनुभव कोई एक निश्चित पारिभाषिक इकाई नहीं है वरन, संभावनाओं का पुंज है। कौन-सी संभावना रूपायित होगी यह इस पर निर्भर करेगा कि हम कैसे उसे देखना चाहते हैं।" कविता के बारे में कहा गया है कि वह कई बार मूर्त विवरण के बजाय विस्मय में होती है। गौरतलब है कि ठोस और मूर्त विवरण एक सीमा के बाद ऊबाऊ हो जाता है जबकि अमूर्तन में संकेत से एक ही साथ बहुत सारी चीजें इंगित की जा सकती हैं। दूसरे शब्दों में कहें तो कला, साहित्य, संस्कृति के क्षेत्र में अमूर्तन कई बार यथार्थ के मूर्त चित्रण की तुलना में असलियत के ज्यादा नजदीक होता है। इस दृष्टि से विचार करने पर स्पष्ट है कि अनामिका की कविताओं में अपने समय के सामाजिक सत्य के साथ ही सत्य की तमाम संभावनाओं को संश्लिष्ट रूप में प्रस्तुत करने वाली वह सर्वसमावेशी प्रवृत्ति मौजूद है, जिसमें अपवर्जन के लिए कोई जगह नहीं है।

पूरनचन्द्र जोशी ने अपनी पुस्तक 'परिवर्तन और विकास के सांस्कृतिक आयाम' में माना है कि– 'आज संस्कृति का प्रश्न इतना अधिक जटिल और व्यापक हो गया है कि उसे बहुमुखी दृष्टिकोण के अलावा समझ पाना कठिन है। इसलिए बहुत जरूरी है कि एक ओर संस्कृति के क्षेत्र और दूसरी ओर अर्थशास्त्र, इतिहास, तकनीकी, विज्ञान और राजनीति के क्षेत्रों के बीच सेतु निर्मित किया जाय।' डॉ. जोशी ने जार्ज थाम्सन के संस्कृति विमर्श को भारतीय संदर्भ में रखकर लिखा है कि 'भारत का उभरता हुए इलिट आज भी पूर्व के पतनशील सामंती मूल्यों और उत्तर-औद्योगिक पश्चिम के उभरते उपभोक्तावाद और नग्नसुखवाद की वर्णसंकर संस्कृति का प्रतिनिधित्व करता है।' कवि संजय कुंदन के शब्द उधार लेकर कहें तो 'यह सिक्कों के तानाशाह होने का दौर है' और इसमें आदमी के भीतर से आदमियत लगातार गायब होती जा रही है। ऐसे में कवि कुमार अंबुज का वह सौंदर्य-विवेक उल्लेखनीय है जिसके तहत उन्होंने नागरिक संवेदना के माध्यम से आज की 'हिंसा की सभ्यता' और 'क्रूरता की संस्कृति' का प्रतिपक्ष रचा है।

'नागरिक पराभव' कविता में वे लिखते हैं :

बहुत पहले से प्रारंभ करूँ तो
उससे डरता हूँ जो अत्यन्त विनम्र है
कोई भी घटना जिसे क्रोधित नहीं करती
*   *   *
ठीक करना चाहता हूँ एक-एक पुरजा
मगर हर बार खोजता हूँ एक बहाना
हर बार पहले से ज्यादा ठोस और पुख्ता
मेरी निडरता को धीरे-धीरे चूस लेते हैं मेरे स्वार्थ
अब मैं एक छोटी-सी समस्या को भी—
एक बहुत डरे हुए नागरिक की तरह देखता हूँ
सबको ठीक करना मेरा काम नहीं सोचते हुए
एक चुप नागरिक की तरह हर गलत काम में शरीक होता हूँ

यह ठीक ही कहा गया है कि कविता शोरगुल के बीच मनुष्य का एकांत है और सच तो यह है कि यह निजी एकांत ही कविता के सौन्दर्य-बोध को तय करता है, जिसके लगातार विकसित होने की मौलिक चेष्टा से संस्कृति निर्मित होती है। जिस कवि के सौन्दर्यबोध का दायरा जितना व्यापक होगा उसकी कविता में जीवन-द्रव्य उतना ही अधिक होगा और विचार-दृष्टियों के प्रति उसका रवैया भी उतना ही लचीला होगा। ग्राम्शी ने भी स्वीकार किया है कि 'कलाकार के सम्मुख एक परिदृश्य अवश्य होना चाहिए, किंतु राजनीतिज्ञ की अपेक्षा उसका परिदृश्य अनिवार्यतः कम नपा-तुला और कम निर्दिष्ट होता है और इस तरह वह कम कट्टर होता है।'

अंतिम बात यह कि समकालीन कविता में काव्यानुभूति की संस्कृति के बदलते आयाम पर कोई भी सार्थक विमर्श सौन्दर्य-बोध को दरकिनार करके असंभव है। सच तो यह है कि विचारधारात्मक आतंक के तहत किया गया ऐसा कोई भी आलोचनात्मक उद्यम कविता के साथ एक सृजन-विरोधी व्यवहार और उसकी जटिलता से मुँह चुराने का सरल उपाय होगा। यदि किसी कविता में अपने समय के यथार्थ से कवि की चेतना के विचारधारात्मक संबंध के बजाय सौन्दर्यपरक संबंध व्यक्त हो रहा हो, तो, सांस्कृतिक संघर्ष की आन्तरिक जरूरत के तहत उत्पन्न उसकी सौन्दर्यबोधी संवेदनशीलता के सामाजिक अभिप्राय एवं

रचनात्मक प्रभाव की अनदेखी नहीं की जानी चाहिए। यह सावधानी खासतौर से उन कविताओं के पठन-पाठन के दरमियान ज्यादा जरूरी है, जिनमें वर्चस्व की संस्कृति के विरूद्ध प्रतिरोध का स्वर ऊँचा होने के बजाय मद्धिम हुआ करता है। 'संगतकार' कविता में मंगलेश डबराल ने लिखा है :

'और उसकी आवाज में जो हिचक साफ़ सुनाई देती है
या अपने स्वर को ऊँचा न उठाने की कोशिश है
उसे विफलता नहीं
उसकी मनुष्यता समझा जाना चाहिए।'

अन्यथा, 2007

□□